U0326413

中国近代历史的表与里

〔日〕石川祯浩 著
袁广泉 译

博雅史学论丛·海外中国史研究

北京大学出版社

著作权合同登记号　图字:01-2015-5699

图书在版编目(CIP)数据

中国近代历史的表与里/(日)石川祯浩著；袁广泉译. —北京：北京大学出版社,2015.9

(博雅史学论丛·海外中国史研究)

ISBN 978-7-301-25972-6

Ⅰ.①中… Ⅱ.①石… ②袁… Ⅲ.①中国历史—近代史—研究 Ⅳ.①K250.7

中国版本图书馆 CIP 数据核字(2015)第 135964 号

书　　名	中国近代历史的表与里
著作责任者	〔日〕石川祯浩　著　袁广泉　译
责任编辑	陈　甜
标准书号	ISBN 978-7-301-25972-6
出版发行	北京大学出版社
地　　址	北京市海淀区成府路 205 号　100871
网　　址	http://www.pup.cn　新浪微博:@北京大学出版社
电子邮箱	编辑部 wsz@pup.cn　总编室 zpup@pup.cn
电　　话	邮购部 010-62752015　发行部 010-62750672 编辑部 010-62767315
印　刷　者	北京中科印刷有限公司
经　销　者	新华书店
	965 毫米×1300 毫米　16 开本　25.5 印张　343 千字 2015 年 9 月第 1 版　2025 年 5 月第 7 次印刷
定　　价	88.00 元

未经许可,不得以任何方式复制或抄袭本书之部分或全部内容。

版权所有,侵权必究

举报电话: 010-62752024　电子邮箱: fd@pup.cn

图书如有印装质量问题,请与出版部联系,电话: 010-62756370

目录

中文版序/Ⅰ

一 何谓中国

晚清"睡狮"形象探源/3
20世纪初年中国留日学生"黄帝"之再造
——排满、肖像、西方起源论/26
"华人与狗不得入内"告示牌问题考/53
辛亥革命时期的种族主义与中国人类学的兴起/71

二 东瀛之风

梁启超与文明的视点/95
近代东亚"文明圈"的成立及其共同语言
——以梁启超的"人种"为中心/115
梁启超与明治时期日本的地理学研究/129
李大钊早期思想中的日本因素
——以茅原华山为例/146

三 国民革命

走进"信仰"的年代
——1922年反基督教运动初探/167
第一次国共合作的终结与苏联和共产国际
——所谓"斯大林五月指示"问题/191

走向农村革命
——中国共产党的农民运动策略与共产国际/209

四 史实考据

早期共产国际大会的中国代表(1919—1922)/241
由考证学走向史料学
——从中共一大几份资料谈起/279
中共二大与中共党史研究史/300
孙中山致苏联政府遗书/329

参考文献/357
人名索引/386
事项索引/394
书名、刊名、著作索引/398

中文版序

　　本书从我1999年以后发表的学术论文中，选录了适于中国读者阅读的15篇。我的研究工作，大体分近代中日思想交流史和中国共产党史两个领域，但研究态度无不重视具体事项、细节的考证，即所谓"上帝就在细节之中"。2006年出版的拙著《中国共产党成立史》中文版（袁广泉译，中国社会科学出版社），也随处进行大量细节考证，部分中国学者因此评论"解剖麻雀般的细致分析"。此评难免为溢美之誉，然本书所收也多半为类似的考证文章。我的著作，因对狭窄专业领域考证细密，且事关中国近代史，所以在日本读者并不多。我期待在中国的众多学者和历史爱好者中或能得到更多读者。这是我应允出版该文集的初衷。

　　本书所收论文的另一特点是，相对强调中国曾经受到来自国外的影响。此点与《中国共产党成立史》一样，也有部分中国学者评论说，石川的著作带有"外因决定论"倾向，过于看重来自日本及苏俄的作用。不同于上述"解剖麻雀般的细致分析"，所谓"外因决定论"是对著者的批评，因此还请允许我作一解释。我绝不认为来自日本等外国的影响是中国历史发展的决定性因素，许多地方指出日本的影响，也绝非强调日本比中国优越，或意指梁启超、李大钊等是以拾取、转述日语文献为能事的"买办"知识分子；而是感到在有关先进人物、革命家或革命运动的研究中，来自外国的影响往往被严重忽视，作为外国学者，发现有此问题而尝试恢复历史本来面目，我的态度如此而已。

　　所谓历史的本来面目，指如下现象。清末至民国的中国知识分子阅读外国书籍、杂志，远较现在的学者为多。何以如此？因为仅阅读汉语书籍而不利用外国书刊,既无法获得新知识,也无从了解世界,更难以摆脱传统思想的窠臼。要实现这些目的,明治日本可谓中国的"翻译"。这位"翻译"水准不俗,且使用汉字词汇,中国人对此甚感方便。不过,这位"翻译"毛病也不少,不好传达的地方就随意发挥,自己不懂的地方则略去不译。所以,当时如果想了解世界真相,当然需要自己掌握外语,以便直接阅读外国书刊。

这与现在依靠汉语书籍、杂志即可获得世界各地信息完全不同。正因如此,根据我的观察,我担心在汉语信息条件已十分完备的环境中成长起来的中国的近现代史学者,因整体上不熟悉外语而体会不到梁启超、李大钊等前人所处的知识环境。中国近现代史上的许多现象,若不考虑日本和西方(也包括苏联及第三国际)的影响就无法解释;但中国史学界在研究李大钊、梁启超以及中共党史时,似乎过于轻视他们曾借助外语获取知识这一事实,以及当时来自外国的影响和外语原始史料。面对这种状况,我自认为作为外国学者或许能在这些方面对中国近现代史研究有所贡献。可以说,本书所收论文,归根结底皆出于这种想法。

有关近代中国"半殖民地"社会性质的态度,或可加深我们对来自外国影响的理解。对于把近代中国的社会性质定义为"半殖民地",虽然近来有一些学者开始持不同的意见,但大体上没有多少人有异议。所谓近代中国社会的半殖民地性质,通常的理解是,中国在经济、政治方面被迫从属于外国(列强)的利益。对于探讨这种对外从属性的研究,并无人批判其为"外因决定论"。然而,稍作思考即可知,近代中国社会在经济、政治方面深受外国影响,唯独其文化、思想却得以幸免(或不存在对外依附),显然是不可能的。

把中国化作"半殖民地"的列强是怎样的国家?它们在想什么?要了解这些,唯有学习列强的语言,阅读外语书刊。具有讽刺意味的是,若要寻求使中国摆脱"半殖民地"的革命理论和"主义",同样只能通过接近西方文化、学习其语言才能实现。这里存在着如下悖论,即必须借用帝国主义国家的语言来学习如何反抗帝国主义。而试图打破中国半殖民地地位的革命运动实践的某些结果,也并非都符合抵制西方帝国主义列强的初衷。那就是,对共产国际这一国际革命组织的依附以及来自苏联的影响,曾在长时间内对中国革命运动形成束缚和桎梏。而这无疑是另一形态的"半殖民地"现象。

这些事例表明,中国的"半殖民地"社会性质,显然曾波及思想、文化、政治运动诸领域。正因如此,面对中国近代史,以更宽阔的视野,亦即从与世界性的思想流通、影响及运动相互关系的角度予以把握,这既是回归历史发生现场的研究方法,也有助于加深理解。

作为日本人而研究中国近代史,所采用方法应能发挥在日本从事研究的独特优势,自不待言。然而,如果作为外国人而仅追求标新立异,鸣中国学者所不鸣,中国读者恐怕至多感到一时新奇,认为"外国人的解释倒挺有趣",而最终不会认可。我的愿望,或曰我二十多年来的目标,是,在明确中国学者也不便解决的问题或不太了解的史实的基础上,与中国学者共同阐释中国近现代史的某些谜团,并力求达到同样的研究高度。本书是否实现了这一目标,还希望中国读者不吝批评和赐教。本书所收论文,有的发表在十多年前。因其间相关研究已获进展,或有新史料发掘和公布,当时的有些看法无疑需要修正。针对当时相关研究的评述,依据撰写学术论文的国际惯例,在当时虽属必需,现在看来却也无关紧要。对这些问题,要基于新史料、新见解全面改写,虽说并非不可能,做起来却不太现实。因此在收入本书时仅作最低限度修正,并在文末标注初次发表杂志处加以提示。此点还望读者谅解。

本书翻译,特意请拙著《中国共产党成立史》的译者袁广泉先生担任。他是我供职神户大学时的学生,与我同岁;2007年至2012年曾在京都大学人文科学研究所工作,与我同在现代中国研究中心从事研究;现为江苏师范大学外国语学院副教授。他既对日语文章理解准确,也具有严谨、达意的汉语表述能力,更拥有中国近现代史的广博知识,是我最信赖的翻译家。有几篇论文,当初曾借助其他译者之力，此次亦经袁先生全面检查、比对和订正，多处施以改译，并统一了体例和文体。故本书译者只作袁先生一人。

建议用"中国近代历史的表与里"作这部涉及多个领域和主题的论文集名称的，是当时作为编辑而提议出版本书的岳秀坤先生。没有他的提议，本书无从面世。对岳先生及接任岳先生承担本书编辑工作的陈甜女士致以诚挚谢意。另外，在论文执笔及资料收集过程中，许多中国学者都曾予以热情帮助。此处不能一一列举，但与他们共同进行研究，我从未感到因国家、体制不同而有丝毫交流上的隔阂，因而受到莫大鼓励，此处再次表示感谢。

我现在的研究，重点在中共党史，尤其是中共党史的资料编纂和研究体制、通史撰述的沿革，同时也在探讨毛泽东早期传记及其相关个人信息在国内和国外是如何形成和积累的。待研究有所积累，还望出版本书续编，以就教于中国读者。

石川祯浩

2015 年盛夏

于京都大学人文科学研究所

一 何谓中国

晚清"睡狮"形象探源

一、序言
——缘起

2004年,梁启超研究不可或缺的《梁启超年谱长编》(丁文江、赵丰田编,上海人民出版社,1983年出版)日文版出版。[1]该日文版的最大特点有二,即在校订汉语原著基础上进行了准确翻译,并加了丰富的译注(共3940条)。历时十年而成的大量译注与书后人名索引及别名一览表,极大地提高了该书的利用价值。笔者也曾参与该书翻译,并承担了部分译注,但有几个问题最终没能解决。其中最大的问题与戊戌年(1898年)梁启超在北京举行的保国会上所作的演讲有关。

1898年4月21日(闰三月初一),保国会第二次会议于北京举行,梁启超在会上演讲,敦促中国士大夫奋起。他说:

> 嗟乎,昔曾惠敏作《中国先睡后醒论》,英人乌理西(英之子爵,今任全国陆军统帅)谓中国如佛兰金仙之怪物,纵之卧则安寝无为,警之觉则奋牙张爪,盖皆于吾中国有余望也。[2]

如果知道"乌理西"即吴士礼(Wolseley)、"佛兰金仙"即弗兰

---

[1] 丁文江、赵丰田编,岛田虔次编译《梁启超年谱长编》,共5卷,东京:岩波书店,2004年。

[2] 上海人民出版社版,第111页。此处引用,依据《国闻报》第209号(1898年5月31日)、《知新报》第55册(1898年6月9日)就有关字句作了补正。

肯斯坦(Frankenstein),这段演讲翻译起来本来并不困难;但实际上却大费周折。问题在于译注。日文版译注就"曾惠敏"(即曾纪泽)、"乌理西"(即吴士礼)、"佛兰金仙之怪物"分别有如下注释:

【曾纪泽】(1839—1890),字劼刚,湖南湘乡人,曾国藩长子,近代中国著名早期外交家。离开欧洲外交舞台后的1887年1月,曾在伦敦的《亚洲季刊》(*Asiatic Quarterly Review*)上用英文发表《中国先睡后醒论》(原题 China, the Sleep and the Awakening),表达了中国外交官的国际政治立场,引起了广泛瞩目。后该文经颜咏经口译、袁竹一笔述,收入《皇朝蓄艾文编》。该文以北洋海军的建设等军备现代化为中国觉醒的根据,主张强兵应先于富国,强化国势须从速充实外交。后来,持变法论立场的何启、胡礼垣认为曾的这个主张不彻底,并在其《曾论书后》(《新政真诠》)中予以强烈批判。

【吴士礼】(Garnet Joseph Wolseley, 1833—1913),英国军人。1857年初次来华执行军务,参加第二次鸦片战争,战后主张援助清朝镇压太平军。后在英属非洲殖民地历任军政要职,1894年升任陆军元帅,翌年任英国陆军总司令。著有 *Narrative of the War with China in 1860*(Longman, 1862),该书记录了他在中国的经历。

【佛兰金仙之怪物】英国女作家玛丽·雪莱(Mary Shelley)创作的科幻小说中的人造人(Frankenstein,今译"弗兰肯斯坦")。小说出版引发广泛热议是在1818年,因此,吴士礼以此比喻中国并不奇怪。<u>梁启超是如何知道吴士礼的比喻的,不得而知</u>;但他在1899年发表的《自由书·动物谈》(《饮冰室合集·专集》2,第43—44页)中提到,有一个叫"佛兰金仙"的人造怪物沉睡在大英博物馆,还说曾纪泽曾称其为"睡狮"或"先睡后醒之巨物"。但曾纪泽上述《中国先睡后醒论》

等文章里,并没有类似表述。[3](下划线为笔者所加,以下同)

笔者编写这段译注时最感困惑的是第3条。分条列目地解释小说《弗兰肯斯坦》(Frankenstein: or the Modern Prometheus)是由英国人雪莱创作的等并不难;问题在于,梁启超是如何知道吴士礼曾以此比喻中国的。还有,如上所述,梁启超在翌年即1899年发表的另一篇文章中不仅也有类似描述,而且将其与曾纪泽的言论(《中国先睡后醒论》)结合起来,说佛兰金仙之怪物就是"睡狮"。进一步探讨则隐约发现,我们熟知的近代中国的象征即"睡狮"这一表述(字句),其实最早就出现在梁启超1899年的这篇文章中。也就是说,"睡狮""吴士礼""佛兰金仙之怪物"之间似乎有着密切关联。

但是,在编写译注过程中,笔者最终没能搞清来龙去脉,只好暂作"梁启超是如何知道吴士礼的比喻的,不得而知"、关于"睡狮"以及"佛兰金仙之怪物",曾纪泽的文章中"没有类似表述"。本来,日文版译注的目的正在于就此类模糊、暧昧的事项为专门研究提供信息,而并不在于对常见事项作一般性说明;因此,笔者一直认为上述注释语焉不详,未尽人意,试图得到更清晰的解答。

另一方面,由于中国国际地位的提高和史学界有关象征性符号的研究取得进展,这几年围绕"睡狮"这一表述起源的研究日趋活跃。代表学者是费约翰(John Fitzgerald)和单正平。[4]费约翰极力否定人们熟知的那句"中国(睡狮)醒来时,整个世界都会震撼"是出自被囚禁在圣赫勒拿岛的拿破仑之口,说那纯属谣传。其主张大体如下:

---

[3] 《梁启超年谱长编》(日文版)第1卷,第379—380页。
[4] John Fitzgerald, *Awakening China: Politics, Culture, and Class in the Nationalist Revolution*, Stanford: Stanford University Press, 1996(中译本:李恭忠等译《唤醒中国:国民革命中的政治、文化与阶级》,生活·读书·新知三联书店,2004年);单正平《近代思想文化语境中的醒狮形象》(《南开大学学报》[哲社版]2006年第4期,收于单正平《晚清民族主义与文学转型》,人民出版社,2006年)。

> 拿破仑谈论中国觉醒一事纯属谣传，没有任何的法文书面资料能够证明这句话是拿破仑说的。将它归功于拿破仑，未免剥夺了晚清官员们[指曾纪泽]的知识产权，正是他们，在19世纪末最早让世界注意到了中国的兴起。〔5〕

在此，费约翰强调，在19世纪大谈睡狮中国将要崛起的正是中国知识分子，具体而言，就是从曾纪泽的《中国先睡后醒论》开始的。

单正平则在其著作中单立一章，专门分析"睡狮"说的发生过程，并在涉猎众多资料后得出结论，强调曾纪泽和梁启超在其中的作用。他说：

> "睡狮"说的发生过程可能就是：曾纪泽命名博物馆机器人为睡狮（姑妄信其有）、且在题画诗中对狮子的特征及其在中西方文化中的象征意义有所提示——英国人将弗兰金仙的命名转述给日本人（？）——梁启超读日文报刊而知此说法——梁启超撰《动物谈》——黄遵宪、邹容等人继而援用。但这仅仅是推测，尚缺乏事实的依据。〔6〕

毋庸讳言，单氏的这项研究，其资料基础非常扎实，大大缩小了我们和真相的距离。但是，单氏自己也承认还缺乏决定性证据。总之，单氏的结论也还有待进一步探讨。

由于这几年中国在政治、经济上崛起，以及举办奥运会而激发爱国热情高涨，中国是"睡狮"这一话题近来重新升温，"睡狮"作为洗雪近百年屈辱的象征而再次引起人们热议。笔者也想借此机会来弥补编写译注时留下的缺憾。

二、探源之一

上述单氏的研究，无疑为我们探讨"睡狮"说起源提供了许多

---

〔5〕 费约翰《中文版序》，前引《唤醒中国：国民革命中的政治、文化与阶级》，第2—3页。
〔6〕 前引单正平《晚清民族主义与文学转型》，第130页。就那句预言是否出自拿破仑之口，单氏认为费约翰之说理由并不充足，拿破仑有可能的确说过。

启发,但也留下了几个问题。主要有三点。①单氏称梁启超初次谈及弗兰肯斯坦(或曾纪泽《中国先睡后醒论》),是发表于1899年的《自由书·动物谈》[7],暗示可能存在来自日本的影响。但如本文序言所述,至迟在来日前即1898年4月21日在保国会上作演讲时,梁启超已在谈论弗兰肯斯坦和曾纪泽。②包括《中国先睡后醒论》在内,曾纪泽的文集中并没有"睡狮""佛兰金仙"这样的字句。③同样,吴士礼的著作中,也没有把中国比作"睡狮""弗兰肯斯坦"的语句。

要解决这三个问题,关键要弄清第一个问题,即梁启超在保国会所作演讲的内容来自何处。梁启超此前数年在上海购得《瀛寰志略》后"始知有五大洲各国"[8],而这时却能够谈论吴士礼和弗兰肯斯坦,是因为他不久前读到了天津《国闻报》刊载的一篇文章。这篇文章就是王学廉译自英文的《如后患何》(译自英国《国运报》1898年1月1日),文章主张中国有可能觉醒并存在潜在威胁,文后附有严复的按语。[9]其部分内容节选如下:

> 我英现任陆师大元帅某君,曾于数年前论中国事谓:中国民众四百兆假天生拿破仑于其中,奋其才勇以为之君,振长策以鞭笞宇内,数年之后,欧洲之人将绝迹于亚东而太西种族将为所逼处。(严按语:所谓现任大元帅者盖乌理西子爵,其平居论中国之大可用同此。彼盖得于戈登也。)

> 中国既寤之后,则将为佛兰金仙之怪物。斯怪者任其卧则安寝无为,警之觉则大奋爪牙起为人害。……呜呼,佛兰金仙之怪物一机械之巧耳,知之则不足畏。若夫,中国物博人

---

[7] 《清议报》第13号,1899年4月(收于《饮冰室合集·专集》2,中华书局,1989年)。下文引用《饮冰室合集》,仅记《文集》(或《专集》)及卷数、页码。

[8] 梁启超《三十自述》(1902年),《文集》11,第16页。

[9] 《国闻报》(天津)1898年3月22日。严复按语部分,今收于王栻主编《严复集》第1册,中华书局,1986年,第78页。遗憾的是,据称刊登该译文原文的《国运报》的英文名称不详。

众,用西国之法以困西国之民,其将为欧洲之害,迥非金仙怪物所可比者,是则大可畏也。(严按语:佛兰金仙怪物者,傀儡也,见于英闺秀诒理之小说,傅胶鞔革,挺筋骨以为人,机关枨触,则跳跃杀人,莫之敢当,惟纵其酣卧乃无事。论者以此方中国,盖亦谓吾内力甚大;欧之人所以能称雄宇内者,特以吾之尚睡未醒故耳。)

对该文中有关吴士礼和佛兰金仙的表述与梁启超在保国会上的演讲作一比较即可发现,梁在演讲中几乎原文引用了该文内容。而按语也表明,严复不愧为当时首屈一指的西学学者,对吴士礼的一贯主张[10]、小说《弗兰肯斯坦》的著者及其内容等,都有相当准确的把握。当然,在当时的情况下,要将怪物弗兰肯斯坦的形状、印象准确地传达给中国读者,几乎是不可能的;因此,我们也就不可能知道包括梁启超在内的读者在读了按语后会产生怎样的想象。唯一肯定的是,梁启超等想象中的怪物形象与我们现在通过各种途径获得的形象是有巨大区别的;而且,从他们将此形象投射到沉睡的中国身上这一点看,他们对这个怪物的理解似乎是正面的。

《国闻报》刊载的这篇译文和严复的按语,都没有涉及梁启超在保国会演讲时提到的曾纪泽的《中国先睡后醒论》。如后所述,当时关心时局的人,都已经比较熟悉曾纪泽的这篇文章。梁启超是把自己读过的曾纪泽的主张和《国闻报》刊载的译文巧妙地结

---

[10] 吴士礼曾多次说到,中国只要有拿破仑那样的人物出现,就会成为凌驾于西方各国之上的强国。例如,吴士礼自传(Wolseley, *The Story of a Soldier's Life*, Westminster: Archibald Constable & Co. Ltd., 1903)这样写道:"就人口方面而言,没有任何国家能与中国相比。在这个巨大帝国的任何角落,他们的习惯和生活方式都是相通的。在我看来,中国人是这个世界上最优秀的人种,他们将是世界上未来的伟大统治者。我一直这样认为,现在也这样想。中国只是没有彼得大帝或拿破仑那样的人物而已。"(vol. 2, p. 2)而通过译载西方杂志的文章,中国国内也对吴士礼的观点有所了解。请参阅《中国实情》(《时务报》第10册,1896年,译自上海《字林西报》[*North China Daily News*]1896年10月17日)、《论东方之害》(《外交报》第117期,1905年,译自《康顿白烈报》[*Contemporary Review*]1905年5月)。

合了起来,并以此激励参加保国会的变法派人士。在这个意义上讲,梁启超在保国会上的演讲,充分发挥了他作为一个宣传家的杰出才能。

三、探源之二

梁启超在保国会演讲之后,又有两次谈论过弗兰肯斯坦(睡狮)。一是流亡日本后所写的《自由书·动物谈》(1899 年 4 月),再一次是《瓜分危言》(1899 年 5—8 月)。有关部分引用如下:

> 梁启超隐几而卧,邻室有甲乙丙丁四人者,呫呫为动物谈……丁曰:"吾昔游伦敦博物院,有人制之怪物焉,状若狮子,然偃卧无生动气。或语余曰:子无轻视此物,其内有机焉,一拨捩之,则张牙舞爪,以搏以噬,千人之力,未之敌也。余询其名,其人曰:英语谓之佛兰金仙,昔支那公使曾侯纪泽,译其名谓之睡狮,又谓之先睡后醒之巨物。余试拨其机,则动力未发而机忽坼,螫吾手焉。盖其机废置已久,既就锈蚀,而又有他物梗之者。非更易新机,则此佛兰金仙者,将长睡不醒矣。惜哉!"梁启超历历备闻其言,默然以思,愀然以悲,瞿然以兴,曰:呜呼!是可以为我四万万人告矣。[11]

> 其故,[英人]皆坐未深知中国腐败之内情,以为此庞大之睡狮终有撅起之一日也,而不知其一挫再挫,以至于今日。……曾惠敏曾对英人大言曰中国先睡后醒之巨物也。故英人亦有佛兰金仙之喻。[12]

《自由书·动物谈》采用转述传闻的方式来描述弗兰肯斯坦;但是,考虑到他在保国会上的演讲,几乎可以肯定这是梁启超自己创作的故事。值得注意的是,在保国会演讲一年之后所写的这篇

---

[11] 《自由书·动物谈》,《专集》2,第 43—44 页。
[12] 《瓜分危言》,《文集》4,第 21、42 页。

文章中,梁的讲述又增加了一些新的信息。他说英国人称为"佛兰金仙"的人造怪物就在大英博物馆内,并且长着狮子的模样;而曾纪泽曾将其译为"睡狮"或"先睡后醒之巨物"。依笔者管见所及,这是清末最早出现"睡狮"二字的文章。更重要的是,此处第一次出现的"睡狮",已经明确就是弗兰肯斯坦之怪物。在上述《国闻报》刊载的译文、严复的按语以及梁援引该文及按语在保国会所作的演讲中,都没有出现"睡狮"的字句;但在这里,英国人吴士礼、怪物佛兰金仙和曾纪泽的《中国先睡后醒论》已经浑然不可分,"中国=佛兰金仙='睡狮'"这一等式就此成立了。

这个等式,在随后的《瓜分危言》中进一步推展,发展为如下表述,即 A. 英国人称中国为"睡狮"; B. 曾纪泽曾称中国为"先睡后醒之巨物"; C. 英国人将中国比喻为弗兰肯斯坦。这其中, B 和 C 接近事实,但 A 却是梁启超第一次说出来的。包括英国人在内,此前的确没有人称中国为"睡狮"——这一点后文将作详细分析。真实情况恐怕是,所谓"睡狮",是梁启超对吴士礼、佛兰金仙怪物和曾纪泽的《中国先睡后醒论》按自己的需要进行解释而创造出来的,纯粹是梁式想象的产物。

众所周知,1900 年以后,"睡狮"(以及"醒狮")一词为清末知识分子所喜好并经常使用,这方面的例子不胜枚举。比如,"诗界革命"先驱黄遵宪在其《病中纪梦述寄梁任父》(1903 年)中有"散作枪炮声,能无惊睡狮?睡狮果惊起,牙爪将何为?""革命军中马前卒"邹容的《革命军》(1903 年)中则有"天清地白,霹雳一声,惊数千年之睡狮而起舞,是在革命,是在独立",甚至有名曰《醒狮》的杂志于 1905 年在东京创刊等等。[13] 这些都是基于梁启超创造、发明的"睡狮"而出现的文化现象。应该说,中国 = "睡狮(Sleeping Lion)"这个表述,首先是在清末中国人之间迅速流行,然后才

---

[13] 关于清末使用"睡狮""醒狮"的例子,前引单正平《晚清民族主义与文学转型》第四章,以及杨瑞松《睡狮将醒?:近代中国国族共同体论述中的"睡"与"狮"意象》(台湾《政治大学历史学报》第 30 期,2008 年)有较全面的介绍。

《醒狮》第 1 期,1905 年

流传到包括日本在内的外国舆论界的。

四、探源之三

1. 中国国外的"睡狮"说

通过上述探讨,我们基本上可以明白,中国即睡狮的说法,是梁启超在戊戌变法时期对其间接得到的有关吴士礼、怪物弗兰肯斯坦的知识,发挥想象力,与其读过的曾纪泽的《中国先睡后醒论》结合起来,于1899年创造出来的。不过,读者可能还有一些疑问。难道在那之前外国就真的没有称中国为"睡狮"的例子吗?曾纪泽《中国先睡后醒论》和弗兰肯斯坦这一怪物的形象,与梁启超的表述是如何具体结合在一起的?这些疑问也都是形成中国"睡狮"形象的要素,有必要进一步作补充考证。

如前所述,关于"睡狮"出自被囚圣赫勒拿岛的拿破仑之口的说法,已有费约翰认为其根据难以确认,纯属谣传。[14]另外,查遍当时欧美的主要报刊,也找不出将中国比作"睡狮"的例子。笔者曾通过网上数据库分别查阅英国和美国最大的报纸《泰晤士报》和《纽约时报》(《泰晤士报》数据文典、Times Digital Archive 等),所得到的结果有 sleeping leviathan(沉睡的利维坦,"利维坦"是象征邪恶的一种海怪)、decaying monster(衰落中的怪物)、awakening giant(觉醒中的巨人)等[15],唯独没有用狮子比喻中国的用例。其原因在于,将一个国家比作某种动物时,"狮子"大都是用

---

[14] 费约翰《中文版序》(前引《唤醒中国:国民革命中的政治、文化与阶级》,第2—3页)。另外,不管这句话是否真正来自拿破仑,清末西方人士似乎一般认为拿破仑那样说过。请参阅:约翰·斯塔德著,李涛译《1897年的中国》,山东画报出版社,2004年,第97页。

[15] Planning to Save Pekin / Brilliant Schemes of Defensive Warfare Proposed by Chinese, *New York Times*, Feb. 11, 1895; J. O. P. Bland, *Recent Events and Present Policies in China*, Philadelphia: J. B. Lippincott, London: William Heinemann, 1912, p. 413.

新的同盟[16]

―――――――――

[16] 《笨拙》(Punch),1859 年——第二次鸦片战争。

复仇者[17]

―――――――――――――

[17] 《笨拙》(Punch),1900年——义和团战争。

来比喻英国的,比喻中国则用"龙"。[18]在来自英国的大众性漫画杂志《笨拙》(*Punch*)的两幅图中,中国都被描绘成恶龙。

日本的报纸和杂志也一样。现在日本采用较多的历史教科书都不约而同地这样表述中日甲午战争:"从前被称为'睡狮'而深受畏惧的清国,在新兴的日本面前竟然不堪一击。列强各国看到清国已经如此衰弱,于是争相获取租借地,以作为向中国渗透的桥头堡。"但是,从甲午战争到戊戌变法期间,日本的报纸等从未称中国为"睡狮";而使用"睡狮"的一个例子,出现在《读卖新闻》1898年1月23日的社论中,但那也并非用来比喻中国,而是用来比喻面对东亚的国际局势一直持观望态度的英国。这篇社论的开头部分如下:

> 睡狮醒矣。多年来,人们称英国于东亚沉睡不醒,嘲讽其优柔寡断,责骂其迟钝愚鲁,而今竟猛然怂眼圆睁。腊月以来,英国东方舰队调遣骤然活跃,其势恰如猛狮疾驱于旷野。

这篇社论所论述的,正是戊戌变法前夜列强围绕中国的动向,其中以"睡狮""猛狮"特指英国;这从反面表明,就当时日本舆论界的常识而言,"睡狮"不是用来指称中国的。[19]进入20世纪后,日本也开始称中国为"睡狮"。例如,1905年的《东京日日新闻》就这样说:

> 盛享清国近世大外交家之名,至今声望不衰之曾纪泽氏,十数年前介绍清国于列强时曾称,清国乃睡狮也。即卧龙二

---

[18] 其中一个例子是 Arthur Diósy, *The New Far East*, 4th ed., London: Cassell, 1904, pp. 333-334。

[19] 当然,在形容清国的萎靡、停滞时,当时一般使用"惰眠""熟睡"的字眼;而在将清国比做动物时,通用的字眼似乎是"睡象"。具体用例请参阅岸田吟香《吟香翁书牍之续》(《朝野新闻》1880年5月23日)、《亚细亚之前途(愉快节)》(添田哑蝉坊《演歌的明治大正史》,《添田哑蝉坊·知道著作集》第4卷,东京:刀水书房,1982年,第54—55页)。

字译作睡狮,由此于当时欧亚外交界风靡一时……[20]

显然,这个"睡狮"说与梁启超的阐发是一致的。因此,我们可以做这样的推断,即日本的"中国即睡狮"之说,经梁启超阐发而为清末知识分子所广泛接受,在中国得到普及后再传到日本。

2. 弗兰肯斯坦形象的传播

如前所述,梁启超于1898年在保国会上演讲时提到"英人乌理西谓中国如佛兰金仙之怪物",这并不是因为他读了吴士礼的著作或者小说《弗兰肯斯坦》,而是因为他读了《国闻报》刊载的王学廉翻译的文章。在这篇文章中,吴士礼的见解和弗兰肯斯坦的比喻是两码事,但到了梁启超那里,这二者却被结合在一起。那么,当时,人们是怎样看待怪物弗兰肯斯坦的呢?

众所周知,玛丽·雪莱(雪莱夫人)的科幻小说《弗兰肯斯坦》被称为近代科幻小说的先驱;特别是1831年修订版出版后,弗兰肯斯坦在欧洲常被视作向造物主复仇的怪物。不过东亚各国却鲜有介绍,大概是故事的怪异性使然。再比如,该小说在日本最早的译作《新造物者》于1889年发表在杂志《国基(国乃もとゐ)》上,译者"瓠廼舍主人",其译文较忠实于原著[21];不过,该译作并未完成。后来,在1930年代,根据该小说改编的电影引起很大反响,但直至战后,日本也未有该小说的全译本出版。

在中国,1934年上海曾放映好莱坞影片《科学怪人》[22],在某种程度上使人们了解了怪物的名字及其形象;但没有证据表明曾

---

[20] 《清国外交之活历史》,《东京日日新闻》1905年11月5日。参见前引杨瑞松《睡狮将醒?:近代中国国族共同体论述中的"睡"与"狮"意象》。

[21] 瓠廼舍主人稿《新造物者》,《国基(国乃もとゐ)》第3—12号(未完),1889—1890年。参见横田顺弥《明治时代充满谜底——〈弗兰肯斯坦〉的最早译作》,《日本古书通信》61卷3号,1996年。考虑到杂志《国基》的流通范围极其有限,该译作应不可能对梁启超产生若何影响。

[22] 《准演外国影片一览》,《中国电影年鉴1934年》,中国教育电影协会,1934年,第98页。

《弗兰肯斯坦》(*Frankenstein*)的扉页图(1831年)

爱尔兰的弗兰肯斯坦[23]

---

[23] 《笨拙》(Punch),1892年。

有人翻译过该小说[24],最早的译本直至 1980 年代改革开放时期才出现。在这个意义上讲,严复早在 1898 年就曾准确地向中国人转述过该小说的作者及其所描述的怪物的形象,是令人十分惊讶的。换言之,即使当时的梁启超受严复按语的启发而把弗兰肯斯坦误解为状如狮子的人造机巧怪物,也是情有可原、不应受到嘲笑的。

就这样,在 19 世纪的东亚,要准确地表达、传述怪物弗兰肯斯坦的形象及其寓意,是十分困难的(请参见附图)。但是,如上述《国闻报》刊载的译文所示,在"黄祸论"盛行的西方各国,以怪物弗兰肯斯坦比喻中国则绝非罕见。下面《泰晤士报》的文章所表达的,正是戊戌年(1898 年)西方国家对中国的典型观感之一:

> 但是,中国的发展并非如此单纯。亦即,促进这个国家的发展,结果有可能使弗兰肯斯坦站立起来。中国可能成为世界的巨大工厂,我们可能被中国取代。也就是说,将来不是我们供应给他们,而是他们供应给我们。[25]

日文版《新造物者》(1889 年)的插图

---

[24] 中国的外国文学研究界有关《弗兰肯斯坦》的研究并不少,但尚未发现有论述该小说在中国的传播过程和影响的。这一点与日本十分相似,期待今后有所突破。

[25] "British Association", *The Times*, Sep. 14, 1898.

在稍后的时期,欧美将中国喻为怪物弗兰肯斯坦的人越来越多。孙中山在美国执笔的英文小册《中国问题的真解决》(*The True Solution of the Chinese Question*)中,也提到过这一点。不过,该小册原本是面向了解怪物弗兰肯斯坦的欧美人士而作,其中有关弗兰肯斯坦的一段,在随后于1906年在日本出版的中英对照本(《支那问题真解》[26])中,"法兰坎士泰"被加上了"自残同类之动物"的注解;而在以后民国、人民共和国时期刊行的孙中山文集中,Frankenstein 都未用音译,而是灵活的意译。这大概是因为,对于不了解弗兰肯斯坦的中国读者而言,音译不能传达原本含义。总之,要准确传达怪物弗兰肯斯坦的形象和含义,是极其困难的。

3. 曾纪泽《中国先睡后醒论》的传播

如前所述,梁启超在其《自由书·动物谈》中说,把怪物弗兰肯斯坦称作"睡狮"或"先睡后醒之巨物"的是曾纪泽。即使我们能够理解梁在曾的《中国先睡后醒论》启发下将弗兰肯斯坦解释为"先睡后醒之巨物",但他又是循着怎样的思路推导出"睡狮"的?特别是包括《中国先睡后醒论》在内的曾纪泽的文集中,都找不出"睡狮"的字眼,这就更加重了疑问。下面,我们先从《中国先睡后醒论》的传播加以探讨。

《中国先睡后醒论》最初以英文发表,不久后的1887年2月8日被香港的英文报纸《德臣报》(*The China Mail*)转载,再后来由颜咏经、袁竹一[27]等译成汉语发表(《新政真诠初编》1901年,

---

[26] 《支那问题真解》,孙逸仙演说,公民(国民)俱乐部译述、发行,黄帝纪元4396年腊月出版,神户大学图书馆藏。关于这个小册的情况,请参阅石川祯浩《山口一郎纪念奖获奖感言》,《孙文研究》第44辑,2008年。

[27] 颜咏经大概就是颜永京(颜惠庆之父,时为圣约翰学院学监)。袁竹一,原名袁康,曾任《万国公报》编辑(翻译各国消息)。杨代春《〈万国公报〉与晚清中西文化交流》,湖南人民出版社,2002年,第33、68页。

《皇朝蓄艾文编》1903年）。[28]可是，该汉语译文并未收入《曾惠敏公遗集》（1893年出版），梁启超是如何得知这篇文章的呢？此前有关曾纪泽的研究认为，《中国先睡后醒论》是收入《新政真诠初编》等之后，亦即进入20世纪之后才流传开的[29]；但实际上，早在1887年6月，上海《申报》就刊载了该文的汉译。[30]曾纪泽对用英文发表的这篇文章非常满意，1886年11月回国后不久即请人翻译，以馈国人。他在1887年4月致马格里（Halliday Macartney）的信中曾这样写道：

> 知悉《亚洲季刊》（Asiatic Quarterly）文章备受热议，当然尚不了解近况如何。吾已命同文馆懂英语之学生将其译作汉语，以馈知近传阅。但祈顺遂。[31]

为"馈知近传阅"而译出的这篇文章，后来是被《申报》转载的，还是《申报》方面独自发表的，个中内情不详；但显然梁启超在戊戌前读到这篇文章是可能的。附言之，甲午战争时，日本也已有人了解到曾纪泽写过一篇反响很大的《中国先睡后醒论》，尾崎行雄等就曾谈到这点。[32]

---

[28] 李恩涵《曾纪泽的外交》，台北："中研院"近代史研究所，1966年，第276页；张立真《曾纪泽本传》，辽宁古籍出版社，1997年，第220—221页。另外，单正平认定，梁启超谈论《中国先睡后醒论》应在《新政真诠初编》和《皇朝蓄艾文编》刊行前，并以此为前提展开分析，认定《德臣报》转载的是汉语，并且梁启超对此是知晓的（前引《晚清民族主义与文学转型》，第124—125、129页）。但这个前提实属误解。

[29] 前引张立真《曾纪泽本传》，第220—221页。

[30] 颜咏经口译、袁竹一笔述《中国先睡后醒论》，《申报》1887年6月14—15日。后来被收入《新政真诠初编》的，应该就是这篇译文。笔者得知《申报》曾刊载此文，实承箱田惠子氏所赐，在此特致谢意。

[31] 《曾纪泽致马格里书（1887年4月26日）》，收于Demetrius C. Boulger, *The Life of Sir Halliday Macartney K. C. M. G.*, London: J. Lane, the Bodley Head, 1908, p.435。马格里曾任中国驻英公使馆参赞，并曾协助曾纪泽撰写、发表《中国先睡后醒论》。

[32] 尾崎行雄《支那处分案》，博文馆，1895年，第16页称："曩者清法有事，清使曾纪泽侯曾大言曰，中国先睡后醒。虽然，今已阅十星霜矣。然其高枕酣睡也，如故独何欤。"

既然包括《中国先睡后醒论》在内的曾纪泽文集中不见"睡狮"一语,那么,梁启超又是如何从怪物弗兰肯斯坦联想到"狮子"的呢?实际上,曾纪泽虽然没有使用"睡狮"的字眼,但在将国家比喻为动物时,的确提到过"狮子"。《曾惠敏公遗集》收录的《为潘伯寅大司空画狮子纨扇率题一首》中有这样一段:

> 英吉利国称雄泰西,军国大纛及宫廷印章,皆雕绘狮子与一角马为饰,殆与俄罗斯画北极之熊,佛朗西、日耳曼画鹰隼者,各有取义。……法尚苍鹰俄白黑,英兰旌旆绘黄狮。[33]

在这里,曾清楚地写道狮子是英国的象征(白熊和鹰鹫分别是俄、德的象征);而另一首诗的"引"也称:"狮子毛群之特,蹲伏行卧,往来前却,喜怒饥饱,嬉娱攘夺,狙伺搏击之变相,尤着意焉。"[34]读到这些,就狮子的形象产生某种想象是可能的。[35]不过,我们不知道梁启超是否读过曾纪泽的这些诗句;即使读过,由机器人般的怪物弗兰肯斯坦一跃而联想到"睡狮",没有非凡的想象力也是做不到的。

当然,梁启超也有可能从中国传统的狮子形象,尤其是在清末重获中国知识分子喜好的佛教的护法狮子形象得到了启发。[36]但这也仅是有可能,既然各种典籍中都找不出与梁启超的"睡狮"有关联的例证,我们不能下任何断定性结论。[37]

---

[33] 《曾惠敏公遗集》,岳麓书社,1983年,第315—316页。
[34] 同前。
[35] 前引《晚清民族主义与文学转型》,第126—130页。
[36] 前引《晚清民族主义与文学转型》,第132—135页。关于中国古代狮子形象,蔡鸿生《狮在华夏:一个跨文化现象的历史考察》(收于王宾、[法]比松主编《狮在华夏:文化双向认识的策略问题》,中山大学出版社,1993年)述之颇详,可资参考;但遗憾的是,该文几乎未涉及清末的狮子形象。
[37] 清代诗文提及"醒狮"的,有傅占衡(清中期人)的《述梦》(《湘帆堂集》)、夏敬渠的《野叟曝言》(光绪八年)等。这些中国传统的狮子形象(或出现于舞狮等民间节日庆典的狮子造型),有可能间接地对梁启超发明"睡狮""醒狮"产生了影响。

五、结语
——"睡狮""醒狮"形象出现以后

在民族主义勃兴、救亡意识高涨的时代,某个号召性语句或形象有时会成为浓缩时代精神的核心。在对外危机意识深重的清末和民国时期,屡屡有巧妙地表达中国屈辱的国家地位、激发爱国热情的语句及形象被发明出来,"东亚病夫"如此,租界公园"华人与狗不得入内"的告示牌亦如此。[38]而出自梁启超想象的"睡狮"也属于此类发明之一,这个词语以及由此派生出的形象,对近现代中国民族主义形成所发挥的巨大作用,已毋庸赘言。梁启超在评论自己的言论对清末社会的影响时曾说,与新文体一样,"笔锋常带情感,对于读者,别有一种魔力"[39];从"睡狮"一词的发明及其后来的广泛流行来讲,他的语言魅力已达到了创造号召性语句并足以激发人们想象力的地步。

"睡狮""醒狮"之说出现数年后,就有人创刊了《醒狮》杂志。可见,在某种程度上,该词语对中国知识界造成的冲击已经超过了梁启超当初的设想。而后来以批判眼光观察自负的中国民族主义者的知识分子则指出该词语带有的正负两方面的意义。鲁迅在1933年发表的《黄祸》一文中就有如下一节:

> 现在的所谓"黄祸",我们自己是在指黄河决口了,但三十年之前,并不如此。
>
> 那时是解作黄色人种将要席卷欧洲的意思的,有些英雄听到了这句话,恰如听得被白人恭维为"睡狮"一样,得意了

---

[38] 关于这方面的史学分析,请参见杨瑞松《想像民族耻辱:近代中国思想文化史上的"东亚病夫"》(台湾《政治大学历史学报》第23期,2005年),以及本书收录的《"华人与狗不得入内"告示牌问题考》。

[39] 梁启超《清代学术概论》,《专集》34,第62页。

好几年,准备着去做欧洲的主子。[40]

　　这段话之所以意味深长,在于它以当事人的立场表达了清末中国对"黄祸"论所持态度的一个侧面,而这种沾沾自喜的态度与"睡狮"说却同体而栖。因此,鲁迅才认为清末以来的"睡狮"说顶多是中国人满足自尊心的"恭维话",并对此持批判态度。[41]

　　当然,为了负载民族主义者的自尊心,"睡狮"形象在形成后就被放大了;对此,发明者梁启超不应负任何责任。而对于鲁迅写于梁启超谢世之后的这篇杂文,梁也不可能反驳。但是,在中国民族主义以"醒狮"的姿态出现时,梁启超则不得不面对自己创造出的这个形象。

　　提起推崇"醒狮"的中国民族主义,人们自然会想到曾琦等人于1920年代中期组织的中国青年党(中国国家主义青年团、国家主义派)曾主张"醒狮运动",并以《醒狮周报》作为机关刊物;实际上,在曾琦等劝梁启超入党时,"狮子像"曾在梁启超面前出现过。周传儒在回忆曾琦等欲拉梁启超为首领而与其接触的过程时这样写道:

> 民国十四、五年之交,国家主义派的曾琦到北京见梁启超,意欲组织第三党,推梁与章太炎为南北首领。谈了半天,梁没有答应。……曾琦后来还到启勋[梁启超弟弟]家找过梁启超一次,梁推说丁在君[丁文江]等不同意,周传儒也要考留美,不能帮忙。于是以无名氏名义赠他三千元帮助活动费。<u>曾琦回赠一个半人长的铜狮子给梁启超</u>,铜狮子为醒狮派的党标,<u>我后来到梁家,看到案上放有一个铜狮,一问才知道是曾琦送的</u>。这次梁没有跟国家主义派搞在一起是很明智的。[42]

　　梁启超虽然没有加入"醒狮派"的党派活动,但却称他们"最

---

[40]《鲁迅全集》第5卷,人民文学出版社,2005年,第354页。

[41] 五四时期朱执信也提出过类似的见解。见朱执信《睡的人醒了》,《民国日报·觉悟副刊》1919年6月28日—7月3日。

[42] 周传儒《回忆梁启超先生》,夏晓虹编《追忆梁启超》,中国广播电视出版社,1997年,第375—376页。

有朝气,最能奋斗",似乎实际上对他们期许有加。[43]但是,曾琦等赠送狮子像给梁启超时,大概不知道在中国最早唤醒"睡狮"的正是梁启超。因为,在《醒狮周报》创刊宣言中,他们称"睡狮"说源于曾纪泽:

> 昔者曾纪泽出使欧洲,鉴于西方东侵之猛,尝以"睡狮"之说,告彼都人士曰:中国地方之大,人口之多,巍然独立于亚洲,其状有雄狮然,今特睡而未醒耳。……呜呼!我国民岂真劣等而不可救药耶?抑矣果如曾氏之言为睡而未醒之雄狮耶?[44]

正如已经探讨的那样,曾纪泽的《中国先睡后醒论》以及其他文章中从未出现过"睡狮"的字眼,而"醒狮派"却与20多年前的梁启超一样,把曾纪泽与"睡狮"扯在一起。连以"醒狮"为旗号的政治团体都如此,1920年代人们对"睡狮"说历史渊源的一般理解也就可以想见了。

由于醒狮派曾试图拉梁启超加入,梁也对醒狮派的活动抱有期待,因而梁当然极有可能读过《醒狮周报》的创刊宣言。而且,醒狮派还送了一座铜质狮子像给梁启超。面对这座狮子像,梁很可能就自己年轻时创造出的"睡狮"形象有所感触。假如他留下一篇《醒狮有感》之类的文章,我们也就可以了解"睡狮"形象出现在中国的来龙去脉,特别是本文未能解明的梁的想象由怪物弗兰肯斯坦到狮子的飞跃过程。但遗憾的是,梁启超没有为我们留下这样的文章。如此,来历依然不明的"睡狮""醒狮"的形象后来也就被不断放大和强化,直至现在。

原文发表于2008年11月28—30日中山大学举行的国际学术研讨会"近代知识与制度体系转型";收于《中山大学学报(社会科学版)》2009年第5期。

---

[43]《给孩子们书(1927年1月18、25日)》,《梁启超年谱长编》,第1112页。
[44]《〈醒狮〉周报出版宣言》,《醒狮周报》第1期,1924年10月10日。

20世纪初年中国留日学生"黄帝"之再造
——排满、肖像、西方起源论

一、序言
——排满主义和黄帝

清末,尤其在最后十年的革命热潮之中,"排满"口号影响之大,流传之广,举目皆彰。清末革命运动之目标若仅限于推翻专制王朝体制,建立共和制政府,不难想象作为革命果实的中华民国之成立将会大大推迟。清末革命运动之所以深入人心,迅速壮大,很大程度上应归功于在运动中植入的讨伐满族虐政、光复汉族统治的"排满种族主义"。[1]1907年,杨度目击革命运动高涨时曾评论道:"排满革命四字,几成为无理由之宗教。"[2]当时的排满主义狂潮,由此可见一斑。

排满情绪热潮席卷中国,乃始于17世纪中叶的满族征服之初,而非清末。例如,记录清兵在征服关内疆域时大肆杀虐之暴行

---

[1] 章开沅《辛亥革命时期的社会动员:以"排满"宣传为实例》,《社会科学研究》1996年第5期。详细论述清末民初的汉族和满族关系的新著有:Edward J. M. Rhoads, *Manchus and Han: Ethnic Relations and Political Power in Late Qing and Early Republican China, 1861-1928* (Seattle: University of Washington Press, 2000);中译本:路康乐著,王琴等译《满与汉:清末民初的族群关系与政治权力(1861—1928)》,中国人民大学出版社,2010年。

[2] 《杨度致梁启超函(1907年)》,丁文江、赵丰田编《梁启超年谱长编》,上海人民出版社,1983年,第398页。

的《扬州十日记》及《嘉定屠城纪略》,作者笔端饱含民族憎恶感情。这两册书尽管被清政府列为禁书,但仍在整个清朝统治时期秘密流传于民间,不断刺激着汉族人民的复仇情绪。果然,孙中山等清末革命活动家最初作为革命宣传材料所利用的,就是这些书籍。[3]从这个意义上说,清末革命家堪称清初反清民族主义者的后裔,但他们并未满足于仅仅趋骛两百年来之反满情绪。区别清末与清初的排满论,可依据两者的诸多差异,其中之一便是前者所持的浓厚"科学"色彩,即指出"汉族""满族"之差异根源于"人种"不同的近代人类学(按现时的说法,应为体质人类学或是人种学)的登场。

将世界人种分为五大类(高加索人种·白人、埃塞俄比亚人种·黑人、蒙古人种·黄人、马来人种·褐人、美洲人种·红人)的西方近代人类学知识的介绍,始于19世纪后期。此后日本、中国等东亚的先进知识分子纷纷试图借此方法来解读世界的现状及未来,清末的革命活动家亦不例外。当时人类学的普遍说法,将汉族、满族作为蒙古人种的分支,定位于不同"种族"。此分类为革命派排满主张恰好提供了"科学"的依据。[4]即满族不仅是文字风俗相异、文化程度低下的蛮族,根本上同汉族源于不同的种族,故理所当然应被汉族所驱逐和摈斥。邹容所撰《革命军》,堪称清末最为普及的革命宣传小册子,其中的主张正是典型之例。

此外,清末同清初排满主义的另一个显著差异在于:清末的排满主义,导致了明确的汉族概念——亦可说是作为汉族的民族认同——的兴起,和以汉族为核心的民族国家(nation state)之构想圆融无碍,浑然一体。革命后诞生的中华民国,因为将其自身重新

---

[3] 冯自由《革命逸史》初集,中华书局,1981年,第10页。关于辛亥革命时期的宣传活动,可参看小野信尔《辛亥革命与革命宣传》,小野川秀美、岛田虔次编《辛亥革命研究》,东京:筑摩书房,1978年,第37—88页,以及小野和子《关于孙中山赠送给南方熊楠的〈原君原臣〉》,《孙文研究》第14号,1992年。

[4] 关于排满革命论和中国近代人类学诞生关系的论述,请参看本书所收《辛亥革命时期的种族主义与中国人类学的兴起》。

定义为包括满族在内的多民族国家,故对于汉族民族主义的过度强调,至少作为正式立场一直被讳避;而另一方面,活跃于革命之前的大多数汉族知识分子,曾构想以居于本土十八省的汉族为核心的单民族共和国的蓝图,代替以满族为统治民族的多民族帝国,却也是事实。[5] 20 世纪初叶,在排满主义的洪流之中,"汉族"作为一个拥有想象上共同祖先的假想的血缘集团迅速诞生,继而刺激和鼓舞汉族民族主义的诸多工具相继出台,也正说明了这一点。[6]

在诸多酿铸汉族民族主义的工具中,近年来尤以传说中的汉族之鼻祖,即中国最初的帝王黄帝,备受学者关注。虽在以《史记》为首的历代古典史书中,作为中国文明之始祖屡被提及,但在漫漫历史长河之中,黄帝这个人物却一直隐晦不彰,未唤起世人关注。直到 20 世纪初叶,排满革命论潮卷全国之时,却突然作为汉族之始祖备受瞩目,大放异彩,重新为世人所乐道。换言之,试图借助人种学的知识,从历史角度证明满族为有别于汉族的异族,从而煽动反满情绪的革命派人士,不得不明示汉族为何人,最后只能着眼于汉族之共同始祖——"黄帝"。

中华民国成立后,虽然汉族民族主义的公开颂扬被讳避,黄帝的定义也因此从之前所谓"汉族的伟大始祖",成为"中华民族"的始祖,经历过立场的微妙变化,但黄帝作为中华民族主义之象征、崇拜对象这个事实丝毫未易。时至今日,位于陕西省黄陵县桥山曾为荒山的所谓黄帝陵所在之处,历经民国期间及中华人民共和国成立后的数次修缮、扩建工程及国家领导人莅临视察,已成为一处规模宏伟的庙宇纪念堂兼观光胜地,华侨归乡访问团等参观者

---

[5] 深町英夫《中华民国成立时期的国家统一问题——统治多民族的正统性》,《中央大学论集》第 18 号,1997 年;江田宪治《中国统一多民族的课题——以辛亥革命时期的争论为中心》,《京都产业大学世界问题研究所纪要》特别号,1998 年;松本真澄《中国民族政策研究》,东京:多贺出版,1999 年,第 52—74 页。

[6] 关于此点,坂元弘子《中国民族主义的神话——种族、身体、性别》(东京:岩波书店,2004 年),以丰富的论据,提示了饶有兴味的观点。

络绎不绝,盛况空前。此景与日本战败前的神武天皇——传说中的第一代天皇——及其陵墓(或供奉神武天皇的橿原神宫)所受之重视十分类似。[7]

对于清末的黄帝崇拜和反满民族主义两者之关系,此前学术界有较丰富的研究积累,尤其就传说中的黄帝之即位年(或是诞生之年)为基准的黄帝纪年法的出现,展开了详尽论述。[8]此外,文化史研究领域也出现了以安德森(Benedict Anderson)的《想象的共同体》、霍布斯鲍姆(Eric J. Hobsbawm)的《传统的发明》[9]为理论依据的诸多解释尝试。这些最新研究指出,黄帝崇拜的出现,属于民族国家这个想象的共同体集体忆念的构筑过程,黄帝像是民族认同的凝缩象征,而围绕黄帝的诸般事象,应理解为"民族神话"。[10]

这些论述当然并无不当。然而诸多文化史之研究,虽指出黄帝崇拜的出现乃广义上近代民族国家创始期必然现象之中国版,所憾未能明确论述黄帝像于特定年份、特定场所,以及以特定形式出现之来龙去脉。中国近代的黄帝崇拜及画像的出现,乃在1903年之东京,而彼时之黄帝乃生于远古西方的巴比伦,率领后来成为汉族的原始部落民千里迢迢迁至中国的英雄。此类饶有兴味的现

---

[7] 高木博志《近代天皇制与古都》,岩波书店,2006年,第3—55页。另外,关于黄帝及黄帝陵的资料集,可参考张岂之主编《五千年血脉——黄帝及黄帝陵史料汇编》,西北大学出版社、香港新世纪出版社,1993年。

[8] 陈旭麓《清末革命党人的纪年》,《近代史思辨录》,广东人民出版社,1984年;竹内弘行《民初纪年考》,《中国研究集刊》第7号,1989年;竹内弘行《关于清末的私定纪年法》,《名古屋学院大学论集》第31卷第1期,1994年。

[9] Benedict Anderson, *Imagined Communities: Reflections on the Origin and Spread of Nationalism* (London: Verso, 1983;中译本:吴叡人译《想象的共同体:民族主义的起源与散布》,上海人民出版社,2003年);Eric J. Hobsbawm, Terence O. Ranger, eds., *The Invention of Tradition* (Cambridge: Cambridge University Press, 1983;中译本:顾杭、庞冠群译《传统的发明》,译林出版社,2008年)。

[10] 沈松侨《我以我血荐轩辕——黄帝神话与晚清的国族建构》,《台湾社会研究季刊》第28号,1997年;孙隆基《清季民族主义与黄帝崇拜之发明》,《历史研究》2000年第3期。

象出现之经过,原非"民族神话"之研究范围,而须以历史学方法予以分析。

二、黄帝像的出现及其发展

如前所述,中国近代黄帝崇拜的出现及其画像——在此统称为"黄帝热"——始兴于1903年的东京。具体说来,"黄帝热"的兴起表现在如下各方面:1.采用黄帝纪年刊物的出现;2.黄帝肖像画的制作及流传;3.有关黄帝事迹论说的出版等。关于第一点,已有诸多研究积累明确论述,兹不赘论。在此只需指出,当时采用黄帝纪年蕴含不奉清王朝正朔之意,是排满革命的明确表示。

首揭黄帝纪年的刊物是留日江苏同乡会于东京发行的《江苏》月刊杂志。创刊于1903年4月的《江苏》,未经任何解释,从第3期(同年6月)起,就将其底页发行日期,从此前的"光绪二十九年",变更为"黄帝纪元四千三百九十四年"。不久后(1903年7月11日)刘师培发表题为《黄帝纪年论》一文,刊登于上海的报纸《国民日日报》。他在极力主张采用黄帝纪年益处的同时,不忘将文末执笔日期记为"黄帝降生四千六百一十四年闰五月十七日"。此说一出,各方景从,虽然其称呼及起始年代一直并未明确,但《浙江潮》《二十世纪之支那》《黄帝魂》《醒狮》《民报》等刊物却相率沿此纪年,后又被援用于武昌起义后革命政权的布告之中。[11]

此外,上文提及的开创黄帝纪年使用先河的《江苏》第3期的卷头,同时还登出了黄帝的写实画像("中国民族始祖黄帝之像"),这一点也说明《江苏》在"黄帝热"中的先驱作用。印有黄帝像页的背面,更附有赞辞(无署名):"帝作五兵,挥斥百族,时维我祖,我膺是服,亿兆孙子,皇祖贰兹,我疆我里,誓死复之。"因黄帝本为无从考稽之传说人物,其黄帝肖像自然乃基于空想所绘,但

---

[11] 关于清末的各种黄帝纪年的论据、论争以及其出现和消失经过,前引竹内弘行《关于清末的私定纪年法》不乏卓见。

这幅相貌堂堂的黄帝像,似乎远比其他黄帝像更受当时中国人的青睐,不仅迅速为《黄帝魂》(1904年1月)、《国粹学报》(第3期,1905年4月)等所复制及转载,更被原样袭用于中国同盟会的机关刊物《民报》的创刊号(1905年11月),可以说是清末革命派公认的黄帝像。[12]对于清末革命家来说,最为熟知的就是这幅写实风格的黄帝像。

《江苏》中的黄帝[13]

《黄帝魂》中的黄帝[14]

《国粹学报》中的黄帝[15]

《民报》中的黄帝[16]

[12] 确切说来,《国粹学报》《民报》的黄帝像完全复制自《江苏》,而《黄帝魂》的则是对《江苏》版的粗劣临摹。
[13] 《江苏》第3期,1903年6月。
[14] 《黄帝魂》1904年1月。
[15] 《国粹学报》第3期,1905年4月。
[16] 《民报》第1期,1905年11月。

《三才图会》中的黄帝[17]

在此有必要将黄帝的各种肖像画进行分类。上述《江苏》第3期宛如照片的黄帝像流传于世之前,在中国广为传布的黄帝形象多为线条构图,让人联想到中国历代皇帝像,譬如明代的博物图鉴《三才图会》中之画像。与之相比,清末的两大类黄帝像,愚见所及,均出自日本东京。一类是前文所提由《江苏》率先刊登,继而为《黄帝魂》《国粹学报》《民报》所转载的佩戴玉冠的写实风格的黄帝像,另一类则是模拟武士立像的线描黄帝像。后者的典型可见于《二十世纪之支那》第1号(1905年6月)卷首之"中华始祖黄帝肖像"。《二十世纪之支那》创刊于东京,创办人是宋教仁、程家柽、陈天华等早期革命家。虽然该杂志仅出一期就早早夭折,但却是后来《民报》的前身。关于《二十世纪之支那》载黄

民国二年中国银行兑换券5元纸币图案[18]

---

[17] 《三才图会》卷一,《人物》,页10。
[18] 许义宗《TOP中国纸币》,台北,1977年,第74页。

帝像的由来,在创刊人之一宋教仁的日记《我之历史》中可见若干记述。在准备创办《二十世纪之支那》的1905年1月26日的日记中,宋记述了拜访一友人时的情景:

> 见彼处有《警世钟》数册,余遂取一册,摘其开始所印之黄帝肖像,将为插入杂志之用。[19]

这次拜访半月后,宋把这幅黄帝像转交印刷所。[20]根据宋教仁此条记述,可知《二十世纪之支那》中的黄帝像,即戎装立像的线条画,源于此前的《警世钟》,即被冠以"革命党大文豪"之称的陈天华(1903年4月来日)在1903年秋冬之际于东京刊行的革命宣传小册中的肖像画。此外,因为陈天华先于《警世钟》发行的《猛回头》(1903年夏刊行于东京)的卷首,确曾插入《黄帝肖像后题》一文,可得出结论:该画像在《猛回头》出版之前就已绘制、印刷。[21]就是说,这个武士立像风格的黄帝像,同《江苏》刊登的写实画像几乎同时出现于1903年的东京。

《二十世纪之支那》中的黄帝[22]

---

[19] 陈旭麓主编《宋教仁集》下卷,中华书局,1981年,第512页。

[20] 同前,第515页。

[21] 《猛回头》《警世钟》现均收录于《陈天华集》(湖南人民出版社,1982年),关于刊行时间等书志信息,笔者参考了该书的编者注,但理应包含在小册原件中的黄帝肖像等图片,没有收录在此文集之中。【补注】笔者2004年9月调查北京国家博物馆的《猛回头》《警世钟》藏本,果然发现《猛回头》卷首有戎装黄帝立像;《警世钟》却没有黄帝像。

[22] 《二十世纪之支那》第1号,1905年6月。

然而，这个武士立像的黄帝像，却未被继《二十世纪之支那》之后创刊的《民报》所采用。如前文所述，刊于《民报》卷首的是源自《江苏》的写实风格的黄帝像。[23]秉承《二十世纪之支那》的《民报》，却刻意摒弃原刊之黄帝像，另择他图，说明《民报》的编辑们，即中国同盟会的首领们，比起勇猛威武的线条画武士像，更心仪于端庄的写实风格的黄帝画像。对写实风格黄帝像的偏爱，反映了革命人士把近代的英雄风貌比附远古人物的一种态度，或者是一种审美观。清末时期，在某种意义上可说是分别为新旧象征的黄帝写实画及线条画并存的局面，至此正式宣告结束，写实风格的黄帝画像作为清末革命家心目中的共通形象得以确立。

明治天皇肖像("御真影")

以上便是清末黄帝像演变的大致情形。那么这两种代表性画像的构思来自何处？因为是黄帝这个神话人物的风貌，想来定为想象力丰富之人所绘，但无论是线条画，或写实画，都无任何线索可资稽考其绘制者。但是，《江苏》系列的写实风格的肖像乃模仿明治天皇之"御真影"（见左图）肖像为代表的日本富豪、显贵肖像画，却是众目皆彰。上文所提及的黄帝纪年的首倡者刘师培更说道："中国之有黄帝，犹日本之有神武天皇也"[24]，明确表明黄帝纪元乃仿袭于日本的神武纪元(1872年正式制定)。由此不难揣度，绘制黄帝像的构思，乃来

---

[23] 陈孟坚《民报与辛亥革命》上卷，正中书局，1986年，第408—411页的《民报所刊图画来源的查证》是唯一可称为关于《民报》所采用画像的专论文章。该文称，《民报》所载黄帝画像乃沿袭《二十世纪之支那》。但是，如前图所示，实际二者相去甚远。

[24] 无畏（刘师培）《黄帝纪年论》，《国民日日报》1903年7月11日，收于《国民日日报汇编》第1集(1904年)。

自同为铸造国民手段的"御真影"型肖像。[25]

　　需要指出的是,当时留日学子中不太可能有想象力和绘画才能堪当绘制"御真影"型黄帝画像的人才,也难以想象当时日本流传的众多显贵、伟人的石印画像、写真画像中或有日本人均不太熟知的黄帝画像。或许是《江苏》借用他人画像权且充当无人知晓其容貌的黄帝画像,也未可知。[26]

　　较之《江苏》载画像来源无从考据,《二十世纪之支那》(或为陈天华宣传革命之小册子)所载线画黄帝肖像却存在值得关注的近似版式。而该近似画像的出处,不仅恰好生动呈现了留日学生的救国运动在 1903 年向反清革命运动转化的鲜活场景,其所显示之背景也明确回答了上述《江苏》第 3 期何以突然刊载黄帝像、采用黄帝纪年从而引发了"黄帝热"。该画像刻于"军国民教育会会员徽章"(见下页图),其图片载 2001 年为纪念辛亥革命 90 周年而出版的大型图片资料集,概为中国首次公开。[27]徽章正面刻有"轩辕氏[黄帝]之像",中央是黄帝像浮雕。徽章反面有"帝作五兵 挥斥百族 时维我祖 我膺是服"之赞文。这幅黄帝浮雕像——无论从纶巾,还是斧戟、带饰、甲胄——一看便知和《二十世纪之支那》的线条画黄帝像如出一辙。[28]此外,徽章反面"帝作五兵……"的赞文,和《江苏》载有黄帝像一页背面赞文的前半部分也丝毫不差。

---

[25] 关于明治天皇"御真影"的出现及其作用,近年研究颇多,主要有:多木浩二《天皇的肖像》,岩波书店,1988 年;佐佐木克《幕末时期的天皇·明治时期的天皇》,东京:讲谈社,2005 年;增野惠子《关于明治天皇形象的变迁》,《美术史研究》第 38 号,2000 年。

[26] 明治时期随处可见的皇族及历代天皇的肖像集(参照神奈川县立历史博物馆编刊《王族的肖像——明治皇室影集的诞生》,2001 年)中,有包括类似"御真影"风格的神武天皇像。

[27] 辛亥革命武昌起义纪念馆编《辛亥革命大写真》下卷,湖北美术出版社,2001 年,第 602 页。

[28] 浮雕像只能辨识面向左侧的脸部,这是因为右半部分磨损,实际雕像应是正面像。

军国民教育会会员徽章

采纪念黄帝的徽章为标志的军国民教育会,其前身乃留日学生 1903 年 4 月末于东京成立的拒俄义勇队,因遭日本当局干涉,同年 5 月 11 日改名,其活动等曲折复杂,但因其爱国民族主义性质,后来成为中国同盟会的原始团体之一。[29] 关于拒俄义勇队以及军国民教育会的活动,最为详尽的当数中村哲夫氏的研究。据

---

[29] 义和团事件后,报纸报道了驻扎在中国东北的俄国军队不实行原定于 1903 年 4 月开始的撤兵计划,对此义愤填膺的留日学生于 4 月末决定成立抵抗俄国的义勇军,号称拒俄义勇队,在向各界宣传号召的同时,还进行了军事训练。

中村氏研究,拒俄义勇队改组为军国民教育会之后,素怀排满复仇主义情绪的秦毓鎏等东京"青年会"成员取得运动主导权,并逐步将其政治主张巧妙地注入留日学生运动之中。[30]这一观点之有力佐证,便是这枚黄帝像徽章,因为它表明军国民教育会"养成尚武精神,实行爱国主义"的口号,实则暗含着排满民族主义主张。至于刻有黄帝像及四句铭言的会员徽章制定经过,在军国民教育会1903年出版之《军国民教育会纪事》中也明确提及[31],故这枚徽章正是军国民教育会之徽章,已毋庸置疑。《军国民教育会纪事》更记述了这枚徽章制定于同年6月14日,且制定之初还分为纯金一等徽章及银制镀金二等徽章,规定根据向教育会捐款多寡而分别授予。[32]此外,6月14日以后,军国民教育会发起人秦毓鎏等在向教育会提交的意见书中,曾对黄帝像作出说明:"吾会宗旨固已表明,人人心中无不了然,徽章制黄帝之像,宗旨所在,不言而喻。"[33]很明显,在公开场合不便露骨宣扬的排满情绪,却如此依托于黄帝像被暗示出来。阐释军国民教育会徽章中黄帝像意涵的秦毓鎏,似乎也参与了徽章设计。曾详述军国民教育会成立经过的陈去病,以及冯自由,分别谈及徽章的由来如下:

> 其面一人被甲独立,左握剑右持斧,题其上曰:轩辕氏之像;夹以地球者二;下书军国民教育会会员徽章。并铭其背曰:帝作五兵,挥斥百族,时维我祖,我膺是服。秦君效鲁作也。

---

[30] 中村哲夫《同盟的年代——中国同盟会成立过程之研究》,京都:人文书院,1992年,第63—95页。拒俄义勇队与军国民教育会的关系以及其活动,在本稿中未经特别注明时,均出于此书。

[31] 《军国民教育会纪事》,杨天石、王学庄编《拒俄运动1901—1905》,中国社会科学出版社,1979年,第111页。

[32] 同前,第111、120、122页。

[33] 前引冯自由《革命逸史》初集,第110页。关于这份意见书提出的日期,金冲及、胡绳武《辛亥革命史稿》第1卷,上海人民出版社,1980年,第262—263页作7月4日,前引中村哲夫《同盟的年代》第84—86页则作7月5日。

> 会员徽章镍质圆形,大如墨西哥银圆,一面镌黄帝轩辕氏像,像系采自日本东京帝国图书馆,一面镌铭四句,铭曰:"帝作五兵,挥斥百族,时维我祖,我膺是服。"乃出秦毓鎏手撰。[34]

上文中陈去病、冯自由所述之徽章设计,正是前文图示之徽章,据此可知秦毓鎏似正是徽章图案设计及制作者本人。如将此事实同秦毓鎏乃杂志《江苏》主编联系起来,我们就不难理解《江苏》第 3 期之后"黄帝热"急剧兴起的来龙去脉。事实正是,秦毓鎏等素怀强烈排满复仇主义情绪的东京"青年会"成员,在中国面临俄国不履行撤兵协议这一外来危机时,企图将排满(复兴汉族)民族主义注入 1903 年兴起的爱国主义运动中,并为将此意图寄托于被奉为汉族始祖的黄帝,特意准备了两种黄帝像,将其一用于军国民教育会徽章,另一幅则刊载于自行编辑、发行的杂志《江苏》卷头,并同时采用黄帝纪年。这样,以一目了然之形式,人为地创造出"黄帝热"。亦即 20 世纪初东京出现的两类黄帝像本属同源。[35]

观其结果,他们的做法可谓切中要害。借助黄帝这一偶像,军国民教育会的运动将此前多数留日学生尚停留在爱国热情层次的意识成功转化为排满民族主义,乃至排满革命主义。制作刻有黄帝肖像的徽章,以及《江苏》与此呼应自第 3 期开始新宣传举措之后,各种刊物纷纷效仿,相继刊载黄帝肖像、采用黄帝纪年——如

---

[34] 陈去病《革命闲话》,《江苏革命博物馆月刊》第 6 期,1930 年(收于郭长海、郭君兮编《陈去病诗文集补编》,社会科学文献出版社,2009 年,第 1255—1259 页);冯自由《革命逸史》初集,第 112 页。

[35] 《江苏》第 3 期的刊行日期,杂志底页记载为 1903 年 6 月 25 日,但据同一期刊载的论说(譬如《满洲之密约 译支那新闻》)内容看,实际刊行日期应晚于此时。然而有一点可以肯定,军国民教育会徽章的制作(6 月 14 日)前后,秦毓鎏等人准备了线画(戎装立像)和写实画两种黄帝肖像。另外,《江苏》第 3 期中,除此之外还登载秦执笔的鼓吹民族主义的卷头论文《中国民族之过去及未来》(署名"效鲁"),他在这个时期以明确的意图开始宣扬民族主义的事实,由此可窥一斑。

陈天华宣传革命的小册也插入线画戎装黄帝像——均标志着秦毓鎏等点燃的"黄帝热"之火已迅速蔓延。

　　接受"黄帝热"洗礼的留日学生之一即青年时代的鲁迅，亦即刚迈入弱冠之年的周树人。1902年4月来日的鲁迅，经在东京留学而激发其民族意识觉醒。众所周知，他在一张剪去发辫后所摄照片背面，曾记"自题小像"诗一首，即其明证。关于以"我以我血荐轩辕"一句收尾的这首诗具体作于何时，即大文豪鲁迅的民族意识具体于何时觉醒，各种鲁迅研究论著众说纷纭，各执己见。[36]考虑到肖像出现所反映的"黄帝热"自1903年下半年在留日学生中迅速蔓延这一事实，青年时代的周树人是在1903年下半年的"黄帝热"中创作出这首小诗，这一推断当可成立。至少，以青年时代的周树人为代表的留日学生反清民族意识之所以高涨，只有把秦毓鎏等推动"黄帝热"的策略纳入视野后，才能得到具体理解。从这个意义上说，秦毓鎏等人确有作为革命宣传家的先见之明。

　　值得注意的是，上述冯自由回忆称，他们是在"东京帝国图书馆"发现黄帝像，并加以借用的。由此可见，只有置身于把天皇形象巧妙诉诸视觉，以及显贵、伟人、豪杰画像随处可见的日本，才有可能产生并实现将黄帝形诸画像的想法。[37]而在中国国内，尽管仅登载黄帝画像而不使用黄帝纪年不会被问罪，但直至辛亥革命爆发，除上海《国粹学报》曾照登《江苏》的黄帝像外，并不见试图创制黄帝画像的动向。[38]这间接表明，黄帝像的产生这幕活剧得

---

[36] 山田敬三《鲁迅的世界》，东京：大修馆书店，1991年，第316—328页；罗芳楷、罗芳松《鲁迅〈自题小像〉作年辨微》，《成都大学学报》1995年第1期；北冈正子《鲁迅：在日本这一个异文化当中——从弘文学院入学到"退学"事件》，大阪：关西大学出版部，2001年，第400—406页。

[37] 声称乃于帝国图书馆觅得的黄帝肖像，具体取于哪幅原图，至今未能查明。现在的国立国会图书馆前身确为"帝国图书馆"，但以此名称开馆则为1906年，故声称1903年在那里觅得黄帝像的冯自由的回忆显然有若干混乱之处。不过这幅黄帝像同《江苏》版肖像一样，无疑都得自日本。

[38] 辛亥革命后一个时期内，曾流通过印有黄帝肖像的纸币，但其风貌却类似于《三才图会》中所见的历代皇帝图像。

以上演，必须具备两个要素，即舞台——20世纪初的东京，和演员——寻求民族主义象征的革命派留学生。

黄帝像在东京问世的1903年，对留日学生而言是风云变幻、激荡不已之年：先有马君武于旧历正月在清国留学生会馆举行的新年集会上进行"排满演说"，使在场的清朝官员举座震惊[39]；4月至7月又有拒俄义勇队、军国民教育会的运动。而且，无论就清末社会思潮从爱国主义发展为革命（反清）主义，还是就革命运动组织史上各种力量汇聚而成立中国同盟会而言，这一年都被视作具有划时代意义的年份。[40]如此看来，"黄帝像"的出现，无疑是以画像形式体现这一系列变化的佐证。

三、黄帝西方起源论

1903年在东京兴起的"黄帝热"，除催生了黄帝画像外，也唤醒了中国知识分子依循黄帝事迹探寻汉族起源的意识。如前文所述，满族和汉族的起源，被认为直接关系到未来国家的蓝图，故无论是改良派还是革命派，但凡对中国未来怀抱忧患者，无不关心满族的历史及汉族的起源和形成。梁启超、蒋智由（蒋观云）、章炳麟、宋教仁、刘师培等清末改良派或革命派人士，同时也是近代中国的民族学、人类学的介绍者和创始者，其背景在此。换言之，他们诠释满族历史，引据黄帝事迹探求汉族起源，即使标榜学术研究，但其实质却是清末革命家政治活动的一部分。

有关汉族起源的探讨，几乎与"黄帝热"同时兴起。其时有"汉族（黄帝）西来说"——远古时代黄帝率汉族自西方巴比伦万

---

[39] 关于该年正月"排满演说"事件的史实考证，可参见桑兵《癸卯元旦留日学生排满演说史实考辨》，《学术研究》1984年第3期。

[40] 关于1903年在中国近代史上的重要性，可参见严昌洪、许小青《癸卯年万岁——1903年的革命思潮与革命运动》，华中师范大学出版社，2001年。

里迢迢迁来中国——曾被极力主张,从者甚众。[41]此说由法国东方学学者拉库伯里(Terrien de Lacoupérie, 1845—1894)率先提起,并传入中国。此点在中国民族学史研究及辛亥革命时期历史人物研究中被频频提及。[42]只不过,此学之所以得到中国知识分子首肯,还有另一因素发挥作用,即拉库伯里的代表著作《中国古文明西来论》[43]曾经过日本远非严谨的介绍,或曰常识性普及。一本著作未经正式翻译、介绍,而其学说却经过曲解、加工和复制,成为该时代的通论,并开始规范人们的意识和行动,此类事例,特别是在明治时期的日本及受其影响的清末中国屡见不鲜,而拉库伯里的"汉族(黄帝)西来说"正是其典型之一。

拉库伯里成长于香港,其间汲取了中国古典学的深厚学养。1870年代去英国,正式开始研究东方学,曾任大英博物馆馆员、University College(London)教授等职,是一位东方语言学家。其业绩所涉甚广,如《易经》的翻译和解说、原始汉语研究、大英博物馆东方货币藏品整理等。晚年主要致力于杂志《巴比伦与东方纪事》(*The Babylonian and Oriental Records*, 1886—1901)的编辑、发行及撰述。[44]该杂志乃研究古巴比伦对东方影响的同人杂志。其发表于该杂志的大量论文汇成一册,即出版于1894年的遗著《中国古文明西来论》。然而,作为学术著作,该书内容、结构难称严谨,随处可见前后矛盾、抵牾、重复等。其主要观点是,汉族起源乃

---

[41] 所谓的西方起源论中,从原始汉族集团移动论,到文化及传说来源于西方,形成中国的原始文明,众说纷杂。现在,原始汉族集团移动论已不为世人所道,但在关于黄帝的传说及神话中觅求古代美索不达米亚之因素的比较神话学研究仍在继续。

[42] Martin Bernal, "Liu Shih-p'ei and National Essence," in Charlotte Furth ed., *The Limits of Change: Essays on Conservative Alternatives in Republican China*, Cambridge, Mass.: Harvard University Press, 1976, p.96-98;徐杰舜《汉民族发展史》,四川民族出版社,1992年,第6—7页。

[43] Terrien de Lacoupérie, *Western Origin of the Early Chinese Civilisation from 2300 B.C. to 200 A.D.*, London: Asher, 1894. 日本和中国均尚无该书全译本。

[44] H. M. Mackenzie, "Memorial Notice of Prof. Terrien de Lacouperie," *The Babylonian and Oriental Records*, vol.7, no.11, 1894.

古巴比伦迦勒底部落（Chaldea）的种族之一"Bak Sings"，中国人自称"百姓"（baixing）即"Bak Sings"之讹音；汉族始祖黄帝（Huangdi）乃原指巴比伦酋长的"Kudur Kakhunti"之转讹。该书以古代中国和古巴比伦之间存在许多相似之处（二十四节气、七曜、干支循环、二十八星宿、中国古代文字与楔形文字等等）为据，试图"证明"其极富想象力的假说，即"Bak Sings"在 Kudur Kakhunti 带领下于公元前 23 世纪东徙，驱逐中国原住民苗族而定居于此。欧洲学术界原有中国文明西方起源说之基础，加之彼时古代西亚楔形文字的解读正逐步取得进展，故拉库伯里此说一出，即引起强烈反响。[45]

最早向中国（准确地说是"用汉语"）介绍附会色彩极强的拉库伯里学说的，是"黄帝热"兴起之年，即 1903 年下半年开始连载的观云（蒋智由）《中国人种考》（《新民丛报》第 35—60 号，1903—1905 年，横滨）。[46] 附言之，该长篇连载水准颇高，堪称中国人正式研究中国民族史的最早成果。此后，不仅蒋的盟友梁启超等所谓改良派，连革命派领袖人物如刘师培、陶成章、章炳麟、宋教仁等也立即信从拉库伯里学说，奉之为不易之论。[47] 在探讨当

---

[45] 关于欧美学术界汉族西方起源论的由来，可参照前岛信次《汉族的两河流域起源论》，《日本两河流域学会月报》第 2 卷第 8 期，1959 年。

[46] 拉库伯里的汉族西来说，作为"中国人种西来之说"被介绍，始于连载第 2 回的第 37 号（底页记载为 1903 年 9 月，但实际刊行是 1904 年 1 月）。蒋智由的这篇论文，1929 年由上海的华通书局以同名出版。另，蒋曾在 1903 年受梁启超之邀，担任《新民丛报》的编辑工作（前引《梁启超年谱长编》，第 311—312 页）。

[47] 各论文出处如下：梁启超《论中国学术思想变迁之大势》，《新民丛报》第 58 期，1904 年；刘师培《论中国对外思想之变迁》，《警钟日报》1904 年 6 月 20—21 日；陶成章《中国民族权力消长史》（1904 年），汤志钧编《陶成章集》，中华书局，1986 年，第 212—316 页；章炳麟《訄书》，《序种姓》上（1904 年），《章太炎全集》第 3 卷，上海人民出版社，1984 年，第 170—186 页；宋教仁《我之历史》，前引《宋教仁集》下卷，第 638、666—667 页。附言，汉族西来说（或类似的中国文明西方起源论）在辛亥革命后曾一度平息，但 1921 年瑞典考古学者安特生（J. G. Andersson）在河南省仰韶挖掘出大量同西方出土品类似的彩陶后，重新受到瞩目，1940 年代前，陆懋德、董作宾、郭沫若、顾颉刚等中国权威古代史家均多少受此说影响。

时西方起源说何以能够超越政治立场而被广泛接受之前,首先需考察他们是通过怎样的途径接触到拉库伯里这一极富想象力的学说的。因为,不但信息流传过程极其错综复杂,而且该错综复杂的过程本身——亦即拉库伯里学说在明治日本传播时的某种暧昧——正可以在相当程度上解释该学说为何被清末知识分子广泛接受。

当时部分欧洲学者认为,中国文明乃至汉民族似乎起源于西方。此类观点,明治中期综合杂志的海外短信栏等曾做点滴介绍,以刺激读者的好奇心。《国民之友》(第182号,1893年2月)曾在《海外思潮栏》刊载《支那人种乃为巴比伦人也》[48],即其代表。当然,自兴起伊始就以与西方的交涉史为其特色之一的当时的日本东方学,也不可能对此类新观点无动于衷,因而开始介绍已成西方起源说核心的拉库伯里学说。管见所及,在日本于1896年最早介绍拉库伯里学说的,是两位才华横溢的学者,即三宅米吉和桑原骘藏。[49]

首先是三宅,他此前曾游学英国,受到古代东方学研究成就的触发,其后一直订阅拉库伯里的同人杂志《巴比伦与东方纪事》。他在概要介绍拉库伯里学说后称:"大体而言,虽不能据以为信,然其学术制度等彼此[中国古代与巴比伦]相同者多,甚至内有显然一致者,足以之为彼此间自远古已有联系之确证,此所以尤须注意者。"人们认为,三宅经年轻时海外留学后,试图在世界史中把握日本史,为日本史学研究确立了新的方法论。但由上述引文可知,关于拉库伯里学说,三宅尽管对其所提示的古代中国与巴比伦

---

[48] 《国民之友》第182号载该短文(无署名),作为"汉族=巴比伦人"说的根据,介绍了"亨利·巴里登·麦克道尔在《哈普杂志》发表的《关于支那人种的新知识》"(Henry Burden McDowell, "A New Light on the Chinese," *Harper's New Monthly Magazine*, No. 511, 1892)。另,McDowell作为自己论证的根据,引用了拉库伯里的研究。

[49] 三宅米吉《拉库伯里先生关于中国古代文明起源的学说》,《史学杂志》第7卷第8期,1896年;桑原骘藏《评部分东方学学者有关中国古代史的学说》,《国民之友》第287—288号,1896年。

之间一系列相通之处颇为关注,但对其学说本身整体上不无怀疑。至于桑原,更以犀锐的笔锋斥论拉库伯里的学说为"臆断",断言"彼等无外乎凭据人种之感情,或宗教之信仰"而鼓吹此说。可以说,拉库伯里的学说,从被介绍至日本伊始,即暴露在明治日本学术界怀疑的目光之下。

如果拉库伯里学说在日本因此类评价而盖棺定论,则黄帝西方起源论后来就不会在中国引发热议。但一本著作的出现却使事态出现逆转,这便是白河次郎、国府种德的合著《支那文明史》(博文馆,1900年出版)。《支那文明史》不同于当时主要按年代顺序记述重大事件的众多著作,而是一部将中国的文明发展史以事件、制度、文化领域分门别类同西方进行比较论述的崭新的中国史。该书出版时,著者白河次郎和国府种德均年不及而立,都是纵论史传、横论文艺的崭露头角的记者,而非严谨的东方史学家。[50] 由该书引据西方外文著作之多,可见其志向之无畏。该书与卫三畏(S. W. Williams)的巨著《中国总论》[51] 并列参考的,即为拉库伯里著《中国古文明西来论》;该书第三章《支那民族西亚来源论》以长达60页篇幅介绍拉库伯里学说,并给予肯定评价。20世纪初中国热议汉族(黄帝)西方起源说,其论据、渊源皆在该书此章。[52] 依《支那文明史》支持拉库伯里学说的中国知识分子,其来日几乎全在进入20世纪之后,最早者梁启超亦不早于1898年。他们或

---

[50] 白河次郎(号鲤洋,1874—1919),生于福冈县,明治、大正时期的新闻记者,政治家。执笔于《九州日报》等,任《神户新闻》等主编,后任国会议员。国府种德(号犀东,1873—1950),生于石川县,明治时期的汉诗人、新体诗人。东京帝大法科大学退学后,历任内务省嘱托、宫内省御用挂,同时在《太阳》《大阪每日新闻》从事新闻工作,后执教于庆应大学等。

[51] Samuel Wells Williams, *The Middle Kingdom: A Survey of the Geography, Government, Literature, Social Life, Arts and History of the Chinese Empire and Its Inhabitants*, Rev. ed., New York: Charles Scribner's Sons, 1883.

[52] 《支那文明史》介绍了拉库伯里学说后,当时曾有许多中国文献引用、借鉴《支那文明史》。这一点,除陶成章《中国民族权力消长史》外,宋文炳《中国民族史》(中华书局,1934年)、吕思勉《中国民族史》(世界书局,1934年)等著作亦早有说明。

许是在不了解拉库伯里学说曾受到三宅、桑原的怀疑和批判的情况下,径直相信了《支那文明史》。

《支那文明史》按文化现象论述中国文明发展的历史,内容十分丰富。然而,中国知识分子主要关注的却是其西方起源论。[53]之所以如此,其一是拉库伯里的观点本身令人意外,即汉民族源自西方,而且是古巴比伦这一既陌生离奇、又足可激发研究兴趣的文明之地;其二是该书对拉库伯里所作解说的明显的"科学性",如以插图形式比较《易经》卦象与刚刚解读成功的楔形文字的类似之处等。众所周知,古代西亚的楔形文字在19世纪中叶经英国人罗林森(Henry C. Rawlinson)成功解读贝希斯敦(Behistun)铭文之后,便被视为解读人类史的特殊文字而备受全世界关注。附言之,一般认为,日本开始包括楔形文字解读在内的古代东方学研究是在第二次世界大战之后,最早也只能追溯到1917年出现后不久即消逝的名曰"巴比伦学会"[54]的同好会;由此可知,《支那文明史》插图介绍楔形文字,实属例外。中国知识分子通过该书初次看到传闻中的楔形文字,且其所附对译暗示与中国古代文字类似,所受心理冲击之大可想而知。中国主要在1904年前后依据《支那文明史》撰写、发表的文章,对其插图青睐有加,争相转载(见插图),这表明了《支那文明史》——及其所转述之拉库伯里学说——的魅力所在,同时也如实反映了当时的所谓"新知识"是通过不断复制而成立的。

---

[53] 涉及《支那文明史》对中国思想史影响的研究,有手代木有儿《梁启超——"史界革命"与明治时期的历史学》,佐藤慎一编《近代中国的思想家》,东京:大修馆书店,1998年,第80—88页。手代木说,梁启超著《尧舜为中国中央君权滥觞考》(1901年)一文有与《支那文明史》第五章《关于政治的观念及君主政体的发展》内容一致的地方,但经实际比对后,笔者发现二者并无明显对应关系,至多是思路大致类似而已。

[54] 佐藤进《巴比伦学会与古代学研究所——古代两河流域文明研究在日本的兴起》,《立正大学人文科学研究所年报别册》第10号,1995年。

46　中国近代历史的表与里

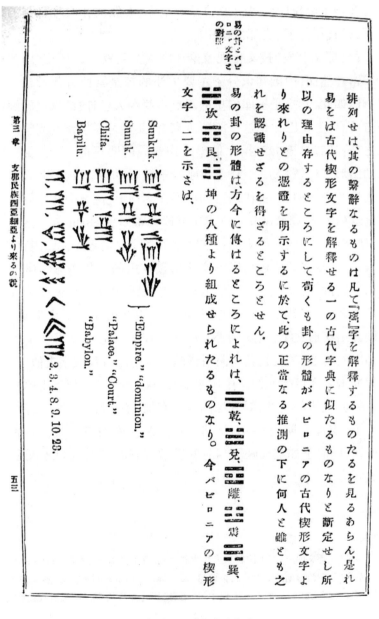

《支那文明史》内文[55]

---

[55]　白河次郎、国府种德《支那文明史》，东京：博文馆，1900年，第53页。

《中国人种考》[56]

文字語言之相同者，如十紀計算法，天皇十三頭，地皇十一頭，各一萬八千歲。天皇二十三萬四千年，地皇十九萬八千年，總年數四十三萬二千年。巴比崙以此計算大袞水以前諸王之年數。十紀之第一期者，九人治世。（中國禪通紀）中國有九頭紀，次五紀（爾雅史記所稱者等是也），中國有又五紀（五龍紀），中國循蜚紀，伏羲提紀。十二月名稱即波斯灣之北：

Tamdin — Urban — Urbagash — Hot-Baik-Ket — Sumir — Dintirki。

巴比崙之楔形文字一變而為畫卦，茲略舉楔形文字於下：

	楔形文字	意義	漢譯
Sunkuk.	〔楔形〕	"Empire" "dominion"	帝國主權
Sumuk	〔楔形〕	"Palace." 'Court.'	宮闕 裁判所
Ohifa	〔楔形〕	"Babylon;"	巴比倫
Bapilu	〔楔形〕	2,3,4,9,10,23	一二三四八九十廿三

卦者一種之古文字也，以字簡而事物繁，故於一字之中包含眾多之意義。後世遂以此為卦，寓天地萬物之理。而所謂易者，古文字之字典也，歷代時有增輯，故易不……

---

[56] 观云（蒋智由）《中国人种考》（二），《新民丛报》第37期，1903年。

48　中国近代历史的表与里

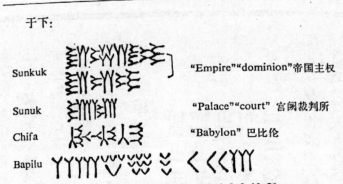

卦者,一种之古文字也。以字简而事物繁,故于一字之中,包含众多之意义,后世遂以此为卦,寓天地万物之理,而所谓《易》者,古文字之字典也。历代时有增辑,故易不一。当时欲治古文,不能不检字典。孔子读《易》而韦编三绝,盖使用之勤以至此尔。《易》本为古文之字典,而卜筮者,又假《易》以为用,故于初九、初六各爻之间加以吉凶无咎等字。如后人以唐诗作签语,而加以上上、中中、下下等字。

兹述离卦文一节于下

经文	古文字	近代字	意义
离	離		离者,一字有数多之意义
畜牝牛	离		家畜之女牛
吉			
初九			
履	离	绳	靴鞋之物

《中国民族权力消长史》[57]

---

[57] 陶成章《中国民族权力消长史》(1904),《陶成章集》,第235页。

然而，看似引自拉库伯里著作的该楔形文字图，实为原著所无，而是《支那文明史》作者采自与汉族西方起源说完全无关的有关古代东方学的英语论文[58]，且未作只字说明。不用说，除少数古代东方学者外，无人会去翻阅拉库伯里浩繁的原著，或者试图确认楔形文字图的出处，因此，对于日本及中国读者而言，《支那文明史》的转述即全为拉库伯里学说，也全部是史实。此类对西方学说既非概括、亦非编述的加工，是明治日本接受西方思想时的常见现象，而绝非仅有《支那文明史》的年轻作者为之。但远在伦敦的一位东方学者的新奇学说，经过介绍者追加"旁证"后，却不仅为许多中国知识分子所接受[59]，而且也被日本的部分信从者奉为"几乎不可动摇之定论"。[60]

自认为黄帝后裔的清末知识分子，无论革命派还是改良派，都无不赞同拉库伯里学说，即相信汉族乃古代由巴比伦迁徙而来。这除了他们未曾看穿该学说在明治日本被人为戴上"科学"面具外，当然还因为其心灵也被深深触动。支持拉库伯里学说的清末知识分子基于该学说所得出的结论完全一致，即其反映。请看蒋智由、陶成章、刘师培文的论述。

> 我种人于上古四千年前，世界草昧，舟车未兴而超越千万里高山、崑岁、沙漠出没之长道，以开东方大国，是则我祖若宗志气之伟大、性质之勇敢为何如。而其事业之雄奇又直为他人种之所无，足以鼓舞我后人之气概者，抑又何如也。[61]

---

[58] Edwin Norris, "Memoir on the Scythic Version of the Behistun Inscription," *Journal of the Royal Asiatic Society*, vol. 15, 1855.《支那文明史》的著者们竟涉猎约50年前英国的学术刊物，乍看令人费解，但该杂志在当时的日本，是对楔形文字及古代东方史感兴趣之士必先参照的刊物。关于此点，请参阅户水宽人《温故录》，有斐阁书房，1903年，第25—26页。

[59] 《支那文明史》1903年被译成中文，由上海竞化书局出版。

[60] 佐佐木安五郎《读高楠博士〈文珠所说宿曜录所见之二十八宿十二宫七曜之名目论〉》，《读卖新闻 日曜附录》1906年9月9日。

[61] 观云《中国人种考》（二），《新民丛报》第37期，1903年。

西洋历史中名誉赫赫之摩西,称其率以色列族出埃及,建犹太国,为不可及之事。然夷考其绩,徘徊四十年,卒不越红海之滨,以视乎我祖之由西亚以达中亚,复由中亚以达东亚,逾绝大之高岭,渡绝大之沙漠者,其相去果何啻霄壤哉。且我族祖先,非仅冒险远略之毅力,为世所不可几及也。其战斗之能力,亦举世莫能尚。[62]

盖汉族入中国之初,处支那本部者为苗族。卒以民族竞争、优胜劣败,四百州之山河遂悉举而入汉族之手,则汉族经营中国之功,岂可一日忘耶。中国者,汉族之中国也。[63]

上述引文表明,对他们而言,汉族西方起源说完全证明汉族是伟大的征服者,因此是优秀种族,统治中国实属当之无愧。在这里,外来种族一点,对汉族不仅无可羞愧,更是优秀种族之标志。而如果了解了清末知识分子如何观察和理解近代世界,则他们何以持有此种逻辑,也就不言自明。亦即,在他们看来,所谓近代世界史无非是雅利安、盎格鲁—撒克逊等所谓优秀人种不断征服劣等人种的历史,而在此过程中,身为土著民族没有任何积极意义可言。[64]在贯穿着优胜劣败"公理"的人类历史上,征服者即优胜者,成为征服者就拥有了取得统治者资格的根据。换言之,清末知识分子接受汉族西方起源说,由于其逻辑与承认西方人种在近代世界的优秀和霸权相同,从而通过比拟而得到了作为汉族理应拥有的类似的自尊心和优越感。

---

[62] 陶成章《中国民族权力消长史》(1904年),《陶成章集》,第259页。这段文字在该文中是陶成章自己的按语,但实际上几乎全部引自蒋智由的《中国人种考》(二)。蒋智由和陶成章均为浙江人,留学日本时交谊甚密(《梁启超年谱长编》第343、345—346页)。

[63] 刘师培《论中国对外思想之变迁》,《警钟日报》1904年6月20日。

[64] 这样的社会进化论式的世界史认识之一端,可见于梁启超的《新民说·就优胜劣败之理以证新民之结果而论及取法之所宜》,《新民丛报》第2期,1902年,以及《新史学·历史与人种之关系》,《新民丛报》第14期,1902年。另外,明治时期日本的神武天皇东征神话也蕴含了同样的"征服者即优者"的逻辑,已无需赘言。

这种比拟思考方式,实为清末人种论及历史人物论所共有。在接受了社会进化论规定的人种优劣顺序的清末知识分子们看来,汉族作为种族,其文明程度尽管较之西方各民族大为逊色,但较之非洲黑人及中国国内尚未开化之少数民族,却显然远在其上,属于文明之列。[65]此外,众所周知,出自清末知识分子之手的史传所颂扬的历史人物,除对外族入侵的抵抗者如岳飞、文天祥、郑成功等之外,还有不少远征异域者(或被视作远征异域者)如郑和、张骞、班超等。[66]这表明,对本民族抱有的自尊,并非先天自然形成,而是通过寻求、确定哪个民族逊于本民族,并明确其差异、排定优劣来确立的;而中国的民族主义在决然抗拒外族征服者的同时,却也难免被其本身试图成为征服者这一"强者的逻辑"所纠缠。假如把清末出现的黄帝称为民族主义高度凝聚的象征,则它是把有关民族主义的比拟思考方式凝聚后,才成为象征的。

从汉族始祖"黄帝"在1903年诞生于东京后,至今已逾百年,其间,"黄帝"从汉族的始祖,逐渐转化为"中华民族"的祖先,其立场已发生微妙变化,但对黄帝的颂扬却未曾中断。寓意黄帝子孙繁荣的汉族自我称谓"炎黄子孙"现在仍在使用,而黄帝陵祭祀年年举行,且规模不断扩大。如果黄帝是民族主义高度凝缩的象征,则这些现象或许是中国民族主义课题虽历经百年努力而仍未实现其目的的反映。

本文主要就近代黄帝的肖像及其西方起源说的出处和流传进行了考察,但有不少问题未及探讨,如有关两种黄帝肖像的原作未能明确考证等。在中国,对黄帝的颂扬今后还会继续,则试图通过涉猎古籍、揣度传说以解开黄帝神化之谜的研究,或许只会增加热

---

[65] 关于此点,请参看前引坂元弘子《中国民族主义的神话》,以及本书所收《近代东亚"文明圈"的成立及其共同语言——以梁启超的"人种"为中心》。

[66] 俞旦初《辛亥革命时期的民族英雄人物史鉴》,《爱国主义与中国近代史学》,中国社会科学出版社,1996年。

度。而笔者则希望,近代"黄帝神化"的真相也能成为研究课题之一。

原文(日语)刊载于《20世纪研究》第3期(2002年12月),日文题目为:《20世纪初头の中国における"黄帝"热——排满·肖像·西方起源说》;中文版收于《清史研究》2005年第4期。收入本书时,做了修订。

"华人与狗不得入内"告示牌问题考

一、序言

在上海黄浦江畔一带,耸立着许多由花岗岩建造起来的高楼大厦。这儿就是上海外滩,它向今日的人们显示着当年上海租界的身影。在上海的外滩,与高楼大厦齐名的是,挂着"华人与狗不得入内"(Dogs and Chinese Not Admitted)告示牌的公园,就是现在的黄浦公园(旧称外滩公园、公家花园、Public Garden 等)。"华人与狗不得入内"的告示牌,作为叙述老上海(租界)故事的引子,经常出现在关于上海历史的书籍或是游记里,不提这件事的,倒是罕见的了。也就是说,"华人与狗不得入内"的告示牌,和"东方巴黎""魔都""冒险家的乐园""十里洋场"一样,是租界时代上海的代名词。

1994 年,这块旧外滩公园"华人与狗不得入内"的告示牌,在中国大陆引发了一场争论。其导火线是,在上海发行的《世纪》(中央文史研究馆、上海市文史研究馆合编的双月刊)杂志上,上海的地方史学家薛理勇先生发表了一篇仅一千四百字左右的短文《揭开"华人与狗不得入内"流传之谜》。[1]在这篇文章里,薛氏认为,关于这块告示牌的根据都是源于传说,告示牌本身实际上并不存在。薛氏并进一步指出了以下极具冲击力的事实:一部分上海人称看到的那块中英文对照的告示牌,实际上是 1949 年

---

[1]《世纪》1994 年第 2 期。

以后,为了进行爱国主义教育,作为博物馆的陈列品制作出来的。1983年上海市历史文物陈列馆成立时,这块告示牌被修复;但是,由于馆内大多数人士认为"华人与狗不得入内"的故事缺乏根据,编造一个史实来哗众取宠不是史学工作者应有的态度,因而提出了反对意见。1989年,在整理收藏品时,它终于被废弃掉了。而将这块告示牌踩得粉碎的,不是别人,正是薛氏本人。

薛氏文章一经发表,就引起了与这篇除照片外长仅半页的短文极不相称的巨大反响。"华人与狗不得入内"的告示牌并不存在,那还了得?在这个大合唱中,以中国共产党上海市委员会党史研究室编《党史信息报》上的题为《"华人与狗不得入内"问题的来龙去脉》[2]的署名文章为开端,从上海颇有影响的晚报《新民晚报》,到主要日报《解放日报》《文汇报》,都无例外地发表了反驳文章[3],风波甚至也传到了海外。[4]上海的这些报纸都异口同声地强调"华人与狗不得入内"的告示牌是确实存在的,并以强硬语气声称,不能容许谬误的历史观。以后,受这一舆论的影响,在一些史学杂志上,也有相关论文发表。[5]这些文章也是根据各种各样的资料和回忆录,论述那块告示牌的确存在。四面受敌的薛氏是如何对待这些指责的,不得而知。其后,

---

[2] 马福龙、徐国梁、虞骁《"华人与狗不得入内"问题的来龙去脉》,《党史信息报》第203期,1994年6月1日。

[3] 上述三报在同一天(1994年6月7日)发表了反驳文章,内容与《党史信息报》的反驳文章基本相同。刊载薛理勇文章的《世纪》杂志后来(第4期,7月)也转载马福龙等《"华人与狗不得入内"问题的来龙去脉》一文,实际上否定了薛理勇的主张。

[4] 《朝日新闻》1994年6月7日。

[5] 马福龙、徐国梁、虞骁《"华人与狗不得入内"问题的来龙去脉》,《中共党史研究》1994年第4期,内容与本文注2基本相同;张铨《关于"华人与狗不得入内"问题》,《史林》1994年第4期;黄志雯《"华人与狗不得入内"根本没有根据吗?》,《上海滩》1994年第8期;任武雄《"华人与狗不得入内"真相》,《上海滩》1994年第8期。

似无人再撰文着力反驳,而"华人与狗不得入内"告示牌问题,最终以告示牌乃确凿的历史事实得到了解决——虽然其方式不无勉强。

然而,有理不在声高,这在现代中国的争论中是常见现象。关于告示牌的争论,实则疑点颇多。而且,告示牌问题并不限于探究它是否的确曾存在,以及如果存在,其文字、字句如何等史实问题;在今日中国此类问题竟仍能引发争论,这本身也是当代中国对近代史认识的如实反映。有鉴于此,本文拟就该告示牌及公园的错综复杂的事实和"传闻"由来进行澄清,同时通过对该问题的透视,揭示现代中国的历史认识和该告示牌反映出的近代中国与西方的关系。[6]

二、公园门口有过"华人与狗不得入内"的告示牌吗?

外滩公园坐落在当时公共租界的一角,在黄浦江和苏州河交汇处。它是上海租界(也是中国)最早的公园,1868年8月竣工和开放。从现存的明信片和照片来看,在帽子型音乐舞台周围配以座椅,是一处草坪和树木都安排养护得很好的西式公园。这座公园在开放时就对中国人入园有所限制。[7]将这一限制作为公园的规则予以明文规定,则是在1903年。1903年的规定如下:

---

[6] 关于告示牌问题及其争论,下文不可不读:Robert A. Bickers & Jeffrey N. Wasserstrom, "Shanghai's 'Dogs and Chinese Not Admitted' Sign: Legend, History and Contemporary Symbol," *The China Quarterly*, No.142, 1995. 这篇论文使用了当时管理外滩公园的公共租界工部局的原文件,对公园规则变迁的历史进行了研究。但是,其探讨的范围基本上限于告示牌的文字。而且,正如其副标题所示,重点是放在1994年中国的论争所具有的意义上。

[7] 参见熊月之主编《上海通史》第3卷,晚清政治,上海人民出版社,1999年,第200—201页。

外滩公园全景[8]

第一条　自行车及狗不准入内(No dogs and bicycles are admitted)。

第五条　除外国人佣仆外,华人一概不准入内(No Chinese are admitted, except servants in attendance upon foreigners)。[9]

从这两条可以明显看出,狗和中国人入园是被限制的。但必须注意的是,这两者并未写入同一条中。该规定因明言中国人不得入内,好像受到不少批评;所以到1913年,在改正后的规则中(与当时已经开放的虹口公园等一样),有关条文作了以下修改:

---

[8] 楼荣敏编《外滩:历史和变迁》,上海画报出版社,1998年,第62页。

[9] Bickers and Wasserstrom, op. cit., p.446. 告示牌上各年份规则的文字,在本文注5的中文论文中,也有汉语译文,但混淆了一些意译。在这里使用前引Bickers and Wasserstrom论文所引英文。以下,如无特别说明,引用各年份的公园规则,均循此例。另外,前引黄志雯《"华人与狗不得入内"根本没有根据吗?》一文,用照片介绍了1903年规则的中文版档案(原件藏上海市档案馆)。

PUBLIC AND RESERVE GARDENS. REGULATIONS.

1. The Gardens are reserved for the Foreign Community.
2. The Gardens are opened daily to the public from 6 a.m. and will be closed half an hour after midnight.
3. No persons are admitted unless respectably dressed.
4. Dogs and bicycles are not admitted.
5. Perambulators must be confined to the paths.
6. Birdnesting, plucking flowers, climbing trees or damaging the trees, shrubs, or grass is strictly prohibited; visitors and others in charge of children are requested to aid in preventing such mischief.
7. No person is allowed within the band stand enclosure.
8. Amahs in charge of children are not permitted to occupy the seats and chairs during band performances.
9. Children unaccompanied by foreigners are not allowed in Reserve Garden.
10. The police have instructions to enforce these regulations.

By Order,
N. O. Liddell,
Secretary.
Council Room, Shanghai, Sept. 13th. 1917.

1917年的公园园规[10]

---

[10]《外滩:历史和变迁》,第63页。

第一条　这些公园为外国人专用（These Gardens are reserved exclusively for the foreign community）。

第二条　狗与自行车不得入内（No dogs and bicycles are admitted）。

1917年改正的规定，排斥中国人的色彩更为淡薄，如下：

第一条　这些公园为外国人所用（The Gardens are reserved for the Foreign Community）。

第三条　服装不体面者不得入内（No persons are admitted unless respectably dressed）。

第四条　狗与自行车不得入内（Dogs and bicycles are not admitted）。

1917年的规定，一直沿用到1928年公园对中国人收费开放（后述），没有变动。一般介绍"华人与狗不得入内"的告示牌（英文）照片的，就是指这些规则。[11] 不管怎么说，在这一时期的规则中，仅从文字来看的确可以解释为中国人与狗都不得入内。然而，需重复说明的是，这两者并未记载在一起。由一般说法所想象的那种两者一起书写的所谓"华人与狗不得入内"的告示牌，无论是中文的还是英文的，都不得而见。薛氏文章所称捏造出的展品，似为两者写在一起的告示牌。因其叙述比较暧昧，所以招致猛烈批判，即：在公园的规则中，难道没有不允许中国人和狗进公园的规定吗？将这些规定概括起来称之为"华人与狗不得入内"的告示牌，有什么不对呢？

但是，在记载公园规则的告示牌有狗和中国人不得入内的各项条文，与有"华人与狗不得入内"的告示牌，对阅者、听者而言，其所产生的冲击力是不可同日而语的。反驳薛氏文章的论者，也有人理解这一差距的意义，其文不但认为在公园入口处挂有英文条文，还引用证言和回忆录，来说明仅写"华人与狗不得入内"的

---

[11]　《外滩：历史和变迁》，第63页。

小型木制和铁制告示牌的确也曾存在。[12]然而,那些论证告示牌存在的论据,都是多年以后的回忆录,而最关键的告示牌实物或照片之类的证据,尽管有关人员多方寻找,除薛氏所说的那块被踩得粉碎的伪造展品以外,始终未被发现。[13]

在研究中,要证明某一现象曾经"有过"并不难,而要证明其"没有"却是很难的。无论积累多少"没有"的间接证据,也并不意味着不存在可以证明"有过"的证据。仅写"华人与狗不得入内"的非正式小型告示牌,或许只是其实物或者照片没有流传下来,而实际上确曾存在。但是,在尚未发现确凿证据的现在,至少可以得出如下结论:在正式向中国人开放之前,外滩公园门口有过限制中国人和狗入园的告示牌;但是,一般所想象的那种将两者写在一起的所谓"华人与狗不得入内"的告示牌,似乎并不存在。

三、"华人与狗不得入内"告示牌传闻的形成

如上节所考证,被认为曾挂在公园门口的那块告示牌上的文字"华人与狗不得入内",似是将公园规则混在一起而作的二次表述。那么,狗和中国人又是如何被连在一起,并形成一个印象而流传开来的呢?告示牌的问题,与其说事关告示牌存在与否,或字句有无,不如说是被理解为列强制造了"国中之国"、歧视中国人、统治中国的野蛮象征,并流传开的。如果从这一点来考虑的话,探索这个"二次表述"是如何发生、如何定型的,就十分重要。

日本著名汉学家内藤湖南1899年中国游记《燕山楚水》(博

---

[12] 前引马福龙等《"华人与狗不得入内"问题的来龙去脉》。
[13] 中国方面的研究,也有承认并没有仅仅写有"华人与狗不得入内"告示牌的论文,如任止戈《"华人与狗不得入内"确有其事》,《党史研究资料》1994年第6期。该文认为:"没有一块仅写'华人与狗不准入内'的木牌,并不等于没有'华人与狗不得入内'的事实。"

文馆,1900年出版)中有《支那人与狗》[14]一节,应属把狗和中国人关联起来的较早记述。在这篇游记中,内藤记述天津外国人居留地公园时写道:"不得入此公园者有二,曰支那人,曰狗";至于上海的公园则写道:"其支那人不得入内者,与天津者同。"虽然并未明确是外滩公园,管见所及,这是关于公园规则中将华人与狗相提并论的最早记载。另外,在中国人的记录中,将二者并记的有周作人1903年的日记。当时,青年周作人恰在上海,路过公园门口。他记载道:在入口处,挂有大书"犬与华人不准入"的"金字牌"。[15]由此可知,此类告示牌当时已经被部分人理解为将中国与狗相提并论的标志物。然而,在这个时期,狗和中国人直接关联的说法,一般尚未出现在报纸杂志上。例如,1909年刊载外滩公园照片的上海《申报》,仅在解说栏中这样写道:"不准华人入内之上海公园。"[16]

在一般著作中,明确记述公园告示牌内容,始于1910年代后期。其较早者为1917年刊行的美国人赖德烈(K. S. Latourette,1884—1968,历史学家)的英文著作《中国的发展》(*The Development of China*),以及上海的法学家、历史学家姚公鹤同一年发表的《上海闲话》。赖德烈指责欧美人在中国的蛮横行为:"更糟糕的是,在中国第一大商埠上海的外滩公园,挂着'华人与狗不得入内'(Chinese and dogs not admitted)的告示牌。"[17]赖德烈的英文著作在中国告示牌传闻中曾扮演重要角色,令人难以置信;但是,

---

[14] 《内藤湖南全集》第2卷,东京:筑摩书房,1971年,第111页。关于内藤湖南的《燕山楚水》中有"支那人与狗"的记载,是受傅佛果(Joshua A. Fogel)先生的指教:Joshua A. Fogel, *Politics and Sinology: The Case of Naito Konan (1866-1934)*, Cambridge, MA and London: Harvard University Press, 1984, p. 103。

[15] 《周作人日记》癸卯(1903)年七月二十日条,上册,大象出版社,1996年,第395页。在周作人日记中有关于公园规则的记载,是受前引黄志雯《"华人与狗不得入内"根本没有根据吗?》一文启发所得。

[16] 《申报》1909年1月17日。

[17] Kenneth S. Latourette, *The Development of China*, Boston and New York: Houghton Mifflin & Co., 1917, p. 236.

上海的孙中山故居藏书中确有其书,据以推断此书确曾为精通英文的上海知识分子所阅读。[18]而姚公鹤的著作中则这样写道:"租界中外人公共建筑之所,每不准华人之阑入,喧宾夺主,无过于此。今之跑马场及白大桥下之公园,其最著矣。……今门首高标英文于木牌,所云'狗与华人不准入内'是也。"[19]可以认为,以上二者都是把英文告示牌上的规则加以概括,而将狗和中国人直接关联的例子。而其在公开发行的刊物中出现,则标志着已为许多人所熟知。[20]

到了中国民族主义高涨的二三十年代,"华人与狗"已不可分离。在爱国主义报纸和杂志上,尽管字句有所不同,但都曾频繁出现"华人与狗不得入内"的告示牌。而孙中山的演说和共产党员蔡和森的文章乃其代表。孙中山在神户的演说是这样的:

> 上海的黄浦滩和北四川路那两个公园,我们中国人至今都是不能进去。<u>从前在那些公园的门口,并挂一块牌说:"狗同中国人不许入。"现在虽然是取消了那块牌</u>,还没有取消那个禁例。[21](1924年11月25日的演说,下划线为引者所加,下同)

1923年11月,蔡和森在共产党的公开机关刊物上也这样

---

[18] 上海孙中山故居管理处、日本孙文研究会合编《上海孙中山故居藏书目录》,东京:汲古书院,1993年,第11页。另外,孙文有一部标题与赖德烈著作颇为相似的英文著作,就是《建国方略》(英文书名:*The International Development of China*)。孙文曾经阅读过此书的可能性很大。

[19] 姚公鹤《上海闲话》上卷,商务印书馆,1917年,第18页(重排本:上海古籍出版社,1989年,第11页)。

[20] 在1914年出版的英文小说中,已经有"Dogs and Chinese Not Admitted"的说法(见Bickers & Wasserstrom, op. cit., p.450)。

[21] 《孙中山全集》第11卷,中华书局,1986年,第387页。另外,前引马福龙等《"华人与狗不得入内"问题的来龙去脉》也引用了孙中山的这个演说,来佐证告示牌的存在。但在引用时,省略了"现在虽然是取消了那块牌……"这一段,大概这段话与主张告示牌存在不太符合。

写道：

> 上海未开埠以前,一草一石,那一点不是华人的? 但是既开埠以后,租界以内,最初是不准华人居住的,而'华人与犬不得入内'的标揭,<u>至今</u>还悬挂在外国公园的门上! ……所以住在租界里面的华人,简直当不得一条洋狗![22]

二者几乎在同一时期发表,有一点却截然相反:前者说告示牌以前有过,现在已不存在;而后者则称现在依然存在。而且,告示牌的具体字句也有差异。考虑到前节所述1920年代的公园规则(1917年规则),孙中山的说法或许比较接近事实。但不管怎么说,字句差异表明他们在提到"华人与狗不得入内"时,好像并非依据亲眼所见,而是引述了街谈巷议。因此,当时的文章尽管有"华人与狗不得入内"的记述,但若就此断定它们准确转述了告示牌的内容,是讲不通的。

告示牌传闻变成固定说法的契机之一,是1930年代开始兴盛的上海地方史研究。其中影响较大的,是蒯世勋于1933年在《上海市通志馆期刊》(上海的官方历史研究机构上海通志馆的机关刊物)上发表的长篇论文《上海英美租界的合并时期》。[23] 这篇论及外滩公园告示牌的论文,后来长期被租界史研究所引用。[24] 那么,该文关于告示牌的记述根据何在?实际上就是前面提到的赖德烈的英文著作《中国的发展》。[25] 为什么蒯世勋会采用这种看上去有点不可思议的论证方法呢?其意图之一,当然是要借外国人的评论来攻击外国殖民主义者;而直接原因则在于,在他执笔这篇论文时,外滩公园已正式对中国人开放,那块招致物议的告示牌

---

[22] 和森《被外国帝国主义宰制八十年的上海》,《向导》第46期,1923年。

[23] 《上海市通志馆期刊》第1卷第3期,1933年,第691页。

[24] 徐公肃等著《上海公共租界史稿》(上海人民出版社,1980年)也收录了这篇论文。

[25] 蒯世勋《上海英美租界的合并时期》,《上海市通志馆期刊》第1卷第3期,1933年。

已不复存在。也就是说,这位对上海史造诣很深的学者叙述告示牌问题时,也并非依据亲眼所见,或确切史料。

进入1930年代,日本对中国的侵略加剧,随着爱国民族主义情绪在中国空前高涨,公园规则的条文也逐步简化;但对"华人与狗不得入内"的各条文进行学术探讨的悠然气氛已荡然无存,上述蔡和森式的"二次表述"逐渐定型,影响越来越大。其结果,到1950年代,上海市历史与建设博物馆多次举办展览会介绍上海历史时,那块中英文对照的"华人与狗不得入内"的告示牌被"复制"并展览出来。[26]

本节最后就外滩公园对中国人开放的情况作简单介绍。包括外滩公园在内的租界公园对中国人开放,是上海各界人士的宿愿。经多次请愿,租界当局终于在1927年4月决定开放。4月13日,公共租界纳税外国人召开年会,决定租界公园原则上对中国人开放。此时正值体现中国民族主义的国民革命高涨时期,包括上海在内的长江以南地区已被国共合作的国民革命军所控制。尽管公园开放是一件小事,却也可以说是国民革命的辉煌胜利。但是,4月13日的年会在决定开放的同时,也附带决议称其实施要待时局平静以后。[27]因为,4月12日,国民革命军总司令蒋介石在上海发动了"四一二反共政变"。翌日即13日,又有向反对政变的学生、工人游行队伍开枪的流血事件发生。包括租界在内,上海全市因此陷入混乱。

上海市民盼望已久的公园开放,此后一年多才得以实现。1928年4月18日,公共租界纳税外国人年会正式作出决定,从6月1日起,租界内公园一律向中国人开放。[28]"四一二政变"后的一年里,国共合作崩溃,共产党被迫转入农村开展游击战。虽然国民革命军仍在进行北伐,但上海租界当局和外国人所担心的革命

---

[26] 前引薛理勇《揭开"华人与狗不得入内"流传之谜》。
[27] 《申报》1927年4月14日。
[28] 《申报》1928年4月19日。

军以武力收回租界的事态毕竟没有发生,上海恢复了平静。在公园开放之前,有效期一年的门票五千张早已被抢购一空。6月1日,进入"华人与狗不得入内"的外滩公园的游客大大超出其他公园。据报纸报道,仅持当日票入园的游客就超过2400人,加上持年票者,当天的外滩公园人流如潮、"水泄不通"。[29]这也足以说明该公园在上海人心中的地位。

随着公共租界开放公园,相邻的法租界当局也决定向中国人开放法租界公园(6月18日)。也就是说,1928年6月以后,一直拒绝中国人入园的上海租界内公园,都向中国人开放了门户。

但是,这并不意味着"华人与狗不得入内"的传闻就此消逝。依制度保障外国人特权的租界依然存在,而除公园外,仍有不少场所限制中国人进入。正因为这种大环境没有改变,那块招致物议的告示牌作为物证已然消失,对中国人开放公园这件事反而更加有利于该传闻被加工、润色和记忆。

四、中国人入园的实际情况
——中国人真的没能进入外滩公园吗?

本文前两节就外滩公园告示牌是否曾经存在、告示牌传闻的定型及公园开放过程等问题进行了讨论,料已明了。也就是说,1928年以前,中国人不被允许进入外滩公园,至少有过不允许中国人入园的规则。那么,中国人真的不能入园吗?就上海租界公园而言,有这个规则,往往被理解为等于曾有不许中国人进入的事实。但事实并非如此。实际上,1928年以前,进入外滩公园的中国人(当然并非指外国人的佣人)似不在少数。请看1924年进外滩公园的中国青年的例子。

---

[29] 《申报》1928年6月2日。另外,在公园开放当天(6月1日)的《申报》上,因为看好上海市民出门的可能性,不少饭厅茶馆都刊了广告。从中也可以看出上海全体市民如何期待公园开放,以及上海商人的精明。

中国共产党早期党员杨闇公(1898—1927)是担任过中华人民共和国国家主席的杨尚昆之兄,1927年年仅29岁即被军阀杀害。他的日记被保存下来,在1924年7月的日记中(当时他是中国社会主义青年团团员,和友人从四川到上海),有关于他和友人去外滩公园的记载。7月7日的日记写道:

> 入夜往访新民,偕同子于赴黄浦江〔公园〕。子于着常服,不能入公园内,心内愤甚!外人压迫的痕迹,国人没有见着吗?[30]

"新民""子于"都是和他一起到上海的友人。他们好像去了外滩公园,却因服装不整被拒之门外。但好不容易来到上海,不能就此不了了之。于是,7月9日的日记又写道:

> 六时许与子于、新民等赴黄浦公园一游(子于因欲入内,特改作洋服),浏览至九时许,改赴法国公园。此地较〔黄〕浦江公园要好得多,耍至十一时许才归,到沪来最快活的了。[31]

他们换上了洋装,因而顺利地进入了公园。让我们再看当时的公园规则。"这些公园为外国人所用""服装不体面者不得入内"。也就是说,此规则实施时,是否为中国人并非被禁止入园的理由,如穿上"体面的服装"——指洋装——即可被允许进入公园。[32]当然,不允许中国人着中国服装进公园,也是对中国人自尊心的极大伤害,因为不允许不穿洋装的人进公园,也就是把西洋人以外的人当非人对待。但是,从这篇日记来看,两天前还对遭拒愤懑不已的杨闇公,现在却在公园里玩得兴奋不已,甚至说"到沪来最快活的了"。革命青年杨闇公尚且如此,则一般民众对该公园心情之复杂,亦非用同仇敌忾、爱恨交加等词语所可表达,自不待言。

---

[30] 《杨闇公日记》,四川人民出版社,1979年,第126页。
[31] 同前,第127页。
[32] 关于租界公园入园问题,日本在沪居留民的刊物提到:"日本人进公园者,除妇人孩童外,须着洋服或和式礼服"(上海日报社编《上海年鉴(1926年版)》,上海日报社,1926年,第217页)。

"中国通"后藤朝太郎

杨闇公等因着中国服装,第一次进公园被拒,至少日记上是这么写的。那么,问题是他们进公园时的服装,究竟是不是中国服装呢?这需要进一步探讨。其实,当时也有人穿着中国服装,大大方方地进公园游玩,例如日本人后藤朝太郎(1881—1945)。后藤是汉语音韵学者,写过许多关于中国各类事物(如中国风俗、生活、菜肴)的书籍,即一般所谓的"中国通"。他是战前有关中国著述最多的日本人之一。一部记录 1926 年中国行的《支那游记》中,记录了他穿着中国服装去外滩公园,没有受阻,在公园愉快散步的情景。相关文字稍长,姑引如下:

那座公园虽说是不允许支那人进入的,其实并非不允像支那人者进入。因为是上海工部局所公认的公园,所以并非支那人的我,进入其间散步则理应无碍。……我因怀以支那服为常服的心情,故不怕别人是如何看我的。站在园内小径交叉口的印度巡捕亦以不审之眼光扫视我的行踪。虽然没有贵妇人等把视线注入于我,但有些绅士、淑女用奇怪的眼光注视着我这个不懂公园规矩的支那人。……我自己因为有这身支那服竟能进公园散步的缘故,内心充满了一种侠义心情,甚至希望印度巡捕会冲着我来说一些什么训斥的话。但是他们半信半疑地盯着我,终于欲言又止,结果是什么也没说就算了。如果他们因为支那服而训斥我的话,还想等待着同他们好好辩驳一番,不幸的是,这番辩驳终于没有发生。[33]

后藤出于"侠义心情",准备对限制中国人进入公园驳斥一番,而穿着中国服装进了公园。虽然遭了白眼,但却并未受阻,依然能在公园里散步。就笔者寡闻所及,尚不知有中国爱国人士着中国服装进入公园。然而从杨闇公和后藤的经历看,身为中国人或身着中国服装似皆非入园受阻的理由。毋宁说,穿中国服装的中国人,在一定的情况下也是有可能进入公园的。

五、告示牌所暗示的意义

外滩公园挂有"华人与狗不得入内"告示牌的传闻(以及由此得出的"中国人不能进入公园"的结论),与试图限制中国人入园的告示规则(然而实际上中国人也有进公园的)的存在,这两项史实之间看似差距不大,实则迥然有异。如此,则告示牌的意义不在于其历史事实究竟如何,而应该在于围绕入园而出现的复杂情况(不同时期告示牌上的字句差异、可否着中国服装等等)被二次表述为"华人与狗不得入内"这一颇具刺激性的传闻或曰传说后所产生的强大感染力。

历史上许多现象之所以影响巨大,并非因其为事实,而是因其经空想被单纯化后为众人所共有。如麦卡锡主义在美国兴起,其背景就是一般市民对共产主义抱有潜在恐怖感和警惕。经二次解读产生的"华人与狗不得入内"所起到的作用,即属此类。不管把

---

[33] 后藤朝太郎《支那游记》,东京:春阳堂,1927年,第89—92页。

狗和中国人相提并论的告示牌是否曾真实存在,帝国主义践踏中国主权的事实都摆在每个中国人的面前。较之列举列强几千条罪状,"华人与狗不得入内"的传闻更能一针见血地点破列强野蛮统治的本质。而且,正因其一针见血,才能不断为中国革命提供能量。事实上,因受"华人与狗不得入内"的强烈刺激而投身革命者,并不在少数。[34]

也就是说,正是希图从列强统治下获得解放的强烈愿望所产生的二次表述,显示了革命动力之所在。也正因如此,过去某公园的告示牌问题在今天仍能引起如此巨大的反响。换言之,因为推翻帝国主义在中国的统治(其象征即"华人与狗不得入内"的告示牌)是中国革命最光辉的成就,所以过去租界公园告示牌上的字句——也是一个民族的记忆——在今天依然必须是"华人与狗不得入内"。

此外还必须指出当时租界所具有的两面性质。众所周知,当时的租界既是列强统治中国的象征,同时也是革命运动"安全地带"。[35]正像租界一样,对上海市民而言,外滩公园也不仅是令人憎恨的帝国主义统治的象征。前文所述杨闇公等看似互相矛盾的心情(特意换上洋装进入可恶的公园散步,却感到十分愉快)充分说明了外滩公园在中国人心目中的复杂形象。从字里行间不难看出,杨闇公等所感到的愉悦,并非终于进入侮蔑中国人的公园后产生的征服感,而是置身于随处散发着西洋气息的公园游玩时的欢欣鼓舞。这为我们展示了外滩公园不同于告示牌传闻的另一形象,即令人憧憬的西洋文明标志。那么,这种憧憬的起因何在?

---

[34] 参见方志敏《可爱的中国》(1935),《方志敏文集》,人民出版社,1985年,第126页。
[35] 在租界里,因为中国的主权(警察权)不能直接行使,以共产党为首的革命运动时常把活动站点放在那里,这是众所周知的。当然,租界内有租界当局的警察机构,他们也绝不放任革命运动(如1903年的《苏报》案;1920年代末至30年代初对共产党的镇压也曾有租界当局的协助)。但与直接受中国政府镇压的租界外相比,重视法律手续的租界毕竟要安全一些。共产党早期的全国代表大会能在上海租界内召开,党中央长期安置在租界里,也是出于这一理由。

实际上,1920年代围绕外滩公园的各种议论,并非一边倒地抨击"华人与狗不得入内"。上海报纸《时事新报》就有如下论述:

> 听说上面几个公园,从前是公开过的,因为我们同胞的公共道德心太缺乏了,所以遭西洋人的厌恶,曾经有"华人与狗,不准入内"的牌示。……听说外国人所持为唯一的拒绝我们华人享受公园的娱乐的理由,因为欧战和平纪念开庆祝会的那天,花园的花都被人家摘尽了。……我不敢担保不再发生我们华人的弱点,所以也不敢完全要求自由地开放公园。不过像现在的严格的取缔,我总不愿意自号为文明的友邦人久长维持下去。……我愿上海的华人,快教你们子女们去培养些公德心,不要叫他们贪了一些花草,便被自利和自私战胜,连累全体的居民都得不到应享有的权利。[36]

较之对公园告示牌的抨击,这样的立场要少得多,但绝非仅此一例。上述第二节介绍的姚公鹤《上海闲话》也有如下记述:

> [华人不得入公园内。]惟此事并无国际强弱之关系,乃国民教育之关系。闻昔时外人并无此项禁令,历见华人一入公共地方,折花驱鸟,躁踏地方,无所不为,于是跑马场首以营业公司名义,禁止华人之涉足。……呜呼!教育不普及,又曷怪公益心之薄弱耶![37]

由上述两处引文可知,公园告示牌问题也使作者联想起近代西方的"文明"观念(指公共道德、公德心、公益心),促使其面对国人缺乏这些观念,并加以反省。换言之,被称作比西方更西方的上海租界也属此类空间之一,中国知识分子在这个空间里对近代西方理念开始觉醒。实则,他们透过外滩公园这面橱窗"发现"了中国所没有的"公共道德",并认为其值得追求。正因如此,杨闇公等才渴望进入公园,并能在那里感到欢欣愉悦。如此看来,对于公

---

[36] 韩祖德《上海租界公园开放问题》,《时事新报》1924年4月14日。
[37] 前引姚公鹤《上海闲话》上卷,第18—19页(重排本,第11页)。

园,他们既深感不满,同时也已觉察到令人憧憬的原因,以及憧憬背后的含义,并进而试图加以诠释。

他们既强烈拒绝"华人与狗不得入内"反映出的西方价值观的某一部分,同时又必须追求西方价值观中中国人尚不具备但不可或缺的另一部分。而且,就像在外滩公园看到的那样,必须排斥的与必须接受和追求的价值观如影随形,难分难解。实际上,自与近代西方开始接触以来,这个难题就一直贯穿着整部中国近代史。在这个意义上说,外滩公园问题恰如镜子,如实照射出了近代西方在中国的两重性和与此对应的中国人的矛盾情感。

原文发表于2000年6月29日—7月1日台北"中研院"召开的第三届国际汉学会议;后收于黄克武主编:《思想、政权与社会力量》(台北:"中研院"近代史研究所,2002年)。收入本书时,做了译文修订。

辛亥革命时期的种族主义与中国人类学的兴起

在清末革命派的主张中,"排满革命论"始终占有主流地位。它激发了知识分子和革命群众的民族主义情绪,促进了反清革命运动迅速发展。可以说,"排满"代表了辛亥革命的时代精神。

关于"排满",此前学术界有两种不同的认识:有的学者高度评价这一主张在政治宣传上的意义,认为它在坚定民族信心、增强反清情绪、发动群众等方面都起到了良好作用;有的学者则在对其号召力给予一定认可的同时,更强调其负面作用,认为它带有浓厚的狭隘种族观念。但是,人们大都忽视了考察"排满"主张和那个时期传入中国的近代人类学之间的关系。

反满思想由来已久。清末报刊上的"排满"文章说明,当时的革命派知识分子并不只是单纯重复传统观念,而是积极利用了当时刚刚传入中国的人类学的"先进科学知识"。因而,辛亥革命时期的"排满"主张,就不仅是革命党人狭隘的种族观念的表现,而且也包含着以社会进化论为内容的近代人类学的成分。本文将揭示近代人类学传入中国的过程,研究它和维新派、革命派主张的内在联系,从而说明近代人类学(民族学)在20世纪中国的地位。

一、西方人类学传入东亚

近代人类学是一门在西方发展起来的学科,19世纪的最后十年间传入中国。它作为一种"新知识",为当时中国的知识分子提供了一个解释世界的新工具。[1]当然,近代以前的中国士大夫并不是对中国域外的各族人群全无了解。他们知道,世界上有不同"人种"。例如,"佛郎机""红毛番"等词就散见于十六七世纪的中国文献。1751年(乾隆十六年)还出现了奉敕撰写的九卷本《皇清职贡图》。这是那个时代一本高水平的世界人种图谱,一些人类学家甚至将其视作中国人类学的先河。[2]但是,该书对世界人种的记述还是零星的,不是近代意义上的人类学。

近代人类学在中国的早期传播与西方在华人士的活动有密切关系。根据现有资料,1892年(光绪十八年)由英人傅兰雅(John Fryer)主编、上海格致书室出版的《格致汇编》第7年第3卷中,有一篇未署名的《人分五类说》[3],可以看作最早传入中国的以近代人类学理论讨论人种问题的文章。该文介绍西方人类学家的人种划分,对各人种的肤色、发型、鼻型、头型、心性和文化诸特点有详细的描述,文称:

> 西国常以人分五大类:一曰蒙古人,一曰高加索人,一曰阿非利加人,一曰马来人,一曰亚美利加土人。以肤色分之,则曰黄人、白人、黑人、棕人、红人。……又有格致家将全地之人统分三类,以亚美利加土人与马来人并蒙古人为一类。

---

[1] 关于人类学传入中国的经过,请参看:冯客《近代中国之种族观念》(杨立华译,江苏人民出版社,1999年;Frank Dikötter, *The Discourse of Race in Modern China*, Stanford: Stanford University Press, 1992);张寿祺《19世纪末20世纪初"人类学"传入中国考》,《社会科学战线》1992年第3期;王建民《中国民族学史》,云南教育出版社,1997年;坂元弘子《中国民族主义的神话——种族、身体、性别》,东京:岩波书店,2004年。附言,清末盛行的"黄祸论"与本文内容有密切的关系,但限于篇幅,暂不涉及。关于中日两国对"黄祸论"的反应,请参阅桥川文三《黄祸物语》,东京:筑摩书房,1976年。

[2] 在学术界,最早注意到《皇清职贡图》的价值而给予评价的是日本人类学家鸟居龙藏。请参阅:鸟居龙藏《从人种学看〈皇清职贡图〉》,《太阳》第15卷第14号,1909年11月;收于《鸟居龙藏全集》第7卷,朝日新闻社,1976年,第107—124页。

[3] 关于《格致汇编》对晚清西学东渐上的作用,请参阅:熊月之《西学东渐与晚清社会》,上海人民出版社,1994年(修订版:中国人民大学出版社,2010年),第十章。

人分五類說

博物家云凡各動物如不變其水土地氣飲食等事則無論代傳幾何年之久亦不變其種類若移其地位更其水土易其飲食則種隨地易情隨事遷形亦有改性狼有變狼本野生天性兇殘無論何國產者皆山居野處地無異境狼有同形故其身體大小皮毛顏色殘各處相同犬生各國或畜於家或游於野地處不同飲食有殊遂有大小之別形色之異小者如鼠大或如驢黑有純黑白有全白紅黃棕灰以及雜色無不有之性有兇如狼者亦有馴似狸者此其故略因動物身體必與本處情形相宜始能生育蕃衍否則易致滅絕無焉類矣動物有此配合改變之法即能傳留多年惟所改變之處亦有一定界限過此限則不能再變如家豬本與野豬大異攜至亞美利加偶有走散者變為野豬放之則野性歸原體形復舊歐洲有家畜之豬生出大牙與歐洲之野豬同馬與驢種相近各能傳育如使驢馬相配則生為騾而形居驢馬之間惟不能生育故不能傳其類

觀上說可見一類動物不能改變而成他類以同理論及人亦不能改變成為他類故無論何國之人皆可同類視之而與他動物有殊夫人雖屬動物而品質為最貴較諸他物識見尤高智慧益靈故日人為萬物之靈且於識見之外智慧之中另其是非之心有辨善惡之性兼能言語工作玟求事理故特別固自尊為一類然玟各國各地人之形體性情容貌顏色亦有大不相同之處故西國常以人分五大類一曰蒙古人一曰高加索人一曰阿非利加人一曰馬來人一曰亞美利加土人以膚色分之則曰黃人白人黑人棕人紅人

格致彙編

人分五類說一

九

第七年

《人分五類說》內文[4]

---

[4] 《格致匯編》第7年第3卷,1892年。

19世纪在西方兴起的人类学主要是以体质类型为基础而成立的学科,因此,该文的理论依据也是"体质人类学"。文中介绍的人种五大分类法,创始于近代人类学鼻祖——德国的布卢门巴赫(Johann F. Blumenbach,1752—1840),被当时西方人类学界普遍采用,在东亚传播的早期人类学也受其影响。例如,日本最早的人类学专著《人种篇》[5]就介绍了五大分类法,说明它是"日耳曼人布卢门巴赫的发明"。《人种篇》介绍的"以头颅形状区别人类之法",就是当时在西方人类学界很盛行的"头骨指数"分类法。[6]《人分五类说》一文也介绍了类似的观点。这些情况说明,当时传入东亚的人类学主要是以人体各种指标为依据的"体质人类学"。

应该指出的是,当时的西方人类学带有浓厚的种族进化论色彩。它按人种的"进化"程度将世界人种排出优劣次序,并且将白种人排在首位。这一点在上面提到的两篇著作中都可得到证实。《人分五类说》称:"蒙古人亦名黄人……好恶之性、是非之心尚未十分精警,文弱之态、积习之气尤未速加开通……高加索人亦曰白人,身躯高壮、肢体勤敏、性情活泼、心思缜密、好恶分明、是非果断……阿非利加人亦曰黑人,性情蠢昧、识见浅隘。"《人种篇》在比较各人种的特质后,也毫不犹豫地断言:"欧罗巴人种优于其他所有人种也。"[7]

除西方在华人士的科普刊物以外,日本的人类学、社会学著作也是中国人的重要知识来源。日本人类学的兴起,可以追溯到

---

[5] 《人种篇》(秋山恒太郎译,内村耿之介校,1874年)为日本文部省编刊《百科全书》之一种,《百科全书》原著是英国钱伯斯出版社的综合性图书之一《人民的知识》(*Chambers's Information for the People*, new and improved edition, 2 vols., 1867)。关于文部省编刊《百科全书》,请参看拙稿《日中近代的编译百科全书》,收于石川祯浩、狭间直树编《近代东亚翻译概念的发生与传播》,社会科学文献出版社,2015年。

[6] 所谓"头骨指数"(cephalic index)是头盖骨长度与宽度的比例。自瑞典解剖学家、人类学家雷齐乌斯(A. Retzius,1796—1860)在19世纪40年代提出后,"头骨指数"在西方人类学界被认为是最科学的分类指标。

[7] 前引《人种篇》下册,第39页。

1884年成立的人类学会(后改称"日本人类学会")。[8]它是由坪井正五郎(1863—1913)、鸟居龙藏(1870—1953)等人创立的,有自己的刊物《东京人类学会报告》(1887年改称《东京人类学杂志》,即现在的《人类学杂志》)。1897年11月上海《译书公会报》第5册刊出的《地球人类区分》,原载日本《地学杂志》,是在中国最早翻译的日本人类学著作。1903年,湖南留日学生创办的湖南编译社出版了从日译本转译的英国人威尔逊著《人类学》。[9]在日本人类学家当中,对中国影响最大的是鸟居龙藏。他于1895年首次到中国辽东半岛进行实地调查,以后又多次前往中国东北,考察各民族(包括满族在内)的体质、习俗、文化等,事毕根据调查编写了《人种志》《人种学》《南满洲调查报告》等许多著作。[10]

就与本稿有密切关系的项目来讲,鸟居通过对满族的体格测验,阐明了满族的来源以及与其他西伯利亚民族(通古斯族)的近似关系,对20世纪初年的中国产生过相当大的影响。根据已知资料,鸟居有以下几种著作当时就被译成中文:

一、鸟居龙藏编辑,坪井正五郎校阅,《人种志》,嵩山房,1902年

侯官林楷青译,《人种志》,闽学会,1903年

二、《人种学上より见たる亚细亚の住民に就て》,《地学杂志》第16卷182、183号,1904年2、3月

译者不明,《从人类学上论亚细亚的住民》,《湖北学报》

---

[8] 关于日本人类学发展的历史,请参阅:清水昭俊《近代人类学在日本的诞生与发展》,收于筱原彻编《近代日本的他者形象与自我描述》,东京:柏书房,2001年,第236—272页。

[9] 原著:Sir Daniel Wilson, *Anthropology*, N.Y.: Humboldt, 1885;日文版:涩江保译述《人类学 全》,东京:博文馆,1894年;中文版:《人类学》,湖南编译社,1903年。

[10] 1939年,鸟居被燕京大学聘为客座教授,1951年回国。他以中国作为人类学、民族学研究的基地,成为日本最著名的民族学家、人类学家。他在中国的民族学调查,对中国民族学界有很大影响,例如其《苗族调查报告》曾被国立编译馆译为中文,1936年由上海商务印书馆出版。

第 2 集第 14 期,1904 年 7 月

　　三、《人种学上より见たる〈皇清职贡图〉》,《太阳》第 15 卷第 14 号,1909 年 11 月

　　译者不明,《满洲人种考》,《地学杂志》第 1 年第 3 号,1910 年 4 月

这几篇译文均在原著出版后一年以内发表,说明中国学人如何关注鸟居的研究。

《满洲人种考》的译者高度评价鸟居的学风,在按语中说道:"日本鸟居氏,游历吾国蒙古及满洲北部,已阅多年,穷幽凿险,不惮艰阻,为彼邦之有心人,亦觇吾国之间谍也。"据鸟居分析,"从身体特质上看,满洲人与通古斯种族相似,可以说是通古斯的一分派。从人种学的观点看,它无疑是通古斯人种"。[11]就这样,以往被视为"肃慎后裔""女真"的满族,在体质人类学的理论框架下,被划入"通古斯族"这个西伯利亚人种。此后,革命党人就经常提起"通古斯族""西伯利亚人种",用以证明满族属于异族。很明显,这种主张的根据就是该时期传入中国的人类学理论和人种分类法。

除上述几部著作以外,《民种学》《人类谈》《进化论》等海外人类学著作的译本也均在 20 世纪初年的中国出现,加深了中国知识分子对人类学的认识。林纾、魏易合译的《民种学》(京师大学堂,1903 年出版)是从德国哈伯兰《民族学》的英译本转译的。[12]《人类谈》的原本是日本坪井正五郎 1902 年在开成馆出版的《人类谈》。[13]在这里,上海广学会 1904 年出版的《进化论》的翻译经过值得关注。该译本标出英文原书名为 Anthropology,本应译作

---

[11]　鸟居《从人种学看亚洲的居民》,《地学杂志》第 16 卷第 182、183 号,1904 年 2、3 月。

[12]　原著:Michael Haberlandt, *Volkerkunde*, Leipzig: G. J. Goschen'sche Verlagshandlung, 1898;英译本:J. H. Loewe (trans.), *Ethnology*, London: J. M. Dent, 1900。清末京师大学堂开设人种学课程,《民种学》当为教本或主要参考书。

[13]　见 1903 年 4 月版《浙江潮》第 3 期,书末有《人类谈》的出版广告:"现已付印,不日出书,开育社启。"

《人类学》,但广学会的翻译家竟将其译为《进化论》。[14]进化论是最早引入中国的西方"新学",它极大地影响了中国社会科学的发展。由此也可看出,人类学最初被中国人了解的时候,曾经利用了进化论的名义。当时,不论在中国、在西方,"人类学"既是社会进化论的重要内容,同时也是生物进化论在"人种"方面的应用。"人类学"之所以迅速为清末知识分子所接受,它和进化论的密切关系是重要原因之一。

二、戊戌维新派的种族观念

清末时期,在引进西方新思想、改变中国思想界面貌方面,以梁启超、唐才常、严复为代表的维新派的作用堪称首屈一指。在"人类学"这一新的学术领域,他们的积极作用也同样很明显。

1895年,严复正在着手翻译赫胥黎(T. Huxley)著《天演论》。[15]他在《原强》一文中介绍了"物竞天择"的初步概念——"争存",同时叙述世界各族说:"盖天下大种四,黄、白、赭、黑,是也。"[16]这一分类法的根据是肤色类型,可以说严复所接受的人类学也是体质人类学。继严复之后发表有系统、有分量的人类学著作的,是唐才常。1897—1898年,他在《湘学报》连续发表的长文《各国种类考》[17],可以称为中国人类学的开山之作。该文开头

---

[14] 《万国公报》第186册(1904年7月)末尾所附"广学会新书"广告,并将该书英文原名登出。英文原著 Anthropology 的著者不得而知。

[15] 赫胥黎在1863年出版的《人类在自然界的位置》(Man's Place in Nature),被认为是人类学发展的奠基之作。众所周知,严复翻译的 Evolution and Ethics 是这部书的续篇,书中散见有关人类学、人种学的记述。因此,不妨说《天演论》也是中国人类学的先导之一。

[16] 《严复集》第1册,中华书局,1986年,第10页。

[17] 《湘学报》第15—27册,1897年9月—1898年2月,后收于唐才常《觉颠冥斋内言》,1898年,卷3,第1—56页。

就说：

> 西国常以人分五大类，一曰蒙古人，一曰高加索人，一曰阿非利加人，一曰马来人，一曰亚美利加土人。以肤色分之，则曰黄人、白人、黑人、棕人、红人。又有格致家将全地之人统分三类，以亚美利加土人与马来人并蒙古人为一类。

唐氏自己在文中说，他这一段叙述完全根据《格致汇编》上的文章（即上述《人分五类说》）。清末在华人士（广学会）出版的刊物对戊戌维新派的影响甚大，这已成为史学界的共识。[18]梁启超本人当时就高度评价广学会的科普刊物，认为它们简括明备，初习西学之人可以"增智"。[19]唐文启示我们，正因为维新派如饥似渴地吸收外来新知识，才打破了中国之外为"四夷"的传统观念，获得了新的世界观。

除《人分五类说》以外，唐才常的知识还来源于日本人的著作。其中，冈本监辅（1839—1904）用汉文撰写的《万国史记》对唐才常影响尤其大。[20]《万国史记》虽然是世界史著作，但也包含有关各国地理、人种的大量信息。在人种分类方面，它同样沿袭布卢门巴赫的原则："人种大别五种，曰黄色，曰白色，曰黑色，曰紫色，曰铜色，原其始祖，各自不同。"（卷1，页1）可见，当时的世界史与人种学、地理学有难解难分的关系。唐才常可能不通外语，但《各国种类考》对世界各国的论述极其详细，不仅是世界史地研究方面的高水平著作，而且是一篇相当完整的人种学专文。那个时期

---

[18] 请参阅：若杉邦子《〈万国公报〉——清末维新派发行之最早杂志》，《中国文学论集》，第25号，1996年；若杉《戊戌变法运动草创期的维新派与广学会——以维新派发行的〈万国公报〉为中心》，《东方学》，第96辑，1998年。

[19] 梁启超《中西学门径书七种》第7卷，上海：大同书局，1898年，第10页。

[20] 唐才常看到的《万国史记》可能不是1879年出版的原本，而是1897年上海慎记书庄印行的石印本。《万国史记》在中国影响很大，据估计其翻刻本发行量达三十万部以上。有关冈本的活动及其在中日文化交流史上的作用，请参阅狭间直树《中国近代的帝国主义与国民国家》，收于狭间编《西方近代文明与中华世界》，京都大学学术出版会，2001年。

出版的人类学、人种学专著大多片断、零散,而唐氏的《各国种类考》则比较完备,在相当长时期内被认为是中国唯一的世界人种志。[21]

唐氏《各国种类考》关心人类学,并非为了作知识性介绍,而是另有原因。这从他当时写的另两篇文章《通种说》和《强种说》中可以明显地看出来。《通种说》称:

> 今试与海内君子平心考验,而知将来之力天国,同宗教,进太平者,惟通种之为善焉。何以证之?凡木之秀良而花实并茂者,其始也必多以异木并而合之。……由是而知人之必合种而后善者,乃天然之理也。……[南洋各地]其居民或白父黄母,或黄父白母,而聪明材力,迥绝等伦;其立志亦多以五洲第一等人自居,而有傲睨全球之势,则知黄白合种之必大聪强无疑也。[22]

该文充分说明,唐氏之所以关注人种学,是因为他试图通过"合种"这一优生学方法来实现黄种人的"进化"。根据当时的理解,各人种之间的差别是先天性的,而白种人是各人种之中最优秀者;因此,从"天演公理"上讲,黄种人改进的唯一出路不外乎与白种人"合种""通种"。[23]正如鲍勒(P. J. Bowler)所指出的那样,"事实上,相信进化论的人无一例外地都接受了有关人类起源的单线发展模式,并为了使普遍存在的种族偏见正当化而利用了这一模式。"[24]只要承认了当时西方的人类学,则不管愿意与否,唐才常也摆脱不了这一人种发展模式。可以说,当时维新派的"保

---

[21] 请参阅浮田和民著、闽县刘崇杰译《史学原论》(闽学会,1903年)末页"闽学会丛书广告"。

[22] 《唐才常集》,中华书局,1980年,第100—101页。

[23] 当时,在湖南与唐才常一起活动的易鼐也曾提出同样看法。请参阅:易鼐《中国宜以弱为强说》,《湘报》第20号,1898年。

[24] 鲍勒著,田洺译《进化思想史》,江西教育出版社,1999年;Peter J. Bowler, *Evolution, the History of an Idea*, Berkeley: University of California Press, 1984。

种"主张也在某种意义上立足于这种肤浅的认识。

论述维新派的人类学研究,也不能忽视梁启超的贡献。梁启超自1890年读《瀛环志略》"始知有五大洲各国"[25]以后,通过阅读《格致汇编》等科普刊物,加深了对世界人种的理解。到日本以前,他论及人种的早期著作有《论中国宜讲求法律之学》《论中国之将强》《论湖南应办之事》等。在《论中国宜讲求法律之学》中,他除了提到黄种和白种以外,还提到"非洲之黑奴、墨洲之红人、巫来由[马来]之棕色人"。[26]值得一提的是,他用"脑之角度""血管中之微生物"等"科学"指标来说明人种的区别。[27]显而易见,前者指"头骨指数"之类的指标,而后者则相当于血型。可以说,他在利用刚刚传入的西方科学知识方面是相当敏锐的。

1898年变法失败,梁启超逃亡到日本,以《清议报》《新民丛报》为基地,运用在日本获取的新知识进行了旺盛的著述活动。此前,人种和种族观念是梁启超观察和分析当时世界形势的一种工具,此后就进一步发展为把握人类全史的重要武器。其代表著作是发表在《新民丛报》创刊号(1902年)的《新史学》中的一节《历史与人种之关系》。[28]梁启超将该节放在《中国之旧史》与《史学之界说》两节之后,可见他对人种在历史上的作用极其重视。文中,他开宗明义地说:

> 历史者何?叙人种之发达与其竞争而已。舍人种则无历史。……呜呼,后乎此者,其有种界尽破、万国大同之郅治乎?吾不敢知。若在今日,则虽谓人种问题为全世界独一无二之问题,非过言也。……故夫叙述数千年来各种族盛衰兴亡之迹者,是历史之性质也。叙述数千年来各种族所以盛衰兴亡

---

[25] 梁启超《三十自述》,《饮冰室合集》,中华书局,1989年,《文集》11,第16页。下文引用《饮冰室合集》,仅记《文集》(或《专集》)及卷数、页码。
[26] 《文集》1,第94页。
[27] 《论中国之将强》,《文集》2,第13页。
[28] 《文集》9,第11—20页。

之故者,是历史之精神也。

就世界人种的分类法而言,他在坚持戊戌变法时期以来的五大类型的同时,也介绍了四种分类法(康德[I. Kant])以至六十三种分类法(巴喀[巴克尔,Henry T. Buckle])等各种学说。此外,他还利用参考了语言因素的人种分类表,详述世界各族的系统关系。可见,到日本后,他的人种知识明显丰富了。在这方面,他大量利用了日本学者的成果。例如,《新史学》中的《历史与人种之关系》一节是依据日本人浮田和民(1859—1946)著《史学通论》《西洋上古史》以及高山林次郎(高山樗牛,1871—1902)著《世界文明史》写成的[29],梁所介绍的西方学者的各种人种分类法以及人种分类表等,在浮田的著作里都可以找到。此外,梁启超《中国史叙论》中有关人类史前史分期理论(石器时代、青铜器时代、铁器时代)的介绍,也是参照《西洋上古史》写成的。[30]

值得注意的是,梁启超并未全盘接受浮田等人的看法。浮田和梁启超的最大不同表现在对"历史的人种"这一词语内涵的理解上。浮田认为,"历史的人种"是历史上形成的人种,即受语言、文化等后天因素而派生出的人种;而梁氏则认为,"历史的人种"是"能自结排人者",也就是"能扩张本种以侵蚀他种"而"使全世界之人种受其影响,以助其发达进步"的人种。基于对"历史的人种"的不同解释,进而产生了历史观本身的差异:浮田认为,"实则历史上之人种乃历史之结果,而非历史之原因也。故据历史解释人种则极恰当,不得据人种解释历史也";梁启超则认为,"叙述数千年来各种族盛衰兴亡之迹者,是历史之性质也。叙述

---

[29] 浮田和民《史学通论》,东京专门学校(早稻田大学的前身)教科书,1898年左右出版;浮田《西洋上古史》,东京专门学校教科书,1898年;高山林次郎《世界文明史》,东京:博文堂,1898年。

[30] 见《文集》6,第8—9页;《西洋上古史》,第7—8页。后来,刘成禺著《史学广义内篇人种第一》(《湖北学生界》第3期,1903年)也依据浮田著作,介绍该分期理论。关于浮田和民对梁启超的影响,请参看本书所收《梁启超与文明的视点》《近代东亚"文明圈"的成立及其共同语言》。

数千年来各种族所以盛衰兴亡之故者,是历史之精神也"。这样,梁氏的"新史学"就成为以"历史的人种"的兴亡为基调的种族斗争史。

梁启超之所以产生这种人种史观,其原因还是在于当时盛行的社会进化论。同一个时期,梁本人又说道:

> 凡人类智识所能见之现象,无一不可以进化之大理通贯之。政治法制之变迁,进化也;宗教道德之发达,进化也;风俗习惯之移易,进化也。数千年之历史,进化之历史,数万里之世界,进化之世界也。[31]

这种对进化论的天真崇拜不仅发生在梁启超身上,也是当时许多有识之士的共同认识。在那个时期,传入中国的人种学、人类学知识与社会进化论互相结合,容易产生人种史观,是不可避免的历史现象。但是,应该指出的是,尽管梁氏当时的文章经常详述雅利安族(Aryan)、条顿族(Teuton)兴起的历史,称之为"世界史之主人翁",但梁并不承认他们在人种上的先天优势。他认为,条顿族之所以能够崛起,是因为他们在与他族的切磋琢磨中努力养成了独立自由的气概。他说:"条顿人今遂优于天下,非天幸也。其民族之优胜使然也。"[32]就是说,根据他的逻辑,只要专心自强,黄种人(中国人)也可以像条顿人那样雄飞于世界,耸立于民族之林。

从梁启超的例子可见,当时的人种论、人类学确实有增强民族信心的一面。19世纪末20世纪初,西方人类学理论之所以被引入中国并受到欢迎,有其特定的背景:当时的人类学包含"社会进化论"内容,它分析国际上的先进民族、落后民族,企图说明某些民族或优胜、或被淘汰的原因。从这个意义上说,人类学无外乎"弱肉强食""优胜劣败"的教科书;但在中国的特殊条件下,维新

---

[31] 《论学术之势力左右世界》,《文集》6,第114页。
[32] 《新民说·就优胜劣败之理以证新民之结果而论及取法之所宜》,《专集》4,第7—11页。

人士却将它视作一门启发民智的学问加以引进,希望帮助人们面对现实,并思考中国的问题。

尽管如此,以梁启超为首的维新派未能运用此类人种史观来说明中国国内的问题。高唱人种史观易产生排满观念,自不待言。早在戊戌之前,梁启超已显露出反满思想的萌芽,在主讲湖南时务学堂时期,他曾窃印《扬州十日记》等书,并"加以案语,秘密分布,传播革命思想"。[33] 1902年,在致康有为的信中,他甚至力主讨满,声称"今日民族主义最发达的时代,非有此精神,决不能立国,……而所以唤起民族精神者,势不得不攻满洲,日本以讨幕为最适宜之主义,中国以讨满为最适宜之主义"。[34]但是,在革命派高唱"排满革命论"以后,梁启超等却再也不敢公开提倡"排满"。

三、"排满革命论"与中国人类学

革命派的早期宣传材料是《扬州十日记》《嘉定屠城纪略》等。这些记述清初满族肆行屠杀的小册子本身就能充分激发强烈的民族复仇心,唤起"排满"意识。但是,革命派很快就发现,包含社会进化论的西方人类学理论与知识可以为"排满革命论"提供"科学"根据。这样一来,论坛上就出现了革命、改良两派都应用人类学、人种学分别主张"排满""拥满"的局面。

革命派认为,汉族与满族是完全不同的"种族"。邹容在《革命军》中呼吁"革命必剖清人种"。他认为,亚洲黄种人可分为两种:中国人种(汉族、西藏族、交趾支那族)和西伯利亚人种(蒙古族、通古斯族、土耳其族),汉族属于前者,而通古斯族系统的满族则属于后者。[35]他介绍的人种分类法是当时人类学的普遍

---

[33] 《清代学术概论》,《专集》34,第62页。

[34] 丁文江、赵丰田编《梁启超年谱长编》,上海人民出版社,1983年,第286页。

[35] 邹容《革命军》,《辛亥革命前十年间时论选集》第1卷下册,生活·读书·新知三联书店,1960年,第668—670页。

说法[36],对"排满"主张十分有利。在邹容看来,既然种族不同,汉族"驱逐居住中国中之满洲人,或杀以报仇",自然就是合理的。

面对革命派的主张,改良派陷入了困境。梁启超早在1901—1902年就说,黄种人可分为三种:(1)亚洲东部的中国人、日本人、朝鲜人、暹罗人;(2)亚洲北部中部的蒙古人、鞑靼人、鲜卑人(西伯利亚人);(3)欧洲、近东的土耳其人、匈牙利人。当时,梁启超认为所谓中国人包含满族。[37]但是,革命派根据人类学将满族定性为"异族"以后,改良派就不能再重复以往的论点,因为只要依据人类学的一般说法,就很难否定汉族与满族的不同。为此,梁启超也只好含糊地承认满族属于异族。他在《中国史叙论》中先分中国人种为六种(苗种、汉种、图伯特种[西藏种]、蒙古种、匈奴种、通古斯种["今清朝亦自此兴者也"]),接着说:

> 种界者本难定者也。于难定之中而强定之,则对于白、棕、红、黑诸种,吾辈划然黄种也;对于苗、图伯特、蒙古、匈奴、满洲诸种,吾辈庞然汉种也。[38]

但是,全面赞同人类学的分类法,在逻辑上就意味着对"种族革命论"的降服;因此,改良派不得不另外提出人种分类指标,用以主张"满汉不分论"。他们提出的人种分类是以文化、语言、习俗等后天因素为指标的。例如,康有为认为,"所谓汉满者,不过如土籍、客籍籍贯之异耳。其教化文义,皆从周公孔子;其礼乐典章,皆用汉唐宋明,与元时不用中国之教化文字迥异,盖化为一国,无复有几微之别,久矣"。[39]梁启超也针对汪精卫提出的六种民

---

[36] 邹容的亚洲人种分类法完全沿用日本人桑原骘藏著《中等东洋史》(大日本图书,1898年)。桑原著《中等东洋史》有汉译本《东洋史要》(东文学社,1899年)。但邹容所看到的是哪一版本,不得而知。此外,上述鸟居《从人种学看亚洲的居民》持"满族是通古斯族"的立场,坪井正五郎《人类学》(早稻田大学出版部,1905年)第73页也有类似说法。

[37] 《新史学》,《文集》9,第13页;《中国积弱溯源论》,《文集》5,第36页。

[38] 《文集》6,第7页。

[39] 《南海先生辨革命书壬寅六月》,《新民丛报》第16号,1902年9月。

族分类因素反驳道:"以严格论之,满洲与我却不能谓为纯粹的异民族。……论者谓民族之六大要素,满洲人之纯然同化于我者,既有四焉。其他之二,则彼此皆不能奋下武断,……故以吾所主张,则谓依社会学者所下民族之定义以衡之,彼满洲人实已同化于汉人,而有构成一混同民族之资格者也。"[40]

可是,在革命派推动潜在感情的"种族革命论"面前,以满族同化为前提的改良派的种族论始终形势不妙。针对改良派的"满汉不分论""满族同化论",革命派在《民报》上纷纷刊文驳斥。刘师培在《辨满人非中国之臣民》[41]一文中,旁征博引近百种史料,呼应汪精卫"建州卫"(满族故地)非中国领土之说,证明建州不独非明之领土,且非明朝保护地,而只是中国统治权范围以外之土。陶成章则进一步声援刘师培,干脆宣称满洲在明末已经是中国的敌国。[42]在《民报》上,这种援用历史材料证明满族异族性质的文章不胜枚举。《民报》中有太多的文章可以证明,以人种学为理论根据的种族主义是"排满革命论"的核心。

其实,《民报》诸人虽然比较详细地探讨了满族的源流,但对"汉族"的实质内容为何,却似乎没有做过详细探究。他们只有一个模模糊糊的历史性、心理性的"汉族"观念。众所周知,当时的"汉族",一般都被认为是"黄帝子孙"。那么,这个"黄帝"是哪来的?为了确定"汉族"或者"黄种"的实质内容及其与他族的关系,不论是对革命派还是对改良派,汉族的来源都是亟待解决的问题。因此,关于"汉族"来源的探讨,不但是早期中国人类学的课题,而且也是革命派、改良派急需解决的政治问题。

中国人之起源,或曰汉族之起源和形成问题一直是人类学、考古学及古人类学研究的课题。早在20世纪初,就有一些知识分子,或出于政治主张的需要,或从学术研究的角度,开始探讨中国

---

[40] 《申论种族革命与政治革命之得失》,《文集》19,第29—31页。
[41] 韦裔(刘师培)《辨满人非中国之臣民》,《民报》第14、15、18号,1907年。
[42] 思古(陶成章)《论满洲当明末时代于中国为敌国》,《民报》第20号,1908年。

民族的历史。其代表人物有章炳麟、宋教仁、刘师培、蒋智由(蒋观云)等。这些人都是"排满论"或者"满汉不分论"的有力宣传家。可见,中国人种的来源问题,在这些人的心目中,就是"种族革命论"的重要内容之一。换言之,虽然名义上是学术研究,实际上是一种政治行为。

值得注意的是,当时的论者都直接、间接地受"汉族西来说"的影响。此说发源于法国东方学学者(伦敦大学教授)拉库伯里在1894年发表的《中国古文明西来论》。[43] 拉库伯里以巴比伦古史与中国古史相比附,认为中国人的祖先来自古代巴比伦的迦勒底。此说在当时引起了巨大反响。1903年,蒋智由在其长篇论文《中国人种考》,刘师培在其《攘书》中,都对此说有所介绍。[44] 蒋氏的《中国人种考》一文可视为中国第一部有分量、高水平的中国民族史研究著作,意义很大。该文在详述拉库伯里的学说后呼吁道:

> 我种人于上古四千年前,世界草昧,舟车未兴而超越千万里高山、崴岉、沙漠出没之长道,以开东方大国,是则我祖若宗志气之伟大、性质之勇敢为何如?而其事业之雄奇又直为他人种之所无,足以鼓舞我后人之气概者,抑又何如也。[45]

这段文字显示,"汉族西来说"对蒋氏增强民族信心起了极其重要的作用。[46] 稍后,章炳麟对"西来说"也一度表示赞同。他在1904年发表的《序种姓》一文汲取近代人类学和人种学的观点,通

---

[43] Terrien de Lacoupérie, *Western Origin of the Early Chinese Civilisation from 2300 B. C. to 200 A. D.*, London: Asher, 1894.

[44] 《中国人种考》连载于《新民丛报》第35号至第60号,1903—1905年;刘师培《攘书》今收于《刘申叔先生遗书》卷十八。刘氏介绍"西来说"还见于《论中国对外思想之变迁》(《警钟日报》1904年6月20—21日)、《思祖国篇》(《警钟日报》1904年7月15—20日)以及《中国民族志》(1905年)。

[45] 《中国人种考(二)中国人种西来之说》,《新民从报》第37号,1903年9月。

[46] 刘师培在其《论中国对外思想之变迁》中,也提出了类似的看法。详见本书所收《20世纪初年中国留日学生"黄帝"之再造》。

过爬梳古文献获得大量资料,通过对姓氏的研究,考证中国古代人种的由来、各族的渊源、华夏族的形成。关于华夏族的由来,他说:"方夏之族,自科派利[Lacoupérie]考见石刻,订其出于加尔特亚[Chaldea],东逾葱岭,与九黎、三苗战,始自大皡[伏羲氏],至禹然后得其志。征之六艺、传记,盖近密合矣。其后人文盛,自为一族,与加尔特亚渐别。"[47]这里也同样可以看出《中国古文明西来论》的影响。

不过,应该指出的是,至1910年章炳麟就否定了"汉族西来说"。他说:"法国人有句话,说中国人种原是从巴比伦来。又说中国地方,本来都是苗人,后来被汉人驱逐了。以前我也颇信这句话,近来细细考证,晓得实在不然。"[48]显而易见,对于提倡建立"国粹"、发扬汉族文明优越性的章氏来说,汉族来源自遥远的西亚之说并不符合他的要求。

如上所述,尽管蒋智由和章炳麟对"汉族西来说"的看法不同,但都参考了拉库伯里的学说。当时,英文著作《中国古文明西来论》不仅没有汉译本,也还未有日译本,清末人士是如何了解该书的内容的呢?揭开这个谜底的关键也在于日本的"中介"作用。20世纪初年,关于日本人种渊源问题的讨论盛极一时,很多学者致力于比较东西民族的"科学研究"。[49]虽然拉库伯里的著作没有日文版全译本,但部分日本学者已有断章取义的引用。[50]其

---

[47] 《訄书》重订本《序种姓上》,《章太炎全集》第3卷,上海人民出版社,1984年,第170页。

[48] 《论教育的根本要从自国自心发出来》,《教育今语杂志》第3期,1910年5月,今收于《章太炎政论选集》上册,中华书局,1977年,第514页。再后,在1914年重新编订《序种姓》时,章炳麟又对附和拉库伯里处都作了修改。参见:《检论·序种姓》,《章太炎全集》第3卷。

[49] 关于日本明治时期的日本人种论战,请参阅富山一郎《国民的诞生与"日本人种"》,《思想》第845号,1994年。

[50] 日本历史学家介绍拉库伯里学说始于1896年前后,请参阅:三宅米吉《拉库伯里先生关于中国古代文明起源的学说》,《史学杂志》第7卷第8期,1896年;桑原骘藏《评部分东方学学者有关中国古代史的学说》,《国民之友》第287—288号,1896年。

中,对介绍拉库伯里学说做出巨大贡献的是白河次郎、国府种德合著的《支那文明史》(博文馆,1900年出版)。该书在第三章"支那民族西亚来源论"中,详细介绍了拉库伯里的《中国古文明西来论》的内容。如将《支那文明论》第三章和蒋智由的文章加以比较则很容易发现,后者是前者的改写。[51] 关于当时蒋氏如何关注日本的人类学研究,从该文的另一个部分也可以得到证实:蒋氏在介绍拉库伯里学说之后,接着评述法国种族主义宣传家戈比诺(Joseph Arthur Comte de Gobineau,1816—1882)的《人种哲学》[52],这实际上是参照日人森鸥外(森林太郎,1862—1922)所著《人类哲学梗概》(春阳堂,1903年出版)写成的。

日本人著作的中介作用,在章炳麟的《序种姓》一文中同样可以看到。该文认为世界人类"其小别六十有三(西人巴尔科[巴克尔]所分)"[53],其根据很可能出于上述浮田和民所著《史学通论》。1904年章氏发表《序种姓》[54]以前,不但确实读过浮田的书,而且对其评价很高。[55] 另一方面,如本文第二章所指出,《史学通论》早已介绍过巴克尔的六十三种分类法。因此,我们可以理所当然地认为《序种姓》中的"汉族西来说",也是

---

[51] 《支那文明史》及其中译本(竞化书局,1903年)对革命党人的影响很大。陶成章《中国民族权力消长史》(1904年)和刘师培《中国民族志》(1905年)主张"西来说",都直接受到此书影响。

[52] 《中国人种考 西亚文明之缘起》,《新民丛报》第38、39号合本,1903年10月。《人种哲学》原著为:*Essai sur l'inégalité des Races Humaines*,1853-1855。戈比诺以其种族主义主张闻名,他认为白种人负有发明文化之责任,埃及与中国文化均为印度民族即白色雅利安种之首陀罗所传入。

[53] 《章太炎全集》第3卷,第170页。据《章太炎选集》上海人民出版社,1981年,第196页注释,文中"西人巴尔科"是美国动物学家帕克(Parker)。但是,"巴尔科"不是帕克,而是英国文明史家巴克尔。巴克尔在其代表作《英国文明史》(*The History of Civilization in England*)中曾提出六十三种分类说。关于巴克尔《英国文明史》对近代东亚的影响,请参看本书所收《梁启超与文明的视点》。

[54] 《序种姓》是章氏考订《訄书》重刊本时增加的文章,其写作时间应早于1904年。

[55] 《章太炎来简壬寅六月》,《新民丛报》第13号,1902年8月。

经过日本人介绍,才为章炳麟所接受。

清末中国人对日文著作的涉猎、研读实在令人惊讶。在这里,我们还须谈到宋教仁对日本人类学的关注。他的日记给我们提供了一个清末知识分子如何及为何吸收"汉族西来说"的具体情况。从中可以得知,留日期间,宋教仁已多方寻找内外刊物,发表大量的政论、学术研究而著名。他在东京时,每天都抽出一定时间读书看报、从事写作、进行翻译。

根据日记记载,宋教仁抵达日本后不久就购买了《人类学杂志》,表现出对人类学的关心。[56]稍后,他在日本报纸上发现一则有趣信息,就是"汉族西来说"。1906年9月3日,宋教仁兴奋地记载,"有一新闻广告中,言佛国东洋学者拉库伯里氏论定支那人之民族,实自小亚细亚卡耳迪亚之苏美尔人、阿卡德人中迁徙而东来者。其论非徒臆断,乃自各学术方面研究之结果而断定者也"。[57]他当天读到的"新闻广告"就是日人佐佐木安五郎在《读卖新闻》发表的《读高楠博士〈文珠所说宿曜录所见之二十八宿十二宫七曜之名目论〉》。[58]该文是对日本佛教学家高楠顺次郎的文章[59]的读后感,正如宋氏所介绍的那样,是对拉库伯里"汉族西来说"的简介。佐佐木的文章似乎引起宋教仁的极大关注,宋氏以后每周日都读佐佐木在《读卖新闻》发表的续篇,并在当天的日记里记述佐佐木和高楠两篇文章的详细内容[60],表示对"西来说"的赞同。

---

[56] 《宋教仁日记》,湖南人民出版社,1980年,第46页(1905年3月16日条)。

[57] 《宋教仁日记》第228页(1906年9月3日条)。附言之,宋教仁日记日译本(松本英纪译《宋教仁の日记》,同朋舍出版,1989年)附有很详细的注释,对了解日记有很大帮助。

[58] 佐佐木安五郎《读高楠博士〈文珠所说宿曜录所见之二十八宿十二宫七曜之名目论〉》,在1906年9月2日到10月28日的每周日连载于《读卖新闻·日曜附录》。

[59] 高楠顺次郎《文珠所说宿曜录所见之二十八宿十二宫七曜之名目论》,《读卖新闻·日曜附录》1906年8月12、19日。

[60] 《宋教仁日记》第235、245—246、254—256、265—267、277—280、282—283页(1906年9月3日条)。

佐佐木安五郎(1872—1934)是当时著名的"蒙古通",经常提倡"日蒙同祖论"以及"日本人种源流希伯来人说",用以提倡日本在大陆的扩张政策。很明显,他积极介绍拉库伯里的"汉族西来说"是为进一步加强这一主张。宋教仁对其用意恐怕没有充分认识。对于以打倒满族、恢复汉族为己任的宋教仁而言,"西来说"的意义在于它能够满足汉族的自尊心。换言之,当时标榜"殆不可动之定说"[61]的"西来说",分别被不同论者赋予了不同的意义。从这个意义上说,不仅"西来说",而且人类学、人种学本身起初就不可避免地带有某种政治性质。

总之,要理解革命派"排满"主张的内容,须将之置于人类学在晚清中国的传入史中加以考察;与此同时,要理解中国人类学的兴起,也须将之置于晚清政治格局中加以考察。革命派人士既是"排满"宣传家,又是西方近代人类学在中国的早期传播者。作为"排满"宣传家,他们擅长于以中国的历史与文化为反满革命酿造激情;作为西方近代人类学在中国的早期传播者,他们不断吸收外来学说,通过与改良派的论战,推进了对中国民族历史的学术探讨。这无疑是不容忽视的贡献。但也必须指出,当初就肩负着"排满"这一政治课题而问世的中国人类学,在后来的发展过程中,长期流露出浓厚的汉族优越感,鄙视满族及其他少数民族。民国成立后,虽然孙中山等革命领袖不止一次地主张民族平等、五族共和,但始终难以消除当初就烙下的印记。有西方人类学家批评现代中国人类学称:"汉族学者的应用人类学首先是应用于帮助'原始人'——少数民族——接受汉族文明的同化,这与西方殖民人类学家想对愚昧的'野蛮人'所做的显然有同样的目的。"[62]如果这一批评能够成立的话,就不得不说,促进中国人类

---

[61] 佐佐木安五郎《读高楠博士〈文珠所说宿曜录所见之二十八宿十二宫七曜之名目论〉》,《读卖新闻·日曜附录》1906 年 9 月 9 日。

[62] Gregory E. Guldin, *The Saga of Anthropology in China : from Malinowski to Moscow to Mao*, New York: M. E. Sharpe, 1994, p.247;中译:顾定国著,胡鸿保、周燕译《中国人类学逸史》,社会科学文献出版社,2000 年,第 331 页。

学兴起的时代思潮留给后世的影响极为沉重和深远。

原文发表于 2001 年 10 月 16—19 日在武汉召开的纪念辛亥革命 90 周年国际学术研讨会"辛亥革命与 20 世纪的中国";收于中国史学会编:《辛亥革命与 20 世纪的中国》中册,中央文献出版社,2002 年。

二 东瀛之风

梁启超与文明的视点

一、导言

梁启超给予清末中国社会思潮的影响是巨大的,20世纪中国的巨人,如胡适、毛泽东等,都感慨地回顾他们在青年时代阅读《新民丛报》时感受到的强烈震动。在改变了近代中国思想界面貌这点上,梁启超是首屈一指的。可以说,胡适、毛泽东等清末青年所走的道路,是从利用梁启超的语言和其所提供的模式来思考和分析世界而开始的。本文拟从梁启超亲身经历的日本明治时期的知识状况的角度,对其带给中国的语言和思考模式的中心部分,即"文明"或"文明论"加以探讨。

回首19世纪,正可谓其为"文明"的世纪;在这个世纪里,西方各国满怀信心地把他们到达的水准称作"文明",并将其当作认识世界的普遍尺度。既然中国和日本也是通过汇入这一"文明"体系而跨过通往近代世界的大门,就理所当然地必须了解世界上存在"文明"的秩序。因为不管接受与否,"文明"都是19世纪后半期的中国人和日本人不得不面对的客观世界体系,是称谓这一体系的关键词语。在这个意义上讲,亚洲的近代史是顺应这种"文明"的过程。而在明治日本获取了"文明"的知识营养,并将其作为"新知识"介绍到中国的,正是1898年戊戌政变后被迫流亡到日本的梁启超。进一步讲,梁在日本期间的不少著述,说到底是围绕着"文明"或其相关问题而发的。这是本文在探讨梁启超与日本的关系时将"文明"放在中心位置的首要理由。

本文着眼"文明"的另一理由,是基于"文明"所派生的种种言论(文明史论、地理环境决定论等),乃明治日本和清末中国"思想链条"非常重要的基础。众所周知,清末以后,随着留日学生增加,西方的书籍、概念、各种学说的翻译、重译及其改写通过日本大量涌入中国;但是,如果没有使这些学说和概念得以成立的某种共同话语,接受这些学说和概念是极其困难的。所谓共同话语,实际上并非那些传世的尖端的学术书籍,而是那些摆在店头的通俗刊物;并非那些字斟句酌的译著,而是通过剽窃和翻版而来的杂七杂八的教科书。而通过文明开化以来长期辗转流传,已化为常识、有时甚至已面目全非的首要言论,就是文明论。

文明论所覆盖的范围极其广泛,言论皆经过多重堆积。既然"文明"的言论中含有许多来路不明的常识或一般概念,又经过梁启超的改造,则要梳理其相互关系和来龙去脉,是非常困难的。但是,唯有通过这样的梳理,才可以再现梁启超"新知识"的全貌,并进一步在使日本和中国之间的"思想链条"成为可能的言论共有化这一现象中将其重新定位。[1]

二、中国的"文明"

"文明"一词见于《书经》《易经》,是一古汉语词;但其作为civilization 之译语而被赋予新的生命力,却是在近代日本。在日

---

[1] 与本文相关的研究有:佐藤慎一《"文明"与"万国公法":近代中国接受国际法的一个侧面》,祖川武夫编《国际政治思想与对外意识》,创文社,1977 年;佐藤慎一《进化与文明:关于近代中国的东西文明比较问题》,《东洋文化》第 75 号,1995 年;山室信一《亚细亚认识的基础》、石川祯浩《东西文明论与中日两国的论坛》,均收入古屋哲夫编《近代日本对亚洲的认识》,京都大学人文科学研究所,1994 年;等等。关于中国的"文明"及与其相对置的"文化"的关系,敝稿《近代中国的"文明"与"文化"》(《日本东方学》第 1 辑,中华书局,2007 年)中叙之甚详,本文不赘。关于"思想链条",详见山室信一《知识回廊:近代世界思想链条的前提之一》,沟部英章等合著《近代日本的意义》,木铎社,1992 年。

本,用"文明"一词来翻译 civilization 或 enlightenment,从而诞生了"文明史观",可追溯到文明开化时期。1875 年刊行的福泽谕吉的《文明论之概略》畅行一时,可见在明治前半期,所谓"文明"是相对于"野蛮"或"未开化"而言的。具体讲来,就是开化民族应该具备的社会制度、生活文化的总称,并以西方为排头的一元化发展的顶点,或到达此一顶点的过程。[2] 众所周知,巴克尔的《英国文明史》不仅提供了《文明论之概略》的大体架构,对整个明治日本的文明认识也产生过巨大影响。明治前半期的日本也是"文明"的全盛时代,世界是通过"文明"这一镜头被认识的。

这个日式汉字词汇在日本固定下来之后,又被拿到了中国。当然,清末的中国知识分子和日本人一样,也接触了各种被称为"文明"的现象,以及 civilization 这一名词。但是,要找到"文明"这一词语来表述它们,则有待从日本移入。清朝第一任驻英公使郭嵩焘的经历很能说明这一点。福泽的《文明论之概略》在日本广为流传以至"文明"一词脍炙人口的 1878 年,郭嵩焘正在伦敦,他在日记里这样记载他读到《泰晤士报》(The Times)的"civilization""civilized"时的感想:

> 西洋言政教修明之国曰色维来意斯得[civilized],欧洲诸国皆名之。其余中国及土耳其及波斯曰哈甫色维来意斯得[half-civilized]。哈甫者,译言得半也,意谓一半有教化,一半无之。其名阿非利加诸回国曰巴尔比里安[barbarian],犹中国夷狄之称也,西洋谓之无教化。三代以前,独中国有教化耳,……自汉以来,中国教化日益微灭,而政教风

---

[2] 关于明治时期新语汇的固定,斋藤毅《明治时期的语言》(讲谈社,1977 年)有详细的研究。日式汉字词汇向中国传播方面的研究,有铃木修次《文明的语言》(广岛:文化评论出版社,1981 年)和铃木修次《日式汉字词汇和中国》(东京:中央公论社,1981 年),以及沈国威《近代中日词汇交流研究——汉字新词的创制、容受与共享》(中华书局,2010 年)等。另外,在比较文化学、历史学上使用的"文明",如"埃及文明""亚洲文明"等用法,比意为"开化"的"文明"的出现晚得多,此点似应予注意。

俗,欧洲各国乃独擅其胜,其视中国,亦犹三代盛时之视夷狄也。[3]

从这个记述中,我们可以得到三个启示。第一,他将 civilized、half-civilized、barbarian 这些词全部音译(当时在日本已分别有固定的"文明、开化""半开""野蛮、未开"等译词),这表明他还没有明确的汉语词汇来翻译这些英文;第二,尽管如此,他仍然把文明恰当地理解为"政教修明""教化",借用古代的中华与夷狄的关系来理解文明的不同阶段;第三,他指出了当时中国与西方之间旧有的"文明"顺序,即中华与夷狄的立场发生了逆转。换言之,不管用不用"文明"这个术语,他是沿用"政教修明""教化"的汉语词汇和华夷序列的框架,从一个侧面确切地认识了"文明"。

但是,这并不意味着可以忽视"文明"这个新词在中国出现的意义。因为,当时作为 civilization 的译语而出现的"文明",并非仅中立地形容西方社会的状况,或表现类似华夷之别的教化的有无,而分明是以历史的"进步"为前提,并包含着对以西方为排头的一元性顺序和普遍公理的价值判断。因此,只要使用了"文明"这个词,则不管愿意与否,都只能是在认识一种非中国"自己的"价值的存在。

从这个意义上讲,把"文明"一词与其所包含的价值观一起传到中国的许多功绩当归于梁启超。在梁启超的著述中最早——依笔者观之,也是整个中国最早之一——在 civilization 的意思上应用"文明"一词的,是据传作于光绪二十二年(1896年)的《论中国宜讲求法律之学》。其中有这样一段:

> 人之所以战胜禽兽,文明之国所以战胜野番,胥视此也……以今日之中国视泰西,中国固为野蛮矣。以今之中国视苗黎猺獞及非洲之黑奴、墨洲之红人、巫来由之棕色人,则

---

[3] 《郭嵩焘日记》第3册,湖南人民出版社,1982年,第439页。

中国固文明也。以苗黎诸种人视禽兽，则彼诸种人固亦文明也。然则文明野番之界无定者也。以比较而成耳。[4]

在这里，虽然他所使用的"文明"尚存有若干古汉语的痕迹，并且不认为西方就是文明的顶点；但是，他明确地以"文明"和"野蛮（番）"为进化的相对关系上的两个指标，在这点上无疑带有 civilization 的色彩。以历史"进步"为前提的"文明"的用法在《变法通议》中表现得更加清楚。他说："由猩猴而进为人也。由野番贱族而进为文明贵种也。其作始甚微，而将毕至巨也。"这里的"文明"分明是基于阶段性进化的学说而使用的，与当时日本的"文明"几乎同义。[5] 在 1898 年戊戌政变后流亡到日本后，"文明"二字成了梁启超文章中不可缺少的关键字眼，不断出现在他发表于《清议报》及《新民丛报》的各篇文章中。先不管是否是梁启超最先使用"文明"来理解 civilization，1900 年时确有评论称："自由、文明"是"康梁所独有"[6]；可见当时人们都认为"文明"这一新汉语词汇是梁启超的标志，从而固定了下来。这应是毋庸置疑的。

三、福泽谕吉的媒介作用

初到日本为光绪帝复权而运动日本政府一无所获，旨在总结变法运动而连载的《戊戌政变记》告一段落之后，梁启超利用在日

---

[4] 梁启超《饮冰室合集 文集》，中华书局，1936 年，第 1 册，第 93—94 页。下文引用《饮冰室合集》，仅记《文集》或《专集》及卷数、页码。认为《论中国宜讲求法律之学》（原载于《湘报》第 5 号，1898 年 3 月）作于光绪二十二年（1896 年），系采李国俊之观点（《梁启超著述系年》，复旦大学出版社，1986 年，第 46 页）。

[5] 《变法通议/论女学》（1897 年），《文集》第 1 册，第 41 页。应当指出，戊戌以前的梁启超尚未超出康有为的思想框架，文明的三个阶段即"野蛮—半开—文明"亦被置换成"据乱—升平—太平"（《教习梁批》[1897 年]，《湖南时务学堂遗编》1898 年初版，1922 年重印，北京香山慈幼院刊本，卷三，《札记》，第 25—26 页）。

[6] 沈翔云《恭祝皇上万寿演说》，《清议报》第 53 册，1900 年 8 月。

本获得的新知识积极展开了旺盛的著述活动,"文明"成了他观察和分析世界走向的第一个镜头。附言之,可称为他在流亡日本时的研究笔记的《自由书》(自1899年至1905年断续连载于《清议报》和《新民丛报》)中,共用"文明"约40次,其中约半数用在初期,亦即1899年8月开始连载到12月暂时离开日本这不到四个月里。"文明"二字成为他1899年下半年的文章的关键词语。

从《自由书》的《文野三界之别》可以明显看出他对"文明"的热情。他在这篇文章开首就断言道,世界人类文明分成三个阶段,即依野蛮—半开化—文明几个"阶级""顺序而升",这是"世界人民所公认"的"进化之公理";然后,他详述了三个阶段的状态,并说,"我国民试一反观,吾中国于此三者之中居何等乎?可以瞿然而兴矣",呼吁中国必须文明化。在《文野三界之别》三个月后发表的《国民十大元气论(一名文明之精神)》中,他进一步呼吁中国的文明化应追求每个人的"精神文明",而非"形质文明"。他说:

> 文明者有形质焉,有精神焉。求形质之文明易,求精神之文明难。精神既具,则形质自生。精神不存,则形质无附。然则真文明者,只有精神而已。……所谓精神者何?即国民之元气是矣。[7]

在其千变万化的著述活动中,梁启超念念不忘的主题,就是确立把中国人改造成与西方文明并肩的"文明"的"国民"的精神。所以,这篇文章应是受强烈驱动而作。《国民十大元气论(一名文明之精神)》最明确地表明了他的这种使命感。

我们在看到上述文明三段论以及"文明之精神"这些话时,会马上联想到日本的福泽谕吉的文明论。可以说,梁启超的"文明之精神"正是福泽谕吉在《文明论之概略》中大声疾呼的,而且,以

---

[7]《国民十大元气论》,1899年,《文集》第3册,第61—62页。刊登于《清议报》时标有副题"一名文明之精神",收入《合集》时副题被删去。

文明为立论主线,这本身也与福泽谕吉相同。既然梁启超流亡日本后将"文明"作为其核心视点,就有必要探讨他与福泽的关系。

此前的梁启超研究虽然都承认梁与福泽有某种思想上的共同之处,而关于梁启超的文明论曾直接受福泽著作(如《文明论之概略》)之影响,又都基本上持否定态度。[8]但是,实际上在前述梁启超的《自由书》和《国民十大元气论》这些代表性文明论中,可以清楚地看到福泽《文明论之概略》的直接影响,梁启超肯定曾经读过该书。下面就从岩波文库版《文明论之概略》(1962年修订本)和《饮冰室合集》(中华书局,1989年)中,列举梁明显翻译或改换福泽原文的几处例子(在梁文中,这几处皆未注明出自福泽)。

《自由书·自由祖国之祖》(《专集》第2册,第5页)	《文明论之概略》第60—61页
《自由书·文野三界之别》(《专集》第2册,第8—9页)	同上,第25页[9]
《自由书·近因远因之说》(《专集》第2册,第10—11页)	同上,第75—76页
《国民十大元气论·叙论》(《文集》第3册,第61—62页)	同上,第27—31页

此处列举的梁启超的四篇文章,都是他流亡日本后约一年间所撰,福泽的著作肯定影响了他:"居日本东京者一年,稍能读东文,思想为之一变。"[10]附言之,福泽谕吉的名字早已见于黄遵宪《日本国志》的注中[11],所以有理由推测梁启超在中国时已经知

---

[8] 见夏晓虹《觉世与传世——梁启超的文学道路》,上海人民出版社,1991年,第192页;区建英《福泽谕吉在中国》,《日本历史》第525号,1992年。

[9] 细野浩二《康有为和华夷观念与帝国主义》(《文学研究科纪要(早稻田大学)》第38辑,1994年)曾指出《文野三界之别》系《文明论之概略》之翻版。

[10] 《三十自述》(1902年),《文集》第11册,第18页。

[11] 黄遵宪《日本国志》(沈云龙主编《近代中国史料丛刊续编》第10辑,台北:文海出版社,1974年影印本),卷三十二,《学术志一》,第10页。

道福泽，也许他在戊戌变法前已读过《文明论之概略》[12]，但其显著影响实出现在流亡日本之后。

研究梁启超与福泽的关系最需依据的史料，要数《国民十大元气论(一名文明之精神)》(未完稿，仅有叙论和第一章)，因其叙论所依据的《文明论之概略》的有关部分，特别是作为文明之精神的"人民之风气"(梁称其为"国民之元气")，正是福泽反复强调的"此书的核心概念之一"。[13]福泽告诫人们切莫表面模仿文明，反复强调"文明之精神"；梁启超特意将此句写进副题，表明他以福泽的伟业自任。福泽谓"日本有政府而无国民(nation)""知有家而不知有国"，梁则有"知有天下而不知有国家""知有一己而不知有国家"的主张；可见，该时期的梁启超和文明开化时期的福泽所面对的共同课题是创造"国民"以建设"国民国家"。在这个意义上讲，梁启超尽可能吸收了《文明论之概略》的精神。

梁称福泽是"文明移入功绩者""日本大儒"。关于福泽的业绩，他说："专以输入泰西文明思想为主义。日本人之知有西学自福泽始也。其维新改革之事业亦顾问于福泽者十而六七也。……即不能为倍根[培根]、笛卡儿、达尔文，岂不能为福禄特尔[伏尔泰]、福泽谕吉、托尔斯泰。"[14]从梁到日本流亡后一年间的言论，特别是有关文明论的一系列文章里，我们可以看到他以中国的福泽谕吉自居的姿态，可以肯定地说，连载于《清议报》的《自由书》最初几篇，和本应成为该报代表性连载的《国民十大元气论》的执笔意图，正是梁版《文明论之概略》。在这些文章里，"文明"被认为是人类历史中一以贯之的"公理"，是包括中国在内的全世界的普遍价值，因此是正确的。他之所谓"文明"，既然伴随着"文明之

---

[12] 梁启超戊戌变法前所著《论中国宜讲求法律之学》(参阅本文注4)中关于"野蛮""文明"的一段(《文集》第1册，第94页)，遣词、行文皆酷似《文明论之概略》(岩波文库版，第26页)，前引细野《康有为和华夷观念与帝国主义》认为梁文源于福泽。

[13] 丸山真男《读〈文明论之概略〉》上卷，岩波书店，1986年，第124页。

[14] 《论学术之势力左右世界》(1902年)，《文集》第6册，第115—116页。

精神",当然是无条件的善。

奇怪的是,他在流亡日本的初期曾对《文明论之概略》反复引用,而1900年以后却戛然而止;这之间尽管有因游历美国(实际只到了夏威夷)而离开日本的原因,但是本应成为梁版《文明论之概略》的《国民十大元气论》的续篇,尽管早经预告,却终未发表。当然,在其后的《清议报》上发表的梁文中依然可见他对"文明"二字情有独钟,《新民丛报》上连载的《新民说》里仍然频繁地使用该词。另外,梁对倡导"独立自尊"的福泽的思慕之情,在福泽死后也一如既往,《新民丛报》译载了福泽的《男女交际论》和《福翁百话》[15],福泽的遗像还被作为"日本维新二伟人"之一印在报端。那么,梁启超为什么疏远了《文明论之概略》呢?

揭开其谜底的关键在于,他由据以理解"文明"的社会进化论导出了"强权""竞争"的逻辑,并认为"公(团体)"的价值高于"私(个人)"。关于这一点,将他在《新民丛报》上连载《新民说》时已确信不疑的"自由""独立"的见解与文明开化时期的福泽作一比较,则一目了然。大体讲来,福泽强调"自身之自由"是一国自由之前提,而梁启超在《新民说/论自由》里则断言"自由云者,团体之自由,非个人之自由也"。[16]福泽说"一身独立,国家始独立";对此,梁虽然也承认个人精神独立和团体(国家)独立有密不可分的关系,但同时又强调社会进化论的"竞争""强权"是更根本性原理。[17]

---

[15] 《东洋学说/男女交际论》,《清议报》第38册,1900年3月,原著为福泽谕吉《男女交际论》,《时事新报》1886年5月26日至6月3日;《日本大儒福泽谕吉语录》,《新民丛报》第38/39号合刊,1903年10月,原著为福泽谕吉《福翁百话》(1897年刊)中《有形界之改进》《正直者非乡间人之特性》《偏狂之事》《政论》《人生名誉之权利》《人事无绝对之美》等六篇。

[16] 《新民说/论自由》(1902年),《专集》第4册,第44页。

[17] 不过,"竞争导致进步"的思想(比如梁启超《保教非所以尊孔论》认为,中国的战国时代是竞争带来思想发展的时期。《文集》第9册,第55页)在《文明论之概略》里也有所提示(岩波文库版,第33—34页)。所以,1900年以后的梁启超并非彻底抛弃了《文明论之概略》。

据此,梁启超这样规定"文明"与"竞争"的关系:"夫竞争者文明之母也。竞争一日停,则文明之进步立止。……竞争绝,毋乃文明亦与之俱绝乎。"[18] 在他看来,既然20世纪初世界处于国民国家间"优胜劣败"的"竞争"时代,则"国也者,私爱之本位,而博爱之极点。不及焉者,野蛮也"。[19] 这些观点概源于伯伦知理(J. Bluntschili)和加藤弘之等人,此处从略。在此需要确认的是,梁所置身的世纪之交的日本,已不是《劝学篇》(《学问のすすめ》,福泽的代表著作)、《文明论之概略》标榜"文明之精神"的时代,而是早已经过了加藤弘之、陆羯南、德富苏峰等的"社会进化论""国民主义""国权主义""帝国主义论"的时代。亚洲的形势已使人们不得不承认现实上强权政治在支配着国际政治,甚至福泽本人也曾于1878年的《通俗国权论》中认识到"百卷万国公法不如几门大炮"。梁曾谈到他与陆、德富等有过个人接触,得到多方教益等[20];所以,有充分理由认为他们的思想也融入了梁的思想中,事实上,后期的《自由书》已经频繁地引用德富苏峰而不是福泽。[21]

---

[18] 《新民说/论国家思想》(1902年),《专集》第4册,第18页。

[19] 同前。

[20] 比如梁启超讲《自由书/精神教育者自由教育也》(1899年,《专集》第2册,第35—36页)是与陆羯南交谈受到启发而作。

[21] 据《夏威夷游记》(《专集》第22册,第191页)1899年12月28日记载,梁曾在赴夏威夷的船上阅读德富苏峰《将来之日本》和数册《国民丛书》(民友社出版的德富苏峰随笔集系列),其后的《自由书》经常有参照德富随笔的文章;其中出处较明确的有如下几篇:a.《自由书/无名之英雄》,《清议报》第37册,1900年3月→德富苏峰《无名之英雄(无名の英雄)》,《基督教新闻》第204号,1887年6月,后收入德富《静思余录》民友社,1893年。b.《自由书/天下无无价之物》,《清议报》第39册,1900年3月→德富苏峰《社会无无代价之物(社会に无代价の物なし)》,《国民新闻》1894年1月13日,后收入德富《第二静思余录》,民友社,1895年。c.《自由书/烟土披里纯(INSPIRATION)》,《清议报》第99册,1901年12月→德富苏峰《烟土披里纯(インスピレーション)》,《国民之友》第22号,1888年5月,后收入德富《静思余录》。d.《自由书/无欲与多欲》,《清议报》第99册,1901年12月→德富苏峰《无欲与多欲》,《国民新闻》1901年12月1日,后收入德富《第二日曜讲坛》,民友社,1902年。e.《自由书/机埃的格言》,《清议报》第100册,(转下页)

可以说,梁启超在日短短数年,就把明治时期日本的思想历程重又走了一遍。

四、地理决定论与帝国主义认识

那么,梁启超离开福泽的《文明论之概略》,把重点移向积极肯定竞争的强权论,是否意味着他放弃了从前的"文明"观点呢?不是。下面就以巴克尔的文明史观,或曰地理环境决定论为核心,探讨一下梁启超思想的支柱。

众所周知,巴克尔《英国文明史》曾使明治初年的知识界兴奋不已,它不仅给福泽谕吉和田口卯吉提供了其文明论的基本架构,而且也改变了加藤弘之的一贯观点。如前所述,梁启超的立论是以福泽《文明论之概略》为铺垫的,所以,不论梁是否意识到巴克尔,巴克尔的文明论通过福泽同样对流亡初期的梁启超的文明论提供了基础,这一点当无疑问。有关巴克尔《英国文明史》的翻译史和其在史学史上的地位等,日文、中文皆有专论。[22] 有与梁启超有关的日文论著认为,进入19世纪90年代"巴克尔的历史论也已式微"[23](梁启超到日本是在1898年)。而梁本人也于1900年

(接上页)1901年12月→苏峰生《歌德之格言》,《国民新闻》1900年8月5日,后收入德富《日曜讲坛》,民友社,1900年。f.《说希望》,《新民丛报》第31号,1903年5月→德富苏峰《侥倖心及冒险心》,《国民之友》第77号,1890年3月;和《希望》,《国民之友》第149号,1892年3月,皆后收入德富《静思余录》。

另外,《自由书/俄人之自由思想》(《清议报》第96册,1901年11月)是翻译俄人沃尔考斯基《俄国之自由思想》(渡边为藏编《二十世纪新论十种》,民友社,1901年,原载《国民新闻》1901年4月18—19日)而成。从这些例子可以看出梁启超非常关心民友社的出版物,特别是德富苏峰的著作。

[22] 日文论著有小泽荣一《近代日本史学史研究·明治篇》,吉川弘文馆,1968年;中文论著有谭英华《试论博克尔的史学》,《历史研究》1980年第6期;俞旦初《二十世纪初年中国的新史学思潮初考》,《史学史研究》1982年第3—4期,1983年第2期。关于中国最早的译本之一魏易译《文明史》(《学部官报》第3—28期,1906—1907)中是如何翻译civilization的,请参看前引敝稿《近代中国的"文明"与"文化"》。

[23] 前引小泽荣一《近代日本史学史研究·明治篇》,第330页。

后撇开了《文明论之概略》。所以看上去十分自然。

但是,实际上并不那么简单。因为巴克尔的文明论已经远离他的名字,径自成为有关历史与地理环境关系的普遍性法则和常识,一直规定着明治时期知识分子对世界的认识。例如,浮田和民写的东京专门学校教科书《史学原论》《史学通论》(据认为皆出版于1898年前后)的《历史与地理》一章里,就抄译了《英国文明史》的《总论》中有关文明的发生与地理环境、气候的关系部分,并与黑格尔(Hegel)的地理论(《历史哲学》中《绪论·历史的地理基础》)一同当作普遍法则,而只字未提巴克尔的名字。梁启超发表在《新民丛报》创刊号上的《地理与文明之关系》(《新民丛报》第1—2号,1902年2月)正是浮田《历史与地理》的翻版(亦未提及浮田和巴克尔的名字)。[24] 在这篇文章里,巴克尔式的地理决定论被赋予了与世界公理同等的地位。恐怕梁启超并不知道,浮田所说的"公理"竟是一个名叫巴克尔的英国人提出来的。不过,梁启超也许根本就无需知道这些,因为,包括志贺重昂的《地理学》(东京专门学校教科书,1897年;梁启超曾翻译、改写其中三章[25])在内,类似的地理决定论在当时的理论界可谓畅行无阻。巴克尔《英国文明史》非但没有式微,简直已是无需冠以作者名字的"匿名真理",成了明治日本的常识和普遍观念,并进一步地完全化为梁启超的新知识。

---

[24] 关于浮田《历史与地理》对梁启超地理思想的具体影响,请参看本书收录的《梁启超与明治时期日本的地理学研究》一文。另,《史学通论》在史学领域似乎也吸引了梁启超,成为他写《自由书/英雄与时势》(《清议报》第27册,1899年9月→《史学通论》第25—26页的翻版)、《新史学/史学之界说》(《新民丛报》第3号,1902年3月→《史学通论》第3—5页的翻版)的素材。

[25] 《亚洲地理大势论》(《新民丛报》第4号,1902年3月)、《中国地理大势论》(《新民丛报》第6—9号,1902年4—6月)和《欧洲地理大势论》(《新民丛报》第10号,1902年6月),分别是志贺重昂《地理学》的《亚细亚地理考究之方针》《支那地理考究之方针》和《欧罗巴地理考究之方针》部分的翻译或改写。关于志贺重昂的著作与梁启超地理思想的关系,请参看本书收录的《梁启超与明治时期日本的地理学研究》一文。

梁启超的地理决定论,直接借自浮田和民《史学通论》的《历史与地理》,间接地来自巴克尔《英国文明史》,从而扩展了文明论;梁似乎被地理决定论深深吸引,迫不及待地将其应用于史学、哲学的研究中,以试锋芒。《论中国学术思想变迁之大势》(《新民丛报》第4—58号,1902年3月—1904年12月)中孔老南北派之论即其例证之一。浮田《历史与地理》的改写本,即上述《地理与文明之关系》刚一刊毕,该文就开始在《新民丛报》上连载。在该文里,梁启超把先秦诸子的学说大体分为以孔子为代表的北派和以老子为代表的南派,认为其区别是他们生活的不同地理环境所致,即北派因生活环境恶劣,故尊"实际""力行"和"谨直",而南派因有自然的丰厚施赐,故尚"虚想""无为"和"自然"等。

就才学而言,梁启超读过浮田的《历史与地理》后,肯定会很自然地想到将其"法则"应用于分析中国思想史研究;不过这方面似乎也有日本人研究的中介作用。藤田丰八等就早已把地理决定论应用于中国思想史研究,在被梁启超认作新知识的来源而反复引用的东京专门学校的教科书里,或者《国民之友》《国民新闻》等报刊上,所谓孔老南北派早有相当多的探讨。[26] 这些情况,梁启超不可能不知道。实际上,对藤田首唱后立即大为流行的孔老南北派学说,藤田的好友桑原骘藏早就从学术角度予以批判[27];但是,孔老南北派学说平易明快,又有理论界地理决定论的支持,竟自长盛不衰。梁启超也似乎非常属意孔老南北派学说,直至1920年的

---

[26] 基于地理决定论的孔老南北派之说,见于藤田丰八《支那文学史》(东京专门学校邦语文学科教科书,1895年,第57—103页)、爱山生(山路爱山)《关于支那哲学》(《国民新闻》1894年1月21日、28日、3月4日、18日)等。另外,众所周知,藤田丰八是日本中国学先驱之一,他在提倡孔老南北派的1897年曾赴上海,支持过梁启超亦曾参与的罗振玉主办《农学报》及东文学社的活动。不过,藤田在上海与梁有过什么样的接触,以及藤田在上海是否也披沥过孔老南北派之说,则不得而知。

[27] 桑原骘藏《关于老子之学》(《东洋哲学》第5卷第9号,1898年9月,收于《桑原骘藏全集》第2卷,岩波书店,1968年)指出,在对中国古代哲学作地理因素的解释时,可以看到巴克尔等的影响,并进一步举"学友藤田丰八"为其代表加以批评。

《老子哲学》里仍然矢守如故。[28]

现在,巴克尔《英国文明史》一般被归入史学的范畴,而浮田和民、志贺重昂等人的地理论则被当作日本地理学摇篮期的"独特"例证。[29]然而,在明治时期,这些理论决非"独特",而是认识历史、认识文明的基本常识。《英国文明史》已非仅为历史,而地理论也脱离了地理学,二者枝结藤绕,与文明论一起共同构成了认识世界的一系列基轴,已含有"综合性理论"的意味。近代日本地理学始祖之一山上万次郎当时说过如下的话,充分地表达了地理论共有的这种远大志向:

> 物理学、化学有统摄性规律(Unifying principle)贯通各部。……地理学亦然。地表和人类这二元的交涉关系中,以解释其统摄性规则为最终目的。……一般论者以为地理学无正确之统摄性规则,无中心问题,亦有一定之道理。然而,当今地理学上或大或小原理之发现愈益加多,是等个别原理现已统一于进化论这一中心问题之下。……创所谓地人论之本体,以之确立斯学之统摄性规则之日,当非远矣。(着重号如原文)[30]

山路爱山虽然在学术方面不太成功,作为史论家却是赫赫有名,他求之于文明史论的就是"大法则""人事之法则"(《史学论》,《国民新闻》1900年7月20日);黎明期"地理"学所追求的同样也是贯通地人的"统摄性规律"。对贯通古今中外的发展的法则孜孜以求的态度,正是使包括梁启超在内的文明史观、地理决定论成为文明论的重要条件。

总之,基于所谓"地理决定论"理解文明,尽管现在被地理学

---

[28] 《近代学风之地理分布》(1924年,《文集》第41册,第50页)一文里也能看到同样的地理决定论方法。

[29] 关于志贺重昂在日本地理学史上的地位,请参看本书收录的《梁启超与明治时期日本的地理学研究》一文。

[30] 山上万次郎《日本帝国政治地理》第1卷,《绪论》,东京:大日本图书,1907年。

和史学认为浅薄而不屑一顾,但是这种理解在 19 世纪并非巴克尔所专有,而是与黑格尔、斯宾塞(H. Spencer),甚至孟德斯鸠(Montesquieu)皆一脉相通的理论框架,那就是"文明"言论。正因为这个原因,张相文在 1902 年完成了《论法的精神》(《万法精理》,原著之第三部论述各种法律的演变与风土的关系)中文节译后,就成了中国人文地理学的开山人。[31] 由此也可看出当时人们是如何阅读《论法的精神》的。《论法的精神》既是政理书,同时也是"地理"书。反比之于梁启超,他所接受的巴克尔"地理决定论",与其说是地理学,不如说是当作其历史论、文明论中不可或缺的一部分。用现在的说法,地理论、政理论等等皆是放在"文明论"这个操作系统下运行的软件。

梁启超的地理决定论《地理与文明之关系》(如上所述实译自浮田和民)发表在《新民丛报》创刊号(1902 年 2 月)上;该期同时还开始连载梁启超在日本期间的另一代表作《新民说》。自《清议报》出至第 100 册停刊(停刊翌日失火,报馆被焚)到《新民丛报》创刊,为时仅一个半月,从这点看,不妨认为《新民丛报》继承了《清议报》。不过,《新民丛报》的创刊对该杂志主持人梁启超来说,其意义之重要恐怕不止于继承。因为,《清议报》第 100 册尚在连载的《中国文明与其地理之关系》(翻译日本人停春楼主人所作《支那历史上之地理影响》,《国民之友》第 246 至 265 号,1895 年 3 月至 10 月。塚越停春,即塚越芳太郎)等两篇译文就此中止,而《新民丛报》创刊伊始则开始连载他的几篇充满激情的文章。这几篇文章里,《新民说》很明显占有最重要的位置,而其主张"新民"的动机是,对内希望建立国民思想,对外洞察已步入"民族帝国主义"阶段的世界形势(《新民丛报》创刊号第一面印有彩绘"列国势力范围图"),这点也已广为人知。

---

[31] 关于张相文,请参阅林超《中国现代地理学萌芽时期的张相文和中国地学会》,《自然科学史研究》第 1 卷第 2 期,1982 年,以及许明龙《孟德斯鸠与中国》,国际文化出版公司,1989 年,第 109—111 页。

这两点动机中,此处仅就梁启超的"民族帝国主义"的世界认识,从明治日本的"文明"言论的角度,特别是与前述浮田和民及民友社的关系方面加以探讨。

撰写《新民说》的动机即认识"民族帝国主义",在第二节《论新民为今日中国第一急务》中有所涉及,但是系统地论述则是在其后发表的《论民族竞争之大势》(《新民丛报》第 2—5 号,1902 年 2—4 月),尽管其萌芽已出现在 1899 年的《论近世国民竞争之大势及中国前途》。[32] 在这篇文章里,他认为,作为"形成近世国家原动力"的"民族主义",经过"进化"和"竞争",现已成为"民族帝国主义";他详细分析了其代表即英国、德国、俄国、美国的帝国主义性质,一语道破这些"民族帝国主义"已非往日由一位英雄人物所率领的帝国,而是迫于人口膨胀的威胁而产生的民族生存欲望,以及竞争带来的文明进步造成的。最后他呼吁,"民族帝国主义"对中国垂涎三尺,中国第一步必须变成能经得起竞争的"民族主义国家",然后再变成参与竞争的"天下第一帝国",而这个帝国的基础是作为其国民的"新民"。把有关"民族帝国主义"时代的叙述放在《新民说》的开首,原因正在于此。

梁启超说,他撰写《论民族竞争之大势》时,参考了"美人灵绶氏所著《十九世纪末世界之政治》、洁丁士氏所著《平民主义与帝国主义》、日本浮田和民氏所著《日本帝国主义》《帝国主义之理想》等书"。他提到浮田的两篇文章很准确,而关于灵绶(芮恩施,P. S. Reinsch)和洁丁士(基丁格斯,F. H. Giddings),他只说出了事实的一半。实际上他参考的主要是日人独醒居士依据芮恩施和基丁格斯改写的《帝国主义》一文[33],在梁文中,仅浮田的两篇文章

---

[32] 附言之,《论近世国民竞争之大势及中国前途》(《清议报》第 30 册,1899 年 10 月)的第三节,实译自前引志贺重昂《地理学》中《亚细亚地理考究之方针》之一部分。

[33] 收于独醒居士《时务三论》,民友社,1902 年 1 月。原载《国民新闻》1901 年 11 月 5—23 日。在《新民说·第四节·就优胜劣败之理以证新民之结果而论及取法之所宜》(《新民丛报》第 2 号,1902 年 2 月,《专集》第 4 册,第 7 页)中,梁启超引用了收于《时务三论》里的《安格鲁萨克逊民族的教育》,由此可见梁所依据的(转下页)

和独醒居士文章的直接翻译部分就几乎占一半篇幅。"独醒居士"是谁的笔名不得而知,仅知其与德富苏峰的民友社关系匪浅。[34]

"独醒居士"是谁,以及谁最早提出"民族帝国主义"的概念等,也都是值得研究的问题;但此处更重要的是,当时的文明竞争已达于"民族帝国主义"阶段这样一种认识,并非来自芮恩施和基丁格斯等特定时论家的特定论著,而是通过改写的方式已经结合

(接上页)并非发表于《国民新闻》的文章,而是《时务三论》。德富苏峰在《时务三论》的序文里明言独醒居士《帝国主义》是依据芮恩施和基丁格斯。芮恩施的著作(*World Politics at the End of the Nineteenth Century: As Influenced by the Oriental Situation*, New York, 1900)确已有高田早苗抄译的日文版(《帝国主义论》,东京专门学校出版部,1901 年),但是,基丁格斯的著作(*Democracy and Empire: with studies of their psychological, economic, and moral foundations*, New York, 1900)则不仅没有中译本,也根本没有日译本,所以,只能设想梁启超是读了德富的序文才举出了基丁格斯的名字,这也证明梁参考了独醒居士的书。另外,在此之前,独醒居士《帝国主义》也曾以原题翻译并刊登在《清议报》第 97—100 册上(无译者名,据《国民新闻》翻译),梁启超当然知道这一情况(甚至译者或许是梁本人)。但是,在《论民族竞争之大势》中的引用,译文修改幅度颇大。另据《清议报》第 100 册《本馆新刊书目告白》,似乎原计划在该报译载后,以独醒居士著《现今世界大势论》为题由清议报馆出版;后来,也许是因为梁启超改写,最终成了饮冰室主人(梁启超)译著《现今世界大势论》(正文是《论民族竞争之大势》,附录部分收有《灭国新法论》[《清议报》第 85、86、89 册,1901 年 7—8 月],广智书局,1902 年 5 月,中国社会科学院近代史研究所藏),亦即变成了梁启超自己的著作。而预定出版的翻译本《现今世界大势论》,似因让位于梁之改著而终未刊行。梁同时参考的浮田《日本之帝国主义》和《帝国主义之理想》,分别发表于 1901 年 4 月 7,9 日,1902 年 1 月 10—23 日的《国民新闻》,之后,《日本之帝国主义》被收入浮田《帝国主义与教育》(民友社,1901 年),《帝国主义之理想》则被收入浮田《国民教育论》(民友社,1903 年)。从上述单行本发行时期看,梁所据者应为《国民新闻》所刊载者。宫村治雄在《梁启超论西方思想家——与其所谓"东学"的关系》(《中国——社会与文化》第 5 号,1990 年)一文中,曾提及梁启超的帝国主义认识和独醒居士《帝国主义》的关系。

[34] 参照前引独醒居士《时务三论》中的德富苏峰序文。浮田和民当时的帝国主义论,特别是发表在《东亚同文会》第 19 期(1901 年 6 月)的《帝国主义》和独醒居士《帝国主义》基调相同,甚或即可视为同出一人之手;但是,浮田在《帝国主义之理想》中盛赞独醒居士的文章说:"正补余说之不足,尽道余将言而未言……对独醒居士之高论,吾当深谢其劳矣。"(前引《国民教育论》,第 150—151 页)可见二者并非同一个人。

在明治日本"文明"认识的延长线上,并已形成为一般概念。[35]浮田和独醒居士"改写"的性质在于,在解释帝国主义作为文明的"伦理性使命"时,强调了"文明—野蛮"这一结构;而这正是倡言"夫以文明国而统治野蛮国之土地,此天演上应享之权利也;以文明国而开通野蛮国之人民,又伦理上应尽之责任也"[36]的梁启超所接受的一般概念。就是说,与前述巴克尔的地理决定论一样,梁启超所获取的"民族帝国主义"这一世界认识,也是经过了明治时期的"文明"滤网的过滤和层积的。而且,他所依据的不是芮恩施或基丁格斯等人的原著,而是浮田的两篇文章和独醒居士《帝国主义》这样的缩改版;惟其如此,梁启超思想中有关"帝国主义"认识的明治时期"文明"的烙印就愈深。要理解这一点,下述事实是很有启发意义的:包括上述《论民族竞争之大势》在内,自创刊号之后的几期《新民丛报》上连载的梁启超的一系列论文的很大部分,都参照了民友社刊行的袖珍本,或东京专门学校的教科书(典型的缩改本!)。[37]

---

[35] 众所周知,"对外实行帝国主义;对内实行立宪主义"是明治末期最为日本自由主义者支持的主张。附言之,当时的"帝国主义"一词并不是贬义的。芮恩施《帝国主义论》的译者高田早苗也讲:"对外实行帝国主义,对内实行立宪主义应当成为超越党派的日本国民之大主义大方针"(《采用帝国主义之得失如何》,《太阳》第8卷第7号,1902年6月)。有关浮田的帝国主义论,请参阅荣泽幸二《浮田和民在帝国主义成立时期的思想特性》,《历史学研究》第332号,1968年;松尾尊兊《大正德谟克拉西》,岩波书店,1994年,第91—92页。

[36] 《张博望班定远合传》(1902年),《专集》第5册,第1页。

[37] 除《史学通论》《地理学》之外,梁启超还在《斯巴达小志》(《新民丛报》第12—13号,1902年)、《雅典小志》(《新民丛报》第19号,1902年)里引用了浮田和民《西洋上古史》(东京专门学校教科书,1898年)和《稿本希腊史》(东京专门学校出版部,1901年)。另外,《外国近事/全世界之负债额》(《清议报》第98册,1901年11月)引用了民友社出版的奥斯汀《世界的国债》(收入前引渡边为藏编《二十世纪新论十种》)。

五、结束语:"文明"言论在东亚的共有

作为带有普遍意义的"文明"的观点,在汇入明治日本的社会潮流后,大大地启发了梁启超,由此形成的历史观、地理决定论、帝国主义认识,使他成为近代中国的新史学、地理学、国际政治学等的开山鼻祖。但是,所谓"文明"到底是什么样的概念?现在我们很容易理解,以巴克尔为代表,所谓放之世界而皆准的"普遍性"的"文明",实际上不过是近代西方为认识自身和使自身正当化,从假想的亚洲社会状况中找到对比性根据而动员起来的工具之一。[38] 其自身在西方难以定位的自我,要表述它的唯一语词,就是把非西方看作"他者(＝野蛮)"始能成立的"文明"的概念。这同时也表明,无论是福泽,还是浮田,抑或是梁启超,只要他们接受"文明"的观点,也就难以定义非西方本身(自己)为何物,而不得不借用西方的眼光来表现自我。在这个意义上,日本人和中国人的自我认同,是他们假想为非我的西方被更进一步假想的产物。[39]

就梁启超而言,他在1901年发表的《中国积弱溯源论》即是这样一种产物。[40] 在这篇文章里,他为探究中国的"病源",列举了各种民族特征,而表达这些特征所使用的"奴性""愚昧""为我""好伪""怯弱""无动"等形容词,只不过是他假想存在于西方

---

[38] 关于"文明"在西方的自我认同中发挥的作用,首当参考的当推萨义德《东方主义》(Edward W. Said, *Orientalism*, New York, 1978)。新近研究则有绪形康《他者与乌托邦:基佐、巴克尔、斯宾塞》,《人们是如何思考"近代"的》,讲座世界史7,东京大学出版会,1996年。该文对亚洲自我认同的探讨也颇富启发意义。

[39] 关于福泽的"文明",请参阅:姜尚中《社会科学家的殖民地认识》,《岩波讲座 社会科学的方法》3,岩波书店,1993年;姜尚中《福泽谕吉:文明论与东方主义》,前引《人们是如何思考"近代"的》。在论述日本的东方学成立与"东方主义"的关系方面值得瞩目的成就之一,是 Stefan Tanaka, *Japan's Orient*, Berkeley, 1993。

[40] 《中国积弱溯源论》(1901年),《文集》第5册,第12页。

的各种理念的反意语。也就是说,中国之所以是中国,归根结底是因为中国没有西方文明国家中存在的东西。他的这种自我认同不由让我们想起陈独秀。1910年代同样鼓吹"文明"的陈独秀在总结东方民族的特点时,分别使用了表达西方民族特色的反义词,即安息本位、家族本位、感情本位、虚文本位。[41]说到底,只要接受一元性发展的"文明"概念,要表达仅能作为"文明阶梯"上后进者的中国之所以是中国,则要么称中国人为"野蛮博物志"[42],要么定性为"东方主义"的再生产,此外更无他法。

关于这一点,站在现在的高度来评价梁启超对"文明"的认识正确与否没有多大意义。本文想说的是,要置身于明治日本有关"文明"的言论之中,也就是要在明治日本获取"新知识",不管意识到与否,皆须先把自身与其连为一体;而惟因这些"文明"言论被共同接受,日本和中国之间的"思想链条"的重要环节才得以成立。

自清朝末年以后,经由日本,大量西方书籍、概念和学说的翻译、重译、改写本涌入中国,梁启超在明治日本摄取了有关"文明"的各种学说并力图输向中国,功莫大焉。以后,继梁启超而起的年轻一代批判和超越了他的"新知识",但这丝毫没有贬低梁启超的价值。因为这些批判的花朵,也皆因有他所铸就的"思想链条"作基础才得以高挂枝头。

原文(日文)题目为:《梁启超と文明の视座》。收于:狭间直树编《共同研究梁启超》,みすず书房,1999年。中译文收于:狭间直树编《梁启超・明治日本・西方》,社会科学文献出版社,2001年(修订版,2012年)。

---

[41] 陈独秀《东西民族根本思想之差异》,《青年杂志》第1卷第4号,1915年。
[42] 请参看:P. J. Marshall & G. Williams, *Great Map of Mankind: British Perceptions of the World in the Age of Enlightenment*, London, 1982。

近代东亚"文明圈"的成立及其共同语言
——以梁启超的"人种"为中心

一、序言

阅读明治日本或清末中国的文章会发现,其中不少源自西方的所谓新知识、新理论,依现今观点看十分"迂腐"。历史上的"地理环境决定论"、解释宇宙万物的"以太说"等即其佳例。进而言之,当时在东亚风靡一时的"社会进化论"等,恐怕亦可归于此类。当然,以现在标准衡量,将其视作"坊间俗说"而嗤之以鼻,也无不可。然而,考虑到这些知识、理论在当时曾被严肃地著文论述,以及它们无疑既是当时社会的常识和一般观念,也是知识分子以之观察世界的路线图,那么,对这些知识和理论成为常识性路线图的背景和过程加以探讨,其意义甚或高于史实研究,也有助于理解这些"迂腐"理论化为常识和一般观念对于沟通"非西方"与"西方"所发挥的作用。而这种作用则是近现代东亚"文明圈"得以成立和维系的共同语言基础。

基于这种认识,本文要探讨的是,19世纪至20世纪曾被视为认识世界和历史的基础而对其有效性深信不疑、现今却几乎被完全否定的"人种"概念如何传播到清末中国,以及梁启超是怎样把"人种"当作认识世界的基础理论之一的。梁启超对近代中国接受西方文明所发挥的作用之大,已无须赘言;他流亡日本期间曾置身其中的明治日本与其接受近代西方文明的关系,也已无可置辩。[1]有鉴于此,本文将主要探讨梁在明治日本接触"人种观"的脉络,以及他如何置换此类概念的内涵。[2]

二、明治日本及清末中国的人种论
——梁启超流亡日本之前

众所周知,在日本,江户时代前既已根据外形特征差异对人类作区分,亦即近似"人种"的概念,"红毛人""碧眼人"等词语即其象征。此外,对西方式的人种区分,在幕末开国前也已有了解。如渡边华山《慎机论》(1838年执笔)记,"地球之中,人质分四种。鞑靼种、埃塞俄比亚种、蒙古种、高加索种也。另,名李希乌斯者分七类,然诸种中,当以鞑靼、高加索为最。西洋属高加索种,我国则属鞑靼种"。[3]但是,人种区分与世界认识紧密结合并为社会所接受,还是明治维新以后的事。

在诸多人种分类中,尤以与五大洲对应的五分法几成定论,在明治日本被广泛认可。该分类出自被称为"人类学之父"的德国人布卢门巴赫的《论人的天生变异》(De generis humanivarietatenativa,1775),是当时西方的主要人种分类法。如内田正雄《舆地志略》(1871年)的五分法,即蒙古人种、高加索人种、埃塞俄比亚人种、马来人种、亚美利加人种,就是对布卢门巴赫学说的直接继承。

---

[1] 关于梁启超的言论活动与明治日本的具体关系,请参看:狭间直树编《梁启超·明治日本·西方》(修订版),社会科学文献出版社,2012年。

[2] 与本文有关的主要著作有,冯客《近代中国之种族观念》(杨立华译,江苏人民出版社,1999年;Frank Dikötter, The Discourse of Race in Modern China, Stanford: Stanford University Press, 1992);山室信一《作为思想课题的亚洲:基轴·连锁·筹划》,岩波书店,2001年;坂元弘子《中国民族主义的神话——种族、身体、性别》,岩波书店,2004年。本文尤其第一节多依上述三部著作。

[3] 《日本思想体系 渡边华山、横井小楠等》,岩波书店,1971年,第69页。《日本思想体系》编者推断,文中"李希乌斯"应为瑞典解剖学家卡尔·林奈(Carl von Linné,拉丁文作Linnaeus)。渡边华山,本名渡边定静,1793—1841年,江户时期的进步武士。

该分类似乎很早就作为科学分析而广为流行。如文部省(箕作麟祥)依据英国钱伯斯出版社刊行的启蒙百科事典系列之一《人民的知识》译纂、用作学校基本图书的文部省版《百科全书》[4]之一《百科全书 人种篇》(秋山恒太郎译、内村耿之介校,1874年),在介绍人种分类时就明确说是基于"日尔曼人布卢门巴赫"的学说(上册,第4—8页)。该书还介绍了"以头颅形状区别人类之法"(其所依据的头骨指数,当时曾被作为更加科学的指标而受到瞩目),并断言,人种差异甚至其优劣都由该指数决定(上册,第16—19页)。所谓头骨指数(cephalic index),是由瑞典解剖学家、人类学家雷齐乌斯(A. Retzius, 1796—1860)于19世纪40年代提出,并迅速成为人类学界主流学说的基于外形特征差异的人种分类法,具体指头盖骨的前后径(头长)与左右径(头宽)之比例。总之,明治初年的普及版百科全书已收入布卢门巴赫及雷齐乌斯的学说,充分表明日本早就非常关心人类学,而且人们理解这些所谓"科学"的人种观念,是与"欧罗巴人种极优于其他所有人种也"(《百科全书 人种篇》,下册,第39页)这样的白人优越观念互为表里的。而坪井正五郎、鸟居龙藏等人开创的日本人类学就是以此为基础。日本最早的人类学专著,即鸟居龙藏著《人种志》(嵩山房)和坪井正五郎著《人类谈》(开成馆),均刊行于1902年,而流亡日本的梁启超创刊《新民丛报》,也是在这一年。[5]

在中国,通过西方在华人士的出版、启蒙及严复等人的译述活动,西方人种观念也于清末逐渐为人们接受。就梁启超周围而言,如严复的《原强》(1895年)在介绍"物竞""天择"的同时,还称

---

[4] 关于该《百科全书》及其底本 *Chambers's Information for the People*,请参看:石川祯浩《日中近代的编译百科全书》,收于石川祯浩、狭间直树编《近代东亚翻译概念的发生与传播》,社会科学文献出版社,2015年。

[5] 1904年,远较《人种志》更详细的鸟居龙藏著《人种学》(东京:大日本图书)出版,日本的人类学、人种学研究热情愈发高涨。有关日本人类学的早期研究状况,坂野彻《帝国日本与人类学者:1884—1952》(东京:劲草书房,2005年)叙之甚详。

"盖天下之大种四：黄、白、赭、黑是也"。[6]两年后,唐才常著汇总性世界人种志《各国种类考》,在《湘学报》连载。[7]唐说：

> 西国常以人分五大类,一曰蒙古人,一曰高加索人,一曰阿非利加人,一曰马来人,一曰亚美利加土人。以肤色分之,则曰黄人、白人、黑人、棕人、红人。又有格致家将全地之人统分三类,以亚美利加土人与马来人并蒙古人为一类。

不过,与日本一样,唐的上述分类也仿自布卢门巴赫。此外,唐才常在文章中还注释说,这些分类法依据《格致汇编》[8],但其中引自日本冈本监辅著《万国史记》的内容非常多。[9]由此可知,与其他西方科学知识一样,中国知识分子获取布卢门巴赫及其后的西方人类学知识,也借助了西方在华人士的启蒙活动,或者日本

---

[6] 王栻主编《严复集》,第1册,中华书局,1986年,第10页。

[7] 唐才常《各国种类考》连载于《湘学报》第15—27号(1897年9月—1898年2月),后收于唐才常《觉颠冥斋内言》(1898年,卷3,第1—56页)。其后的一个时期,该文似被认为是中国唯一的世界人种志。福建籍留日学生等组织的闽学会在翻译上述鸟居龙藏著《人种志》(侯官林楷青译,1903年)时,就通过广告宣传《人种志》较之唐才常的《各国种类考》如何优秀。闽县刘崇杰译《史学原论》卷末广告,闽学会,1903年。

[8] 《格致汇编》是英国人傅兰雅(John Fryer)刊行的启蒙性科学杂志,1876年正式创刊,经数度停、复刊后,1892年停办。关于《格致汇编》向中国介绍西学,熊月之《西学东渐与晚清社会(修订版)》(中国人民大学出版社,2011年)第十章叙之甚详。《格致汇编》载文采人种五分法者,有《人类五分说》(第7年第2卷,1892年)等。梁启超在其《读西学书法》(《中西学门径书七种》,上海：大同书局,1898年)中曾高度评价《格致汇编》。

[9] 唐所参照的恐非原著(《万国史记》,东京：冈本监辅刊,1879年),而是上海慎记书庄(梁启超等编《西政丛书》[1897年]即该书庄印刷。丁文江、赵丰田编《梁启超年谱长编》,上海人民出版社,1983年,第69页)于光绪丁酉(1897年)刊行的石印版《万国史记》(京都大学人文科学研究所藏)。另,冈本也采五分法,称"人类大别五种,曰黄色,曰白色,曰黑色,曰紫色,曰铜色。原其始祖,各自不同"(《万国史记》卷1,页1)。冈本监辅,号韦庵,1839—1904,幕末、明治时期的官僚、法学家。

人的著作。[10]

回顾上述人种观念的传播过程,戊戌变法时期的梁启超将世界人种分作五类,毋宁说是十分自然的。实际上,他在《论中国宜讲求法律之学》[11]（据认为写于 1896 年[12]）中,除白种、黄种外,还曾举出"非洲之黑奴、墨洲之红人、巫来由[马来]之棕色人"。该时期的《变法通议 论学会》（1896 年）、《论中国之将强》（1897 年）、《论湖南应办之事》（1898 年）,都采用相同分类法。

该时期梁启超人种观的特异之处是,他试图另以"脑之角度""血管中之微生物"等"科学"观点验证人种差异。[13]不难推断,所谓"脑之角度"或即指头骨指数等头盖骨测量学[14],而"血管中之微生物"则应是 20 世纪初被科学确认的血液类型。[15]可见,他获得西方科学知识片断后即加以利用,将"人种"这一认识世界的基本标准介绍给了清末中国。这正是他在清末中国所传播的"前沿新知识"之一部分。

按此人种观考察,人种差异与人类进化程度若合符节,这使得梁启超对"进化"更加确信不疑。在湖南时务学堂任教时,曾有学生问,若人于原始时代自非人出,则《山海经》所述诸多人面兽身、兽面人身等岂非不谬?梁(中文总教习)则答道:"人类初生本从

---

[10] 关于清末在华人士的科学启蒙活动与变法维新派的关系,若杉邦子在其《〈(北京)万国公报〉——清末维新派发行之最早杂志》（《中国文学论集》,第 25 号,1996 年）和《戊戌变法运动草创期的维新派与广学会——以维新派发行的〈(北京)万国公报〉为中心》（《东方学》第 96 辑,1998 年）中,都曾提出发人深思的观点。

[11] 梁启超《饮冰室合集》,中华书局,1989 年,《文集》1,第 94 页。下文引用《饮冰室合集》,仅记《文集》（或《专集》）及卷数、页码。

[12] 李国俊《梁启超著述系年》,复旦大学出版社,1986 年,第 46 页。

[13] 《论中国之将强》（1897 年）,《文集》2,第 13 页。

[14] 前引坂元《中国民族主义之神话》第 54—55 页指出,不仅梁启超,严复《天演论》中也可看到此类头盖骨测量学知识。

[15] 1901 年,卡尔·兰德施泰纳（K. Landsteiner）最终确认血液分 A、B、O 三型。但此前人们已认识到血液类型存在差异。

猩猩猿猴变出，故今日阿非利加之人，其类之角度与猴子相去不远。凡不火食之人，则其身必生毛，故深山之野人即与兽无异。"亦即，古人肯定与兽多交，故《山海经》之言绝不可谓之荒谬。[16]不过，且不论《山海经》的说法如何，认为人种差异乃进化程度不同的见解，不仅见于康有为的《大同书》，在西方人类学中亦根深蒂固。因此，我们不能因此责备梁启超，而只需了解，当时的人类学、人种学极适于梁启超以进化论观点解释人类史。

梁启超接触人类学、人种学是在七八年前，他在上海购读《瀛寰志略》后"始知有五大洲各国"。[17]该书称非洲黑人"蒙昧""混沌无知、近于禽兽"，指日尔曼人种为"贵种"。而后来改变人类学、人种学发展方向的遗传学知识，亦即"孟德尔定律"被重新发现，众所周知，也是在孟德尔去世16年后的1900年。在那之前，单纯进化论的思路被机械性地转用到认识人种间差异的问题。[18]

如果说人种间优劣之别决定于肤色等先天属性，则劣于白色人种的黄色人种要改变劣势，惟有与优等人种通婚。实际上，在日本，高桥义雄（1861—1937）曾著有《日本人种改良论》，从优生学角度提倡日本人应与欧美优等人种通婚。而在清末中国，上述唐才常等也曾认可"通种""合种"。[19]

然而，该时期的梁启超虽也曾说"必自进种改良始"或"合种"[20]，但其内涵却并非通过与白色人种通婚而改良人种。他所说的"种之改良"是指民族自我努力，以在世界"优胜劣败"之"种

---

[16] 《教习梁批》（1897年），《湖南时务学堂遗编》，1898年初版，1922年重印，北京香山慈幼院刊，卷1，《答问》，页16。

[17] 《三十自述》（1902年），《文集》11，第16页。

[18] 请参看 Ruth Benedict, *Race: Science and Politics*, New York: Viking Press, 1959, 第五章。戊戌变法时期的梁启超有关遗传的知识，在《变法通议 论女学》（1897年）中可见一斑。《文集》1，第41—44页。

[19] 关于唐才常"通种""合种"的主张，请参看本书所收《辛亥革命时期的种族主义与中国人类学的兴起》一文。前引坂元《中国民族主义的神话》（第99—102页）认为，清末中国的人种改良论曾受到高桥义雄等日本人的影响。

[20] 《变法通议 论变法必自平满汉之界始》（1898年），《文集》1，第78、83页。

战"中获得最终胜利;而所谓"合种",则指满汉等亚洲黄色人种团结一致,以与白色人种展开决战。应该说,这与他当时的主张——变法既为保国、保教,也为"保种"——是一致的。他对黄种(汉族)抱持自尊,源自对中华文明悠久历史的自负,但该自尊得以维持则是通过将更劣等种族(黑色人种、褐色人种或中国国内之未开化少数民族)置于黄种(汉族)之下[21],对该自尊提供支持的则是上述"脑之角度",即有关头盖骨的人类学知识。关于脑的特征,他说,"凡黑色红色棕色之种人,其血管中之微生物,与其脑之角度,皆视白人相去悬绝,惟黄之与白,殆不甚远,故白人所能为之事,黄人无不能者"。[22]他基于这种观点所揭示的是人种斗争史的前景,即"夫以黄色种人与白色种人相较,其为优为劣,在今日固有间矣,至其末后之战胜如何,则未能悬定也。……自此以往百年之中,实黄种与白种人玄黄血战之时也"。[23]

总之,梁启超流亡日本前的人种观大抵如此。那么,在接触到明治日本的知识后,他的人种观是否发生了变化？发生了怎样的变化？

三、梁启超流亡日本期间的人种观

梁启超于1898年秋流亡日本后即创办《清议报》杂志,利用在日本获得的新知识积极展开著述活动。但他以旺盛精力发表其代表性著作《新民说》等,从而将其著述活动推向高潮的阵地,则是《清议报》停刊后开始刊行的《新民丛报》(1902年创刊)。此前,梁曾在应日本杂志《大帝国》约稿所撰文章中这样写道:

---

[21] 梁启超在《论中国宜讲求法律之学》(1896年,参见本文注11)中写道:"以今日之中国视泰西,中国固为野蛮矣。以今之中国视苗黎猺獞及非洲之黑奴、墨洲之红人、巫来由之棕色人,则中国固文明也。以苗黎诸种人视禽兽,则彼诸种人固亦文明也。"

[22] 《论中国之将强》(1897年),《文集》2,第13页。

[23] 《变法通议 论变法必自平满汉之界始》(1898年),《文集》1,第78、83页。

他日能有实力以开通全世界者谁乎?即我中国人种是也。白人骄而不劳苦,黑人棕人惰而无智慧,然则,此事舍我黄人不能任也。北米[北美]与澳洲,今为白种人殖民地之区域;南米[南美]与非洲,他日必为黄种人殖民地之区域;无可疑也。[24]

这段话重申了他戊戌前即抱持的黄白人种竞争论。但其后,人种不仅逐渐成为他审视当时世界形势及其未来趋势的指标,而且也是他解读人类史乃至所有历史的重要视角之一。自1902年的《新民丛报》创刊号开始连载的《新史学》之一节《历史与人种之关系》[25],即充分反映出这种倾向。

后世对《新史学》评价极高,认为该文宣告了中国近代史学的诞生。[26]但是,近年研究表明,该文的思想方法整体相当程度上汲取了日本历史学。具体而言,该文参照了东京专门学校教科书——浮田和民的《史学通论》(1898年前后刊行)。[27]此处仅就《历史与人种之关系》,探讨其与浮田和民历史论之异同。

在《新史学》中,《历史与人种之关系》列于《中国之旧史》《史学之界说》两节之后,仅此即可看出梁启超对人种何等重视。他在该节对人种在历史上的作用评价极高,开头就写道:"历史者

---

[24] 《中国人种之将来》(1899年),《文集》3,第52页。

[25] 《新史学 历史与人种之关系》,《文集》9,第11—20页。

[26] 如胡逢祥、张文建《中国近代史学思潮与流派》(华东师范大学出版社,1991年)、张岂之主编《中国近代史学学术史》(中国社会科学出版社,1996年)、俞旦初《爱国主义与中国近代史学》(中国社会科学出版社,1996年)等,皆因《新史学》而称梁启超为中国近代史学的"奠基人"。

[27] 蒋俊《梁启超早期史学思想与浮田和民的〈史学通论〉》(《文史哲》1993年第5期)、俞旦初《二十世纪初年中国的新史学》(收于前引俞旦初《爱国主义与中国近代史学》)、郭双林《晚清西方地理环境决定论在中国的际遇》(《学人》第9辑,1996年)及本书所收《梁启超与文明的视点》。【补注】最近的相关研究则有李孝迁《西方史学在中国的传播》(华东师范大学出版社,2007年)。浮田和民《史学通论》的四种中译本也被重印(浮田和民讲述,李浩生等译,邬国义编校《史学通论四种合刊》,华东师范大学出版社,2006年)。

何,叙人种之发达与其竞争而已。舍人种则无历史。"然后说,"后乎此者,其有种界尽破万国大同之郅治乎,吾不敢知。若在今日则虽谓人种问题为全世界独一无二之问题,非过言也",并进一步详细介绍人种分类、历史上各人种兴亡等。

关于世界人种分类,他仍与戊戌时期一样分作五种,但同时也介绍了四种(康德)到六十三种(巴喀[巴克尔])等各家学说,并参照语言因素,附上详细人种分类系统图。可见,尽管梁仍与戊戌时期一样采五分法,但其相关知识在赴日后已大为丰富。

而为梁启超提供这些知识的,就是浮田和民《史学通论》第六章《历史与人种》,以及浮田《西洋上古史》(东京专门学校教科书,1898)[28]《绪论》之《人种之差别》《历史的人种》《历史的人种之起源》三节。其中,《史学通论》第78页载有上述人种分类的各家学说,《西洋上古史》第18—19页则载有与上述相同的人种分类系统图。考虑到《新史学》中《史学之界说》几乎完全依据《史学通论》之《历史特质及范围》《历史定义》两章,梁启超在撰述《历史与人种之关系》时无疑也参考了浮田的上述两部著作。此外,有关哈密忒族的标志即古埃及金字塔的记述(《文集》9,第15页),来自高山林次郎(高山樗牛)《世界文明史》(博文堂,1898年)之第102—103页。综上所述,梁启超《历史与人种之关系》中有关人种分类及其相关记述,主要以浮田和民编东京专门学校教科书为基础,而相关各论则参考了当时日本流传的历史著作——虽然难以列举所有个论所依据的蓝本。

但是,如下所述,《历史与人种之关系》观察问题的角度,显然与其所依据的《史学通论》及《西洋上古史》不同。一面明显借用浮田的论述,而视角竟与浮田迥异,这表明梁借鉴浮田是有选择的。

有关人种与历史的关系,浮田与梁之最大不同表现在"历史

---

[28] 《东籍月旦》(1902年,《文集》4,第94页),收入浮田《西洋上古史》,且对其评价很高。

的人种"一词的内涵上。在浮田,"历史的人种"指历史演变过程中形成的人种,即并非据外形特征所划分,而是依文化、语言等后天要素而派生出的人种。而梁启超虽借用"历史的人种"的说法,却是指曾活跃于历史舞台或曾创造历史的人种,并将其进一步分为两类,即其活动带有世界性、曾影响全人类的"世界史的民族"和影响止于一国一地的"非世界史的民族"。

对"历史的人种"的不同理解,导致截然不同的结论。若按浮田的理解,其结果不承认人种史观。如沁密忒族、哈密忒族、雅利安族等,因其分类根据不是外在特征差异,则"文明功业唯在雅利安人种之记述乃西洋史家之习癖,非历史事实也","世之史家往往欲依人种解释历史,实则历史上之人种乃历史之结果,而非历史之原因也。故据历史解释人种则极恰当,不得据人种解释历史也"。[29] 而梁启超对"历史的人种"的理解导引出的则是彻底的人种史观。如上述"历史者何,叙人种之发达与其竞争而已",以及"叙述数千年来各种族盛衰兴亡之迹者,是历史之性质也;叙述数千年来各种族所以盛衰兴亡之故者,是历史之精神也"等。[30] 而梁启超又把"历史的人种"分为世界史和非世界史的人种,故其世界史之叙述,只能是曾活跃于世界史舞台的人种的兴旺史、斗争史。实际上,《历史与人种之关系》的后半部分主要论述的是哈密忒、沁密忒、雅利安各人种的盛衰史,是"世界史之主人翁"雅利安人种,尤其是条顿族争霸的足迹。

若说梁启超恰恰没有读到浮田书中否定人种斗争史观的内容,从常识角度看不大可能。考虑到梁几乎全面采纳浮田关于史学应具备形态及其定义乃至人种分类的见解,我们有理由相信,梁不取浮田关于历史与人种关系的见解,应属有意为之。当然,鉴于梁对各人种盛衰史的记述极其详尽,亦可推测另有其他蓝本(笔

---

[29] 前引《西洋上古史》,第 21 页;前引《史学通论》,第 86 页。
[30] 《文集》9,第 12 页。

者未能查证[31]）。只不过,即使另有蓝本,也只能证明梁对浮田的见解本可引用而未予引用,亦即梁乃出于独自判断而未予引用而已。那么,梁为何接受——至少是鼓吹——极可能导致白人崇拜的人种史观呢?

其答案,仍须从其代表作、被称为"理论之理论"的《新民说》[32]中寻找。实则,以条顿族、盎格鲁—撒克逊族为顶点的人种史观,除《新史学》外,类似见解亦见于他此时期所写《新民说》之第四节《就优胜劣败之理以证新民之结果而论及取法之所宜》(《新民丛报》第2号,1902年)。[33]在这里,梁就何以讴歌条顿族、盎格鲁—撒克逊族的功绩作了清楚的阐述。与《新史学　历史与人种之关系》一样,该文对现已成为"全世界动力之主人翁"的条顿族、盎格鲁—撒克逊崛起的历史作了回顾,探究其崛起、繁荣的原因。[34]可以说,人种是该文论述的核心,但此处的人种之优劣,并非决定于先天宿命,而是因该人种后天是否努力而定。梁的解释是,盎格鲁—撒克逊族通过与其他人种长期接触和切磋,培植

---

[31] 如将"对人类进步有所贡献"的人种称作"历史的人种",亦可见于内村鉴三《兴国史谈》(东京:警醒社,1900)等,显示该类见解在当时的日本并不罕见(关于《兴国史谈》论及"历史的人种",请参看前引坂元《中国民族主义之神话》,第50—51页)。另,关于梁启超《新史学　历史与人种之关系》有关雅利安人、条顿人的记述,竹内弘行《梁启超与史界革命——〈新史学〉之背景》(《日本中国学会报》,第28集,1976年,后收入竹内《中国儒教性近代化论》,东京:研文出版,1995年,即该书第五章"梁启超的历史观与进化思想")曾指出:"其内容与天野(即'天野为之'——引者注)之《万国历史》(东京:富山房,1897年初版——引者注)几乎一致。"但经笔者就《新史学》与《万国历史》进行比对,未发现此类痕迹。

[32] 关于《新民学》在梁启超思想中的地位,请参看狭间直树《〈新民说〉略论》,前引狭间编《梁启超·明治日本·西方》(修订版)。

[33] 《专集》4,第7—11页。

[34] 该文亦可见来自日本书籍的引用(尽管未注明出处)。具体而言,如世界使用各语言人口表即引自浮田和民《帝国主义之理想》(《国民新闻》1902年1月10—23日),盎格鲁—撒克逊族独立自强之情形,则引自独醒居士《时务三论》(东京:民友社,1902年)第112—113页。有关浮田及独醒居士对梁启超的影响,请参看本书所收《梁启超与文明的视点》一文。

了自由气概,遂以后发人种而占据"优胜"地位。他说,"发生文明者,恃天然也。传播文明者,恃人事也","条顿人今遂优于天下,非天幸也。其民族之优胜使然也"。[35]此言无非是在大声疾呼,若中国人亦如条顿族锐意涵养"强立自由之气概",改善"国民之性质",则亦将与条顿族一样占据"优胜"地位。

众所周知,清末传入中国的社会进化论,尽管带有宿命论色彩,却受到近乎狂热的追捧。究其背景,除劣种将遭淘汰的危机意识外,与人们结合人为的自觉努力来理解"进化""退化"有很大关系(所强调的是阻止"退化"、追求"进化"的人为努力)。由此点看,梁启超借"人种"而作的论述,可说是将上述对进化论的理解投射到了"人种"上。在这点上,尽管梁流亡日本后充实了有关"人种"的知识,但他对"人种"的基本认识可以说并未改变。

梁启超著述的主要目的在于确立一种精神,以使中国人成长为与西方文明为伍的"文明"的"国民",并将中国改造为"国民国家"。[36]因此不可否认,他对人种以及进化论等的理解,自始就带有某种偏离倾向。这种偏离也许早就存在于他视作"新知识"来源的明治日本的著作中,也或许来自西方的人种论、进化论本身就带有导致偏离的某种因素。不过,经反复引用而发生的偏离及其为东亚所共有,正是近代东亚"文明圈"赖以成立并相互沟通的前提。甚至不妨略显悖论地说,此类偏离也正是近代东亚"文明圈"与近代西方相互沟通的"共同语言",东西方交流的回路恰因东亚共同拥有此类偏离才得以开启。

四、结语

近代西方代表性著作由原著出版到传至中国,其时间差显然

---

[35]《专集》4,第10—11页。
[36] 梁启超《就优胜劣败之理以证新民之结果而论及取法之所宜》使用"民族的国家",其旁标注英文"National state"。

越来越短。如 1748 年初刊行的孟德斯鸠《论法的精神》、1762 年初刊行的卢梭《社会契约论》、1859 年初刊行的达尔文《物种起源》，其汉译本（含节译）之出版皆在 1900 年前后。马克思、恩格斯《共产党宣言》则稍晚，于 1920 年出版全译本。考虑到近代世界是信息全球传播的时代，这种情况似乎并不奇怪。然而，须知中国的情况有些不同，即由于日本介入西方和中国之间，西方著作向中国传播的速度得以大幅提高。上述四种汉译皆译自日文版本，就充分说明了这一点。

关于梁启超所发挥的作用，从通过日语向中国介绍西方思想大要的角度看，可说是上述一系列思想流通之一环。当然，如本文所探讨，梁并未翻译近代西方各种学术原著，而是将明治日本的常识性（或曰通俗性）知识——浮田等当时日本的代表性学者依上述各原著精心加工而成的有关世界及人类的路线图——的概要介绍到中国。其间当然加入了梁个人的理解和解释，但如当时即有冯自由等批判梁的著述活动是"剽窃"，却也是事实。[37] 然而，梁当时的著述活动，因其在汉语世界的先驱性和巨大影响力，却并不因"剽窃""改写"而失其意义。因为，上述路线图通过"剽窃"及"改写"而被去除枝叶，得到提炼后作为常识而被普遍接受，才意味着使中国和近代西方间知识流通成为可能的共同话语、共同语言的确立。如果没有这些话语，我们就无法解释 20 世纪初主要由留日学生承担的由日文版重译的西方著作何以大量出现。而通过"所谓'梁启超式'的输入"介绍到中国的人种论，正是此类共同话语之一。[38]

现今，"人种"往往与"人种主义、人种歧视（Racism）"相关联，被认为是充满"偏见"的概念，其有效性（或曰"科学性"）受到质疑。不过，传入明治日本及清末中国的各种近代西方概念本身，归根结底是以西方为核心的"偏见"表述体系。行文至此，本文所要

---

[37] 冯自由《日人德富苏峰与梁启超》，冯自由《革命逸史》第 4 集，中华书局，1981 年。
[38] 《清代学术概论》，《专集》34，第 71 页。

强调的是,"人种"这一"偏见概念",也是近代亚洲和同时代西方进行沟通而必须共有的"近代"这一偏见的重要构成要素之一。明治日本的人种论及以此为基础展开的梁启超的人种论,从表面观之,或许只是西方近代强者的逻辑或偏见的再生产,但实际上却对我们提示了另一个事实,即这种再生产正是东西方沟通及东亚各国相互对话成为可能的共同语言,或曰共同思维架构。

  原文(日文)题为《近代東アジア"文明圏"の成立とその共通言語——梁啓超における"人種"を中心に》。收于狭间直树编《西洋近代文明と中華世界》,京都大学学术出版会,2001年。

梁启超与明治时期日本的地理学研究

一、序言

与其他许多近代学术一样,中国的人文地理学的开拓者也是梁启超。如果称1902年2月《新民丛刊》创刊号刊载的《地理与文明之关系》,和其后发表的地理大势论三篇——《亚洲地理大势论》(《新民丛报》第4号,1902年3月)、《中国地理大势论》(《新民丛报》第4—9号,1902年4—6月)、《欧洲地理大势论》(《新民丛报》第10号,1902年6月)[1]——为中国近代人文地理学诞生的宣言书,恐怕没有人反对。上述四篇文章所依据的即现今所称地理环境决定论。

所谓地理环境决定论,简而言之,即试图单纯依各民族所处地理因素(地势、气候等)对历史上民族兴亡、文明盛衰及民族差异进行解释的体系。如气候寒冷之地的民族,不得不为生存而与自然斗争,故进取精神较强,而气候温暖之地的民族,因可不劳而得食,遂致其性崇尚自然等观点,即属此类。这些观点至今仍有耳闻,在我们的常识中仍占有一定位置。实则,在旧地理学于18世纪后半期形成披着近代外衣的人文地理学而获得独立之际,始于

---

[1] 这四篇文章收入梁启超《饮冰室合集》(中华书局,1936年)之《文集》10,第69—116页。下文引用《饮冰室合集》,仅记《文集》或《专集》及卷数、页码。另,这四篇文章于1903年合为一册,即梁启超著《新地理》(一元学舍)。邹振环《晚清西方地理学在中国》,上海古籍出版社,2000年,第233、434页。

亚里士多德、后来为孟德斯鸠、黑格尔所继承的此类地理环境决定论曾是其强大的理论支柱。中国也不例外。

梁启超对地理环境决定论或曰地理史观的关注，至1920年代仍在持续，并曾发表《地理及年代》(1922年)、《近代学风之地理的分布》(1924年)[2]等论文。此前关注梁并将其视作中国近代地理学先驱的论文，鉴于其地理环境决定论与孟德斯鸠、黑格尔等的观点类似，从而认为"其思想渊源即可一目了然"。[3]的确，若探究梁的地理史观的源头，无疑是西方的思想家。但明治日本萌芽时期的人文地理学在其中发挥的媒介作用是不可忽视的。那么，源自西方的地理环境决定论及地理史观，在为梁启超接受前，曾经过怎样的变化，或曰曾被明治日本做过怎样的改造？对20世纪初接受这些观点的梁启超等中国知识分子而言，地理学到底是什么？本文将通过探究萌芽时期日本地理学的动向，尤其是志贺重昂、浮田和民的地理学与梁启超地理思想的关系，试对上述问题作出解答。

二、梁启超地理学之来源

对中国而言，地理学并非新鲜学问，"地理"在中国学术中曾占有相应位置。如《汉书》曾有《地理志》，下迄清代，也曾有不少人对《水经注》从历史地理角度作实证性研究。此外，清初也曾有刘献廷(1648—1695)等学者关注过人与地理环境的相互关系，出现过人文地理学的萌芽。但是，这些最终都没有发展为近代人文地理学。1924年，梁启超在其巨著《中国近三百年学术史》之地理学部分曾提及刘献廷，称其曾"注意于现代所谓地文学与人生地理学""进而探求'人地之故'——即人与地相互之关系，可谓绝识

---

[2] 梁启超《地理及年代》，《专集》47，第1—10页，梁启超《近代学风之地理的分布》，《文集》41，第48—81页。

[3] 张艳国、黄长义《地理史观与中国近代史学的历史考察》，《学术研究》1992年第5期。

矣";然而刘之学术终未成书,而"三百年来之大地理学家,竟仅以专长考古闻也"。[4]

因此,不难想象,梁启超于1898年来到日本时,他印象中的"地理"应是地方志般的"建置沿革",或就古典进行历史地理方面的求证,甚或至多是外国概况之类。但在日本生活约三年后,他竟然发表了上述《地理与文明之关系》及另外三篇地理大势论。在这些文章中,"地理"由他评价清代地理学时所说的"历史学附庸"[5],一变而为支配人类史的学问体系。在《地理与文明之关系》中,他说"地理之关系于文明,有更大于人种者矣",并从地势(高原、平原、海滨及海岸线长短)和气候角度对古代各文明的盛衰、东西方文明的差异作了明快的说明。关于地理环境对历史、文明的影响,梁在前一年即1901年写的《中国史叙论》之第四节"地势"已有触及。[6] 由此可知,梁自那时即已就文明与地理的关系有所构思,及至《新民丛报》创刊,则一举铺陈开来。《中国史叙论》说:

> 地理与历史,最有紧切之关系,是读史者所最当留意也。高原适于牧业,平原适于农业,海滨河渠适于商业。寒带之民擅长战争,温带之民能生文明。凡此皆地理历史之公例也。……[中国历史上]自明以前,何以起于北方者其势常日伸,起于南方者其势常日蹙。以寒带之人常悍烈,温带之人常文弱也。[7]

这简直就是地理环境决定论的样板。

继《地理与文明之关系》而写的三篇地理大势论,不妨说是应用地理环境论分别对亚洲、中国和欧洲作了论述。亦即,《亚洲地

---

[4] 《中国近三百年学术史》,《专集》75,第316页。

[5] 同前,第317页。

[6] 此外,《清议报》第100册(1901年12月)载有译者不明《中国文明与其地理关系》(原著为停春楼主人《中国历史上之地理影响》,《国民之友》,第246—265号,1895年3—10月),可知在梁启超周围还有其他人也关心可资解释地人关系的地理学。

[7] 《中国史叙论》,《文集》6,第4页。

理大势论》从地势和气候角度论述中国、印度、西伯利亚文明的差异,《中国地理大势论》着眼于南北气候论述古代中国的哲学流派(孔、墨和老、庄),《欧洲地理大势论》则基于气候条件差异论述拉丁、条顿、斯拉夫三大民族的风俗、宗教及殖民地经营的区别。

在这一系列论文中,梁启超列举了亚里士多德、黑革[黑格尔]、基约[盖奥特][8]、洛克(John Locke)等人物。实则,他写这些论文所直接依据的,是志贺重昂和浮田和民(当时皆执教于东京专门学校)所编教科书。具体而言,《地理与文明之关系》乃依据浮田《史学通论》(东京专门学校文学科第二回第一年级教科书,1898年前后刊行)之第五章《历史与地理》改写,地理大势论三篇则分别据志贺《地理学》(东京专门学校教科书,1897年)之《亚细亚地理考究之方针》《支那地理考究之方针》和《欧罗巴地理考究之方针》节译或改写而成(引用时,梁并未注明来自浮田或志贺)。

梁启超与浮田、志贺的关系并不仅限于地理学领域。浮田和民(1860—1946)是著名政治学家、史学家,曾留学美国,回国后任教于东京专门学校。该校改名早稻田大学后,仍执教政治学和西洋史。其间,1909年至1919年曾任《太阳》杂志主编,据认为其自由主义论调对青年人影响极大。浮田的业绩以主编《太阳》杂志闻名,而梁启超似曾经常阅读其所撰西洋史著作,如《史学通论》以及为东京专门学校所编教材等。[9]

---

[8] Arnold H. Guyot(1807—1884),法裔瑞士人,曾师事近代人文地理学先驱李特尔(C. Ritter)、洪堡(A. Humboldt)等,后赴美,任普林斯顿大学(当时称"新泽西大学")教授,执教地理学。主要著作有 Earth and Man, Boston, 1849 等。

[9] 除《史学通论》外,如浮田和民《西洋上古史》(东京专门学校教科书,1898年)、浮田和民《稿本希腊史》(东京专门学校出版部,1901年)亦曾为梁启超《斯巴达小志》(1902年,《专集》15,第1—19页)和《雅典小史》(1902年,《专集》16,第1—8页)所引用。另,《东籍月旦》(1902年,《文集》4,第82页)也收入浮田《西洋上古史》,并予以极高评价。

只不过,梁所依据的《史学通论》[10],尤其是他借用其地理环境决定论的《历史与地理》部分,却并非浮田原创,而是浮田抄译黑格尔的地理论(《历史哲学》序论第二篇《历史的地理基础》)和巴克尔《英国文明史》(Henry T. Buckle, *The History of Civilization in England*, 2 vols. London, 1857&1861)《总论》中有关文明发生与地理环境、气候之关系部分而成(浮田并未注明引自巴克尔)。众所周知,前者就文明形成的三种地势(高原、平原、海滨)有所论述,而巴克尔《英国文明史》也曾为福泽谕吉《文明论之概略》(1875年)提供其文明论的框架,对明治日本有关文明的认识,整体上发挥过巨大作用。早在1899年,梁启超就依据《文明论之概略》写过《自由书》中的几篇文章以及《国民十大元气论叙论》。[11]因此,不管梁是否曾意识到巴克尔的存在,巴克尔的文明论确曾透过福泽而为流亡初期的梁提供了一定的理论框架。而今则又再次借助浮田介绍巴克尔的地理环境决定论,梁的著作与巴克尔可谓缘分匪浅。

对巴克尔《英国文明史》从翻译史角度进行探讨,或其在史学史上之定位,日、中文版皆已各有专论[12],此处着眼于梁启超而仅看日文版的影响。有观点认为,进入1890年代后,"巴克尔的历史

---

[10] 浮田教科书,除《史学通论》外,尚有《史学原论》(刊于1898年前后)。二者内容几乎相同,但梁译自《史学通论》。【补注】最近,浮田和民《史学通论》的四种中译本被重印(浮田和民讲述,李浩生等译,邬国义编校《史学通论四种合刊》,华东师范大学出版社,2006年)。

[11] 有关《文明论之概略》与梁启超著作的关系,请参看本书所收《梁启超与文明的视点》一文。

[12] 论日文版者有小泽荣一《近代日本史学史研究·明治编》,吉川弘文馆,1968年。论中文版者,有谭英华《试论博克尔的史学》(《历史研究》1980年第6期)、俞旦初《爱国主义与中国近代史学》(中国社会科学出版社,1996年,第44—105页)、李孝迁《巴克尔及其〈英国文明史〉在中国的传播和影响》(《史学月刊》2004年第8期)。关于中国最早译本之一魏易译《文明史》(《学部官报》第3—28期,1906—1907年)在翻译上存在的问题,请参看石川祯浩《近代中国的"文明"与"文化"》(《日本东方学》第1集,中华书局,2007年)。

论也已式微"。[13] 然而,事情似乎并非如此简单。观诸浮田《史学通论》引用其书而不具其名可知,巴克尔的文明论、地理论等已化为有关历史和地理环境的普遍法则或曰常识而为明治时期知识分子长期无条件遵循,甚至已无须注明所由何出。梁启超作为人类史"公例"予以介绍的,正是经反复引用而已化为固定模式、或曰常识之后的巴克尔。[14] 换言之,巴克尔《英国文明史》非但没有式微,更进而化为无须冠以著者姓名的"匿名真理",并作为明治日本的常识和一般观念而成为梁启超的新知识。

梁启超的地理大势论三篇所依据的志贺重昂《地理学》,也是地理环境决定论色彩极浓的教科书,且亦可看到巴克尔的影响——尽管不如浮田《史学通论》那样显著。志贺重昂曾与三宅雪岭等人组织政教社,也是曾发行杂志《日本人》的知名媒体人和主张国粹的著名政治家,他在东京专门学校和早稻田大学执教地理学期间写的以民族主义观点论述日本景观的《日本风景论》,也广为人知。梁来日本后不久曾与志贺晤谈。其笔谈记录载,梁对初次晤面的志贺说,"久闻高名,曾读日本风景论及其他地学各书,略窥硕学之一斑",自称曾读过志贺的代表著作《日本风景论》及其他地理学著作。[15] 不过,当时《日本风景论》尽管在日本国内热销,但尚未有汉译本,考虑到梁来日后才开始学习日语,他在该时期似乎不太可能已读过《日本风景论》,所谓"曾读日本风景论"或许不过客套而已。梁后来也没有读过《日本风景论》的迹象。

---

[13] 前引小泽荣一《近代日本史学史研究·明治编》,第330页。

[14] 《史学通论》在史学领域似乎也曾吸引梁启超,其《自由书 英雄与时势》(1899年,《专集》2,第9—10页:基于《史学通论》第25—26页改笔)、《新史学 史学之界说》(1902年,《文集》9,第7—11页:基于《史学通论》第3—5页改笔)皆曾参考该书。另,关于《史学通论》对中国的影响,请参阅前引俞旦初《爱国主义与中国近代史学》第49—56页、蒋俊《梁启超早期史学思想与浮田和民的〈史学通论〉》(《文史哲》1993年第5期)、尚小明《论浮田和民〈史学通论〉与梁启超新史学思想的关系》(《史学月刊》2003年第5期)。

[15] 《志贺重昂与梁启超之笔谈》,外务省编《日本外交文书》第31卷第1册,日本国际联合协会,1954年,第703—705页。

梁感兴趣的,并非讴歌祖国风光、成为日本民族主义宣言书的《日本风景论》,而是标榜"考究地球万般现象"[16]的《地理学》所载所述的知识。

毋庸置疑,通过发表《地理与文明之关系》及随后的几篇地理大势论,梁启超将披着近代外衣的人文地理学介绍给了中国,从而成为该领域的领路人。在这点上,认为"地理学的基本理论是人地关系""'人地关系论'是人文地理学研究的核心"[17]的中国地理学,对梁在地理学方面的贡献,除若干保留外基本上评价较高,殊非意外。

三、梁启超、章炳麟与地理环境决定论

从浮田和民《史学通论》之《历史与地理》直接汲取、自巴克尔《英国文明史》间接获取的地理决定论,对梁启超无疑是极富魅力的新知识。事实上,他立即将其用于史学和哲学的研究中。据浮田《历史与地理》改写的上述《地理与文明之关系》刊毕后,下一期《新民丛报》即开始连载《论中国学术思想变迁之大势》(《新民丛报》第3—58号,1902年3月至1904年12月间断续刊载)以论述孔老南北派说,即其一例。该文将先秦诸子之思潮分为以孔子为代表的北派和以老子为代表的南派,并论述其差异乃纯因二派赖以成长的地理环境不同。亦即,北派因生活环境苛烈而崇实际、力行、谨直,南派则因自然恩惠丰厚而尚虚无、无为、自然。

才高如梁启超者,读浮田《历史与地理》后将其"公例"试用于中国思想史研究,应该说没有障碍。但在这方面,梁启超似乎也参

---

[16] 志贺重昂《地理学》,第1页。
[17] 张岂之主编《中国近代史学学术史》,中国社会科学出版社,1996年,第362页。熊宁《我国近代(1840—1949)人文地理学的发展概况》,《地理研究》第3卷第2期,1984年。

考了藤田丰八(1869—1929)等人应用地理决定论研究中国思想史的成果。因为,所谓孔老南北派说,在梁频繁汲取新知识的来源即东京专门学校教科书、《国民之友》、《国民新闻》里也曾反复出现[18],而若说梁对此不了解是不可能的。实则,藤田丰八首倡孔老南北派说之后,影响甚广。尽管藤田的友人桑原骘藏早就从纯学术观点予以批判[19],但孔老南北派说单纯明快,又得舆论界流行的地理决定论支持,其影响未见轻易衰减。梁启超似亦以该说甚合吾意,在1920年的《老子哲学》中仍坚持原有的解释。[20]

基于地理环境决定论观察民族史、思想史,在20世纪初具有很强的说服力,因而十分流行。如章炳麟尽管在政治上与梁启超激烈冲突,但他研究中国思想史仍援用同样的理论基础,在其代表作《訄书》所收《原学》《清儒》及《驳康有为论革命书》(1903年)中,皆可看到地理环境决定论的影子。这几篇文章的绪论部分,述诸子百家学风差异则将其与"寒冰之地""暑湿之地""瀛坞(海滨)之地"等气候、地势相对应,论印度亡国则向热带气候寻找原因:

---

[18] 藤田丰八《支那文学史》(东京专门学校邦语文学科教科书,1895年)第57—103页和爱山生(山路爱山)《关于中国哲学》(《国民新闻》1894年1月21、28日,3月4、18日)等皆可见依据地理决定论的孔老南北派说。另,众所周知,藤田丰八是日本东洋学的先驱之一,在提倡孔老南北派说的1897年曾前往上海,对梁启超亦曾参与其事的罗振玉的《农学报》及东文学社的活动提供帮助。只不过,藤田与梁在上海的交往如何,以及藤田在上海是否也曾主张孔老南北派说,则不得其详。再,关于梁经常阅读德富苏峰的民友社所办《国民之友》《国民新闻》等刊物,本书所收《梁启超与文明的视点》就其翻译、改写对照等作了探讨。

[19] 桑原骘藏《关于老子之学》(1898年,《桑原骘藏全集》,第2卷,岩波书店,1968年)指出,对中国古代哲学的地理学解释可见巴克尔等的影响,并举"学友藤田丰八"为其代表加以批判(同书,第129—130页)。宫崎市定《桑原骘藏全集》解说中称,中国思想史研究中的"环境决定论"似为藤田丰八所创"(同书,第646页)。另,高山樗牛的观点也与桑原同(《读〈先秦文学〉》,《太阳》1896年6月号)。

[20] 《老子哲学》,《专集》35,第2页。同样的地理决定论阐述,亦见于《近代学风之地理的分布》,1924年,《文集》41,第50页。

> 热带之地,不忧冻饿,故人多惰惰,物易坏烂,故薄于所有观念,……夫薄于所有观念,则国土之得丧,种族之盛衰,固未尝慨然于胸中。……志既不坚,是故迁延数世界,国以沦丧。(《驳康有为论革命书》)

显然,章炳麟该论与梁启超《论中国学术思想变迁之大势》及《地理与文明之关系》《亚洲地理大势论》有异曲同工之趣。值得关注的是,这些含有地理环境决定论内容的文章,在《訄书》初版中并不存在,皆为1904年在日本出版修订本时所追加。[21] 而在初版出版后和修订本出版前,章曾阅读过浮田和民的《史学原论》(与梁启超依据的《史学通论》内容几乎相同)。在1902年致书《新民丛报》[22]时,章曾特别提到《史学原论》,并高度评价其"于修史有益"。

可见,浮田(更可上溯到巴克尔)的地理环境决定论,已超越革命和改良的政治立场,成为流亡日本的中国知识分子共同拥有的新知识。而从当时梁启超、章炳麟的巨大影响不难想象,这种新知识很快就成了中国知识界的常识。

四、作为"大理论"的地理环境决定论

现在,所谓地理环境决定论及对此有所借重的史学研究被判为浅薄之论,地理学和史学皆予以否定。巴克尔的《英国文明史》一般被归入史学范畴之"文明史论",浮田和民及志贺重昂等也被视为"非学术地理学家",其地理论则被视作日本地理学摇篮期的

---

[21] 有关《訄书》各版本的异同,朱维铮《求索真文明——晚清学术史论》(上海古籍出版社,1996年)第259—283页叙之甚详。另,关于《訄书》初版出版时间有几种不同说法,此处仅指出,其所收录文章皆成于1900年以前。

[22] 《章太炎来简壬寅六月》,《新民丛报》第13号,1902年8月。

"独特"现象。[23]但是,梁启超、章炳麟注意到地理与历史、文明、民族的关系并接受地理环境决定论,绝非因其"独特"。地理环境决定论不仅是明治日本认识历史、认识文明的基本常识,在西方也是验证诞生不久的人文地理学科学性的重要理论基础。这一点,观诸19世纪后半期至20世纪初期欧美相继出版的地理著作的倾向则一目了然。

地理学史一般认为,将地人关系置于核心的地理学即人文地理学的集大成者,是19世纪后半期的拉采尔(F. Ratzel)。然而,该时期曾有许多冠以"地与人""地球与人类""地人论"等的地理著作出版。美国有 Thomas Ewbank, *The World a Workshop: or, the Physical Relationship of Man and Earth*(1855)、G. P. Marsh, *Man and Nature: or Physical Geography as Modified by Human Action*(1864)、N. S. Shaler, *Man and the Earth*(1905),欧洲则有 J. E. Reclus, *La Nouvelle Géographie Universelle, la Terre et les Homme*(1875—1894)出版。而亨廷顿(E. Huntington)的代表作《文明与气候》(*Civilization and Climate*)出版并引起巨大反响,则是在1915年。该书将气候条件的影响扩大应用到人种、民族之优劣,亨廷顿也因此被称为白人至上主义者。这些著作都在不同程度上一致强调地理环境对人类史的影响。显然,1857年出版的巴克尔《英国文明史》有关地理与历史相互关系的记述,是符合19世纪后半期欧洲地理学试图统一把握地理环境和人类活动的潮流的。

在日本,地理学说受欧美地人相关论影响而带上浓厚的地理

---

[23] 研究日本近代地理学史而以志贺重昂为对象的有源昌久《志贺重昂的地理学》(*Library and Information Science*[日语]第13号,1975年)、大槻德治《志贺重昂与田中启尔——日本地理学先驱》(西田书店,1992年)等,但尚无从地理学角度探讨浮田和民业绩者。论述中国地理学与日本的关系的,有源昌久《日本地理学著作与中国近代地理学——以翻译书志为线索》(《地理学评论》第67卷第3期,1994年);邹振环《晚清西方地理学在中国》(上海古籍出版社,2000年),考察对象是翻译著作。

环境决定论色彩的,也并非只有浮田、志贺等,同时代的内村鉴三及牧口常三郎也属此类。内村鉴三《地理学考》(1894年,三年后改名《地人论》)从地理因素对文明史的限制论述了日本的使命,牧口常三郎则著有《人生地理学》(1903年)。内村在该书中曾对巴克尔的地理环境决定论表示疑问,称该学说混淆了历史和地理学。[24]然而,内村从地势、地理方面展望各大陆的未来趋势,则仍带有浓厚的地理环境决定论色彩。当然,称浮田、志贺及内村、牧口为学术地理学家或许勉强,但他们的地理论亦即地理环境决定论,对明治日本学术界基本常识的形成是有贡献的。[25]

那么,浮田、志贺的地理环境决定论何以如此强烈影响梁启超等人?显然,单以其"独特"无法得出答案。实则,该理论对普遍性的追求或曰标榜,才是深深吸引梁启超等人的主要因素。梁启超通过借鉴浮田等人的地理学,不仅理解了各国的地名或风俗,而且发现了存在于地理与历史、地理与文明之间的人类历史"公例"。近代日本地理学先驱之一山上万次郎(1868—1946)当时所说的下面一段话清楚地表明,近代西方人文地理学及受其影响的明治日本摇篮期的人文地理学所追求的,正是梁启超所说的"公例"。[26]

> 物理学、化学有统摄性规律(Unifying principle)贯通各部。……地理学亦然。地表和人类这二元的交涉关系中,以解释其统摄性规则为最终目的。……一般论者以为地理学无正确之统摄性规则,无中心问题,亦有一定之道理。然而,当今地理学上或大或小原理之发现愈益加多,是等个别原理现已统一于进化论这一中心问题之下。……创所谓地人论之本

---

[24]《内村鉴三全集》第2卷,岩波书店,1980年,第367页。
[25]若宫卯之助《黄色人种之未来》(《若宫论集》,实业之世界社,1915年)曾援用西方人文地理学("先有李特尔,后有拉采尔"),依地理条件论述各国盛衰及将来趋势。此类论述显示,在日本,地理环境决定论被视作西方地理学的大理论。
[26]《地理与文明之关系》,《文集》10,第107页。

体,以之确立斯学之统摄性规则之日,当非远矣。(着重号从原文)[27]

这段文字充分表达了山上万次郎孜孜以求的目标,即地理论须脱离地理学而"统一于进化论这一中心问题之下",成为人们认识世界、理解人类史的"统摄性规则",亦即"大理论"。巴克尔《英国文明史》也被视作地理学著作而产生极大影响,正是因其提示了清晰解读世界的大理论。

如上所述,依所谓"地理决定论"理解文明,现已被视为浅薄之论。但在 19 世纪,这种理论框架却并非巴克尔所独有,而与黑格尔、斯宾塞甚至更早的孟德斯鸠是一脉相承的。正因如此,如下现象才得以发生,即《论法的精神》——众所周知,原著(*De l'esprit des lois*, 1748)第三部论法律变迁与风土之关系——的汉语节译本《万法精理》的译者张相文,在 1902 年译完本书后,就成了中国人文地理学的先驱。[28]由此亦可窥知当时人们对《论法的精神》所持的态度。[29]《论法的精神》既是政理著作,同时也是"地理"著作。反而喻之,梁启超通过浮田、志贺的加工而接受的巴克尔的"地理"论,与其说是地理学,不如说是历史论、文明论所不可或缺的组成部分。

地理环境决定论在 19 世纪影响之大,从马克思主义者对其分

---

[27] 山上万次郎《日本帝国政治地理》(第 1 卷,大日本图书,1909 年再版)之《绪论》。关于山上在日本地理学史上的地位,请参看源昌久《山上万次郎(1868—1946)地理学研究——传记及书志调查》,《人文地理》第 41 卷第 5 号,1989 年。

[28] 关于张相文,请参看林超《中国现代地理学萌芽时期的张相文和中国地学会》(《自然科学史研究》第 1 卷第 2 期,1982 年)及许明龙《孟德斯鸠与中国》(国际文化出版公司,1989 年)第 109—111 页。林超论文称,张相文 1899 年执教上海的南洋公学时,曾从日本教员藤田丰八学习日文,遂开始学习西方地理学。若此说无误,则张相文是在曾将"环境决定论"应用于中国思想史研究的藤田引导下走上地理学研究之路的。

[29] 日本最早翻译《论法的精神》,有箕作麟祥《论人民之自由与土地之气候相关》(《明六杂志》第 4—5 号,1874 年),如其标题所示,也是从气候差异解释东西文明及民族性差异。

析评判之热忱亦可得到反向印证。被称为俄国马克思主义之父的普列汉诺夫(G. Plekhanov),在其代表作《马克思主义的根本问题》《论一元论历史观的发展》《唯物论史入门》等里面,都对巴克尔、盖奥特的学说即其地理环境决定论做过批判性分析。[30]不过,应属俄国最具思辨智慧的普列汉诺夫也说,"各种地理性关系,不仅原始性种族,所谓文化民族也深受其影响"。[31]可见,在他看来,人类在历史上曾受地理环境影响是其立论的自然前提。换言之,普列汉诺夫对地理环境决定论的批判,其目的在于对"有关地理环境对'人的精神'的种种特质直接施加影响的含混的'臆测性'见解"[32]予以纠正,并使其成为"科学性研究"。因此,地理环境决定论在当时不仅不"独特",即使马克思主义者也曾大体承认其合理性,并认为是值得认真探讨的理论体系。

五、中国的地理环境决定论与唯物史观

梁启超通过明治日本的地理学而吸收并介绍给中国知识分子的地理环境决定论,因其大理论特征而规定了其后中国人文地理学的方向。梁本人后来(主要在1920年代)仍坚持依该理论撰述中国学术史,已如上述。而中国地理学也是以依据该理论的地人论为核心发展起来的。

20世纪中国学术地理学的代表人物,除上述张相文外,还有竺可桢。发表于1910—1920年代、奠定其地理学者地位的《地理与文化的关系》《地理对于人生之影响》等论文,都反映出他曾受

---

[30] G. Plekhanov, *Fundamental Problems of Marxism*, Moscow: Foreign Languages Publishing House, pp. 54-56,普列汉诺夫著,川内唯彦译《论一元论历史观的发展(史的一元论)》(岩波书店,1947年)第195—199页,普列汉诺夫著,藤井米藏译《唯物论史入门》(改造社,1935年)第238—252页。

[31] 前引G. Plekhanov, *Fundamental Problems of Marxism*, p. 54。

[32] 前引普列汉诺夫著,藤井米藏译《唯物论史入门》,第251页。

到在美国学习的地理环境决定论的影响。[33]此外,显示五四新文化运动时期至1930年代地理环境决定论兴盛的文章,可谓不胜枚举,如历史、文明、国民性等诸多现象及领域,都曾应用该理论予以分析和解释。其中标榜地理学的,有姚存吾《从历史上观察地理变迁与人生之关系》、张资平《人文地理学》、张其昀《江浙二省人文地理之比较》等;而论述地理与国民性关系的,则有康白情《论中国之民族气质》。[34]

日本也曾出现类似现象。翻译方面,被称为地理决定论最终版本的森普尔《地理环境与人生》于1917年翻译出版(原著为 E. C. Semple, *Influences of Geographic Environment*, 1911, 小田内通敏译,大日本文明协会出版。陈建民译中文版则于1935年由商务印书馆出版)。1923年,巴克尔《英国文明史》的主要部分(含论述地理决定论部分)再出新译本,更名《世界文明史》(西村二郎译,而立社)。此实为第三次(或第四次)刊行,表明巴克尔的影响依旧。中国方面,进入1940年代,有人开始批判拉采尔等人的地理环境决定论,称其"过分重视物质环境之偏见,……自然与人类之间有不绝之交互作用,自然固可使人类适应环境,人类亦能利用或改造自然以增进其生活"。[35]反而言之,这也是地理决定论对言论界长期影响的反映。

有学者评论称,地理环境决定论"是不可能正确地解释社会经济现象,同时,也妨碍地理学的发展",还曾被认为是反马克思

---

[33] 竺可桢《地理与文化的关系》,《科学》第2卷第5号,1916年。竺可桢《地理对于人生之影响》,《科学》第7卷第8号,1922年。另,在竺可桢的中国气候研究中,可看到上述亨廷顿《文明与气候》所论气候循环说的影响。

[34] 存吾《从历史上观察地理变迁与人生之关系》,《地学杂志》第11卷第5、6期,1920年。张资平《人文地理学》,商务印书馆,1924年。张其昀《江浙二省人文地理之比较》,《地学杂志》第3卷第1期,1930年。康白情《论中国之民族气质》,《新潮》第1卷第2期,1919年。

[35] 周立三《地理学的对象及其任务》,《地理》第1卷第2号,1941年。鞠继武《中国地理学发展史》(江苏教育出版社,1987年)第207—209页也指出,到了1940年代,所谓地理环境决定论仍在深深影响着中国地理学。

主义思想。[36]那么,梁启超直至1920年代仍在依地理环境决定论阐述历史,难道仅是庸俗之论吗?让我们以《近代学风之地理的分布》为例作一探讨。他在该文中说:

> 气候山川之特征影响于住民之性质……又影响于对外交通及其他一切物质上生活。物质上生活,还直接间接影响于习惯及思想,故同在一国、同在一时而文化之度相去悬绝,或其度不甚相远,其质及其类不相蒙,则环境之分限使然也。环境对于"当时此地"之支配力,其伟大乃不可思议。[37]

该文的意图,在于从"环境对于'当时此地'之支配力"的角度揭示明清时期中国各省的不同学风,因此,乍看上去,的确是机械地应用地理环境决定论的庸俗之论。但实际上,他接下去还这样说:

> 吾因是则信唯物史观派所主张谓物质的环境具万能力,吾侪一切活动,随其所引以为进展,听其所制以为适应,其含有一部分真理,无少疑也。

显然,梁启超认为当时席卷言论界的唯物史观(或被认作"唯物"史观的观点)与地理环境决定论十分相似。实则除梁启超外,接受"唯物史观"的中国早期马克思主义者也都持有此类见解,这在李大钊《由经济上解释中国近代思想变动的原因》[38]中即有清晰反映。该文受到关注,乃因其表明李大钊已接受马克思的唯物史观。但其开头却依据地理环境决定论来解释东西文明。李大钊认为,隔开东西文明的是位于亚欧大陆中央的"桌地(Table-land)",该"桌地"东西延伸,南北间交流受阻,从而诞

---

[36] 前引鞠继武《中国地理学发展史》,第207—208页。
[37] 《近代学风之地理的分布》,《文集》41,第50页。
[38] 李大钊《由经济上解释中国近代思想变动的原因》(1920年),《李大钊选集》下,人民出版社,1984年,第177—184页。

生了"南道""北道"两系统之文明。"南道"太阳恩惠丰,其所形成的东洋文明以与自然、同类调和为基本特点,被描述为安详、消极、爱好艺术。而"北道"则太阳恩惠薄,其所形成的西洋文明则以挑战自然、与同类竞争为基本特征,被描述为竞争、积极、科学。[39]

在该文中,地理环境决定论和唯物史观被巧妙地糅合在一起。这种倾向,在后来倡导唯物论的早期共产党员中也能看到。如杨明斋《评中西文化观》即全面依据地理环境决定论来论述西方文明的起源及特质。[40]

如此看来,地理环境决定论与唯物史观,其亲和性原来如此之强。这种亲和性,我们在上述普列汉诺夫对地理环境决定论的批判性分析中已经看到;而在中国,地理环境决定论竟也成为通向唯物史观的台阶。对于普列汉诺夫的著作,若说曾在俄国生活过的杨明斋有所了解是可能的,但梁启超、李大钊在1920年代初读过的可能性不大。但如果他们都将地理环境决定论视作唯物史观之一种,则我们不妨说,使中国知识分子接受西方普遍性文明成为可能的,正是经日本"非学术地理学"折射过的思想链条。

原文(英文)题为"Liang Qichao, the Field of Geography in Meiji Japan and Geographical Determinism,"发表于1998年9月的下述国际学术研讨会:"The Role of Japan in the Reception of Modern

---

[39] "南道""北道"为"桌地(table-land)"隔开之类的解释,在李大钊写于1918年的《东西文明根本之异点》(前引《李大钊选集》上,第557—571页)中已经出现。不过,其依据则是日本的文明评论家茅原华山的《人间生活史》(弘学馆书店,1914年,第79—81页)。茅原华山的著作另有论述地理环境决定论的《地人论》(东亚堂书店,1913年)。有关茅原华山及其著作对李大钊的影响,请参看本书所收《李大钊早期思想中的日本因素——以茅原华山为例》一文。

[40] 杨明斋《评中西文化观》,中华书局,1924年(重排本:上海书店,1991年),第325—328页。

Western Thought in China: The Case of Liang Qichao",圣巴巴,美国加州。后收入 Fogel, Joshua (ed.), *The Role of Japan in Liang Qichao's Introduction of Modern Western Civilization to China* (Berkeley: Institute of East Asian Studies, University of California, 2004)。

李大钊早期思想中的日本因素
——以茅原华山为例

一、序论

1918年7月,当时在北京筹办赴法勤工俭学事宜的蔡和森致信毛泽东,第一次明确提出了"仿效列宁"的问题。蔡和森说:

> 吾人之穷极目的,惟在冲决世界之层层网罗,造出自由之人格,自由之地位,自由之事功,加倍放大<u>列宁</u>与<u>茅原华山</u>(此二人亦不审其果有价值否,暂以为近人近事而假借之。)之所为,然后始可称发展如量。(下划线为引用者所加,以下同)[1]

当时,俄国十月革命爆发不久,由于有关革命的消息主要来源于帝国主义国家的新闻机构,因此报道很不准确,有时甚至是混乱和矛盾的。当然,列宁的经历以及他的革命思想也还没有正式传入中国。这一情况从蔡和森在同一时期写的另一封信中也可以得到证实。蔡和森给毛泽东的信中说:

> 果为君子,无善不可为,即无恶不可为,只计大体之功利,

---

[1]《蔡林彬给毛泽东》(1918年7月24日),《蔡和森文集》,人民出版社,1980年,第23页。原文"茅原华三"显属误写。另,原信日期为"八年七月二十四日",据《蔡和森文集》注释,写信时间应为"1918年7月24日",暂从之。

不计小己之利害。墨翟倡之,近来俄之列宁颇能行之,弟愿则而效之,虽于兄意未有当,亦聊以通其狂感耳。〔2〕

很明显,这里的列宁是为"大体之功利"不择手段的革命领袖。换句话说,蔡和森把无产阶级的功利主义与古代墨子的功利主义相提并论是不妥当的。如此说,前面一封信中的"加倍放大列宁之所为",自然须相应地打折扣,不能简单地解释成"这就明确表示了要走列宁的道路,走俄国无产阶级革命的道路"。〔3〕蔡和森信中的"仿效列宁"问题,除了这种极为复杂的列宁形象问题以外,还让人产生另一个比较单纯的疑问:与那个列宁并称的"茅原华山"究竟是何人?能与列宁这位伟大的无产阶级革命领袖一起被蔡和森指名赞扬,说明茅原华山决非普通人,并且当时的进步中国青年对此人应相当熟悉。但长期以来,茅原华山对蔡和森以及同时期中国知识界的影响却好像是一个谜。就是说,过去的蔡和森研究引用上述信件时,不是给茅原华山加"提倡贤人政治的"这样一个来源不明的形容词,就是索性把"列宁与茅原华山"的后一半(即"与茅原华山"的部分)删掉了事。

其实,在1910年代中国知识界,接受茅原华山影响的,并非仅有蔡和森一人。李大钊的早期思想亦如此,总的说来,在整个1910年代,虽然中日两国的政治关系,以1915年的"二十一条"为分水岭,走上了从共存到对立的道路,但清末以来的中日文化交流这一条潜在主流一刻也没有断绝过。直到五四时期马克思主义传播之前,日本知识界给中国知识界提供了各种各样的新思想。本文首先探讨日本的文明评论家茅原华山和李大钊之间的思想关系,在此基础上进一步考察1910年代中日两国言论界的相互关联。

---

〔2〕《蔡林彬给毛泽东》(1918年7月21日),《蔡和森文集》,第8页。原信的日期为"七年八月二十一日",据《蔡和森文集》的注释,写信时间应为"1918年7月21日",暂从之。

〔3〕 周一平《中共党史研究的开创者——蔡和森》,上海社会科学院出版社,1994年,第6页。

二、李大钊早期思想的复杂性

从李大钊哲学思想的发展来看,人们往往以1919年的先驱性论文《我的马克思主义观》为界,把李大钊的思想划分为前后两个阶段。即,第一阶段为早期思想,第二阶段为后期思想。这种划分在学术上并非毫无道理,但是在理解李大钊的整体思想时,它就成了人为设定的障碍,导致人们难以理解李大钊思想发展的脉络。关于李大钊的思想已有很多先行研究。其中,关于其激进民主主义色彩浓厚的早期思想发展为马克思主义的过程,其解释可谓汗牛充栋。学者们见解尽管分歧很大,但1916年9月首次在《新青年》杂志(第2卷第1号)发表的《青春》一文代表其早期思想,其思想架构因此得以完成,基本成为共识。[4]学者们一致认为,其思想偶见晦涩和神秘,而较好呈现这种复杂思维方式的,正是《青春》。

《青春》从对宇宙的无限性和流转性的认识出发,认为贯穿人类和历史全过程的生命循环才是无穷的青春。并向青年呼吁,一切事物的死必然伴随着再生,衰老将死的中华也会因这无穷的青春迎来并也必将迎来回天再造之时。当时正处于护国运动打破了袁世凯的帝制梦,人们正在思考袁死后中国应走何种道路之时。这一时期,他的文章以《新青年》为舞台来呼吁和讴歌以无限的青春实现中华复活再生,博得了广大青年的共鸣。

中国李大钊思想研究的代表性学者吕明灼、许全兴及朱成甲,都在其专著中论述过《青春》,并将其中的宇宙循环论、文明循环论称作"青春思想",认定其为李大钊早期思想的重要内容。[5]其

---

[4] 张翼星《李大钊哲学思想若干特点的启示》,《北京大学学报(哲学社会科学版)》1998年第2期;朱成甲《李大钊早期思想与近代中国》,人民出版社,1999年,第365—409页;杜蒸民《李大钊哲学思想发展再探》,《安徽史学》2005年第6期。

[5] 吕明灼《李大钊思想研究》,河北人民出版社,1983年,第64—80页;许全兴《李大钊哲学思想研究》,北京大学出版社,1989年,第43—66页;前引朱成甲《李大钊早期思想与近代中国》,第365—409页。

实,《青春》及"青春思想"隐含着许多难以解读的哲学因素,要正确理解其含义是十分困难的。针对这一情况,朱成甲曾做过如下评论:

> 《青春》一文的基本思想,长期以来人们并没有深刻准确地给以把握。人们在对某些观点词句加以引用的时候,往往离开它的总体思想而望文生义地流于文学化或表面化,这就很难深入地把握它的哲学内涵。[6]

正如此处所指出,《青春》隐含着难以形容的独特思维方式。关于《青春》的哲学性质也有诸多解释,如黑格尔式的绝对观念论、爱默生(R. W. Emerson,美国哲学家)的超越论哲学、柏格森(A. Bergson)的创化论、唯物辩证法的宇宙论、天人合一论的传统思想,或者是这些思想的复合体等。[7]本文目的并不在对《青春》添加新的哲学解释,而是围绕本文的重点即中日言论界的文明论、宇宙论、时间论的关系来探讨《青春》的思想渊源。

较之上述哲学家、思想家,对《青春》及其他一系列著作的执笔产生过最大、最直接影响的,就是茅原华山的《悲壮精神——令山就我!(悲壮なる精神——山をして我れに来らしめよ)》[8]、《人类生活史》(日文书名《人间生活史》)以及其他一系列著作。可以断言,众说纷纭的李大钊早期思想的复杂性、神秘性、晦涩性

---

[6] 朱成甲《李大钊的早期哲学思想——泛青春论》,《天津师大学报》1989年第2期(后收入中国李大钊研究会编《李大钊研究论文集》,人民出版社,1999年)。

[7] 例如,指出李大钊的早期思想与国外思想家之关系的有以下几篇专论:Maurice Meisner, Li Ta-chao and the Origins of Chinese Marxism, Harvard University Press, 1967(中译:迈斯纳著,中共北京市委党史研究室编译组编译《李大钊与中国马克思主义的起源》,中共党史资料出版社,1989年);吴汉全《早期新文化运动中的李大钊与外国学术思想》,《社会科学研究》2002年第2期;吴先伍《柏格森哲学对李大钊时间观的影响》,《安徽师范大学学报(人文社会科学版)》第31卷第2期,2003年。

[8] 当初发表于《洪水以后》创刊号(1916年1月),后收入茅原华山《新英雄主义》(东京:新潮社,1916年4月)。

等,大部分来自茅原的独特理论。要解决这两人之间错综复杂的关系,我们还是要从茅原华山的经历及其写作谈起。

三、风靡一时的言论家
——茅原华山

1910年代中叶,正当中国热切效仿西方却因不得要领而苦闷不已时,日本吸收西方文明的热潮已告一段落。就在日本以东方代表的身份登上国际政治舞台之时,西方文明的中心欧洲却爆发了惨绝人寰的第一次世界大战。从文明史角度看,最先进的欧洲各国在大战中显然利用了"文明利器",给人类带来了前所未有的惨祸。这不仅促使西方,也促使以吸收这种"文明"为使命的非西方国家的知识分子进行反思。这就是中日两国在1910年代中叶以后同时盛行"东西文化(文明)论战"的背景。[9] 茅原华山就是此时在日本言论界就此发表过许多重要观点的最活跃的文明评论家之一。

茅原华山(本名茅原廉太郎,1870—1952)[10],东京人,少时家道衰落,边工作边自修内外学问(以及汉学、中国古诗)。1892年以后,担任《万朝报》(东京著名的进步日刊)等数家报社的评论记者,以其与时俱进的进步思想及独特文体博得读者好评。茅原的言论活动不限于文明论,从宇宙论到政治评论所涉甚广。尤其1905年至1910年游历欧洲之后,便提倡以对内政党内阁主义,对外自由贸易主义为基础的和平主义为内容的"民本主义",先于吉

---

[9] 1910年代中日两国知识界发生的有关东西文化的论战,关系甚为密切。见石川祯浩《东西文明论与中日两国的论坛》(收入古屋哲夫编《近代日本对亚洲的认识》,京都大学人文科学研究所,1994年)。

[10] 有关茅原华山的一生及其著作,有其孙茅原健的一系列专著,见茅原健《茅原华山与同时代人》,东京:不二出版社,1985年;茅原健《民本主义的论客 茅原华山传》,不二出版社,2002年。有关同时代人对茅原华山其人的评价,本文甚受此二书启发。

野作造(日本著名进步政治思想家,五四时期曾与李大钊交往)普及了该术语,是其功绩之一。另一方面,作为1913年创刊的《第三帝国》杂志的主笔,他把该杂志办成了论锋犀利的民本主义刊物,被称为"崭新意义上的自由民本主义的学校"。[11]有关其在1910—1920年代的政治论,主要围绕《第三帝国》已有不少优秀研究成果[12],在这里主要考察其1910年代的东西文明论。严格地说,茅原的东

茅原华山

西文明论,并非应用实证方法并继承了学术史的学术研究,但其文章文体流丽,时代感鲜明,因而当时曾受到"中等知识阶层青年"的广泛支持。

　　茅原华山著述颇丰,就东西文明论而言,主要有《世界文明推移史论》(东京:东亚堂书店,1905年)、《地人论》(东京:东亚堂书店,1913年)、《第三帝国论》(东京:南北社,1913年)、《人类生活史》(东京:弘学馆书店,1914年),以及发表于《第三帝国》杂志的几篇专论。其中,《人类生活史》是交织了时间论、宇宙论、人生论而展开的评论,可以说集其文明论之大成。下面首先依据该书就其文明论作一概观。

　　《人类生活史》首先探讨何为时间和历史。他认为时间是流动的,时间的三态(即过去、现在、未来)都是以现在为起点或终点。爱默生说"universal mind",即"普遍共通心"流入时间成为历

---

[11] 大杉荣《茅原华山论》,《中央公论》1915年12月号。

[12] 关于日本大正民主主义时期(1910—1920年代)的茅原华山以及《第三帝国》的历史作用,除本文注10提到的论著外,还有以下专论:松尾尊兊《大正德谟克拉西》第五章,岩波书店,1974年;松尾尊兊《〈第三帝国〉解说》、《〈第三帝国〉解说・总目次・索引》,不二出版社,1984年;水谷悟《杂志〈第三帝国〉与茅原华山》,《媒体史研究》第11号,2001年。

史,而捕捉"普遍共通心"即历史学家的使命。并且,文明只能是人类力量的扩大继承过程,因此各民族的生活状态才成为各文明的特质(《人类生活史》序论第一章)。

茅原的东西文明论就此正式展开。他大量引用西方著名史学家的著作,用长达四百页的篇幅进行论述。其内容涉及许多方面,但贯穿始终的主旋律,就是把东西方文明分别规定为"静"和"动",并阐明二者被欧亚大陆中部的高原(茅原称之为"Table Land",即"桌地")隔出南北两条通路,此即所谓太阳照射充足的"南道"和不充足的"北道"。

基于某种文明所处气候及地理条件解释其特点,以及把文明的发展阶段比作人的成长而划分为"幼年期""少年期""青年期""壮年期""老年期"进行立论,都不是茅原独创。在文明史方面,从气候及地理条件来说明文明特点的所谓"地理环境决定论",经法国的基佐(Francois P. G. Guizot)在其《欧洲文明史》、英国的巴克尔在其《英国文明史》中反复倡导后,当时已成为普遍性解释。[13]毋庸置疑,在1910年代以前,通过明治日本启蒙思想家的介绍,此类阐述已深深扎根于日本的文明史观之中;作为文明论的主要架构,把文明的发展比作人类成长,也已被普遍接受。然而茅原将其扩大运用于论述地球上的文明,大胆地将其分为"南道""北道",在当时足以震动视听。茅原在该书前言自负地说,"本书因我独创而有鲜活生命"(《人类生活史》序,第4页),其原因在此。

关于"南道""北道"两大文明的未来,他主张说,若要防止带有"机械主义""物质主义"缺陷的"动"的北道文明陷入"破坏的文明",就必须与"平静""调和"的南道文明合体。他说,"两者[东西两文明——引者注]一致才能完全。未来时代人类生活伟大的进行曲是从南北两道朝向一致的世界而奏响的"(《人类生活

---

[13] 关于地理环境决定论在中国、日本的传播,请参阅本书所收《梁启超与明治时期日本的地理学研究》一文。

史》,第471页)。如此,位于南道文明的日本(茅原认为,日本属于南道文明)应选择的道路便成为课题。附录《新第三帝国论》回答了这个问题。他承认日本是跨越东西方文明的国家,但并未落入为克服明治以来急剧进行的欧化弊害而回归东方文化的窠臼,相反却认为问题在于日本"未全然欧化"(第523页),断定正如西方接触东方而逐渐发生变化一样,日本应采取包括代议制在内,"向西方迈进,才能在东方中反映出其内容,才能取得东方范围内的发展"(第535页)。他的结论是,只有这样,东方式的"直觉""灵"的第一文明与西方式"理性""肉"的第二文明联合起来的真正文明,即"灵肉一致的第三文明"才能够实现,而建设"第三文明"的"第三帝国"才是日本应该追求的新目标。该主张正是其1913年的《第三帝国论》的进一步发展,也是他主持的《第三帝国》杂志的主题。

他千变万化的言论中,这一文明论由于其华丽的笔触、博学和独创性,显示出非凡的魅力。令人遗憾的是,他的论述倾向于直感,缺乏严谨的学术性考究,因而始终没有受到舆论界"正统派"的重视。例如,当时"正统派"文明评论家若宫卯之助就在其书评中对茅原的论述嘲讽说:"没读茅原华山君的《人类生活史》之前先答应写书评,这很明显是失策。"[14]而在近代以来的日本比较文明学及人文地理学学史上,茅原的文明论也被完全忽略。

在《人类生活史》中,茅原随处引用爱默生、卡莱尔(T. Carlyle)、柏格森、倭铿(R. Eucken)、爱德华·卡本特(E. Carpenter)等大家的名句,不难想象的确吸引了很多青年。当时有一位青年读者曾评论茅原是"与若宫卯之助并驾齐驱的论坛双雄"[15],可见他足可以被称为东西文明论的泰斗。他在中等知识分子中名望极大,当时有报纸评论说:"茅原华山的名望在中学毕业程度的青年之间可以和过去的赖山阳(活跃于19世纪初的日本文人,最负

---

[14] 若宫卯之助《若宫论集》,东京:事业之世界社,1915年,第373页。
[15] 尖《玩具气球般的茅原华山》,《新社会》第5卷第3号,1918年12月。

盛名的古诗大家、史学家)相匹敌。"[16]不仅如此,他的声望波及中国,在中国青年中也曾引起不小反响(如蔡和森)。但是,如果中国青年们了解茅原的中国论,恐怕会对他有另外一种评价。下面就其以东西文明论立场所演绎的中国论进行探讨。

在《人类生活史》中,他评价中国文明是"与印度民族同为南道思想两个伟大的代表者"(第395—396页),虽然曾经"培育出静的生活的国民"(第413页),但因其固有的"共和的"(第399页)、"现世的"(第406页)性质,逐渐地显示出"向北道转移"(第408页)的倾向,并"具备了作为大国民的资格"(第410页)。但是,这种观点数年后完全改变了。

这一期间,茅原的活动轨迹很是复杂曲折。他曾提倡激进的"民本主义",主张政党内阁制。但在第一次世界大战前后,尤其是1915年参选国会议员落选后,他转而主张代议政治无用论,同时接近后藤新平(日本政界的实力人物)。1916年以后,随着逐渐远离民主主义潮流,他的中国论也演变成典型的蔑视论。他说:"没有道义精神的民族无疑是堕落的民族。而堕落的民族也无疑是不洁不净的民族……支那民族是最伪善的民族……满身是利,支那民族就是利的化身。"[17]由此他得出结论称,"[我们]为何不称霸支那"。[18]这样,曾经说过"至今,中国人的生活中不仅依然微微闪动着文明的光芒,还显示出伟大、动态、积极的倾向。仅从支那政府的外观虽看不到什么,但能看到伟大的新气象正蓬勃于四百余州"(《人类生活史》,第412页)的文明史学家的风采,已丧失殆尽。

茅原以《第三帝国》《洪水以后》为舞台的后期言论活动更加错综复杂。他时而抬举印度,时而称颂德国,时而主张追随欧洲的新趋势,时而又呼吁要把日本扩展到欧洲。这期间他提倡的主义

---

[16] 苏《逐鹿界之新人·四十三》,《读卖新闻》1915年2月26日。
[17] 茅原华山《支那哲学史要论》(上),《洪水以后》第8号,1916年3月。
[18] 茅原华山《为何不称霸支那》,《洪水以后》第8号,1916年3月。

繁多，比如"新日本主义""新东方主义""新皇室中心主义""新健儿主义""超德国主义""新英雄主义"等等。但是，这些新概念都是一提倡便溶化的无穷无尽的翻版。自然，曾风靡一时的声誉也一落千丈。

再加上1915年《第三帝国》的茅原派和编辑主任石田友治派发生内讧、分裂，茅原因善变而受到强烈谴责。大杉荣（日本著名的无政府主义者）甚至痛骂茅原是"吹大牛的马华山"（日语"马华"与"马鹿"即"笨蛋"谐音）。[19]还有人评曰，"总之，这一二年间从极端唯物主义转移到极端皇室中心的反复无常的变化如电石火花般"[20]，"他没有一贯的主张、抱负、理想，读他的文章会越来越不得要领"[21]等。对他的批评很多，但重点是指责他太没有操守。1918年前后，日本部分社会主义活动家讽刺他为"态度直如飘忽不定、难以掌握的玩具气球"[22]。此后他进一步沦落为专靠讲演维持生计的低俗论客。因此，战后日本学术界有人评价他说，"文明评论家的工作本来就极其暧昧，若没有独自的个性和高超的见识，就有可能跟不上现实的变迁而变节，或者被新时代完全淹没。……政论家茅原华山即是其中一例"，"不过是沽名钓誉、毫无信条的时论家而已"。[23]1920年代以后，茅原以1920年创刊的个人杂志《内观》为舞台继续开展言论活动，时而也主张"东西文明融合论"，但《人类生活史》展现的那种活泼的精神已然不再。[24]

像茅原华山般多变的人物，因其思想的诸多因素不可简单地分开来剖析，因而要对其作全面评价是十分困难的。更何况，茅原

---

[19] 前引茅原健《茅原华山与同时代人》，第25页。
[20] 相马御风《人物评论（六十六） 茅原华山论》，《中央公论》1915年12月号。
[21] 安达元之助《我观华山氏》，《中央公论》1915年12月号。
[22] 前引尖《玩具气球般的茅原华山》。
[23] 吉田精一《近代文艺评论史 明治篇》，东京：至文堂，1975年，第892、895页。
[24] 附言之，孙中山的助手、对中国的社会主义学说研究很有影响的戴季陶也曾向《第三帝国》和《洪水以后》投稿，还曾任杂志《内观》的顾问。

的主张变化多端,甚至同一篇文章中也混杂着矛盾主张。总之,作为文论家,他引用东西名家的著作确实得心应手,笔仗灵巧,其文章也在社会上产生过独特影响。但是,要把他看成政论家或思想家却实在勉强。不得不承认,他归根结底是一个没有定见的言论家而已。

四、李大钊的《青春》和茅原华山的《悲壮精神》

如本文第一节所述,对李大钊执笔《青春》影响最大、最直接的,就是茅原华山的《悲壮精神》。该文发表在 1915 年《第三帝国》分裂后以茅原为主编的杂志《洪水以后》创刊之际。茅原的文章常见逻辑思维跳跃、论述内容陡变;该文也不例外,难称车辙相符、顺理成章。其内容大致如下:一、宇宙的真相是无限进化、无限创造、无限退化、无限破坏的永恒反复,宇宙是不断更新的永恒轮回;二、正如万象皆有盛衰,地球、人类、民族也有少年期、青年期、壮年期和老年期;三、近代文明生活使人类逐渐远离自然、强迫自然,这一问题依靠文明是无法解决的;四、现今人类已步入成熟、老化之境,故人类度过青年期以后将会怎样,才是根本问题之所在。

该文在展开论述时散发着玄学气息,但贯穿东西古今,包罗万象,无疑极好地披沥了其宇宙论、文明论的精髓。内容虽存在世俗学问的专断,但这也正是其吸引中等知识青年的魅力所在。总之,该文可谓展现了一代论客茅原华山的真正风格。

《青春》的核心部分及其他六处,都反映出其与《悲壮精神》的对应关系,总结起来有如下几点:一、宇宙无始无终,因此空间和时间都是无限的。但这是从"绝对"观点得出的结论,而从"相对"观点看,宇宙则是"万象万殊"、时刻变化的。二、正如地球上有生命一样,人类的生命也有少年期、青年期、壮年期、老年期的盛衰,"青春"能够恢复。三、人类历史已度过由进化论支配的"发生时期",现在已经面临复活再生的问题。四、西方各国、印度、中国的问题,关键在于其能否复活再生。五、如果有了与无穷的宇宙并行的"悲壮精神",一个国家国民生活的再生是可能的。《青春》的这些要点,及其用于论述的比喻、破天荒的论断,皆来自茅原的《悲壮精神》。且不说文章的语调极其相似,被屡屡指出的散漫无际、晦涩难解,也是《悲壮精神》行文和论述特点的反映。

当然,说《青春》是《悲壮精神》的翻版也不准确,因为,其中的确有经过李大钊本人深思的部分。那就是,他把茅原暗示的"人类再生的青春期"这种回天的"青春"再造,提升到了天理的高度,并且为增强"青春"的真理性,大段引用《庄子》《易经》《大学》等,以明确流转中有再生复活的观点,在中国传统思想中早已有之且一脉相传。可见,他比茅原更加强调"青春"再生复活的意义。

茅原在《悲壮精神》中期望的无疑是"日本国民的前途"。李大钊则把茅原对日本人提出的再生复活当作中国人自己面临的课题,又加上真挚的讨论和独到的说明。也就是说,对于茅原在《悲壮精神》中提出的问题——"青春期以后的人类如何,岂不正是人类新的根本问题吗?……印度、支那各民族究竟是否能从老人转生为小儿,是否能从某处获得沸腾的生命力,是否能摆脱一切地理的约束、历史的牢狱、一切过去的累积,扬眉吐气迈向新的方向"——《青春》都高声地回答"是"。

李大钊所读到的,是刊载于《洪水以后》的文本,还是《新英雄主义》收录的文本,不得而知。他曾在1920年6月把大量日语杂志赠与北京大学图书馆,其中就有《第三帝国》和《洪水以后》。[25]由此推断,李大钊手边确有茅原主编的杂志,而《青春》借鉴茅原应无疑问。

---

[25] 关于李大钊把《第三帝国》《洪水以后》等大量日语杂志赠给北京大学,见于《北京大学日刊》1920年6月18日号。被认为是李大钊赠给北京大学图书馆收藏的日语杂志的名称及题解,详见:后藤延子《李大钊与日本文化——河上肇·大正时期的杂志》,《信州大学人文学部特定研究报告书》,1990年。

五、李大钊的时间论、文明论和茅原华山

1917年下半年以后,李大钊继续进行有关时间、宇宙、人生、东西文明的哲学性考察,同时对该年爆发的俄国革命也格外关注。1918年4月发表的《"今"》及5月发表的《新的!旧的!》即前者的代表,而同年下半年写的《法俄革命之比较观》《Bolshevism的胜利》则是后者的代表。另外,7月发表的《东西文明根本之异点》,也可视作从东西文明论的视角分析俄国革命历史意义的综合性文章。

众所周知,李大钊早期对俄国十月革命的理解,乃基于其独特的地理史观和文明观(即从东西文明的角度理解俄国)。其早期文明史观包含在其重要论文《法俄革命之比较观》及后来的《由经济上解释中国近代思想变动的原因》(1920年1月)中。一般认为,这些论文中的观点(即对"现在"的执著追求和将俄国文明看作"动"的西方文明与"静"的东方文化的媒介),是李大钊独特思想的表现。[26]但是,此处的东西文明观和对时空的哲学性考察,也都深受茅原华山的直接影响。

茅原华山对李大钊文明观的影响,早在1916年8月李大钊所写的《"第三"》中已见端倪。在这篇文章中,李大钊用"第三文明"这个词,将人类史上的文明分为第一文明(灵的文明)、第二文明(肉的文明)、第三文明(灵肉一致的新文明)。他写道:"第一文明偏于灵,第二文明偏于肉,吾宁欢迎'第三'之文明。盖'第三'之文明,乃灵肉一致之文明,理想之文明,向上之文明也。"[27]这

---

[26] 谭双泉《李大钊与"五四"前后东西文化论战》,中共中央党史研究室科研局编《李大钊研究文集》,中共党史出版社,1991年;张伟良《简论李大钊早期东西文化观的逻辑发展》,《清华大学学报》(哲社版)1994年第4期。

[27] 最近,中国国内对李大钊"第三文明"论的独特意义大体上评价较高。代表性研究有:刘友古《论李大钊"第三"文明论》,《中州学刊》2001年第3期;李强《论李大钊"第三"文明观》,《北京党史》2004年第6期。但是,这些研究对"第三文明论"的来源未作探讨。

种独特的文明观正是由茅原华山、石田友治等在《第三帝国》杂志创刊时所发表文章的观点("第三帝国"观点)衍化而来。"第三帝国"的观点是,第一帝国是灵的帝国,第二帝国是肉的帝国,而人类应创造的是灵肉一致的第三帝国。《第三帝国》杂志创刊于1913年10月,茅原同年出版的《第三帝国论》也是当时的畅销书。或许李大钊在留日时期(1914—1916)与日本青年一样,也曾为具有异国情调的杂志名称和其独特的文化观所吸引。这一点从以上"灵肉一致"的理想在李大钊思想中留下的深深印记来看,是确定无疑的。《"第三"》一文是《晨钟报》发刊第三天发表的,而在该报创刊号上就已发表过一篇以《青春中华之创造》为副标题的文章,其基调与《青春》一致,亦即与茅原华山的《悲壮精神》一致。从这一系列事实可知,回国后的李大钊曾以中国的茅原华山自居。结束留学到五四时期,李大钊仍继续关注《第三帝国》杂志主办人茅原华山的言行,不断接受他的历史观、文明观。

让我们按时间顺序来追寻李大钊此后言论中所受这种思想影响的痕迹。首先看可称为其对时间、宇宙的哲学性进行探索的《"今"》。该文载于《新青年》第4卷第4号(1918年4月)。李大钊在文中说:"无限的'过去'都以'现在'为归宿,无限的'未来'都以'现在'为渊源。"他呼吁青年不要沉溺于空虚的过去和未来,不要虚度片刻宝贵的现在。而这个过去、现在、将来的构架是直接受到了茅原华山《人类生活史》序论第一章第二节的影响,李文核心部分与茅原华山的论述和比喻完全一致[28],李文引用的爱默生(李作"耶曼孙")的名言,也是《人类生活史》经常引用的。同样,《新的!旧的!》(《新青年》第4卷第5号,1918年5月)的论述,从微细处得以窥知其整体的观点,到所用比喻,也均引自《人类生

---

[28] 例如,李大钊用的比喻"打击林肯头颅的枪声……"亦见于《人类生活史》第28页。前引吴先伍《柏格森哲学对李大钊时间观的影响》认为"无限的'过去'都以'现在'为归宿……"部分,明显受到柏格森的影响。柏格森哲学被介绍到中国始于1914年的钱智修《布格逊哲学之批评》(《东方杂志》第11卷第4期)。但当时的介绍非常简单,其影响真正传入中国还是1920年代以后。

活史》的序论第一章第一节。[29]

关于李大钊的东西文明观,1918年7月发表的《东西文明根本之异点》(《言治》季刊第3册)应是其早期文明论的代表作。在其东西文明观点中,重要内容之一就是用"动""静"这两个概念来区分东西文明,并且用地理史观来解释何以有此差异。他说:

> 东西文明有根本不同之点,即东洋文明主静,西洋文明主动是也。……而求其原因,殆可谓为基于自然之影响。盖人类生活之演奏,实以欧罗细亚[欧亚]为舞台。……欧罗细亚大陆之中央,有一凸地曰"桌地"(Table-land),此与东西文明之分派至有关系。……人类祖先之分布移动,乃以成两大系统:一为南道文明,一为北道文明。……南道文明者,东洋文明也;北道文明者,西洋文明也。南道得太阳之恩惠多……

将此段同本文第二节介绍的茅原文明论作一比较,即可清晰看出,李的论述全盘继承自《人类生活史》(第84页)。值得一提的是,他援用这种地理史观解释俄国革命的意义。他接着写道:"东洋文明既衰颓于静之中,而西洋文明又疲于物质之下,为救世界之危机,非有第三新文明之崛起,不足以渡此危崖。俄罗斯之文明,诚足以当媒介东西之任。"可见,他是基于地理史观和"第三文明"论来解释俄国十月革命的历史意义的。《人类生活史》出版于俄国革命之前,因此李大钊的这种大胆解释是他的独创,而非抄袭茅原。

对李大钊而言,地理环境决定论(地理史观)似乎很有说服力,直至1920年1月的《由经济上解释中国近代思想变动的原因》(《新青年》第7卷第2号),他仍未放弃《人类生活史》的"南道、北道两种文明"论。众所周知,《由经济上解释中国近代思想变动的原因》是李大钊首次用唯物史观来解释近代中国历史的初

---

[29] 例如,李大钊用的比喻"一个都会里一个人所穿的衣服……"亦见于《人类生活史》第4页。

步尝试。以现在观之,抱有这种明确意图的文章竟掺杂着"南道、北道两种文明"的观点似乎令人费解,但对当时的李大钊来说,地理环境决定论与唯物史观似乎并不矛盾。梁漱溟《东西文化及其哲学》(1921 年)的一段记载对此推测提供了有力根据。梁谈到李大钊对写作该书的帮助时说:

> 如持马克思唯物史观的以为一切文物制度、思想道德都随着经济状态而变迁。……吾友李守常很恳切的忠告我讨论东西文化应当留意他客观的原因,诸如茅原华山的<u>《人间生活史》</u>等书可以去看看,因那书多是客观的说法。他自己的《东西文明根本之异点》便是如此的,后来又作了一篇《由经济上解释中国近代思想变动的原因》。[30]

梁漱溟此语清楚地说明了《人类生活史》吸引李大钊的理由。亦即,对李大钊来说,构成《人类生活史》基础的地理环境决定论,不外是一种说明东西文化差异的"客观的说法",与所谓"马克思唯物史观"有遥相呼应之处。不妨认为,在当时知识分子的思维方式中,由倡导东西文明论到主张地理环境决定论,再到接受"唯物史观",三者之间存在着一定的内在逻辑关系。[31]

至于李大钊的时间观、历史观,茅原的《人类生活史》对他的影响也十分明显。特别是茅原在该书中反复强调的"历史是普遍心理表现之记录"这段爱默生的名言,在《法俄革命之比较观》《庶民的胜利》《Bolshevism 的胜利》等李的代表性文章中都有引用,潜在地影响着李大钊的思想。

李大钊对茅原华山的关注是持续的。例如,李大钊 1919 年 2 月发表的《战后之世界潮流——有血的社会革命与无血的社会革

---

[30] 梁漱溟《东西文化及其哲学》,商务印书馆,1922 年,第 43 页。原文"茅原山人"显属误记。

[31] 例如,中共早期成员杨明斋 1924 年出版的《评中西文化观》一书,对西方文明的起源及其特点加以分析时,也援用地理环境决定论。

命》,也明显参考并大篇幅引用了茅原的两篇文章。[32]由此很容易看出,李大钊关注茅原并非一时心血来潮。

附言之,李大钊早在1917年就已了解到,茅原已从激进民本主义者变为鼓吹哲人政治的"新英雄主义"者。因为他于1917年3月发表的文章中,在批评有人标榜"哲人政治""贤人政治"时,曾提到茅原华山。[33]既然李大钊一直关注茅原的言论,按常识考虑,他也应该知道当时的茅原已不再是过去的"民本主义先锋",并且在日本言论界已声望扫地。尽管如此,李大钊后来仍然借鉴茅原的文明论、时间论以及地理史观继续发表文章。

六、一个思想内容,两个相反评价

如本文第三、四节所指出,李大钊早期思想与日本评论家茅原华山的著作有很多一致之处。更准确地说,李大钊早期思想的很多内容直接受到了茅原华山的影响。但是,长期以来,对李大钊早期著作与对茅原著作的评价却天差地别。《悲壮精神》《人类生活史》等是日本言论界明星茅原华山彻底披沥其宇宙观、历史观的著作,但由于其通俗论客的性格特点,不过引起一时好奇而已。加之其文风故弄玄虚,主张变化幅度太大,于是一般认为这种以哗众取宠为能事的文章没有什么值得认真探讨的价值。

与此相反,李大钊的早期著作,作为中国马克思主义先驱乃至早期中共成员的真实思想写照,一直受到高度评价。在国外,有些学者甚至把其早期思想认作中国马克思主义的起源,曾试图与后来的毛泽东思想的因素——例如民粹主义——联系起来。在国内,由于李的早期思想充满复杂性和神秘性,很多学者曾提出各种

---

[32] 茅原《世界的和平是日本的不和平:无血革命私案》,《日本评论》第92号,1919年1月;茅原《为人之产业耶,为产业之人耶:英国的民生维新》,《日本评论》第92号,1919年1月。

[33] 李大钊《俄国大革命之影响》,《甲寅》1917年3月29日。

各样的解释,试图阐明其"发展"为马克思主义的过程。现在看来,不得不指出,过去的研究拘于成见,认为李大钊这一先觉者的早期思想自应有与众不同的特别深奥之处。但他们忽视了一个简单事实,即1910年代的中国知识分子对国外思潮十分敏感,他们积极订购国外刊物,并时常参照外国文章来写作。李大钊也不例外。

那么,迷惑人心的一代论客、中等知识阶层的思想家茅原华山和中国马克思主义先驱李大钊,这二者的契合、邂逅又当如何解释呢?综合解释两者的复杂关系时,把李大钊看作被茅原华丽的文章和玄学所迷惑的中国"中等知识分子",恐怕过于表象和肤浅。而认定茅原华山等日本言论界的思想观点只是为李的思想形成提供了某种素材,也是对日本和中国之间思想联系的轻视。

从李大钊与茅原华山的关系可以发现,前者对后者的摹写,其实在很大程度上反映了海外思潮对1910年代中国知识分子的极大吸引力。陈望道曾就五四时期的中国思潮留下了意味深长的回忆:"'五四'前,新文化内容很杂,凡是中国所没有的,都受到欢迎,认为是'新'的。那时候,只问新旧,不管内容,无政府主义、马克思主义和其他一些国外来的思潮,同被列为新文化。"[34]

五四时期,各种杂志如雨后春笋般创刊,与旧思想形成对垒的新思想如潮水一样出现在这些杂志上,西方百多年来孕育、产生、发展起来的各种思想,竟在数年内被雪崩般铺天盖地且杂乱无序地介绍到中国。正因如此,要对李大钊等人接触这些思想并受其影响的过程作详细探究和说明,几乎是不可能的。但应该牢记的是,此次有史以来空前规模的海外思想流入,的确为中国思想界带来了决定性变化。换言之,该时期中国先进知识分子的言论、主张里面,的确含有不少对其所接触到的海外思想的仿效成分。这一点,曾留学海外者如此,未曾留学而略通外语者往往亦如此。因此,在激进知识分子的思想领域里,经翻译而来、或虽未注明翻译

---

[34] 陈望道《回忆党成立时期的一些情况》,《"一大"前后》(二),人民出版社,1985年,第19—20页。

实则同样来自海外的外来思想所占比重大增,是千真万确的。[35]故理应对其高度重视并追根溯源。

本文探讨的李大钊早期思想与茅原华山的奇异交错,为我们分析1910年代的中国思想史提供了绝好启发,即中国知识分子在1910年代曾卷入同时代世界思想大潮,并与其形成了密切关系。乍看上去,某些思想似乎是内发的,抑或是曲折含混的;但要对其进行考察,不考虑海外思想的直接影响是不可能的。这也是1910年代中国思想状况现代性的体现。

长期以来,中日近代思想交流史研究的重点时期是清末(日本的"明治时期"),即19世纪末到20世纪初。究其原因,该时期中日两国发行的刊物说到底都还较少,探讨互相之间的影响(思想、概念、词汇的传播),其难度相对不大。与此相比,具体探讨1910年代以后的中日思想交流史确有一定难度。因为,该时期(日本的所谓"大正时期")日本出版业迅猛发展,民办杂志大幅增加。而且这些杂志由于其民办性质(茅原的《第三帝国》就是典型的民办杂志),公立图书馆、大学图书馆一般认为学术价值不高,向来不注意搜集。其结果,当时的中国知识分子可能阅读的日本通俗刊物现在却不一定找得到。就是说,要找出中文著作的"蓝本"有相当难度。但是,仅从本文对李大钊思想的探讨即可看到同时期日本民办刊物的影响之深,当然不能否认其他中国言论家也曾受其影响。从这个意义上讲,日本"大正时期"的刊物,虽然内容驳杂,搜求也困难,但对研究1910年代中国思想史无疑是不可或缺的。

原文发表于2006年8月26—27日在北京召开的国际学术研讨会"1910年代的中国";收于中国社会科学院近代史研究所民国史研究室、四川师范大学历史文化学院编《1910年代的中国》(社会科学文献出版社,2007年)。

---

[35] 马克思主义在中国的传播与日本的具体关系,见拙著《中国共产党成立史》(袁广泉译,中国社会科学出版社,2006年)第一章。

三 国民革命

走进"信仰"的年代
——1922年反基督教运动初探

一、序言

1918年春天,《新青年》杂志的孔教批判和文学革命正如火如荼地进行着。在第4卷第3期上,有一段读者来信与回应(《文学革命之反响》)。署名"王敬轩"的人来信说,《新青年》正在批判孔教,却一直没有批判西方宗教,这是为何?记者刘半农回答说:"西教之在中国,不若孔教之流毒无穷,在比较上,尚可暂从缓议。"众所周知,这位王敬轩,其实就是《新青年》编辑之一钱玄同。因为《新青年》同仁们抛出的"文学革命"未能达到预期的社会反响,不得已自编自演了上述"反响"(双簧信),目的无非是想阐明他们的想法。[1]这场伪装成与读者书信往来的表演,是《新青年》成员为更明确地主张其对孔教与西教的态度和立场而特意设计的。

四年后的1922年春,被"缓议"的关于西方宗教的讨论,终于以"社会运动"这一形式而爆发,此即反基督教运动。1922年3月至4月,在中国各地陆续掀起了反基督教运动浪潮,它看似突然间

---

[1] 鲁迅《忆刘半农君》(1934年)。关于《新青年》的这一策略,王奇生著《革命与反革命:社会文化视野下的民国政治》(社会科学文献出版社,2010年)第一章《新文化是如何"运动"起来的》有详细说明。

发生,实则预示着国民革命反帝主义运动即将到来。这是又一场文化运动,它告诉我们五四新文化运动时期反孔教、反迷信的启蒙运动,是怎样与国民革命时期反帝运动及教育权回收运动相关联、相结合的,并真实反映出其结合过程中发生的种种变化。换句话说,我们能够从这场反基督教运动中,窥知被新文化运动精神所"缓议"至1920年代的一个重要课题。1922年的反基督教运动,不仅启发我们追寻1920年代新文化精神的发展轨迹,还提供了一个崭新角度,让我们可以通过分析激进青年的宗教信仰或主义信仰,勾勒出那个时代的中国社会图景。

迄今为止,关于1920年代反基督教运动的研究成果为数不少[2],但主要集中在运动高潮期的1924—1926年间,而1922年的运动情况尚无有力论证。而且,关于这场运动的组织过程,历来的研究均停留在共产党的参与指导这一层面上,对当时的真实状况尚未加以充分整理和说明(如北京与上海两地反基督教运动的区别)。因此本文的主旨,是在阐明1922年反基督教运动爆发的来龙去脉的基础上,分别整理、分析北京与上海的运动形势,揭示二者之间的性质差异。另一目的则是,在从新文化运动的"怀疑"精神向"信仰"迈进的1920年代这个大框架中,讨论1922年反基督教运动的时代意义何在。

二、北京的反基督教运动(非宗教大同盟)

1922年反基督教运动兴起,最直接的导火索是该年4月4日将在北京清华学校举办世界基督教学生同盟(World Student Chris-

---

[2] 关于1920年代的反基督教运动,有以下代表性研究:山本澄子《中国基督教史研究》,增补改订版,东京:山川出版社,2006年;杨天宏《基督教与民国知识分子》,人民出版社,2005年;陶飞亚《边缘的历史:基督教与近代中国》,上海古籍出版社,2005年;田海林、赵秀丽《早期中国共产党与"非基督教运动"》,《中共党史研究》2002年第4期;郭若平《国共合作与非基督教运动的历史考察》,《中共党史研究》2008年第2期。

tian Federation)第11届大会。但是火种其实早已埋下。且不说序言中提到的刘半农的"缓议"论,以基督教为主题的宗教问题,首先就已经摆在了五四青年,特别是留法勤工俭学青年的面前。因为这种形势的前因后果与1922年反基督教运动的发源相关,此处首先以少年中国学会关于宗教问题的纠纷为例进行探讨。

关于少年中国学会,已无须过多说明。它是五四时期成立的青年组织[3],在当时规模颇大,影响也不小。学会宗旨是"本科学的精神,为社会的活动,以创造少年中国"。因为该学会一次入会规则的改变,从而引发了关于宗教问题的纠纷。1920年10月,学会评议部接受曾琦等巴黎会员们的提议,在学会规约中加入有关宗教的条文,即"同人不得介绍任何宗教信仰者为本会会员,并请已入会而有宗教信仰者,尊重此条议决案,自请出会"。[4]

该提议马上在会员中激起较大反响。北京总会自同年12月19日起先后三次召开关于宗教问题的讲演会,以讨论宗教问题。这几次讲演会虽然高唱"完全的学术研究",但通过三期《少年中国》宗教问题特刊登载的讲演概要[5],可以发现其实演讲者们在对待宗教信仰问题的态度上,是划分为赞成派与反对派的。讲演会的目的,无疑是鼓励进步青年们对宗教信仰展开讨论和批判。然而对于学会规约增加宗教因素,大多数会员还是持否定或消极的态度。除个别人如田汉以宗教组织自身的有用性为依据表示反对外[6],即使对宗教本身持怀疑态度的会员也表示担心,理由是

---

[3] 近年来,对少年中国学会进行综合研究的书籍相继出版。如吴小龙《少年中国学会研究》,上海三联书店,2005年;陈正茂《理想与现实的冲突:"少年中国学会"史》,台北:秀威资讯科技,2010年。

[4] 《会员通讯曾琦致舜生》(1920年7月17日),《少年中国》第2卷第3期,1920年9月;《少年中国学会消息评议部记事》,《少年中国》第2卷第4期,1920年10月。

[5] 《少年中国》第2卷第8期,1921年2月;第2卷第11期(同年5月);第3卷第1期(同年8月)。

[6] 田汉《少年中国与宗教问题》(1920年11月3日作),《少年中国》第2卷第8期,1921年2月。

如果以宗教信仰有无作为入会条件,恐怕有对个人精神生活过度干涉之嫌。

曾参与过基督教青年运动,并主张从青年团体中排除宗教色彩的恽代英[7]也说道:

> 我究竟仍信前次评议部通过"有宗教信仰者,不得入会"的一条议案,应该暂时撤销,或者永久撤销。我何以说这个话呢？我究竟想我这些意见,与平常反对宗教的议论有点不同……(但是,如果将肯定神的存在叫"信",将否定它的存在、反宗教叫"不信"。——引者补注)……我仍想信与不信,都是不应当的武断。倘若我们学会会员,乃至将来加入的人,都信这个武断的态度是不应当,自然有宗教信仰的不得入会,绝对反对宗教信仰的亦且不能入会。我亦信这个规定,是太远了人情。[8]

恽代英的观点是,相信神之存在的宗教信仰是"武断"的,但与之完全相反的态度也是"武断"的。

就这样,虽然《少年中国》持续刊登有关宗教信仰的特刊报道,但关于入会规则问题的处理,还是被安排到1921年7月在南京举行的年度大会上进行讨论。[9]在南京大会上,也确实就如何处理宗教问题提出了议题,但是该议题不过是附加讨论,真正的主角是当时让学会内部产生动荡的"宗旨主义问题""政治活动问题",相关讨论达到白热化,占用了大会的绝大部分时间。所以,上述有关宗教的入会规则问题,虽然也被议论一番,但在表决时最终以压倒性多数票被否决。[10]

---

[7] 关于青年恽代英与基督教的关系,请参阅以下两篇论文:韩凌轩《早期恽代英与基督教》,《近代史研究》1988年第2期;覃小放《恽代英与基督教青年会》,《华中师范大学学报》2009年第6期。

[8] 恽代英《我的宗教观》,《少年中国》第2期第8卷,1921年2月。

[9] 《少年中国学会消息北京总会的报告》,《少年中国》第2卷第8期,1921年2月。

[10] 《南京大会纪略》,《少年中国》第3卷第2期,1921年9月。

虽然最终结果是会员资格与宗教信仰无关，但对宗教，特别是对基督教不信任的思想，在会员之中还是根深蒂固，这从《少年中国》宗教问题特刊的各篇评论中可以看得很清楚。事实上，部分会员甚至一直认为反宗教、反基督教的文化运动应该是中国青年运动的核心。要了解这种意识的起源与方向，必须上溯到1920年。

如前所述，最初主张在少年中国学会会员规定中加入反对宗教一条的，是学会的巴黎会员们，即深受李石曾影响的曾琦、李璜、周太玄、何鲁之等后来的中国青年党成员，以及当时正访问巴黎的王光祈、魏嗣銮等人。[11]他们最重要的理由是，宗教与少年中国学会"科学的精神"这一宗旨相悖。就如持反对意见的田汉所说，表面看来虽然这只是部分巴黎会员的意见，但更深一步考虑，则说明当时巴黎勤工俭学青年之间已经形成了浓厚的反基督教信仰的思想基础。这个最直接的背景不可忽视，且必须引起今人的重视。

当时，李石曾、吴稚晖等人作为勤工俭学运动的负责人，对在法中国青年影响很大。他们自20世纪初在巴黎出版《新世纪》以来，一直具有无政府主义的反宗教传统，在其影响笼罩之下的中法教育会，以及该会出版的《旅欧杂志》《华工杂志》或《旅欧周刊》中，处处充满着与基督教青年会（YMCA）相对抗的意识。因为基督教青年会从美国派来史桂陆和晏阳初等人，开展基督教团体对在法中国劳工的教育事业，所以对李、吴等人来说，青年会不仅是资金雄厚的有力竞争对手，在理念这一层面上，也是最需警惕的不共戴天的对头。鉴于《华工杂志》《旅欧周刊》的编辑委员中有少年中国学会的巴黎会员（主要有周太玄、何鲁之、李璜）[12]，加之前面提及的入会规则中的宗教问题，以及满目都是反宗教理论的《少

---

[11]《会员通讯　曾琦致寿昌》(1921年3月15日)，《中国少年》第3卷第1期，1921年8月。

[12] 周太玄《关于参加发起少年中国学会的回忆》，张允侯等编《五四时期的社团》，第1册，生活・读书・新知三联书店，1979年，第547页。

年中国》第 3 卷第 1 期特刊(下)的存在,我们可以断定当时巴黎中国人群体中存在浓厚的反基督教氛围。曾在李石曾手下担任中法教育会秘书并参与编辑《华工杂志》《旅欧周刊》的萧瑜(名子升,字旭东),携这样一种巴黎氛围于 1920 年 11 月回到中国。[13] 巴黎的反基督教思潮,终于渗透至北京的运动当中。

北京反基督教运动的领导者之一罗章龙回忆说[14],1922 年的反基督教运动,基本上可以说是起步于 1920 年 12 月他与刚刚回国的萧瑜(罗、萧二人自长沙新民学会创建以来即结为同志,萧瑜是因为参加新民学会留法勤工俭学运动先遣队而留学法国的)"共同商定组织非宗教同盟事"。关于他们是否在 1920 年年底就已经明确有组织非宗教同盟的设想,尚存疑义,但可以肯定的是,萧瑜主导的某种反宗教文化运动在 1920 年末已经处于筹备状态。因为,李石曾与北京《京报》的邵飘萍联合刊行的《海外新声》(《京报》副刊,周刊)[15]在当年 12 月份出版,由萧瑜任主编。萧瑜汇报了巴黎勤工俭学运动的情况,同时以《海外新声与宗教问题》[16]为主题掀起反宗教舆论,为《海外新声》树起反宗教、反基督教的鲜明旗帜。罗章龙也于翌年 1 月在此刊上发表《我们何故反对宗教》[17]一文,与萧瑜相呼应。

萧瑜的回国,以及他与罗章龙的合作商议,其效果很快就在

---

[13] 飘萍《谨介绍〈海外新声〉于读者》(《京报》1920 年 12 月 13 日),方汉奇主编《邵飘萍选集》下册,中国人民大学出版社,1988 年,第 634—635 页。

[14] 罗章龙《椿园载记》,生活·读书·新知三联书店,1984 年,第 90—91 页。

[15] 《海外新声》于 1920 年 12 月 13 日创刊,发行至第 6 期(1921 年 1 月 24 日),停刊时期不明。据黑根祥作《以非宗教运动为中心——中国的宗教否定论》(《东方时论》1922 年 6 月号)一文,该刊是"因发表过激文章被禁止发行,或收到当局警告"而停刊。《海外新声》的继承者"海外新声书报社",曾发布拥护反基督教运动的联名通电(《晨报》1922 年 3 月 24 日)。关于《海外新声》的创刊经过,请参阅前引飘萍《谨介绍〈海外新声〉于读者》。小野信尔先生提供了关于《海外新声》的相关资料,特此感谢。

[16] 《海外新声》第 2 号,1920 年 12 月 22 日。

[17] 《海外新声》第 6 号,1921 年 1 月 24 日,后收入《非宗教论》(见本文注 23)一书中。

《海外新声》的反宗教论上反映出来。而几乎在同一时期少年中国学会举办的三次讲演会,虽然途径不同,但同样是由留法会员的思潮所引发的。可以说,1920年至1921年的北京,受留法学生思潮的影响,对宗教(特别是基督教)的存在意义提出质疑的运动,作为文化运动的胚胎已经发育成熟,只在等待引发运动的契机。

契机终于在一年后到来。《青年进步》(基督教青年会的杂志)1922年2月号发出预告,世界基督教学生同盟第11届大会(1922年4月4—9日)将在北京清华学校举行。另外,《时事新报》《晨报》等主流报纸也从1月份开始对此大会进行充满善意的报道。萧瑜马上意识到,这是发动反宗教运动的绝好机会,于是发动蔡元培、李石曾等留法勤工俭学运动的领导者们参与,力图打造大规模的社会运动。在北京,积极响应萧瑜的,是以盟友罗章龙为中心的北京大学马克思学说研究会(当时已为共产党的外围组织)以及北京的社会主义青年团。在3月17日北京"非宗教大同盟"发布的《非宗教大同盟公电及宣言》(《晨报》1922年3月20—22日刊登)中,指定的同盟联络人是北大学生金家凤[18],他是社会主义青年团的活跃分子,1月份以来一直为同盟的成立而活动奔走。此外,3月末以后,为同盟的第二次宣言(《晨报》4月2日刊登)征集各界人士签名的,也是邓中夏等北京社会主义青年团团员。[19]

北京的非宗教大同盟,无疑有共产党组织,甚至有共产国际人员的参与。因为,当时在北京的苏俄驻远东全权代表维连斯基-西比里亚科夫(V. D. Vilensky-Sibiryakov),曾在致俄共(布)中央委员拉狄克(K. Radek)的信中写道:"现在我们组织了广泛的反基督教运动,它起因于在中国举行的世界基督教代表大会,是一种抗

---

[18] 丸山昏迷《反基督教同盟的倾向》,《北京周报》第11号,1922年4月2日。关于金家凤,请参阅陆米强《共青团创始人之一金家凤的坎坷人生》,《档案春秋》2009年第11期。

[19] 中国革命博物馆整理,荣孟源审校《吴虞日记》下册,四川人民出版社,1986年,1922年4月1日、11日条。根据此日记记载,同盟的第二次宣言为李大钊起草。

议行动,……目前要把这场运动纳入政治运动轨道,我们打算建立一个伪装的合法组织。"[20]只是,与后面要讨论的上海地区的运动不同,北京反基督教运动的特点在于有意识地排除社会主义色彩,并尽可能地维持并发展五四以来泛文化界联合战线,在此基础上推进运动进程。当然,即使在北京,也有周作人等北大五教授,站在信仰自由的立场上对非宗教大同盟提出异议,认为反宗教思潮有多数压制少数、进行思想统制之嫌,这使同盟内部也掀起了尖锐的论战。[21]但就像李大钊起草的第二次宣言中所说,同盟的宗旨是"专为解脱宗教羁绊,发挥真理",北京运动的理论依据是一切宗教皆是迷信,宗教与科学相悖,阻碍人类的进步。第二次宣言还发出声明称,第一次宣言发表后引起的"排外""过激党"等质疑性舆论,皆是由误解引发的对同盟的挑衅。如此看来,反基督教运动广泛吸收社会各方面人士,似乎出于共产国际人员苦心积虑的布置[22],其目的是让这场运动成为反帝联合战线的支撑点之一。但在北京,这个方针却是以继承新文化运动后兴起的科学的"怀疑"精神的方式被执行的。

从同盟1922年6月发行的手册《非宗教论》[23]中,可以清楚看到反基督教运动的思想基础,以及其中各种"主义"纷呈的多样

---

[20] 《维连斯基—西比里亚科夫给拉狄克的信》(1922年4月6日),《共产国际、联共(布)与中国革命运动档案资料丛书》(1),北京图书馆出版社,1997年,第80—81页。

[21] 关于1922年反基督教运动与周作人的行动,以下两篇论文中有详细论述:梁寿华《周作人与非基督教运动》,香港《明报月刊》第15卷第3期,1980年3月;哈迎飞《周作人与非宗教运动》,《广州大学学报》2007年第5期。

[22] 从利金(共产国际工作人员)的报告(《利金就在华工作情况给共产国际执委会远东部的报告[1922年5月20日]》,前引《共产国际、联共(布)与中国革命运动档案资料丛书》[1],第90—94页)中可以明显地看出共产国际试图建立广泛的联合战线(国民革命运动)的方针。

[23] 《非宗教论》(1922年6月刊)后来被改编再刊,即罗章龙编《非宗教论》(巴蜀书社,1989年)。再版时删除了十数名西方哲学家的照片与他们的反宗教名言,这些哲学家包括培根、笛卡儿、边沁、达尔文、巴枯宁、克鲁泡特金、马克思等(前引《椿园载记》,第92页),从中可以看出北京非宗教大同盟思想根据的复杂性。

性。据说手册是得到邵飘萍的全力支持才得以发行[24],其中文章的作者,既有陈独秀、李大钊、罗章龙等共产党人士,也有汪精卫、朱执信(时已去世)等国民党干部,还有蔡元培、吴虞、王星拱、张耀翔这些北大新文化运动的支持者,甚至还有李石曾、萧瑜、周太玄、李璜等巴黎的无政府主义者或国家主义倾向者(罗素批判盲目信仰共产主义的文章也收录其中,后述)。限于篇幅,各篇内容无法在此一一介绍,中心观点可以用同盟第一次宣言(前引《非宗教大同盟公电及宣言》)的语言来概括:

> 宗教与人类,不能两立。人类本是进化的,宗教偏说人与万物,天造地设。人类本是自由平等的,宗教偏要束缚思想,摧残个性,崇拜偶像,主乎一尊。……宗教本来是没有的,他们偏要无中生有,人造迷信……好笑的宗教,与科学真理既不相容。可恶的宗教,与人道主义完全违背。

日文报刊《北京周报》的记者丸山幸一郎(笔名昏迷)[25],同时也是李大钊的支持者,他认为反宗教运动是新文化运动以来提倡的以科学反对迷信这一精神的产物,北京的"非宗教同盟会很明显不是临时性的反宗教组织……如果该会具有团结力持续活动的话,那中国的宗教界和思想界应该会有不容小视的变化"。[26] 置身运动之外的梁启超也说,"我认为是一种好气象……是国民思想活跃的表征,所以好。……是国民气力昂进的表征,所以好。要而言之,凡一切有主张的公开运动,无论他所主张和我相同或相反,我认为他本质是好"[27],公开对运动的发展表示关注。

就这样,北京的非宗教大同盟运动,于3月17日发布第一次宣言后,很快就以北京的大学和专门学校为中心组建了很多支部,

---

[24] 前引罗章龙《椿园载记》,第36、91—92页。
[25] 关于李大钊与丸山幸一郎的关系,请参看拙著《中国共产党成立史》,袁广泉译,中国社会科学出版社,2006年,第18—20页。
[26] 前引丸山昏迷《反基督教同盟的倾向》。
[27] 梁启超《评非宗教同盟》,《东方杂志》第19卷第8号,1922年4月25日。

随即各支部的通电相继发表,引起社会很大反响。《晨报》当初曾以支持的姿态报道基督教学生同盟大会,但在运动爆发后却转变了态度,连日积极介绍通电内容。非宗教大同盟还于4月9日在北京大学第三院大礼堂召开演讲大会(主席萧瑜),参加者达千人(一说2000人),目的是向同一天举行的基督教学生同盟大会闭幕式示威。后来,4月16日、5月10日又再次召开会议,6月18日召开第一次干事会,讨论人事与活动安排等问题,活动一直在持续进行。[28] 但同时不可否认的是,随着基督教学生同盟大会的圆满闭幕,各国与会人员陆续离开北京,反宗教运动也逐渐趋于弱化。从报纸报道来看,该同盟在同年8月15日的《为陈独秀被捕事敬告国人》之宣言书上署名[29],应该是该组织最后一次露面,而后停止了活动。

然而,因非宗教大同盟而聚集起来的北京文化界各种势力,在同盟活动停止后不久依然合作过。关于这一事实,我们必须结合当时的形势对运动主体——李大钊代表的中共北京组织,以及社会主义青年团的动向予以关注。李大钊在反基督教运动尚在继续的5月12日,与胡适、蔡元培等人就"我们的政治主张"(即所谓"好人政府"主张)进行谈话后,决定加入。[30] 同年8月到10月,对于接踵而至的女权运动同盟、民权运动同盟、国民裁兵运动等,北京的共产党组织积极参与,主张撤销治安警察条例、强调妇女参政权、劳动立法等民主权利。[31]

李大钊所加入的"好人政府"运动,曾受到当时的中国共产党

---

[28] 关于非宗教大同盟的各项活动,见于《晨报》1922年4月10日、4月16日、6月19日等相关报道,以及范体仁《记"五四"运动前后北京若干团体》,《文史资料选辑》第61辑,文史资料出版社,1979年。4月9日的非宗教同盟讲演大会,《晨报》报道为千余人,而《吴虞日记》则记载是两千余人。

[29] 《晨报》1922年8月15日。

[30] 曹伯言整理《胡适日记全编》第3册,安徽教育出版社,2001年,第665页。

[31] 关于民权运动大同盟的活动,请看王凌云、胡淑敏《关于民权运动大同盟组织及其活动》,《党史研究资料》1985年第5期。

中央严厉批判,可见李大钊的加入是未经党的指示的个人行为。[32]因此,我们也无法断定李大钊参与女权运动同盟、民权运动同盟、国民裁兵运动等是否全部源于共产党的指示方针。但这一时期,确实是北京共产党派人士与蔡元培、李石曾、胡适等人的关系蜜月期,这不能不说得幸于五四以来的民主思想,以及用科学精神打破迷信这一思想基础的存在。1922年的北京非宗教大同盟,也是其中各方关系协调平衡的体现。

三、上海的反基督教运动(非基督教学生同盟)

北京地区的反基督教运动以"非宗教大同盟"为中心而兴起,与此同时,在上海也掀起了反对世界基督教学生同盟大会的运动,称"非基督教学生同盟"。

北京和上海的这两个同盟团体究竟是何种关系,至今尚无法做出明确判断。在目前反基督教运动的相关研究中,也没有人对其性质进行过明确区分。同时代的见证者、《北京周报》记者藤原镰兄就二者的区别,曾有以下阐述:

> 反宗教阵营是反对所有宗教的,他们的主要观点是宗教是迷信的,人们必须服从科学的精神。反基督教阵营则是反对基督教本身,所以自然有各式各样的人参与进去。例如,属于唯物史观社会主义一派的基督教轻视物质、反对迎合资本主义,有的则因奉孔孟之教而反基督教,甚至还有佛教信徒,可以说含有各种复杂的分子。但实际的社会运动,是对抗基督同盟的,所以反宗教的人和反基督教的人都会参加。[33]

---

[32] 张国焘《我的回忆》第1册,东方出版社,1998年,第231—233页;张永春《李大钊与"好政府主义"》,《暨南大学学报》2008年第2期。

[33] 东方生(藤原镰兄)《反宗教运动与中国教育的未来》,《北京周报》1922年4月16日。

1922年3月至4月,中国各地频频发生反基督教运动,其团体组织的名称确实是"非宗教大同盟"与"非基督教学生同盟"二者并存,正如藤原所说处于混合状态。但是上海作为非基督教学生同盟总部所在地,其运动却不能以"含有各种复杂的分子"一言以蔽之,因为上海的运动还是具有鲜明目标的。下面先简述上海反基督教运动的形成与其方向。

首先来梳理上海反基督教运动的组织过程。[34]运动开始组织于1922年2月26日,与北京一样,世界基督教学生同盟大会将在北京召开的消息在年初甫经报道,上海的一批年轻人很快在2月26日召开了非基督教学生同盟第一次筹备会议,商议同盟的组织方法及抵制大会的对策。紧接着于3月4日召开第二次筹备会议,决定同盟章程与执行委员会的人选,还做出以下决定:"一、发表宣言,表明态度;二、通电全国各校学生,促其一致反对;三、登广告征求反对基督教文字,印成小册子分送全国,以唤醒国人之迷梦"。9日发表宣言,10日用速递将通电送至各地学校、报社。[35]然后又马不停蹄地在3月11日的上海《时事新报》上刊登《非世界基督教学生同盟征文启事》(12日始改为《非基督教学生同盟征文启事》)的广告。通过这则征文启事收到的反基督教文章于20日印刷成册,并马上向全国邮送。这应该就是张钦士所说的非基督教学生同盟手册——《我们为什么反对世界基督教学生同盟?》。[36]

然而在同盟手册问世之前,刚刚转移至上海的《先驱》杂志(中国社会主义青年团临时中央的机关刊物,主编施存统),就已

---

[34] 关于上海非基督教学生同盟的成立过程,请参看《非宗教同盟应声纷起(续)》,《广东群报》1922年4月20日。

[35] 原本应使用电报的"通电"被速递所代替,据说是因为运动筹备方资金不足。请参阅清水安三《李大钊》,《中国当代新人物》,东京:大阪屋号书店,1924年,第217—218页(原载《读卖新闻》1922年11月29日,署名如石生)。

[36] 张钦士《国内近十年来之宗教思潮》,燕京华文学校,1927年,第190—193页。《我们为什么反对世界基督教学生同盟?》现藏于北京中国人民大学图书馆。

经将第4号(1922年3月15日)打造为"非基督教学生同盟号",迅速报道了该同盟的宣言、通电及章程,并刊登了收录在同盟手册中的五篇文章,如陈独秀的《基督教与基督教会》。由此可以断定,非基督教学生同盟与上海的社会主义青年团是同一组织。而且上海非基督教学生同盟的总部,设在法租界大沽路的356、357号,这也是当时社会主义青年团临时中央的所在地。虽然《先驱》第5号中的《本刊启事》声明:"本刊与非基督教学生同盟,并非一个机关,只因同情于非基督教学生同盟,故为彼出一特号。"但由施存统领导的上海社会主义青年团临时中央、甚至是中共中央,是该同盟的母体(或领导者),是毋庸置疑的。

在华俄国人利金(V. V. Lidin)向莫斯科递交的运动进展情况报告书(1922年5月),印证了上述判断。其内容如下:

> 运动的基本力量确实是我们的共产主义小组和社会主义青年团,非基督教同盟只不过是一个合法的挡箭牌,……上海中央局建立了由7人组成的专门委员会,来对这场运动进行实际领导,它制定了详细的运动计划,可归纳为以下五点:1. 组建合法的非基督教青年同盟,其中央机构设在上海;2. 制定同盟章程;3. 召开非基督教组织代表大会;4. 通过派我们的同志以基督教代表身份参加会议来从内部破坏基督教代表大会;5. 通过派我们的同志参加基督教同盟地方组织来瓦解基督教同盟。[37]

翻阅中共方面资料,也可以明显看到这一点。如武汉的非基督教学生同盟,就是上海临时团中央授意组织的,武汉发往上海通电的接收人,就是社会主义青年团的施存统。另外,武汉非基督教学生同盟启事的印刷,以及对各学校、各团体的宣传动员,也要作

---

[37]《利金就在华工作情况给共产国际执委会远东部的报告》(1922年5月20日),前引《共产国际、联共(布)与中国革命运动档案资料丛书》(1),第92页。其中计划4似乎未付诸实行。

为青年团活动的一部分向上海汇报。[38]

上海的社会主义青年团成立于1920年8月,但在翌年5月因内部组织混乱而陷入低迷,并曾一度解散。1921年11月,因张太雷的提议得以重建。[39] 1922年1月,施存统因在日本参与共产主义活动而被驱逐出境[40],回国后兼任上海社会主义青年团与中国社会主义青年团临时中央领导人。面目一新的青年团正在积极谋求活动空间与时机之时,恰好传来了北京将召开世界基督教学生同盟大会的消息。

其实在中国的反基督教运动兴起之前,1922年1月30日至2月2日,在莫斯科召开的远东革命青年大会(与远东人民会议[亦称远东各国共产党及民族革命团体代表大会]同时召开,上海的社会主义青年团也有代表参加)已经明确提出,社会主义青年运动应该警惕、对抗的是基督教以及基督教青年会。[41]出席这次大会的中国青年们回国时已是春天,待他们将含有上述精神内容的会议要旨在中国发表出来,已经是反基督教运动平息后的9、10月份(《先驱》第11、12号)。因为上海社会主义青年团在第二次组建时,为避免重蹈覆辙,欲用"信奉马克思主义的团体"来统一成员的信仰,所以等不及莫斯科方面指令到来,就在反基督教运动中

---

[38] 《刘昌群致国昌[施存统]》(1922年4月10日)、《刘昌群致秋人[张秋人]》(1922年5月16日),中央档案馆、湖北省档案馆编《湖北革命历史文件汇集》甲1,湖北人民出版社,1987年,第7、18页。

[39] 《中国社会主义青年团第一次全国大会》(《先驱》第8号,1922年5月)中记载1921年11月社会主义青年团重建,但在《彭侃致谭平山》(《青年周刊》第3号,1922年3月12日)、《谭平山答词》(《青年周刊》第4号,1922年3月22日)中则为10月。

[40] 关于施存统在日本的活动,请参看前引拙著《中国共产党成立史》,第285—305页。

[41] 《远东革命青年第一次代表大会关于远东青年运动任务的提纲》《同远东革命青年代表大会宣言》《同致中国、日本、朝鲜、蒙古青年书》,见共青团中央青运史研究室、中国社会科学院现代史研究室编《青年共产国际与中国青年运动》,中国青年出版社,1985年,第77、81、85页。

表明了较强烈的反资本主义、反帝国主义的立场和观点。[42]

《先驱》第 4 号《非基督教学生同盟宣言》称：

> 我们知道，现代的社会组织是资本主义的社会组织，一方面有不劳而食的有产阶级，他方面有劳而不得食的无产阶级。……而现代的基督教及基督教会，就是"帮助前者掠夺后者，扶持前者压迫后者"的恶魔。……所以，我们认定这个"助纣为虐"的恶魔——现代的基督教及基督教会，是我们底仇敌，非与彼决一死战不可。世界的资产主义，已由发生、成熟而将崩坏了。各国资本家……因而大起恐慌，用尽手段，冀延残喘于万一。于是，就先后拥入中国，实行经济的侵略主义了。而现代的基[督]教及基督教会，就是这经济侵略底先锋队。

很明显，这是将没能在北京运动中看到的，或者说被有意回避的反资本主义、反帝国主义的反基督教言论推到了前面。在上海方面，之所以在几种宗教中只反对基督教，是因为它与资本主义、"经济的侵略主义"关系密切。这一倾向与北京地区的运动表现出的以反迷信、反愚昧为基础，反对所有宗教的倾向是不同的。如陈独秀、张闻天等上海的共产党员认为，北京的非宗教大同盟仅局限于宗教非科学的反宗教论调，理论与运动均不够彻底，并对此提

---

[42] 中共及社会主义青年团的反基督教运动，受到了共产国际或在华俄人何种程度的指导，尚无法明确。1922 年 6 月陈独秀在向共产国际提交的活动报告中，完全没有提及反基督教运动（《中共中央执行委员会书记陈独秀给共产国际的报告》[1922 年 6 月 30 日]，中央档案馆编《中共中央文件选集》第 1 册，中共中央党校出版社，1989 年，第 47—55 页）。另外利金，以及运动过程中来华的青年共产国际代表达林（S. A. Dalin），虽然提到过反基督教运动（达林著，侯均初等译《中国回忆录 1921—1927》，中国社会科学出版社，1981 年，第 59—63 页），但对于他们进行了怎样的指导则完全没有提及。达林说当时瞿秋白等中共领导"已经掌握了在莫斯科召开的远东革命组织和革命青年代表大会的详细情况"（第 59 页）。但如前所述，大会文献是 1922 年秋才在中国国内发布。另外，瞿秋白当时仍在莫斯科，所以其回忆是否准确存疑。

出异议。[43]所以上海的反基督教理论,引用马克思的名言"宗教是人类的鸦片"[44],频频将基督教形容为资本主义的"工具""走狗""恶魔""妖魔"等。

对于以反资本主义为中心基调的基督教反对论,社会上自然是异议迭出。即使当初积极为非基督教学生同盟的启事广告提供版面的《时事新报》,此时也对明显具有反资本主义倾向的文章表示为难,转而呼吁振兴科学精神[45],理由是在反对基督教之前,首先更要反对中国传统宗教中存在的低级的迷信与习俗。《时事新报》认为,为基督教贴上"恶魔""走狗"的标签、以真理自居的态度本身,就是与科学精神背道而驰的武断,并表明要与此划清界限。[46]

其实,即使没有《时事新报》的诸文章,要批判非基督教学生同盟带有浓重社会主义色彩、幼稚、偏激的反基督教论,也并非难事。吉野作造(东京帝国大学教授,著名进步学者)[47]欲以基督教徒的身份参加北京基督教学生同盟大会(后来没有成行),他对于将西方基督教的历史只简单用"罪恶的累积"一概而论的片面性论断,做了以下评价:"要说[中国的]反基督教运动的本质,无非是书面翻译过来的社会主义观点……只是如今会在中国兴起这样的运动,是因为社会主义与宗教关系的研究尚处于非常幼稚的

---

[43] 闻天《非宗教运动杂谭》,《民国日报·觉悟》1922 年 4 月 16 日;陈独秀《对于非宗教同盟的怀疑及非基督教学生同盟的警告》,《广东群报》1922 年 5 月 22 日。

[44] 绮园[罗绮园]《基督教与共产主义》,《先驱》第 4 号,1922 年 3 月。把宗教比作鸦片——虽然不是直接引用马克思的话——朱执信也曾如此(见吕芳上《革命之再起》,台北:"中研院"近代史研究所,1989 年,第 337—343 页)。关于"宗教＝鸦片"这一观点的流传经过,杨卫华《"宗教鸦片论":源流追索与文本考辨》(《华中师范大学学报》2004 年专集,2004 年)作了详细分析。

[45] 东荪[张东荪]《非宗教同盟》,《时事新报》1922 年 4 月 2 日。

[46] 常乃悳《对于非宗教大同盟之诤言》,《时事新报·学灯》1922 年 4 月 12 日。

[47] 在日本,有关吉野作造对华思想的研究有很多。日本以外的研究,最优秀的当数黄自进《吉野作造对近代中国的认识与评价:1906—1932》(台北:"中研院"近代史研究所,1995 年),但是此专著几乎没有提及吉野对非基督教运动的反应。

阶段。"[48]的确如他所说，中国的反基督教运动，可以从"幼稚"的"书面翻译过来的社会主义观点"的角度进行解释。吉野作为虔诚的基督教徒，同时也对中国青年运动表示理解，他还说道："我可以预言，他们迟早有一天会开阔见识，领悟到反基督教运动没有意义。"我们知道，他的这个预言后来没能实现，激进的中国青年们最终也不肯承认"反基督教运动没有意义"。同时我们还应该知道，那批激进青年身处的1920年代的时代特征和思想状况，正是在那样"幼稚"和"自以为是"的心态中突出地表现出来的。

1919年之后，马克思主义如潮水般涌入中国。但正如吉野所言，那只是书面翻译过来的社会主义，在某种意义上说，是一种游离于中国实际情况之外的所谓的先进理论。但是，激进青年们如同对待信仰般接受它，相信通过马克思主义这一"科学的社会主义"，可以从过去一成不变的、僵化的社会改造中获得突破（至少他们是这样感觉的），从而促进他们为其信仰的"科学的社会主义真理"与现实的结合而努力奋斗。且不论他们的思想所达到的高度如何，或曰其成熟度高低，这种表现其实应当看作是照亮1920年代中国年轻一代的宝贵特质。就如当时的世界，尤其是在非西方国家，马克思"科学的社会主义真理"被普遍尊为"信仰"，令人如获至宝一般，中国的激进青年等不及莫斯科传来指示，就在理论上（或道理上）将反资本主义与反基督教主义相结合，毫不犹豫地宣扬反宗教的真理，这才是真正意义上的"信仰"。

1922年的反基督教运动，是上海社会主义青年团重建后的首次正式活动。如前所述，这次运动不仅在理论上走向激进，自负为"真理的信仰"，甚至始终没有融合《时事新报》或北京非宗教大同盟等提倡用科学精神打破迷信的各方力量。当时正在上海访问的

---

[48] 吉野作造《反基督教运动在中国》，《东京朝日新闻》1922年4月15、16日。此文由田汉译（《日本学者对"非宗教运动"的批评》，《少年中国》第3卷第9期，封底称1922年4月发行）。

少年中国学会干部左舜生提出一项合法运动方针[49]，即制定法律将宗教完全排除在学校教育之外。但在上海，这是不可能实现的。因为"仅仅反对宗教，不过是一种消极的手段。我们应该努力于社会改造，以作积极地行动。我以为宗教完全的破灭，定在社会完全改造之后"[50]。非基督教学生同盟的活动虽说引起了一时反响，但4月2日它在上海浦东中学举行上千人的大会之后（大会主席施存统），与北京的非宗教大同盟一样，很快就销声匿迹了。因为要向世人宣布社会主义青年团正式成立的"中国社会主义青年团第一次全国代表大会"（在这次大会上反基督教同样是重要议题）将于同年5月在广州召开，担任会务工作的上海社会主义青年团临时中央，或许已经没有更多的时间和人力投入到反基督教运动中去了。

四、1920年代
——"信仰"的时代

1922年的反基督教运动虎头蛇尾地结束，暂时从人们的视线中消失了。但是，值得一提的是，当年反宗教、反基督教的强烈意识——看似有些自相矛盾——却转化成对另一种"信仰"[51]（如

---

[49] 左舜生《拥护自由与非宗教》，《民国日报·觉悟》1922年4月10日。

[50] 前引《非宗教同盟应声纷起（续）》中出现的蔡和森的演讲。蔡和森于1921年12月被迫离开法国回到上海。加入上海的共产党组织后参加非基督教学生同盟，1922年4月在《广东群报》上发表《基督教—近代思想—资本主义》等，积极参与反基督教运动。《蔡和森文集》收有与上述文章相同内容的《近代的基督教》（《反基督运动》1924年刊收录），标明成文于1924年，其实初次刊载应是1922年4月14—21日的《广东群报》。《反基督运动》所收蔡和森文章来自《广东群报》。另外，另收入1925年出版的《反对基督教运动》（国光书店），可以说是反基督教运动的代表性文章。

[51] 中文语境中的"信仰"，有"宗教信仰"与"对主义的信念"两种含义。戴季陶曾说："信仰不一定是宗教，这是在今天说明信仰时所必须具备的知识"（戴季陶《日本论》，上海民智书局，1928年，第144页），在本文所涉及的时代，两种含义并存，笔者所指的"信仰"也如此。

在"科学与人生观"论战中被反复提出的作为确立人生观的"科学信仰""社会科学信仰",或者形成坚忍不拔精神的"主义信仰"[52])根深蒂固的追求,继而形成了 1920 年代,特别是国民革命时期的"革命精神""革命信仰"。

如果纵观清末以来中国知识分子眼中的"宗教"或"信仰"的地位,那么 1920 年代青年们追求"信仰"的时代特征会更加清晰。被批判为"一盘散沙"的中国民众变身为"国民",运动主导者们的信念和使命感不断加强,而超越教派的"宗教"和"信仰"的必要性自清末以来一直被提倡。这是一种应该给予肯定的精神,是中国人进步至"国民"过程中不可缺少的精神。

梁启超曾经指出,"凡一国之强弱兴废,全系乎国民之智识与能力,而智识能力之进退增减,全系乎国民之思想,思想之高下通塞,全系乎国民之所习惯与所信仰。……盖宗教者,铸造国民脑质之药料也"[53],并举克伦威尔、华盛顿、林肯等西方伟人均是虔诚的宗教信仰者为例,呼吁"其所以能坚持一主义,感动舆论,革新国是者,宗教思想为之也","无宗教思想则无统一","无宗教思想则无希望"[54]。梁启超这样主张的原因在于,宗教思想是中国人的弱项,但却是他所强调的"群治"理念不可或缺的,是"国民"形成的核心。当然,对梁启超而言,不仅宗教,报纸、小说均是中国最欠缺的"群治"要素。但是宗教,或曰类似于宗教的"信仰",无论是作为"知有一己而不知有国家"[55]的中国民众所必需的"群治"凝聚力,还是作为领导民众的先觉者的坚定信念,都还需要用事实去检验它们存在的必要性。

五四新文化运动时期,宗教,特别是基督教包含的修养、献身、

---

[52] 代英[恽代英]《学术与救国》(《中国青年》第 7 期,1923 年 12 月);楚女[萧楚女]《革命的信仰》(《中国青年》第 12 期,1924 年 1 月)等文章可说是其中典型。

[53] 梁启超《论支那宗教改革》,《清议报》第 19 册,1899 年 6 月。

[54] 中国之新民《论宗教家与哲学家之长短得失》,《新民丛报》第 19 号,1902 年 10 月。

[55] 中国之新民《新民说 论国家思想》,《新民丛报》第 4 号,1902 年 3 月。

感化等一众侧面,还是被与宗教活动的非科学性区分开来,作为改造国民性所需的精神受到高度提倡。陈独秀、恽代英等主张运用伦理改革来矫正国民性的时候,均曾高度评价耶稣的人格以及原始基督教的精神[56],而且这绝不是他们思想发展中的离奇插曲,而是他们一生言行的原则、坚定不移的使命感的另一表现。因此,即使宗教的作用被哲学、科学、美育(蔡元培),甚至"科学的社会主义"所替代,对上述领域的"信仰"仍是必要的。而且对这种"信仰"必须具有与对宗教同等的虔诚。

孙中山在1924年《三民主义》演讲的开头,呼吁听众树立对"三民主义"的信仰,即为此种意义上的"信仰"。孙中山说:"什么是主义呢?主义就是一种思想、一种信仰和一种力量。……最先发生思想;思想贯通以后,便起信仰,有了信仰,就生出力量。所以主义是先由思想再到信仰,次由信仰生出力量,然后完全成立。"[57]共产党员萧楚女也于同年发表言论,号召青年们持有"革命的信仰",即"一个人底内心没有信仰,就是那个人没有人生观"[58];这在某种意义上与孙中山是一致的。自梁启超以来至1920年代,革命者们不断追求的,正是这种将思想转变为力量的、如同宗教般的"信仰"。

从这个意义上说,1920年代反基督教运动所追求的,并不是对"信仰"这一态度的质疑,而是试图确立起另一种否定宗教信仰的"信仰"。当然,那是对抗基督教等宗教信仰的"科学"的信仰,对某一部分青年来说,甚至已经提升到了对"科学的社会主义"即对马克思主义的信仰。众所周知,罗素在中国逗留期间所做演讲中,专门在宗教条目中列出"马克思教",劝诫人们不要盲目崇拜,"在科学中,如马克思的社会主义,一般信仰者死守了成见,就可

---

[56] 陈独秀《基督教与中国人》,《新青年》第7卷第3号,1920年2月;前引韩凌轩《早期恽代英与基督教》。

[57] 《三民主义/第一讲》,《孙中山全集》第9卷,中华书局,1986年,第184页。

[58] 前引楚女《革命的信仰》。

以说它是宗教的了。……如果持马克思主义的,还捧了他的书,保守住他的宗旨,把他的话当做了'佛音[福音?]',看成了'圣经',那就不是科学中的态度了"。[59]这些话语在后世看来确有道理,但是在当时"简单的说,社会主义是理解的,不是迷信的,是科学的,不是奇异的"[60]这样一种"信仰"的大环境中,还是过于高调和超前。1922年的反基督教运动批判将布教作为工具的帝国主义,是站在"科学的社会主义"立场上的运动,同时也是两种"信仰"的激烈碰撞。

1922年3月,正是反基督教运动最蓬勃的时期,共产党员罗绮园就党员的宗教信仰,发表了下述意见:

> 有些孱弱的共产主义者这样想:宗教毫不妨碍我为共产党员——我信仰上帝,也一样的信奉共产主义。我的上帝信仰也毫不妨碍我为无产阶级革命而牺牲而奋斗。这种思想根本上是错了的。宗教与共产主义无论在理论上或事实上都不能相提并论。……一个人,他既信仰上帝又自称为共产党员,不能抛弃戒律以从党规,那末他已经停止他的党员资格了。[61]

由此可以看出,早期共产党员对马克思主义的接受和理解,其实属于与宗教信仰不可并存的另一种信仰。这是否定宗教信仰才能成立的"信仰"。

稍后开始的国共合作以及国民革命中,中国共产党的青年党员们充分发挥革命积极性,令人刮目相看;而支撑他们的信念就是"信仰"。在段祺瑞政权中历任司法总长、教育总长、执政府秘书长的章士钊,在评价北伐时期共产党的活跃表现时,认为"共产党者,新造之宗盟也",共产党员"信共产为教,较之回回之奉可兰[古兰经],耶徒之崇福音有过之无不及,一切性命以之故",这均

---

[59] 章廷谦笔记《罗素先生的讲演》,《少年中国》第2卷第8期,1921年2月。
[60] 李璜《社会主义与宗教》,《少年中国》第3卷第1期,1921年8月。
[61] 前引绮园《基督教与共产主义》。

是因为在信念的基础上建立起了"其自刻之深、任事之勇,与夫矫正恶俗、损人而决非益己之严正"[62]的态度。甚至连强烈反对共产党在国民党内"寄生政策"的戴季陶也不得不承认,"今日最能奋斗之青年,大多数为共产党,而国民党旧同志之腐败退婴,已无可讳"。[63]这一切的根源无疑是共产党员所具有的坚定不移的信念。戴季陶本人还向国民党的年轻党员强调"信仰"的重要性,"信仰的生活,是个人和社会的进步团结最大的机能……只有信仰,才能够永生。只有信仰,才能够合众"。[64]这是强调对三民主义的"信仰"。

1920年代的信仰,就如反基督教运动中激进青年们所表现出的那样,一方面认识到了应该否定或者应该被打倒的"信仰"的存在,另一方面又通过这一认识寻找到了"科学"或"科学的社会主义"这个值得信赖的全新的"信仰",并逐渐巩固下来。所以反共产主义的戴季陶在观察了中国的反基督教运动后,认为俄国的布尔什维克革命"是'反宗教的宗教力'的成功,是信仰的成功"。[65]关于这一点,他还曾有下述发言:

> 选择一种主义作为自己信仰的人,也一定认为他现在所信从的主义错了,或者没有主义,然后才去选定一个适宜的主义,作为自己遵循的正道。就这样看来,凡一个主义,必定具有独占性和排他性,同时也具有统一性和支配性。假如这几种性质不具备,这一个主义一定生不出信仰,生不出力量,一定只能成为一种消极的思想,而不是一个主义。[66]

演绎出国民革命的精彩与激烈的,正是戴季陶笔下的汇聚了

---

[62] 章士钊《论共产教》,《甲寅周刊》第1卷第43号,1927年2月。
[63] 《致蒋介石先生书(民国14年12月13日)》,《戴季陶先生文存》第3卷,台北:"中央文物供应社",1959年,第982页。
[64] 前引戴季陶《日本论》,第142、144页。
[65] 同前,第145页。
[66] 《导言》,见戴季陶《国民革命与中国国民党》,中央军事政治学校政治部,1927年。

"独占性""排他性"进而转化为"信仰"的"主义"的力量。其实，1920年代是一个迫切追求"信仰"的年代。"信仰"，不仅国共两党，甚至如章士钊那样处于革命边缘的人都在积极地追求，这也正是革命时期的时代呼唤。

五、结语

1922年的反基督教运动，在爆发的当年就已经烟消云散。但是运动的对象即中国国内的基督教还是受到了不小的打击。"反宗教同盟所指出的教会的弱点，大部分不能简单驳斥，应该予以注意"[67]，"基督教，特别是圣经的教诲，并没有为帝国主义服务。但某些国外势力在无意识中利用了传教士……真正的基督教精神死去了，中国人传教士被外国人控制，神学生们失去了独立精神"[68]，这些中国基督教徒的言论可以证明这一点。中国的基督教以这次反基督教运动为转机，开始了基督教中国化运动，即"本色教会运动"。这可以说是吉野作造所指出的中国基督教走向"纯真宗教"的第一步摸索。吉野说：

> 吾与中国基督教徒交往之时，时常感到困惑，他们所认识的宗教拘于形式，视自由思索为异端。此种所谓宗教，必遭社会主义者排斥。然这绝非宗教本质，批判宗教之人借人道之名排斥宗教，与吾等以纯真宗教之名排斥教会之非伦理性固定形式，其本质或相同。[69]

无论中国基督教的摸索最终结果如何，反基督教运动都影响

---

[67] Y. T. Wu(吴耀宗), "The Chinese Student Christian Movement," *The Christian Recorder*, Aug, 1923.

[68] 陈秋霖的发言(转自：Y. T. Lee, "The Anti-Christian Movement in Canton," *The Christian Recorder*, Vol. 56, Apr. 1925)。

[69] 吉野作造《社会运动与基督教——关于中国的反宗教运动》，《新人》[日文]第23卷第5号，1922年5月。

了整个1920年代。其背景,当然有中国基督教始终未能摘掉"帝国主义的走狗"这个帽子的现实,但在更深层面上,则是中国青年们始终都不肯承认吉野口中"反基督教运动没有意义"的心态。

曾在《少年中国》上呼唤以学术观点讨论宗教问题的哲学青年恽代英,在1923年称基督教为"外国人软化中国的工具",基督教徒为"洋奴"。[70] 他所在意的,不是宗教的本质,也不是摸索"纯真宗教"的中国基督教改革的胎动,而是如何反对与帝国主义结为一体的基督教,以及如何树立与之对抗的"革命信仰"。对他以及呼吁反基督教的青年们来说,五四时期以来的宗教论争或研究已经走到尽头,所以基督教就从争论或研究的对象,转变成为树立自己的"信仰"而必须排斥、打击的对象。这是20年代完成"信仰"追求的五四新文化运动的一个总结,也是中国青年心目中的蓝图,即"科学的真理"理论升华至"信仰"后继而转向国民革命运动。

原文(日文)题为《1920年代中国における"信仰"のゆくえ——1922年の反キリスト教运动の意味するもの》。收于狭间直树编《1920年代の中国》,东京:汲古书院,1995年。后经过修改,中译版收于石川祯浩主编《20世纪中国的社会与文化》,社会科学文献出版社,2013年。

---

[70] 代英《我们为什么反对基督教》,《中国青年》第8期,1923年12月。

第一次国共合作的终结与苏联和共产国际
——所谓"斯大林五月指示"问题

一、序言

众所周知,从国外对中国革命——尤其是1920年代中期的第一次国共合作和国民革命——施加重大影响的,是苏联和共产国际。施加这种影响,是出于社会主义国家苏联追求国家利益,还是基于革命的国际主义,学者们至今尚在探讨。但无论如何,莫斯科的意向极大地影响了中国的革命运动,则是没有异议的。

长期以来,学者们难以接触共产国际和联共(布)有关中国革命的档案。但近年来,这些档案终于解禁,促使人们重新认识中国革命史或中国现代史。事实上,在辑录1920年后重要档案而成的资料集[1]公开出版前后,已有不少利用该资料集所进行的中国革命史研究的成果问世,引起极大反响。苏俄、共产国际对中国革命所发挥的重大作用,再次引起广泛关注。

在第一次国共合作时期,来自莫斯科的重大影响之一,是据认为直接导致了国共合作终结的所谓"斯大林五月指示",以及形成该指示的共产国际执委会第八次扩大全会(1927年5月18—30

---

[1] 资料集由俄罗斯科学院远东研究所和柏林自由大学东亚研究会共同编辑出版,已刊行俄语版、德语版(内容相同)和汉语版。其中,汉语版译自俄语版。

日,以下略称"第八次全会")。这次全会以斯大林和托洛茨基斗争的最后阶段为背景,其主要议题是讨论已极度紧张的中国革命,所通过的《关于中国问题的决议》,对国共合作的当事方中国共产党产生了巨大冲击,并促使另一当事方即武汉的国民党最终决定"分共"。也就是说,基于上述决议传达给中共的激进的"斯大林五月指示",给了通过共产国际驻中国代表罗易(M. N. Roy)得知其内容的汪精卫等武汉的国民党人以极好的"分共"口实。关于国共在武汉走向分裂的原因,须从更大背景考虑,如激烈的工运、农运及由此引发的军人的反抗、经济危机等。但就事件本身而言,关键还是罗易向汪泄露了指示电报。有关国共合作史的著作无一例外地将此插曲视为事件而不惜笔墨,原因在此。

然而,该事件至今尚有不少疑点。如,中共收到"指示"后反应如何?罗易何以如此轻率地将莫斯科发来的指示电报出示给汪精卫?何时出示给汪的?汪阅后态度如何?而且,所谓"五月指示",其全文内容长期未得确认。本文将最大限度地利用新近刊行的资料,对"五月指示"及国共合作最终阶段莫斯科与武汉之间的关系进行探讨。

二、"五月指示"的背景
——共产国际执委会第八次扩大全会

不妨说,在1927年5月召开的第八次全会上,被认为正处于危急关头的中国革命问题,成了斯大林及其支持者封杀来自托洛茨基、季诺维也夫等反对派的抵抗、证明共产国际此前"正确"路线的手段。虽然斯大林与托洛茨基之间的长期斗争在1927年前几乎已见分晓,但在第八次全会时,托洛茨基等人正对斯大林等领导层对中国革命形势的分析及革命设想的错误展开批判,试图作最后抵抗。

恰在此时,斯大林以同盟者期许的国民革命军领导人蒋介石于同年 4 月发动政变,开始镇压中共,斯大林深深瞩望的国共合作的重要部分宣告破产(武汉的国民党仍与中共维持合作),从而为托洛茨基等反对派批判最高领导层提供了绝佳时机。而斯大林,如其所谓"柠檬讲话"〔2〕(4 月 5 日)所示,直至政变发生前仍不相信蒋会背叛,但在政变后却即刻改口,辩称"后来的事件完全证实了这条[联共(布)中央的]路线的正确性。……[中国革命的发展]都说明当时所采取的路线是唯一正确的路线"〔3〕,亦即中国革命的形势正完全按照他的预测在发展。可见,在全会上,斯大林派无论如何必须证明其路线的连续性和正确性。

共产国际的第八次全会与往常的大会和全会不同,是在严格管控下以半公开形式召开的。这也如实反映了斯大林等对反对派

---

〔2〕 所谓"柠檬讲话",指斯大林在 4 月 4、5 两日召开的联共莫斯科地区委员会积极分子会议上的一段讲话,原话为"蒋介石是右派,可能不同情革命,但他现在听我们的指挥,不会发生政变。我们应该把这些人利用到底,就像挤柠檬一样,挤干才扔掉"。由于随后发生的事态与此相反,该讲话未发表。有关这次会议的经过,请参阅 А. М. Григорьев, Борьба в ВКП(б) и Коминтерне по вопросам политики в Китае(1926-1927 гг.), Проблемы Дальнего Востока, 1993, No. 2,3(中译:格里戈里耶夫著,马贵凡译《联共(布)和共产国际领导内部在中国政策问题上的斗争(1926—1927)》,《国外中共党史研究动态》1994 年第 1—2 期),以及 A. Pantsov, "Stalin's Policy in China, 1925-27: New Light from Russian Archives," Issues & Studies, Vol. 34, No. 1, 1998(潘佐夫《斯大林的中国政策[1925—1927]——俄国档案披露》,《问题与研究》)。披露"柠檬讲话"的唯一材料,是第八次全会后在德国刊行的 Die chinesische Frage auf dem 8. Plenum der Exekutive der Kommunistischen Internationale, Mai 1927(《共产国际执行委员会第八次全体会议(1927 年 5 月)记录》, Hamburg / Berlin, 1928, 160ps. 。中译:中国社会科学院近代史研究所翻译室编译《共产国际有关中国革命的文献资料》第 3 辑,中国社会科学出版社,1990 年,第 142—243 页)所收入的伍伊维奇(V. Vuyovitch)的讲话。【补注】斯大林讲话全文近年公开,请见 Не публиковавшаяся речь И. В. Сталина о Китае, Проблемы Дальнего Востока, 2001, No. 1(中译:斯大林《在联共(布)莫斯科机关积极分子会议上关于中国大革命形势的讲话》[1927 年 4 月 5 日],《党的文献》2001 年第 6 期)。

〔3〕 斯大林《中国革命问题》,《真理报》1927 年 4 月 21 日,收于《斯大林全集》第 9 卷,人民出版社,1954 年,第 201 页。

出席会议与其可能展开的批判何等警惕。[4]显然,全会采取封闭形式是斯大林授意的,其目的是为了应对托洛茨基等反对派自由发言,不使其言论外泄。[5]众所周知,较之共产国际的历次会议,第八次全会对外发表的讨论内容极少,直如笼罩在迷雾之中。而其原因就在于以斯大林和托洛茨基的斗争为背景的这次会议的封闭性。

另外,以中国问题为主要议题的这次全会,其中国代表却并非中共党内适居其职的领导人,而是当时在莫斯科中山大学学习的留学生兼翻译周达文(1903—1938,以邱贡诺夫[Чугунов]之名参会)[6],亦即斯大林等最高领导层的应声虫。这也表明全会召开

---

[4] 关于第八次全会的封闭性,参会的法共代表特列恩特(A. Treint)在回忆中曾作生动描述。Harold R. Isaacs, *The Tragedy of the Chinese Revolution*, Second Revised ed., Stanford, 1961, p. 240(伊罗生《中国革命的悲剧》,第二次修订本);Harold R. Isaacs (ed.), "Documents on the Comintern and the Chinese Revolution," *China Quarterly*, No. 45, 1971(伊罗生编《有关共产国际与中国革命的资料》,《中国季刊》)。

[5] 从斯大林1927年6月23日给莫洛托夫的信中可以看出,斯大林曾采取各种措施阻止托洛茨基、季诺维也夫的发言记录在各种会议上散发。Lars T. Lih, et al. (eds.), *Stalin's Letters to Molotov: 1925-1936*, New Haven / London, 1995, p. 135(《斯大林给莫洛托夫的书信:1925—1936》)。

[6] 关于作为中国代表出席第八次全会的神秘人物"邱贡诺夫"即周达文的考证,及周悲剧般的一生(在斯大林于1930年代进行的清洗中,周在西伯利亚被处死),请参看拙作"The Chinese National Revolution and the Eighth ECCI Plenum: Exploring the Role of the Chinese Delegate 'Chugunov'", in Mechthild Leutner et al. (eds.), *The Chinese Revolution in the 1920s: Between Triumph and Disaster*, London; New York: Routledge Curzon, 2002(石川祯浩《国民革命与共产国际执委会第八次扩大全会——中国代表"邱贡诺夫"的作用》,收于罗梅君等编《1920年代的中国革命:成与败》)。【补注】近年来,中国国内学界也越来越关注周达文,并取得一定研究成果,如《周达文纪念集》(镇远县史志办公室编刊,2003年)、陈训明《从俄藏档案看周达文生平事迹研究中的几个问题》(《贵州文史丛刊》2009年第1期)等。但对周的认识整体上似仍不明确。如《共产国际会议简介》(《共产国际、联共(布)与中国革命档案资料丛书》21,中共党史出版社,2012年)就第八次全会中国代表(楚古诺夫)记述道,"这次全会后选出的主席团有谭平山,也许楚古诺夫就是谭的化名"(第713页),显系错误。

得如何紧急、仓促,以及斯大林等共产国际领导层对反对派是何等警惕。

正如斯大林所希望的那样,这次不同寻常的第八次全会成功封杀了反对派的抗议,再次确认此前路线没有错误。托洛茨基等有关在中国创建苏维埃的提议被否决;对于中共,则指示其留在国民党内,并通过了命其在武汉政权框架下即刻实行土地革命的长篇决议。[7] 而根据该决议同时写成的,就是所谓"斯大林五月指示"。

三、"斯大林五月指示"的内容及其向中国的传达

有人认为,第八次全会的决议于5月30日通过后,随即传达给了中国。但当时在武汉的罗易却称,他是在一个月后才收到的。[8] 据说,北京的苏联大使馆于该年4月经张作霖强行搜查而遭破坏后,莫斯科和武汉间的通信联络极端困难,常有电报迟误及电文混乱等情况发生。[9] 故而,第八次全会的长篇决议传往中国大幅延误,亦属自然。不过,就在决议通过的5月30日当天,联共(布)中央政治局已经决定,将该决议之主要内容另拟电文发给武汉的鲍罗

---

[7] 《共产国际执行委员会第八次全会关于中国问题的决议》(1927年5月30日),前引《共产国际有关中国革命的文献资料》第3辑,第319—334页。

[8] 《罗易在共产国际执行委员会东方书记处会议上所作的关于中国形势的报告》(1927年9月17日),中共中央党史研究室第一研究部编《共产国际、联共(布)与中国革命档案资料丛书》(4),北京图书馆出版社,1998年,第448页。罗易在该报告中说,他收到决议是在"7月底(конец июля)"。实则,他于7月上旬已离开武汉,故"7月底"应为"6月底(конец июня)"之误。另,中共方面将决议翻译并发表,则迟至1927年11月刊行的《中国问题决议案》。中共中央秘书处所附序言(10月13日)称,"国际这一议案虽然七月初寄到汉口的俄文报上已经可以见到,但是当时'忙乱'而未能整理校译出来,直到10月10日方接到国外寄来的译稿,故此付印的很迟了。"史略、赵云云《陈独秀是怎样拒绝共产国际"五月紧急指示"的?》,《中央档案馆刊》1987年第2期。

[9] 《鲍罗廷在老布尔什维克协会会员大会上所作的〈当前中国政治经济形势〉的报告》(1927年10月23日),《共产国际、联共(布)与中国革命档案资料丛书》(4),第503—504页。

廷(M. Borodin)及罗易等。[10]这就是所谓"斯大林五月指示"。

长期以来,"五月指示"的全文未得确认,存在数个不同版本。其来源分如下几类:①武汉国民党有关人士发表的[11];②引自斯大林讲话[12];③引自陈独秀《告全党同志书》(1929年)[13];④其他。[14]而此番刊行的所谓"莫斯科档案"新资料集收录有该指示的全文,终于使版本问题有了结论。正式的"五月指示"共六项,

---

[10] 《联共(布)中央政治局会议第107号(特字第85号)记录》(1927年6月2日),《共产国际、联共(布)与中国革命档案资料丛书》(4),第298—300页。不过,在所谓"五月指示"发出之前,同年5月13日召开的联共(布)中央政治局会议已经决定致电鲍罗廷、罗易和陈独秀向其传达三条指示。此即"五月指示"的雏形。《联共(布)中央政治局会议第102号(特字第80号)记录》(1927年5月13日),《共产国际、联共(布)与中国革命档案资料丛书》(4),第252—253页。

[11] 汪精卫的《容共政策之最近经过》《武汉分共之经过》《武汉反共之重要文件》等属于此类。《国闻周报》第4卷第29期,1927年7月31日。

[12] 斯大林《国际形势和保卫苏联》(1927年8月1日的演说),《斯大林全集》第10卷,人民出版社,1954年,第31—32页。

[13] 任建树等编《陈独秀著作选》第3卷,上海人民出版社,1993年,第92页。

[14] 此类资料为学术界所熟知者,为国民政府司法部调查局所藏、被称为中共中央文件的《共产国际执委会紧急训令》("中华民国开国文献编纂委员会"、政治大学国际关系研究中心编刊《共匪祸国》史料汇编》第1册,1976年再版,第340—341页)等。曾对不同来源的"五月指示"进行探讨的论文有北田定男《遵义会议前毛泽东对中共领导层的造反》(《现代科学论丛》第3集,1969年)、高瀬薰《共产国际在第一次国共合作分裂时期的方针和给罗易的密电》(《御茶水史学》第21号,1977年)。此外尚有名为《国民党分共政策之真相》之小册,也就"指示"内容有所介绍。该小册应为中共中央印制于1927年7月,用于党内宣传,其内容为针对国民党揭露的"五月指示",引用中共方面持有的"指示"的"原文",纠正国民党方面的语句错误,强调"指示"不是"阴谋"。油印,共6页。现在"指示"全文已公开,该小册已无足轻重,但对了解中共方面如何理解该"指示"、如何向党内传达等,仍具参考价值。现将该小册引用之"指示"介绍如下,以资参考。第一项:"吾人以为现时中国革命进行,到了土地革命的阶段,必须没收大地主和中等地主的土地,或中等地主的土地暂不没收,欲达此目的必须从下级的农民群众运动做起";第二、三项:"国民党必须是代表农工小资产阶级的革命联盟,党的组织须民主化,提拔新的领袖,参加党的领导机关";第四项:"现在国民革命军既有许多不可靠的将领,可否找得二万共产党员,并在两湖挑选五万工农分子加入国民革命军";第五项:"以知名的国民党员作领袖,组织革命法庭,处罚反动军官"。狭间直树先生提供该小册之手抄本,特此致谢。另,中共印发的小册子《中国共产党中央执行委员会致中国国民党革命同志书》(武汉"八七"会议会址纪念馆藏件,铅印本,应刊于1927年7月底至8月初)亦在附录中收入《国民党分共政策之真相》。

大要如下：

　　一、不进行土地革命，就不可能取得胜利。我们坚决主张从下面实际占领土地。

　　二、对手工业者、商人和小地主作出让步是必要的，同这些阶层联合是必要的。只应没收大、中地主的土地，不要触及军官和士兵的土地。如果形势需要，暂时可以不没收中地主的土地。

　　三、应从下面多吸收一些新的工农领导人加入国民党中央，务必要更新国民党上层人士。

　　四、应当消除对不可靠将领的依赖性，动员两万共产党员，再加上来自湖南、湖北的五万革命工农，组建几个新军。

　　五、要成立以著名国民党人和非共产党人为首的革命军事法庭，惩办反动军官。

　　六、不要扣压罗易和其他负责同志的电报。务必报告你们采取了什么措施。[15]

该"指示"每条都极其激进，与国民党的关系正不断恶化的中共，根本不可能即刻执行。而"指示"的前提是命令中共与国民党继续保持党内合作，则使执行更加困难。

与迟迟未传达到中国的第八次全会决议不同，该"五月指示"在6月2日就已递到武汉的鲍罗廷以及陈独秀手中。[16]此后，受莫斯科频频来电催促，罗易、鲍罗廷及中共领导人就是否应立即执行该"指示"进行了反复讨论。据全面同意该"指示"的罗易报告称，鲍罗廷收到"指示"后，既未给罗易看，也未与罗易和中共政治局商议，而是直接让陈独秀打了电报（其内容表示难以执行指

---

[15]《联共(布)中央政治局会议第107号(特字第85号)记录》(1927年6月2日)，《共产国际、联共(布)与中国革命档案资料丛书》(4)，第298—300页。

[16]《罗易给联共(布)中央政治局的电报》(1927年6月2日)，《共产国际、联共(布)与中国革命档案资料丛书》(4)，第300页。

示)。[17]由此可知,一直在具体主导对国民党采取妥协政策的鲍罗廷,对"指示"采取了抵制措施。

中共领导正式得到"五月指示",并讨论如何应对,是在6月6日或7日。[18]陈独秀在中央政治局会议上逐条宣读该"指示",并表示难以执行。即,在农民运动过激已招致抵制的情况下,不可能再提土地革命;国民党领导层由代表大会选举产生,不可能随意将工农代表塞入其中;"指示"要求创建独立的军队,则武器来自何处,又如何维持下去?用陈自己的话说,"电报表明,莫斯科不了解中国的实际情况"。[19]当天,除罗易积极主张全面同意外,无人对"指示"表示赞成。然而,第二天(7日或8日),政治局似通过了——或许仅在表面上——罗易要求执行"指示"的提案。[20]但从9日又就"指示"问题继续展开讨论看[21],似仍未做出最终结论。

经莫斯科不断来电确认是否接受"指示",中共中央于6月15日终于做出正式答复。答复用陈独秀名义,首先称"指示"很正

---

[17] 《罗易给联共(布)中央政治局的电报》(1927年6月2日),《共产国际、联共(布)与中国革命档案资料丛书》(4),第300页。该电报应为联共中央政治局于6月6日给鲍罗廷和陈独秀的电报(《共产国际、联共(布)与中国革命档案资料丛书》[4],第307页)中提到的"陈独秀的电报"。

[18] 前引史略、赵云云《陈独秀是怎样拒绝共产国际"五月紧急指示"的?》根据中共中央政治局英文会议记录称在6月6日的会议上传达了"指示",并介绍了传达时陈独秀的发言。但罗易报告(6月8日)亦引用陈独秀的该发言,却称这次会议是"昨日"即6月7日举行的。《罗易给联共(布)中央政治局的电报(1927年6月8日)》,《共产国际、联共(布)与中国革命档案资料丛书》(4),第308—309页。

[19] 同前。

[20] 《罗易给联共(布)中央政治局的电报》(1927年6月16日),《共产国际、联共(布)与中国革命档案资料丛书》(4),第318页。

[21] R. C. North, X. J. Eudin, *M. N. Roy's Mission to China: the Communist-Kuomintang Split of 1927*, Berkeley / Los Angeles, 1963, p.332(中译:《罗易赴华使命:1927年的国共分裂》,中国人民大学出版社,1981年,第318页);中共中央文献研究室编《任弼时年谱》,中央文献出版社、人民出版社,1993年,第71页。

确、很重要,完全同意;但谈到具体问题,却列举了不少困难。[22]这显然是委婉拒绝,当然招致深信"指示"正确的罗易的反对。罗易于17日直接致电斯大林、布哈林,不仅称阻止执行"指示"的是鲍罗廷,激烈批判鲍罗廷把持武汉与莫斯科之间的通信联络,而且要求将他一直视为"国民党在共产党内的代理人"[23]的陈独秀从中共领导层清理出去。[24]罗易与鲍罗廷之间的纠纷自该年4月开始表面化,终于在是否接受"指示"的问题上发展成不可调和的尖锐对立。由于他们都是共产国际驻中国代表机构成员[25],遂使混乱越发不可收拾。

中共中央于6月15日姑且给莫斯科回电后,莫斯科的回复却未作正面回答,而称"我们没有任何新方针,……重申我们的指示"。[26]6月26日,中共中央再次召开政治局会议(与共产国际代表的联席会议),集中讨论执行"指示"问题。会上,鲍罗廷提出折衷方案,试图以模糊字句把莫斯科的意向和中共的态度予以调和。但陈独秀、张国焘明确表示不赞成"指示",任弼时则批判鲍罗廷的折衷方案,主张应完全接受莫斯科的"指示",致使会议始终混

---

[22] 《陈独秀根据政治局意见致共产国际》(1927年6月15日),R. C. North, X. J. Eudin, op. cit., pp.338-340(中译:《罗易赴华使命:1927年的国共分裂》,第324—325页)。该电也是对"五月指示"后联共给中共的指示电报的答复。经确认,联共于6月3日和6日给中国发过至少两次指示电报。《联共(布)中央政治局会议第108号(特字第86号)记录》(1927年6月7日),《共产国际、联共(布)与中国革命档案资料丛书》(4),第306—307页。

[23] 《罗易给斯大林和布哈林的电报(1927年6月5日)》,《共产国际、联共(布)与中国革命档案资料丛书》(4),第303页。

[24] 《罗易给斯大林和布哈林的电报(1927年6月17日)》,《共产国际、联共(布)与中国革命档案资料丛书》(4),第320—323页。

[25] 6月14日的联共中央政治局会议决定:由罗易、鲍罗廷、加伦三人组成共产国际驻中国代表机构,并将其再提交共产国际批准。《共产国际、联共(布)与中国革命档案资料丛书》(4),第316页。

[26] 《联共(布)中央政治局会议第112号(特字第90号)记录》(1927年6月23日),《共产国际、联共(布)与中国革命档案资料丛书》(4),第349页。

乱不堪。[27]会议最后决定由瞿秋白和张国焘起草给莫斯科的电文,而该电似乎明确表示了无法执行"指示"的态度。[28]

在中共围绕是否接受"指示"而争论不休的时候,武汉方面的政治形势在不断恶化,国共关系也面临破裂。在所谓"徐州会议"上,武汉政权赖以支撑的冯玉祥表明了与蒋介石合作的态度,并要求武汉政权制止工农运动、解除鲍罗廷的职务、清除共产党员。而武汉方面,驻汉口的何键所部则摆出架势要对工人武装组织进行镇压。面对如此危急局面,中共已没有时间继续讨论"指示"。6月30日,中共中央常务委员会决定起草以向国民党妥协为主要内容的政纲(瞿秋白起草)。随后,在7月3日的中共中央扩大会议上,后来被称为"机会主义之顶点"、"完全放弃共产党的独立"的文件[29],即所谓《国共关系政纲(十一条)》[30]在部分与会者的反对声中获得通过。[31]

但是,这些妥协也已无法阻止国共分裂。对于置反复警告于不顾而拒不接受莫斯科意见的中共,共产国际忍无可忍,指令其

---

[27] 《希塔罗夫关于中共中央政治局与共产国际执行委员会代表联席会议的报告》(1927年6月26日),《共产国际、联共(布)与中国革命档案资料丛书》(4),第357—364页。

[28] 罗易(未出席26日的会议)说,那天的会议"公开反对共产国际的指示"。见《共产国际、联共(布)与中国革命档案资料丛书》(4),第372页。布哈林也说:"中共中央政治局则投票表决反对共产国际决议(6月26日)"。见《中国革命的转折关头》,《真理报》1927年7月10日。中译见《苏联〈真理报〉有关中国革命的文献资料选编》第1辑,四川省社会科学院出版社,1985年,第502页。

[29] 瞿秋白《中国革命与共产党——关于一九二五年至一九二七年中国革命的报告(1928年4月)》,《瞿秋白文集(政治理论编)》第5卷,人民出版社,1995年,第416页;《中国共产党中央执行委员会告全党党员书》(1927年8月),《中共中央文件选集》第3册,中共中央党校出版社,1989年,第278页。

[30] 前引《中共中央文件选集》第3册,第277—278、292—293页。

[31] 关于《国共关系政纲(十一条)》的起草和通过,依据赵云云、史略《国共关系政纲(十一条)是何时通过的?》(《党史通讯》1986年第8期)、史略《对〈关于陈独秀的一则重要史实辨正〉的补正》(《党史研究资料》1991年第10期)、章学新主编《任弼时传》(中央文献出版社、人民出版社,1994年)第104—106页等。

"选出能保证无条件执行共产国际方针的新一届政治局"。[32]中共领导层因而失去了实行妥协政策所必需的权威。

四、罗易泄露"五月指示"问题

武汉的国民党在7月15日召开的常务委员会扩大会议上决定"分共"时拿出的证据,是罗易出示给汪精卫的"斯大林五月指示"。汪精卫在报告时逐条宣读该"指示",并说"随便实行那一条,国民党就完了"。与会者也惊愕于"指示"内容,纷纷指责共产党背信弃义。"分共"乃就此决定。[33]罗易曾将"指示"出示给汪精卫,这点罗易本人也承认,应实有其事。罗易此举,现在看来显系轻率,可他为何这样做呢?又是何时发生此事?让我们首先对此进行探讨。

从罗易处得知"指示"内容的汪精卫说,此事发生在6月1日或5日。[34]近年有论文对汪精卫的说法持怀疑态度,主张"指示"泄露应在6月23日至25日之间。[35]这种观点认为,如果汪果真于6月初已看到"指示",则何以月余后才决定"分共"就不好解

---

[32] 《拉斯科尔尼科夫关于对中国共产党采取组织措施的建议》(1927年7月),《共产国际、联共(布)与中国革命档案资料丛书》(4),第412—413页。

[33] 《武汉中央讨论"分共"》,蒋永敬编《北伐时期的政治史料——1927年的中国》,台北:正中书局,1981年,第435—447页。

[34] 《汪精卫在国民党中央常务委员会扩大会议上的报告》(1927年7月15日)(前引蒋永敬编《北伐时期的政治史料——1927年的中国》,第435页)、汪精卫《武汉分共之经过——民国十六年十一月五日在广州中山大学讲》(同前,第457页。原载《贡献》第1期,1927年12月)。罗易在其回忆录(M. N. Roy, *My Experiences in China*, Second edition, Calcutta, 1945, pp. 49-53;中译:《罗易对大革命失败的回忆》,《国外中国近代史研究》第7辑,1985年,第59—79页)中提到他把"指示"给汪看过,但未记具体日期。

[35] 杨奎松《关于苏联、共产国际与中国大革命关系的几个问题》(《近代史研究》1992年第1期)根据中共党员的回忆录等推断,"指示"泄露应发生在6月23日至25日之间。

释。但从最近刊行的新资料集看,罗易将"指示"交给汪,应不晚于6月中旬。罗易在6月17日致斯大林、布哈林的电报中写道,"鲍[罗廷]认为,汪在我给他看了莫斯科劝国民党人充当革命雅各宾党人的电报之后叛变了"[36],显示罗易是在该日期前将"指示"交给汪的。此外并无资料可资了解更准确的泄露日期,但很显然,自国民党方面(准确地说是汪精卫)得知"指示"内容到实施"分共",其间确有一个月甚至更长的时间差。那么,何以如此?这期间到底发生了什么?

罗易说,实际上,汪精卫曾对"指示"表示同意,而其条件则是立即提供必要的援助。[37]所谓"必要的援助",无疑指来自苏联的资金援助。此前,汪精卫从法国回国时,中途曾在莫斯科停留(1927年3月),其时联共和共产国际领导人曾答应给他以全力支持。[38]而作为条件,汪无疑也曾保证与苏联和共产国际紧密合作。实际上,汪于4月初回到上海后,中共领导人曾与他有过接触,并留下报告称,"汪精卫的态度非常之好,政治观念很稳定,与C. P.[中共]可以合作下去,甚至于到建设社会主义制度,他绝对赞同第三国际给我们的训令"。[39]在这个意义上讲,罗易把汪视为"[国民党]中央委员会内唯一的左派"[40]也是理所当然的。

然而,汪精卫在主持武汉政权后,逐渐对莫斯科产生了疑虑。其原因,除约定的"必要的援助"迟迟未见履行外,处在他与

---

[36] 《共产国际、联共(布)与中国革命档案资料丛书》(4),第321页。电文所谓汪精卫"叛变",或指鲍罗廷被解除国民党顾问一职(6月17日通知鲍罗廷)而言,但尚无确凿根据。

[37] Roy, op. cit., p.50.《罗易对大革命失败的回忆》,第75页。

[38] Roy, op. cit., p.50.《罗易对大革命失败的回忆》,第74页。

[39] 《中共上海区委召开活动分子会议记录——罗亦农报告:目前时局与我们的策略》(1927年4月6日),上海市档案馆编《上海工人三次武装起义》,上海人民出版社,1983年,第447页。此处所谓"第三国际给我们的训令",应指共产国际执委会第七次扩大全会(1926年11—12月)通过的有关中国问题的决议。

[40] 《罗易就中国形势给共产国际执行委员会政治书记处和斯大林的书面报告》(1927年5月28日),《共产国际、联共(布)与中国革命档案资料丛书》(4),第277页。

莫斯科之间担任联络的罗易和鲍罗廷发生纠纷（以及鲍罗廷把持通信），使他不再能够准确把握莫斯科的意图。汪在6月4日与罗易会谈时，对莫斯科的意图未能传达给国民党表示不满，并追问他给斯大林的电报（或许为催促提供资金援助和确认莫斯科的意图）为何迟迟未得答复。[41]汪说"不太清楚究竟谁代表莫斯科的观点"[42]，这句话既充分表达了汪的困惑，无疑也让选择信赖汪的罗易感到有必要将莫斯科的意图对汪和盘托出。后来，联共中央和共产国际对罗易向汪泄露"指示"十分震惊，决定立即以"违反纪律"为名解除其职务并召回。罗易则对该决定反复申辩道：

> ["指示"]其中没有什么要向左派领导人保密的，我们应当赢得他们的信任，并应明确地给他们指出革命的道路。……必须明确地给他们提出革命任务，应当坦诚地鼓励和支持他们。……究竟谁真正代表莫斯科的意见，过去不清楚，现在仍然不清楚。应当消除这种不清楚的状态。[43]

在接到被召回莫斯科的指令后，罗易再次会见汪精卫，并解释说："我给您看了莫斯科的电报，是要表明我们真诚地希望在革命斗争中同国民党左派合作。"[44]至此，罗易为何要把"指示"给汪精卫，其理由已十分清楚。我们不妨作如下推断，即，在罗易看来，当时的形势是，鲍罗廷把持和操纵信息，致使莫斯科的意图无法传到武汉，中共中央因此一味试图制止革命运动，而"唯一的左派"汪精卫则揣测不透莫斯科的意图而发生动摇。于是，自认为莫斯科正

---

[41]《罗易给斯大林和布哈林的电报》(1927年6月5日)，《共产国际、联共(布)与中国革命档案资料丛书》(4)，第303页。

[42] 同前。

[43]《罗易给联共(布)中央政治局的电报》(1927年6月22日)，《共产国际、联共(布)与中国革命档案资料丛书》(4)，第323—324页。

[44]《罗易同汪精卫的谈话记录》(1927年6月27日)，《共产国际、联共(布)与中国革命档案资料丛书》(4)，第369页。

确革命路线支持者的罗易,毫不犹豫地把"指示"出示给了汪精卫。

多年以后,罗易说"['指示'的]内容是重申他[汪]在莫斯科时对他本人许诺的保证"[45],并以此作为泄露"指示"并无不妥的另一根据。但此点不无疑问。汪于 1927 年 3 月访问莫斯科时苏联、共产国际方面向他表达的意向,与罗易于 6 月出示给他的"指示"不大可能完全一致。因为,此期间蒋介石曾发动反共政变,令莫斯科十分震惊,值此重大事件前后,莫斯科有关中国革命的看法不可能没有任何变化。由于未发现有关汪访莫斯科时与苏联首脑们进行交涉的任何文件(新资料的编纂者们推断,此类资料或于事后被有意销毁,或被另存入特别机密之档案[46]),我们无从了解汪在 3 月与莫斯科方面达成了怎样的协议。不过,即使有过某种协议,也不会比"五月指示"更加激进。然而,尽管汪所看到的"五月指示"的内容比在莫斯科形成的协议激进,汪曾认可"指示"并无不妥,并同意彻底改组国民党——即使是故作姿态——这是毋庸置疑的。[47]罗易与汪 6 月底的会谈充分反映了此点。汪还对罗易说,其支持者邓演达、孙科等从汪处私下了解"指示"后,也已表示接受。[48]

如果说罗易和汪精卫——尤其是汪——有所误判,那就是本已约定的"必要的援助"迟迟未见落实。此前的 4 月,联共中央曾向武汉提供过 200 万卢布。[49]但是,考虑到当时在苏联开办可容纳约 500 名中国人的军事教练所需款项约百万卢布[50],要帮助拥

---

[45] Roy, op. cit., p. 51-52.《罗易对大革命失败的回忆》,第 76 页。
[46] 中共中央党史研究室第一研究部编《共产国际、联共(布)与中国革命档案资料丛书》(1),北京图书馆出版社,1997 年,第 8 页。
[47] 《罗易同汪精卫的谈话记录》(1927 年 6 月 27 日),《共产国际、联共(布)与中国革命档案资料丛书》(4),第 369 页。
[48] 同前。
[49] 《联共(布)中央政治局会议第 94 号(特字第 72 号)记录》(1927 年 4 月 7 日),《共产国际、联共(布)与中国革命档案资料丛书》(4),第 173 页。
[50] 《联共(布)中央政治局会议第 75 号(特字第 57 号)记录》(1926 年 12 月 30 日),《共产国际、联共(布)与中国革命档案资料丛书》(4),第 57 页。

有规模庞大部队的武汉政府渡过财政危机,200 万卢布显系杯水车薪。[51]武汉政府曾于 6 月中旬要求联共追加贷款 1500 万卢布,但答复金额仅为 200 万卢布。[52]联共(布)中央政治局 6 月 23 日会议在决定这笔贷款的同时,还决定致函汪精卫。这或许是为罗易泄露"指示"善后。该函除大体重述"五月指示"的内容外,还说"恳请您运用您的全部威望对国民党的其他中央委员施加影响。……我们希望,借助于您的威望,国民党中央内的动摇是会减少的"。[53]简而言之,即要求汪精卫以其权威和声望弥补资金援助之不足。四天后的联共中央政治局会议进而决定正式答复国民党中央政治委员会主席团,其内容亦为,200 万卢布资金将予以提供,但要求贷款 1500 万卢一件,"目前我们还不能给予满足,但不拒绝今后讨论你们这一请求"。[54]

关于对中国提供援助的金额,当时掌握决定权的,实质上是联共中央最高决策者斯大林。斯大林给其亲信莫洛托夫的信清楚地反映了这一点:

> 关于中国问题,我想现在就可以 1000 万项目下汇出 300—400 万,但 1500 万的问题暂缓。他们还要求我们提供 1500 万,看来,如果我们不提供这 1500 万,就拒绝立即反对蒋介石。[55]

---

[51] 武汉政府当时的财政收入每月平均约 150 万元,但据认为尚不足以满足其实际需要的十分之一(狭间直树《走向自立的亚洲》,世界历史 27,东京:中央公论新社,1999 年,第 96 页)。当时,元与卢布几乎等价,故 200 万卢布的确可增加武汉政府一个月的收入,但远不能化解其财政危机。

[52]《联共(布)中央政治局会议第 112 号(特字第 90 号)记录》(1927 年 6 月 23 日),《共产国际、联共(布)与中国革命档案资料丛书》(4),第 345 页。

[53] 同前,第 346 页。

[54]《联共(布)中央政治局会议第 113 号(特字第 91 号)记录》(1927 年 6 月 27 日),《共产国际、联共(布)与中国革命档案资料丛书》(4),第 364 页。

[55]《斯大林给莫洛托夫的信》(1927 年 6 月 24 日),Lih, op. cit., p.136(《共产国际、联共(布)与中国革命档案资料丛书》[4],第 352 页)。

在决定援助武汉 200 万卢布四天后,斯大林发觉事态严重,似曾考虑追加援助。他在 6 月 27 日给莫洛托夫的信中说,"给武汉追加 300 万到 500 万是值得的,只要有所依靠,武汉就不会向南京无条件投降,钱就不会白花"。[56]联共中央政治局会议 30 日决定"根据斯大林的请求以他的名义发出汇款电报"[57],应是反映斯大林意向的措施。电报且不说,汇款是否实际执行,不得而知。不过,可以肯定的是,即使实际追加了援助,其金额也远低于武汉方面的要求。武汉方面翘首以待的"必要的援助"来得太迟、太少。而在这期间,在武汉政权北方手握重兵、武汉国民党所倚重的冯玉祥,经与蒋介石等南京国民党领导人召开所谓"徐州会议",对武汉方面提出要求,迫使其与中共分道扬镳。

就这样,从罗易处得知"五月指示"内容至实际"分共",倏忽月余。而这正是汪精卫等武汉国民党审度冯玉祥的向背等武汉政府所处政治、军事形势,同时等待寄托了最后希望的苏联援助如何答复所需要的时间。

五、结语

此前,学者们认为罗易把"五月指示"出示给汪精卫是武汉国民党决心"分共"的最大契机,指责罗易的行为太过轻率。然而,如本文探讨,汪精卫从罗易处得知"指示"内容后,对其中几条曾准备予以接受。汪精卫的支持者、被视为"左派"的邓演达、孙科等在了解"指示"内容后也认为并无不妥。换言之,尽管 7 月 15 日的国民党会议将"指示"当成苏联及中共阴谋的铁证,但对与苏联、中共继续合作寄予希望的汪精卫等武汉的"左派"领导人而

---

[56] 《斯大林给莫洛托夫的信》(1927 年 6 月 27 日),Lih, op. cit., p.137(《共产国际、联共(布)与中国革命档案资料丛书》[4],第 366 页)。

[57] 《联共(布)中央政治局秘密会议第 114 号(特字第 92 号)记录》(1927 年 6 月 30 日),《共产国际、联共(布)与中国革命档案资料丛书》(4),第 376 页。

言,"指示"本不见得就是阴谋。在武汉政府倚重的冯玉祥在"徐州会议"上倒向南京,且"分共"已势在必行(中共遵照共产国际指示,已于7月上旬更换领导人,新领导层为示威,从武汉政府撤出了中共党员)之后,"指示"才被拿到会议上大肆渲染,无非是为即将解除合作合法化而已。[58]

对武汉的国民党而言,"分共"并不意味着取消与苏联的合作,也表明"指示"并未对他们形成多大冲击。7月15日的所谓"分共"会议决定暂不公布"指示",并"派遣重要同志前赴苏俄,讨论切实联合办法"。[59]考虑到此前武汉与莫斯科曾围绕资金援助进行交涉,所谓"讨论切实联合办法",应包括协商借款在内。可见,武汉政权此时似仍未放弃获得苏联援助的希望。此外,这一天的会议就如何对待中共及其党员,也仅说"中央党部应裁制一切违反本党主义政策之言论行动",并未明确决定驱逐中共。[60]武汉国民党对中共的态度趋于强硬并公布所谓"五月指示",是在中共新领导层公开批判国民党的《对时局宣言(7月13日)》出现在武汉市内以后的7月16日,而公然镇压则是在8月1日南昌起义之后。

武汉政权不惜对中共暂示宽宥以换取志在必得的援助,却终未得逞。事实上,斯大林早在7月上旬已经决定"只要能利用武汉的上层人士时,我们就利用他们,现在应该抛弃他们"。[61]

---

[58] 中共出版的《国民党分共政策之真相》(参看本文注14)批判武汉国民党故意夸张"指示"的阴谋性,是为了掩饰其反革命态度。但关于罗易回国,却解释说是因任期届满,而非因泄露"指示"。这表明中共方面也是左右两难,没有回旋余地,以致不得不歪曲事实。

[59] 蒋永敬《鲍罗廷与武汉政权》,台北:传记文学出版社,1972年,第402、404—405页。另,蒋永敬推断该"重要同志"即邓演达(6月底秘密离开武汉前往莫斯科)。见同书第409—410页。

[60] 关于7月15日以后武汉国民党对中共问题的处理,请参看北村稔《第一次国共合作——形成现代中国的两大势力的出现》(岩波书店,1998年),第206—213页。

[61] 《斯大林给莫洛托夫的信》(1927年7月8日),Lih, op. cit., p.139(《共产国际、联共(布)与中国革命档案资料丛书》[4],第400页)。

因得不到莫斯科援助,曾经的"同志"中共又在南昌发动起义、打出反对武汉政权的旗帜(尽管名义上未收起国民党旗),在政治、军事上陷于劣势的汪精卫等的武汉政权遂走向崩溃,只能摸索以尽量维持权威的方式与南京国民党合流。在此过程中,与苏联、共产国际的关系以及放纵中共的"恶名"自然成了障碍。亦即,与苏联交涉援助、接受"五月指示"等,都成了必须掩盖的负面要素。而斯大林领导下的联共及共产国际的处境也大同小异。因为,考虑到托洛茨基对汪精卫与南京谋求合流的可能性早就发出过警告,斯大林曾寄厚望于汪一事,也就极有可能成为斯大林的致命"污点"。

就这样,罗易泄露"指示",被汪精卫等武汉国民党人渲染成了证实苏联阴谋的晴天霹雳,而斯大林也着力强调罗易作为革命家如何轻率。换言之,罗易泄露"指示"问题,不仅其本身反映着1927年时武汉国民党与莫斯科之间的复杂关系,围绕该问题发生的曲解和渲染,也标志着其后中国革命、苏联及共产国际如影随形的革命言辞的意识形态色彩。

原文(日文)题为《国共合作の崩坏とソ连・コミンテルン——いわゆる「スターリンの五月指示」をめぐって》。收于《神户大学文学部五十周年记念论集》,神户大学文学部,2000年。

走向农村革命
——中国共产党的农民运动策略与共产国际

一、序言

人们常说,中国革命是农村革命或农民革命。人们还知道,这种认识的确立,是因为毛泽东曾说过"农民是中国革命的主力军"(《中国革命和中国共产党》,1939年),"中国的革命实际上是农民革命"(《新民主主义论》,1940年)。该认识至今仍在整体上强烈影响着中国革命史的记述。如对中共历代领导人——包括其早期革命活动——作历史评价时,都应用如下尺度来衡量,即其曾在多大程度上关注过形成中国革命特点的农民及农村,对农民运动曾采取过怎样的方针,以及与毛泽东所达到高度的距离如何。

在20世纪中国革命史上,农村的革命运动成为中心课题,是在国共合作进行国民革命,尤其是1926年至翌年的北伐战争时期。主要在湖南及湖北兴起的呼应国民革命军的农民运动,在极大动摇农村社会既有秩序的同时,也发生了所谓"过火"问题,并引起国共两党间的摩擦甚至党内分歧,最终导致1927年7月国共分裂。众所周知,国共分裂后,共产国际以及八七会议后的中共新领导层,曾把中国革命的"失败"归咎于陈独秀等对农村革命运动采取"机会主义"路线,并严厉追究其责任。后来,上述认识逐渐加强,并随毛泽东中国革命即农民和农村革命的论述影响的扩大而成为决定性观点。在此过程中,陈独秀等早期中共领导人被指责为不理解中国革命的本质乃农民革命、农村革命。

然而,对国民革命时期中共农民运动方针"错误"的指责,实际上是在时代演变中逐渐逆向强化的。基于这一事实,我们须提出如下问题:即所谓农民问题,当初是否曾被作为重大问题来认识。实际上,毛泽东也是在国民革命十多年后才做出中国革命即农村革命、农民革命这一论断的。

那么,本以城市工人运动中心论为自然前提的早期中共,是怎样将农民运动纳入其革命理论的?自成立之初即不断强调农民问题、土地问题在"落后国家"及殖民地革命运动中的重要性,就如何决定实际革命运动方针也对中共拥有极大影响的共产国际的革命论,到底对中共产生了多大影响?本文将带着这些问题,就中共形成其农民运动论具有划时代意义的第三次全国代表大会(1923年6月),和共产国际执委会第七次扩大全会(1926年11—12月)及其前后时期进行探讨。[1]

研究共产国际与中共的关系,近年由俄罗斯和德国学者编辑的大型资料集[2]深受重视。因为,由于该资料集刊行,此前为少数

---

[1] 论述共产国际执委会第七次扩大全会与中国革命问题的论文等为数甚多,其中日本学者的论文有,伊藤秀一《"国民革命"的危机与共产国际》(《神户大学文学部纪要》第2号,1974年);松元幸子《〈十二月提纲〉与M. N. 罗易——关于1927年的农业革命》(《一桥论丛》第65卷第5号,1971年);松元幸子《共产国际与中国革命》(野泽丰、田中正俊编《讲座中国近现代史》第5卷,东京大学出版会,1978年;中译:《共产国际与中国革命——关于共产国际1926年的〈十二月提纲〉》,《国外中共党史中国革命史研究论文集》第1集,中共党史出版社,1991年)。

[2] 俄语版:ВКП(б), Коминтерн и Национально-Революционное Движение в Китае: Документы, Т. I. (1920-1925), Москва, 1994; Т. II. (1926-1927), Москва, 1996; Т. III. (1927-1931), Москва, 1999。德语版:RKP(B), Komintern und die national-revolutionäre Bewegung in China: Dokumente. Band 1. (1920-1925), München, 1996; Band 2. (1926-1927), Münster, 1998。中文版:中共中央党史研究室第一研究部译《联共(布)、共产国际与中国国民革命运动(1920—1925)》,北京图书馆出版社,1997年;中共中央党史研究室第一研究部译《联共(布)、共产国际与中国国民革命运动(1926—1927)》,北京图书馆出版社,1998年;李玉贞《联共、共产国际与中国(1920—1925)》第1卷,台北:东大图书公司,1997年。(转下页)

俄罗斯学者所垄断、仅偶尔利用的共产国际档案已大量公开,中共党史、国共关系史乃至中国革命史也将因此大幅改写。德、俄及中国部分学者已开始利用该资料集进行研究,并获不少成果。[3]但是,在基于新资料进行研究前,我们有必要就如下几点进行确认,即依靠此前的资料和研究积累,问题在多大程度上已得到解决或可能得以解决,以及还有哪些问题没有得到解决?因为,只有对此前的研究状况认真梳理后,上述新资料才真正具有利用价值。

二、早期共产党对农民问题的认识与中共三大

1. 早期中共对农民问题的认识

成立之初的中国共产党,无疑是要成为争取直接实行社会主义革命的城市工人政党。早期党员受俄国革命成功的鼓舞,无一不欲走俄国革命的道路。早期共产党的纲领性文件曾提出党的目标是,"将生产工具——机器、工厂、原料、土地、交通机关等——收归社会共有、社会共用",或"消灭资本家私有制,没收机器、土地、厂房和半成品等生产资料,归社会公有"。亦即没收、公有的对象包括"土地"在内。但这只是一般性原则,并未特别强调土地问题和农民运动。

作为拥有社会主义革命目标,即欲通过工人夺取政权而建设

(接上页)由于各版本所收资料编号一致,故本文引用时,标注作简略处理,引自《1920—1925》者作"资料编号 A○○",引自《1926—1927》者作"资料编号 B○○"。

[3] 就笔者所知(执笔本文的 2000 年以前),单行本有郭恒钰《俄共中国革命秘档(1920—1925)》,东大图书公司,1996 年;郭恒钰《俄共中国革命秘档(1926)》,东大图书公司,1997 年;李玉贞《孙中山与共产国际》,"中研院"近代史研究所,1996 年;杨奎松《中共与莫斯科的关系(1920—1960)》,东大图书公司,1997 年;A. Pantsov, *The Bolsheviks and the Chinese Revolution*: *1919-1927*, Honolulu, 2000 等。论文则有,杨奎松《从共产国际档案看中共上海发起组建史实》,《中共党史研究》1996 年第 4 期;费路(R. Felber)《孙中山与苏、德关系再探》,日本孙文研究会、神户华侨华人研究会编《孙中山与华侨——孙文诞辰 130 周年纪念国际学术研讨会论文集》,汲古书院,1999 年;富田武《中国国民革命与莫斯科 1924—1927》,《成蹊法学》第 49 号,1999 年等。

公有制经济的早期共产主义者集团,带有上述倾向是极其自然的。在这个集团看来,占中国人口压倒多数的农民无疑是中国社会经济的特点,甚或是陷中国经济于悲惨境地的原因,但却并非推动革命前进的积极因素。更不用说,当时包括农村出身者在内的知识分子在生活中即认识到,农民中半数以上是自耕农,中国经济的主要部分是小农经济;因此,对他们而言,农民只能是进行社会主义革命的阻碍因素。来自浙江农村的早期党员施存统论及中国经济现状及今后的革命方向时就曾说过,"中国的农民,三分之二是自耕自作的农民,职工中十有八九是手工业,故在中国实行共产主义困难"。[4]此类见解,在作为中共党员最早参加共产国际大会(第三次大会,1921年6月)的张太雷提交给大会的报告[5]中也可看到,故绝非个例。

当然,并非没有共产党员走入农村开展活动,如沈玄庐在浙江省萧山县发动的衙前农民运动、彭湃的海丰农民运动等。但当时的中共中央对这些早期农民运动的评价并不高。[6]总体上看,早

---

[4]《施存统给太朴的信》(1921年5月26日),《中共创立时期施存统在日本的档案资料》,《党史研究资料》1996年第10期。

[5] 张太雷《致共产国际第三次代表大会的书面报告》(1921年6月10日),《张太雷文集》(续),江苏人民出版社,1992年。张太雷在报告中说,"拥有一小块土地的农民占农村人口的大部分。这是独立的小生产者,……他们这些小生产者的利益常常与城乡无产阶级消费者的利益发生冲突,因此不能指望这两类人很快结成联盟。……农民几乎全是文盲,他们没有任何组织,缺乏阶级自我意识"。另,在党的创建时期正面论述农民问题的,除《共产党》月刊第3号(1921年4月)所载文章(经法租界审查、没收,该文含标题在内的一页已丢失,标题及著者不详)外,不见其他文例。再,李继华《〈告中国的农民〉作者初考》(《党史研究资料》1993年第9期)认为该文作者是周佛海。

[6]《中局报告(1923年11月)》,中央档案馆编《中共中央文件选集》第1册,中共中央党校出版社,1989年,第188页。另,参与衙前农民运动的早期党员沈玄庐不久后脱党,据称"原因是中共对农民的状况不够重视"。《杜霍夫斯基(Duhofsky)关于国民党代表团情况的札记(不晚于1923年9月10日)》,资料编号A84;《马林关于中国形势和1923年5月15日至31日期间的工作报告(1923年5月31日)》,李玉贞主编《马林与第一次国共合作》,光明日报出版社,1989年,第191—192页。

期中共领导层关注的是上海、武汉、安源、长辛店等地的工人运动,对中国社会主义革命的基础即工会进行组织和领导才是党在此时期的主要工作。

此方针的大幅转变,发生在中共三大(1923年6月)前后。此次大会,因经激烈辩论后正式决定接受国共党内合作,并将加入国民党的范围扩大到所有党员而为人所知。而大会第一次以单独议案形式通过了简短的《农民问题决议案》,也具有特殊意义。下文将就中共三大形成该议案的过程及其内容进行探讨。为此须首先对此次大会的背景即发生在共产国际的讨论作一概观。

2. 共产国际第四次大会(1922年11—12月)

在中共三大召开八个月前的1922年10月,中共最高领导人陈独秀曾访问苏联。这是他一生中唯一一次访苏。其目的不言而喻,就是率中共代表团出席共产国际第四次大会,同行的有两人,即刘仁静(兼任青年共产国际大会中国代表)和王俊(长辛店铁路工厂工人,兼任赤色职工国际大会代表)。[7] 中共在该年7月召开的第二次全国代表大会上已正式决定加入共产国际,故陈访苏也是中共在国际共产主义运动中正式亮相。有必要指出,当时已在莫斯科的瞿秋白也加入了中共代表团,担任俄语翻译等辅助工作。这是他后来在中共三大走上重要岗位的背景。

在共产国际大会上,中共方面由刘仁静作了《关于中国形势的报告》,陈独秀也做了几次发言,主题分别是《中国的劳动运动》《中国的政治形势》《中国的政治派别和反帝统一战线的口号》《中

---

[7] 关于出席共产国际第四次大会的中国代表,请参看本书所收《早期共产国际大会的中国代表(1919—1922)》一文。

国的土地问题》等。[8]共产国际的此次大会,从其通过《关于中国共产党与国民党的关系问题的决议》可知,是一次就国共关系为中共制定指示的会议[9],在提醒中共注意农民运动、土地问题方面也具有重要意义。《在土地问题上的行动纲领草案(11月30日)》《关于东方问题的总提纲(12月5日)》即属此类文件。这些文件内容十分广泛,其核心部分即《关于东方问题的总提纲》中如下一段:

> 东方各落后国家的革命运动,如果不依靠广大农民群众,就不可能取得胜利。因此,东方各国的革命党必须明确制定自己的土地纲领。……为了使农民群众积极参予民族解放斗争,……必须强迫民族资产阶级政党尽可能接受这一革命的土地纲领。[10]

---

[8] 刘仁静的报告,见于中国社会科学院近代史研究所翻译室编译《共产国际有关中国革命的文献资料》第1辑,中国社会科学出版社,1981年,第60—63页。拉狄克(K. Radek)对该报告的批判请参阅该书第63—65页。关于陈独秀做过的数次发言,见于黄修荣《共产国际与中国革命关系史》上(中共中央党校出版社,1989年,第133页),但具体内容不详。【补注】李颖《陈独秀赴俄出席共产国际四大解析——在俄罗斯发现的陈独秀的两篇报告》(《中共党史研究》2005年第3期)介绍了两篇据认为是陈独秀提交给共产国际第四次大会的报告,即《中国的政治形势——中国代表陈独秀同志在共产国际四大上的报告》和《中国的政治派别和反帝统一战线的口号——陈独秀同志在共产国际四大上的报告》(原文皆为俄文。俄罗斯国立社会政治史档案馆藏件,全宗514,目录1,案卷16,第1—21页)。

[9] 围绕国共关系的规定,对国民党评价较高的马林和对其持怀疑态度的魏金斯基,在大会结束后在莫斯科的共产国际执委会主席团进行过争论(资料编号A53、56),这件事似乎对《中国共产党的任务(对东方问题提纲的补充)》[不晚于1922年12月5日]》(资料编号A49;Tony Saich, *The Origins of the First United Front in China: The Role of Sneevliet (Alias Maring)*, Leiden, 1991, p. 377-378)和《关于中国共产党与国民党的关系问题的决议》(1923年1月12日)(前引《共产国际有关中国革命的文献资料》,第1辑,第76—77页)所述的相当矛盾的方针投下了阴影。该问题超出本文讨论范围,不作赘述。不过,陈独秀此时应十分关心国共关系,而竟未参加会后讨论即回国(1923年1月10日抵北京),令人费解。

[10] 前引《共产国际有关中国革命的文献资料》第1辑,第69页。

亦即,因其经济落后性而仍处于资产阶级革命阶段的包括中国在内的东方各国,共产党应积极参与农民问题,并使其成为反帝反封建统一战线(在中国即通过国共合作进行国民革命)的一环。可以说,这是强调工农联盟的共产国际革命理论特色的鲜明体现。陈独秀在莫斯科撰写的《中国共产党对于目前实际问题之计划》也似在对该提纲作出回应,称"无产阶级在东方诸经济落后国的运动,若不得贫农群众的协助,很难成就革命的工作。农业是中国国民经济之基础,农民至少占全人口百分之六十以上,其中最困苦者为居农民中半数之无地的佃农。……中国共产党若离开了农民,便很难成功一个大的群众党",并提出六项农民政策。[11]可见,共产国际大会的讨论及决议,对促使中共重视农民起到了极大推动作用。

在陈独秀等代表团一行回国后,中共开始按照共产国际大会成果筹备召开党的代表大会,亦即中共三大。[12]在此过程中的1923年5月,共产国际执委会再次发出重视农民问题的《给中国共产党第三次代表大会的指示》(下文略作《给中共三大的指示》),其中明确称,"在中国进行民族革命和建立反帝战线之际,必须同时进行反对封建主义残余的农民土地革命。只有把中国人民的基本群众,即占有小块土地的农民吸引到运动中来,中国革命才能取得胜利。因此,全部政策的中心问题乃是农民问题。……

---

[11] 《中国共产党对于目前实际问题之计划》(1922年11月),前引《中共中央文件选集》1,第124—125页。另,关于该文撰写日期,该选集编者从俄文稿、英文稿末尾所注"陈独秀1922年11月于莫斯科";但该文中有"共产国际第三次**第四次**大会……为东方的无产阶级指示出目前斗争所需要的两个策略"一段(黑体为引者标注),据此判断,该文应撰于共产国际第四次大会闭幕后即12月以后。该"计划"提出六项方针如下:(1)限制私人地权,(2)组织农民消费协社,(3)组织农民借贷机关,(4)组织佃农协会、限制租额,(5)开垦荒地,(6)改良水利。

[12] 中共三大似乎原计划于1923年3月底召开,并请魏金斯基和马林出席(资料编号A63,及《共产国际执行委员会主席团1923年1月10日会议记录》[前引《马林与第一次国共合作》,第110页;Saich, op. cit., p.376])。但后来延期至4月,再推迟至5月,最后于6月在广州召开,只有马林出席。

共产党必须不断地推动国民党支持土地革命"[13],还要求中共提出和实行较陈独秀的上述"计划"更深入的土地革命口号。该指示有关土地的部分,在魏金斯基(G. Voitinsky)起草的原案中并不存在,而是后来主要由布哈林和季诺维也夫(Zinoviev)所追加并置于首位的。[14]

但是,5月24日即已决定的该指示,因种种原因,至7月18日才传至上海。[15]而此时中共三大已闭幕一个月,故未能直接反映在三大的讨论和决议中。然而,1923年6月的中共三大是曾在莫斯科反复聆听过农民问题重要性的陈独秀和几乎同时由苏联回国的瞿秋白主导下召开的,这一点没有疑问。

3. 中共三大就农民问题的讨论

如上所述,1923年6月在广州召开的中共三大,将农民问题的重要性写进了《党纲草案》,并以独立议案形式通过了《农民问题决议案》。该议案主张,帝国主义列强的经济侵略导致传统手工业破产,军阀劣绅横征暴敛,是中国农民陷于困境的原因所在;因此,要推动国民革命,必须将反帝反封建斗争与农民问题结合起来,保护农民利益。[16]而《党纲草案》则认为,"至于农民当中国人口百分之七十以上,占非常重要地位,国民革命不得农民参与,也很难成功",并提出划一、减轻田赋等五项具体要求。[17]

---

[13] 前引《共产国际有关中国革命的文献资料》第1辑,第78—79页。
[14] 《共产国际执委会东方部给其出席中共第三次代表大会的代表的指示草案》(资料编号A74);《布哈林给魏金斯基的便函》(资料编号A75);《布哈林对共产国际执委会东方部给中国共产党第三次代表大会的指示草案的修正案》(资料编号A76)。
[15] 《维尔德(S. Wilde,时在上海)给魏金斯基的信》(1923年7月26日),资料编号A79。给中共三大的指示迟迟未到一事,格鲁宁在《共产国际与中国共产主义运动的形成》(1920—1927)(《共产国际与东方》,俄文,莫斯科,1969年)既已指出;此次所谓"新资料"出版,也公开了格鲁宁所依据的原件,即维尔德信函。
[16] 《农民问题决议案》(中共三大),前引《中共中央文件选集》1,第151页。
[17] 《中国共产党党纲草案》(中共三大),前引《中共中央文件选集》1,第139、142页。五项要求是:(1)划一并减轻田赋,革除陋规;(2)规定限制田租的法律,承认佃农协会有议租权;(3)改良水利;(4)改良种籽地质;(5)规定重要农产品[原文如此]。

该五项要求,与前一年年底陈独秀在莫斯科撰写的《中国共产党对于目前实际问题之计划》所述农民问题政策案几乎一致。如上所述,共产国际要求中共三大没收地主土地、创设农民自治机关等的指示并未送达,故写进党纲的要求并非"通过坚持不懈的宣传工作来实现土地革命"(《给中共三大的指示》)。但农民问题在国民革命中有了明确定位,标志着中共在理论上的成熟。

曾有研究指出,中共三大开始重视农民问题,毛泽东在其中发挥了作用。典型的如"在中共三大上,毛泽东指出:湖南工人数量少,国民党员和共产党员更少,但农民漫山遍野都是,就人数比例说明了农民的重要性。在这次大会上,他被推举担任《农民问题决议案》的起草工作;在中共三届一中全会上,他又被选为中央局成员兼管农民工作"[18]。这种观点,其根据据认为是毛泽东作为农民革命领袖的形象确立后才出现的几部回忆录[19],笔者认为尚有探讨余地。

中共三大并未留下正式会议记录,反映会上讨论情况的较好资料之一是马林(Maring)在会议期间所写的笔记[20]。从其所记述的毛泽东发言看,他曾强调工人的作用(马林记载,毛认为中国工人太少,对中国革命表示悲观),却并未表现出重视农民。而据稍后接受委派出席社会主义青年团会议的达林称,毛曾在青年团会议上说"在农民问题上,应该放弃阶级路线"。达林因此认为毛是

---

[18] 韩泰华《毛泽东在民主革命时期关于农民问题的理论研究述评》,《毛泽东研究述评》,中央文献出版社,1992年。与此类似的观点,也见于中共中央文献研究室编《毛泽东传》(中央文献出版社,1996年)第108页,以及中共中央文献研究室编《毛泽东年谱1893—1949》上卷(中央文献出版社,1993年)第113—114页。

[19] 如徐梅坤《中共"三大"会址及大会经过》(广东革命历史博物馆编《中共"三大"资料》,广东人民出版社,1985年,第168页);《罗章龙谈中共"三大"的前后情况》(同前,第177页);张国焘《我的回忆》第1册,东方出版社,1998年,第293—294页等。

[20] 《斯内夫利特》(Sneevliet,即马林),前引《马林与第一次国共合作》,第227—242页;Saich, op. cit., p.577-592。

夸大国民党作用的"马林的人"。[21]此外,毛在1924年1月召开的国民党一大中共党团会议上还曾说,"我们就不能下决心采取激进的步骤反对较富裕的土地所有者。一般地说在中国社会分化还没有达到能够进行这种斗争的程度"。[22]总之,除非毛的思想在中共三大至国民党一大的约半年间曾发生剧烈转变,否则,他对农民的评价不大可能如《农民问题决议案》那样高。

平心而论,包括起草《农民问题决议案》在内,主导中共三大的只可能是陈独秀和瞿秋白二人。从马林笔记看,在大会上谈到农民重要性的主要是陈独秀。他甚至说,"建立群众性的工人政党是一种乌托邦。目前只能争取农民……参加国民运动"。[23]这与共产国际第四次大会上的议论是一致的。

另一位重要人物是瞿秋白。他在实行土地革命已成燃眉之急的1927年初写的《中国革命中之争论问题》中回顾中共三大说,"第三次大会的党纲,是我起草的",草案中"不得农民参加革命不能成功"被陈独秀改成"……也很难成功"。[24]正如李立三所说,"说一下当时党内情形……第三次大会秋白回来了,他在领导上起了主要的作用……他对于国际路线是坚决的"[25],在中共执行共产国际方针方面,瞿秋白与陈独秀一样,也发挥了极大作用。

虽然重视农民运动的《党纲草案》和《农民问题决议案》得到

---

[21] 《达林给魏金斯基的信(1924年3月30日)》,达林著,侯均初等译《中国回忆录1921—1927》,中国社会科学出版社,1981年,第156—157页;原著:С. А. Далин, *Китайские Мемуары*: 1921-1927, Москва, 1975, стр. 165。

[22] 《国民党一大期间毛泽东在共产党党团会议上的发言》(1924年1月18日),资料编号A111。

[23] 《马林给共产国际执行委员会的信》(1923年6月20日),前引《马林与第一次国共合作》,第247页;Saich, op. cit., p. 615。

[24] 瞿秋白《中国革命中之争论问题 第三国际还是第零国际?——中国革命中之孟雪维克主义》,《瞿秋白文集(政治理论编)》第4卷,人民出版社,1993年,第489—490页。

[25] 李立三《党史报告》(1930年2月1日),中央档案馆编《中共党史报告选编》,中共中央党校出版社,1982年,第224页。

通过，但中共并未因此立即采取行动解决农民问题。蔡和森后来在指责陈独秀的机会主义时，也试图从中共三大寻找批判根据。他说：

> 他[陈独秀]对于农民怎样呢？大会[中共三大]的左翼曾提出工人阶级与农民是中国革命的主要动力的理论与他对抗，这在他看来简直不值一笑，因为中国农民更是宗法观念、反动思想、神权帝王迷信、散漫不集中的"四不象"。[26]

这段批判引用了陈独秀在大会后发表的《中国国民革命与社会各阶级》(《前锋》第2期，1923年12月)中的文字。的确，陈在该文中把蔡引用的部分视为中国农民特有的消极要素。但实际上，随后还有一段文字把农民问题视作国民革命可能的一部分。陈说：

> 然而外货侵入破坏农业经济日益一日，兵匪扰乱，天灾流行，官绅鱼肉，这四种环境却有驱农民加入革命之可能。历年以来，各处农民小规模的抗税罢租运动是很普遍的，若一旦有了组织，便无人敢说连国民革命他们也一定不能加入。

应该说，将共产国际和中共面临的最大课题即国民革命与农民问题作如此关联，是极其恰当的。陈在《中国农民问题》(《前锋》第1期，1923年7月)中也曾说，"农民占全人口百分之七十以上……即此人数上看起来，我们应感其重要"，表现出同样态度。

若说蔡和森指出的对农民评价较低，那么，连被当时指导中共工作的马林誉为"唯一真正懂得马克思主义理论的人"，"唯一能按马克思主义的方法分析实际情况的同志"[27]的瞿秋白也有明显局限。为证明共产国际决议(1923年1月12日)"中国无产阶

---

[26] 和森《论陈独秀主义》，《布尔塞维克》第4卷5期，1931年9月，收于《蔡和森文集》，人民出版社，1980年，第807页。蔡文"大会的左翼"指反对国共党内合作的蔡本人及张国焘等。但从马林笔记看，他们的确曾强调工人阶级的重要性，却并未提出视农民为革命原动力之一部分的观点。如上所述，当时指出农民重要性的是陈独秀等人。由此亦可见，农民问题的重要性是后来才被逆向强调的。

[27] 前引《马林给共产国际执行委员会的信》(1923年6月20日)。

级还不是一支完全独立的社会力量"的论断正确,瞿在给共产国际主席季诺维也夫的信中写道:

> 没有土地的农民和破产的小手工业者不能加入无产阶级的行列,在很多情况下助长了盗匪,增加了"雇佣军"。……中国的农民现在还是社会最保守的部分,因为尽管他们因帝国主义和督军的盘剥而遭受破产,但是,他们还是没有看到自己的敌人。[28]

在为《给中共三大的指示草案》追加有关农民问题、土地问题的长篇论述,并认为中共贯彻了该指示的季诺维也夫(季诺维也夫应不了解"指示"未赶上中共三大召开)看来,来自中国最优秀的马克思主义者的这封信或许令人非常费解。

总之,正如瞿秋白多年以后坦承,中共三大时"我自己的严重的错误,正在于没有具体的认识农民问题之解决,所以党纲草案原文上虽有'不得农民参加,革命不能成功'一语,然而农民要求中,只有减租,而没有土地问题。……当时大家都在无意之中恐怕认清了农村中的阶级分化,会使农民的阶级斗争过于激烈,或是根本不承认中国有土地问题"[29];也正如中共在给共产国际的报告中所说,"在[第三次]代表大会上,关于农民问题只是理论上进行了讨论,没有作出实际的决定"。[30]对瞿秋白及当时的中共而言,农民问题的确重要,但其重要性尚仅限于其作为国民革命的构成要素。从后来中共的立场如瞿秋白的角度来说,就是"没有具体的认识农民问题之解决",亦即中国党的主观认识不足。但至少可

---

[28] 《致季诺维也夫信》(1923年6月21日),《瞿秋白文集》(政治理论编)第2卷,人民出版社,1988年,第122—123页。该信随注27的信一同发出。

[29] 前引瞿秋白《中国革命中之争论问题》,《瞿秋白文集》(政治理论编)第4卷,第489—490页。

[30] 《中国共产党第三次代表大会》,前引《中共"三大"资料》,第97页。该文(原文为俄文)未记日期及撰述者名,从内容、体裁推断,该文应为中共在三大闭幕后准备提交给共产国际的报告。

以说,在强调土地问题的《给中共三大的指示》到达前,他们已尽到最大努力进行思想理论探索,以将其所能理解的国民革命理论应用到农民问题上,其意义与"没有认识"这一事后评价,是两个层次的问题。而这种探索并非产生于中共对传统农民运动的参与,而是来自共产国际有关殖民地民族革命的理论。从这个角度讲,这种探索也是旨在重新准确认识中国的尝试。

4.《给中共三大的指示》抵达后的农民运动方针

如上所述,共产国际执委会《给中共三大的指示》(1923年5月24日),在7月中旬后才终于传给中共。在此前后,青年共产国际执委会也给中国社会主义青年团中央发去指示,同样指出农民问题、土地问题的重要性。[31]此后,中共及其领导下的社会主义青年团对待农民问题的态度,至少表面上大大超越中共三大时期,农民问题因此成为中国国民革命的核心课题。在中共及社会主义青年团于上述指示抵达后所通过的决议案中,这一点都有清晰的反映。

中国社会主义青年团第二次大会(1923年8月)的《农民运动决议案》[32],其内容较之中共三大的《农民问题决议案》多出一倍。而1923年11月的中共《国民运动进行计划决议案》则提高了对农民作用的认识,称"农民在中国国民运动中是最大的动力"。[33]

至共产国际执委会鉴于国民党一大于1924年1月成功召开,国共开始正式合作而发出进一步指示时,这个倾向更趋明确。该指示要求中共于同年5月召开党中央委员会扩大全会,并分条列出会上应讨论的问题,尤其是应通过国民党推进运动的方针。[34]指示要

---

[31]《青年共产国际执委会给中国社会主义青年团中央委员会的信》(1923年5月31日),资料编号A77。

[32] 中国社会主义青年团第二次全国代表大会《农民运动决议案》,中国社会科学院青少年研究所青运史研究室编刊《青运史资料与研究》第2集,1983年,第102—104页。

[33] 中共第三期第一次中央执行委员会《国民运动进行计划决议案》(1923年11月),前引《中共中央文件选集》1,第200—201页。

[34]《共产国际执委会主席团东方委员会关于中国问题的决定》(1924年2月25日),资料编号A114。

求通过开展较激进的土地改革、武装农民、在前线附近组织自卫军等方法,将农民阶级吸纳到解放运动中,并附有具体宣传方法。

依指示召开的中共扩大执委会(1924年5月),完全按上述指示通过了《农民兵士间的工作问题决议案》。[35]就这样,决议内容的变化反映出中共对农民问题认识的逐步深化,也反映出共产国际通过审视国共合作路线的执行状况而逐步具体、明确起来的对农民问题的认识依次为中共所接受和消化的过程。正因如此,马林才针对中共的状态说"党是个早产儿"[36],早期中共也才会出现如下特殊现象,即从苏俄回国的党员如瞿秋白、彭述之等,尽管其党员资历很浅,却也得以在历次党的大会上占据主导地位。

值得关注的是,随着农民问题在中共党内日益增加其重要性,一些党员开始求证农民问题何以重要。其典型即中共系统的机关报和杂志在1923年底至翌年上半年期间集中刊载有关农民问题的文章[37],以及农民占中国总人口的比例被逐渐提高。中共对农民人口比例的估计,以1922年底为最早,称"至少占全人口百分之六十以上"[38]。但半年后中共三大时即改为"百分之七十以上"[39],至1925年1月中共四大,此数字则提高为"全国人口百分之八十"[40]。当然,该时期的中国既无总人口统计,也无农民人口比例统计,这些数字仅为临时估计所得。但仍能从中看出,随着

---

[35] 前引《中共中央文件选集》1,第247—250页。

[36] 前引《马林给共产国际执行委员会的信》(1923年6月20日)。

[37] 当时论述农民问题的论文有,中夏《论农民运动》(《中国青年》第11期,1923年12月);中夏《中国农民状况及我们运动的方针》(《中国青年》第13期,1924年1月);独秀《陕西农民的困苦》(《向导》第53、54期,1924年2月);但一(恽代英)《湖北黄陂农民生活》(《中国青年》第23期,1924年3月);彭湃《关于海丰农民运动的一封信》(《向导》第70期,1924年5月)等。

[38] 前引《中国共产党对于目前实际问题之计划》(1922年11月)。

[39] 前引《中国共产党党纲草案》(中共三大)。陈独秀《中国农民问题》,《前锋》第1期,1923年7月。《陈独秀给萨法洛夫(Safarov)的信》(1923年7月1日),资料编号A78。

[40] 《对于农民运动之议决案》(中共四大),前引《中共中央文件选集》1,第358页。

农民问题的重要性作为理论或党的工作方针而受到重视,其根据也被不断修改,数字越来越高。

不过,事情还不止于此。中共干部之一邓中夏在论述农民问题时还说,"中国的经济基础,大家都知道差不多完全是农业,那么,中国农民应该至少要占全国人口三分之二,不须统计,我们可毫不犹豫的断定了"。[41]很明显,这里发生了逆转,即从中国的经济构造倒过来推定农民人口的比例。英国史学家卡尔(E. H. Carr)指出,俄国革命后社会主义革命运动的特点之一在于其"目的意识性",即运动"并非是简单地重复过去,而是由计划好未来的知识分子,并非只是要进行革命,而是对进行革命的各种可能条件作了分析和准备的知识分子"带着热忱开始的。[42]发生在邓中夏身上的逆转所反映的,正是"对进行革命的各种可能条件作了分析和准备"的知识分子的姿态。

不管数字怎样,农民占中国人口的多数,这是确凿无疑的事实。不过,应该说,这个事实因有人认识到农民问题重要才具有了意义。总之,中共在三大以后开始开展农民工作——尽管仍持慎重态度,即"[农民]运动之策略,以教育及自治入手,以'全农民利益'为号召,如水利、防匪、排洋货、抗苛税等,不宜开始即鼓吹佃农的经济争斗致召中农之反抗"。[43]

三、共产国际执委会第七次扩大全会时期农民运动方针的形成

1. 国民革命的发展与农民运动过激

1926 年 5 月,国民革命军先遣队出兵湖南,揭开了北伐战争的序幕。7 月,《北伐宣言》和国民革命军动员令发布,北伐正式开

---

[41] 前引中夏《论农民运动》。

[42] E. H. Carr, *1917: Before and After*, London, 1969, pp. 8-9.

[43] 前引《国民运动进行计划决议案》(1923 年 11 月)。

始。约半年后,国民革命军抵达长江中游的武汉、九江、南昌等地,战果喜人,让当初反对北伐军事行动的斯大林[44]也十分高兴,说"汉口将很快成为中国的莫斯科"。[45]众所周知,国民革命的发展,使北伐军进军沿途的湖南、湖北、江西等省的农民运动迅速扩大、激化起来。中共于前一年曾提出"对于农民的要求,应当列成一种农民问题政纲,其最终的目标,应当没收大地主军阀官僚庙宇的田地交给农民"[46]的宣传口号,而今必须考虑如何付诸实施,以应对农民问题。

让我们来看中共中央当时的报告。

> 随着北伐军之发展,农民运动也有突飞的进步,尤其是在国民政府统治下之各省如粤、桂、湘、鄂、赣等。……[中共]中央农民运动委员会,自去年[1925年10月的]扩大会议议决设立后,因种种困难原因,组织迄未完备。[1926年]十一月中毛同志[毛泽东]来任中央农委书记后,始正式决定……组成中央农委。[47]

亦即,中共直至1926年11月才第一次成立了专门负责农民问题的独立委员会。另一方面,该时期的共产国际,鉴于内战正酣,帝国主义列强有出面干涉的危险,却转而抑制中共在土地问题上执行具体政策。1926年10月26日《共产国际给中共中央的指示》如是说:

> 加剧反对中国资产阶级和豪绅的斗争在现阶段是为时过早的和极其危险的。这意味着把资产阶级、商人和豪绅

---

[44] 斯大林等联共首脑直至北伐开始前仍在对北伐表示担心。见《联共(布)中央政治局会议第18号(特字第13号)记录》(1926年4月1日),资料编号B36。
[45]《斯大林给莫洛托夫的信》(1926年9月23日),资料编号B107。
[46]《中国现时的政局与共产党的职任议决案》(1925年10月),前引《中共中央文件选集》1,第462页。
[47]《中央局报告(10、11月)1926年12月5日》,《中共中央文件选集》2,中共中央党校出版社,1989年,第517、530—531页。

推到帝国主义者和奉系军阀的怀抱里去。只要帝国主义者和北方的危险还存在,将来同它们的斗争就是不可避免的,国民党应当爱护自己一切可能的盟友和同路人。……土地问题应具体地列入议事日程,没有农民的支持,胜利是不可能的。然而,在同帝国主义及其中国代理人的战争正激烈进行的形势下,立即在农村发动内战,可能会削弱国民党的战斗力。[48]

然而,湖南、湖北正在发展的农民运动日趋尖锐,已危及与国民党和资产阶级及农村上层的联合战线,并大有使其陷入崩溃之势,尽快制定符合中国革命发展形势的新方针势在必行。被认为曾对国民革命和中共起到决定性影响的共产国际执委会第七次扩大全会(以下略称"七次全会"),就是为制定新的指导方针而举行的。中共方面最初准备派最高领导人陈独秀出席会议,但联共中央政治局认为中国国内形势瞬息万变,陈不便离开[49],最后决定谭平山(中共代表)和拉菲斯(M. G. Rafes,共产国际执委会远东局代表)从中国前来参会。于是,上海的共产国际执委会远东局(主

---

[48] 《联共(布)中央政治局会议第 65 号(特字第 48 号)记录》(1926 年 10 月 29 日),资料编号 B120。这份指示,列兹尼科夫(А. Б. Резников)曾在《论共产国际的东方政策》(收于《共产国际与东方——对批判的反批判》[*Коминтерн и Восток. Критика критики*, Москва, 1978],摘译:马贵凡译《共产国际与中国大革命的几个问题》,收于《国外中共党史中国革命史研究译文集》[一],中共党史出版社,1991 年)一文中就部分内容作过介绍,这次"莫斯科资料"刊行,全文始得公开。记录记载,提议"加剧反对中国资产阶级和豪绅的斗争"的是魏金斯基,但受到批判。另经确认,与该指示几乎同时,共产国际还发出过"在占领上海以前,暂时不应当加强土地运动"的指示。斯大林《国际形势和保卫苏联》(1927 年 8 月 1 日的演说),《斯大林全集》第 10 卷,人民出版社,1954 年,第 17 页。

[49] 《共产国际执行委员会远东局委员与中共中央执行委员会委员联席会议第 7 号记录》(1926 年 10 月 19 日),资料编号 B116。《联共(布)中央政治局会议第 63、64 号》(1926 年 10 月 20、21 日),资料编号 B117。

任为魏金斯基[50]）和中共中央于11月5日写成《中国共产党关于农民政纲的草案》[51]，以便提交七次全会。该草案按照共产国际上述指示称，"在平民民主革命的这一阶段，却以为尚未到提出土地收归国有口号的时机，因为此时中国解放运动的主要敌人乃是军阀、买办和帝国主义者，若于此时提出此口号，则将引起农民内部的内讧"。但所提九项方针相当深入，包括武装农民、打倒农村劣绅政权、没收土地等。由于谭平山此时已在莫斯科，该草案应是由拉菲斯带到莫斯科的。就这样，讨论农民运动的舞台转移到了莫斯科。

2. 共产国际执委会第七次扩大全会上的讨论

在七次全会召开前，莫斯科方面也就中国问题，尤其是中国农民问题准备了两个草案。其中之一出自1926年访问中国后赶来参会的米夫（P. Mif）之手。米夫的草案我们看不到，但其基础应是他曾在刊载于俄文版《共产国际》杂志的《中国的农民问题》[52]中提出的八项方针。米夫的草案提出了上述《中国共产党关于农

---

[50] 经联共中央政治局批准，共产国际执委会远东局自1926年6月在上海开始工作，其成员有魏金斯基、拉菲斯、福京（N. A. Fokin）、格列尔（L. N. Geller）及中国、朝鲜、日本的共产党代表各一名，后来曼达良（T. G. Mandalyan）加入。（《联共（布）中央政治局会议第22号记录》[1926年4月29日]，资料编号B47；《共产国际执行委员会远东局1926年6月18日至7月18日期间的工作报告》，资料编号B73）。关于共产国际负责中国问题的机构的沿革、变迁，索特尼科娃（И. Н. Сотникова）的论文叙之甚详（И. Н. 索特尼科娃著，马贵凡译《负责中国方面工作的共产国际机构》，《国外中共党史研究动态》1996年第4期）。共产国际执委会远东局与主张向国民党让步的鲍罗廷之间的矛盾十分尖锐，同时对中共1926年下半年的政治工作有过极大影响。而在其内部，魏金斯基与拉菲斯的矛盾也不断加剧，导致中共的路线错综复杂。关于这方面的情况，前引郭恒钰《俄共中国革命秘档》（1926）进行了较清晰的梳理。再，魏金斯基在远东局内的立场，因其政治密友季诺维也夫下台（1926年10月被解除共产国际执委会主席职务）而变得十分微妙，也使该问题更加复杂。

[51] 前引《中共中央文件选集》2，第434—437页。

[52] 米夫《中国的农民问题》，《米夫关于中国革命言论》，人民出版社，1986年，第1—21页。另，从后述七次全会上的讨论看，提交给全会的米夫草案，除上述八项要求外，还应包括要求"建立农民苏维埃"一项。

民政纲的草案》(下文略作《中共·远东局草案》)慎重避开的"土地国有化""赶走农村的土豪劣绅和地主"等,比《中共·远东局草案》更激进。另一草案则是后述共产国际执委会东方部主任拉斯科尔尼科夫(F. F. Raskolnikov,化名"彼得罗夫[Petrov]")和布勃诺夫(A. S. Bubnov,1926年初访问中国时曾遭遇所谓"中山舰事件"的布勃诺夫使团团长)二人联合提交的。七次全会有关中国农民问题的讨论,就是围绕上述三个草案展开的。

七次全会(尤其是其中国问题委员会)的会议记录未收入上述"新资料",我们只能通过卡尔图诺娃的论文了解其内容。[53]此处先就该文所述作一整理,然后再探讨全会的讨论。

七次全会(参会中国人有谭平山、蔡和森、任弼时、邵力子[国民党代表,仅有发言权])为讨论中国问题而成立了中国问题委员会[54],又为起草有关中国问题的决议而成立了小委员会。[55]这些委员会似乎是在相当自由的气氛中展开讨论的。例如,针对斯大

---

[53] А. И. Картунова, Китайская Революция: Дискуссии в Коминтерне, *Вопросы Истории КПСС*(《苏共历史问题》),1989—6(中译:李金秋译《中国革命:共产国际的讨论》,《国外中国近代史研究》第17辑,1990年)。【补注】有关共产国际大会、执委会全会的文献集,最近已可通过缩微胶卷(*Comintern Archive, 1917-1940*; *Congresses*, microfiches, Leiden: IDC Publishers, 1994)查阅。卡尔图诺娃利用的共产国际执委会第七次扩大全会的会议记录(俄罗斯国立社会政治史档案馆藏件全宗495,目录165,案卷267—271)也收入其中。

[54] 成员为布勃诺夫、布哈林、瓦西里耶夫(尼克尔斯基)、片山潜、拉斯科尔尼科夫(彼得罗夫)、罗易、斯大林、米夫、拉菲斯、谭平山、蔡和森、任弼时。

[55] 成员为拉斯科尔尼科夫、谭平山、布哈林、蔡和森、任弼时、加拉赫、罗易、邓肯、佩帕尔、布勃诺夫、拉菲斯、米夫、邱贡诺夫(中国人)。关于邱贡诺夫,卡尔图诺娃论文仅标注其化名为 Чжоу Да-мин(Zhou Daming)。有关邱贡诺夫即周达文以及周的经历(共产国际执委会第八次扩大全会的中国代表),请参阅拙作"The Chinese National Revolution and the Eighth ECCI Plenum: Exploring the Role of the Chinese Delegate 'Chugunov'," in Mechthild Leutner et al. (eds.), *The Chinese Revolution in the 1920s: Between Triumph and Disaster*, London; New York: Routledge Curzon, 2002(石川祯浩《国民革命与共产国际执委会第八次扩大全会——中国代表"邱贡诺夫"的作用》,收于罗梅君等编《1920年代的中国革命:成与败》)。

林要求中共党员参加国民政府并高度评价国民革命军的作用,任弼时分别予以反驳道,"现在参加政权对共产党不利","我们应坦白地说,现在尚不能完全信赖广东政府的军队,……[它]很可能被资产阶级所利用"。在一般印象中,共产国际会议是斯大林显示个人权威的场所,实则并非如此。这一点值得关注。

如上所述,米夫向中国问题委员会提交的有关农民问题的纲领草案,含有将地主等赶出农村、土地国有化等相当激进的内容。而主导委员会的拉斯科尔尼科夫的草案则相对温和,其主旨是废除地租[56]、最大限度减轻税负、废除苛捐杂税。其理由是"在广东,大量土地掌握在大土地私有者手中,而他们又是与支持广东政府的工商业资产阶级联系在一起的。你触动他们,他们便动摇起来",这在当下不合适。对农民运动评价过低,应该也是该草案倾向渐进方针的原因之一。如支持拉斯科尔尼科夫草案的斯大林就发言说,"农民仍然处在不可能指望近期内就能把他们吸引到重大的政治运动和斗争中来的状态"。总体上看,米夫草案和拉斯科尔尼科夫草案分别处于激进和渐进的两极,拉菲斯提交的《中共·远东局草案》则处于上述二者之间。

从委员会讨论情况看,米夫草案的激进倾向似曾遭到较强烈反对,如将地主等赶出农村、土地国有、在农村创建苏维埃等皆被否决。最终通过的是斯大林的提案,即"应该提出的不是苏维埃的问题,而是成立农民委员会的问题"[57],和拉斯科尔尼科夫的如下提案,即"向没有农民运动的北方提出一个激进的纲领,而在正在进行内战的南方则实行一些小改小革,免得吓跑地主和工商

---

[56] 在卡尔图诺娃论文原文中,该部分为"уничтожение арендной платы",直译则为"废除地租"。但七次全会决议的方针是地租、捐税都须"最大限度地减少"。故拉斯科尔尼科夫草案出现"废除",稍显不自然。

[57] 《斯大林论中国革命的前途》(1926年11月30日在共产国际执行委员会中国委员会会议上的演说),前引《共产国际有关中国革命的文献资料》第1辑,第269页。公开发表的斯大林该演说提及土地国有化,但罗易在中国问题委员会上的发言则批评斯大林避谈土地问题。因此,斯大林该演说有可能在发表前做过改动。

业资产阶级"。[58]

从语句看，12月16日通过的《关于中国形势问题的决议》所提出的十一项土地问题纲领，有些分别与米夫草案、《中共·远东局草案》类似，但整体上是"在彼得罗夫—布勃诺夫草案（即拉斯科尔尼科夫草案）和对斯大林的提纲的修正案的基础上……制定了"的[59]，如《中共·远东局草案》"禁止重利盘剥"一句，经斯大林修改为"坚决打击高利贷"等[60]。而极易招致与国民党分裂的米夫草案自不必说，因提议解除鲍罗廷职务等而受到联共（布）中央批评的《中共·远东局的草案》[61]，也仅起到了补充作用。

但是，需要注意的是，七次全会《关于中国形势问题的决议》虽然就中国革命的具体问题（土地问题、农民问题、军队问题）对草案进行修改，所提政策比较节制、温和。但在革命前途（无产阶级的革命领导权、向非资本主义发展的道路）问题上，却指明了非常激进的方向，与温和的具体方针形成微妙对比。即使在农民和土地问题上，总论部分也说"在目前革命发展的过渡阶段中，土地问题尖锐起来。这是目前形势的中心问题"，要求中共提出"大胆

---

[58] 卡尔图诺娃论文说，拉斯科尔尼科夫的建议"后来被写进决议（《关于中国形势问题的决议》）的最后文本中"。《决议》中"目前就必须根据中国各个不同地区的经济和政治特点分别制定土地革命的策略"，大概即拉斯科尔尼科夫的建议（前引《共产国际有关中国革命的文献资料》第1辑，第280页）。当时中共面临的土地问题在"南方"，即带有为国民政府所占领这一"政治特点"的区域，故在"南方实行一些小改小革，免得吓跑地主和工商业资产阶级"的提案，显然带有抑制土地政策走向激进的目的。

[59] 前引卡尔图诺娃论文，俄文版第71页，中译版第163页。

[60] 索波列夫等著，吴道弘等译《共产国际史纲》，人民出版社，1985年（俄文原书出版于1969年），第255—256页。该书称，"斯大林提出了一些重要的修正，使第七次全会关于中国问题提纲的原先说法变得更加现实"，并举出几处例子。

[61] 《联共（布）中央政治局会议第63、64号》（1926年10月20、21日），资料编号B117。《联共（布）中央政治局会议第67号》（1926年11月11日），资料编号B127。从蔡和森《关于中国共产党的组织和党内生活向共产国际的报告》（1926年2月10日）（《中央档案馆丛刊》，1987年，第2、3期）可以看出，中共中央对重视与国民党交涉的鲍罗廷抱有根深蒂固的不满。

地对待土地问题"的"根本性的土地纲领"。也就是说,决议向中共提出了不可能同时实现的两个目标,即在维持与国民党合作的前提下,摸索如何确立无产阶级的领导权,如何走向非资本主义道路。中共代表谭平山在大会上的发言就坦率表明了维持统一战线和解决土地问题难以两立。他说:"一方面,我们必须保证农民的利益;另一方面我们要保持和巩固民族革命运动的统一战线。在这种相互矛盾的情况下,很不容易执行正确的策略路线。"[62]

这种总论与个论间的矛盾,伊罗生(Harold R. Isaacs)称之为带有共产国际特点的"双重账簿"(double entry bookkeeping)。[63]七次全会决议传至中国后,在中共中央发生的,正是围绕如何解释该"双重账簿"的讨论,和以此为导火索的党内分歧。

四、七次全会决议对中共的冲击
——代结语

七次全会的决议,在被派往中国执行该决议的罗易1927年2月16日抵达广州前,于1月中旬即已传至中国。[64]不难想象,同一份决议,其总论部分激进且对中共此前工作持批判态度,而个论又相对温和,让中共领导层不知所措。他们不了解发生在莫斯科的讨论和修改过程,从"向非资本主义发展的道路""无产阶级的领

---

[62] 谭平山在七次全会第八次会议(1926年11月26日)上的发言。前引《共产国际有关中国革命的文献资料》第1辑,第165页。

[63] Harold R. Isaacs, *The Tragedy of the Chinese Revolution*, Second Revised ed., Stanford, 1961, p. 117.

[64] 当时在上海的魏金斯基在1月21日给共产国际的信中写道,"共产国际执委会第七次全会的决议我们日前才收到。现在正在译成中文。过几天中央委员会要讨论"。资料编号B157。鲍罗廷也曾说,"这个决议只是在1927年3月才传达到我们汉口那里,而传达到中共中央是及时的"。《鲍罗廷在老布尔什维克协会会员大会上所作的〈当前中国政治经济形势〉的报告》(1927年10月23日),资料编号B268。鲍罗廷在报告中还提到,当时莫斯科和汉口之间的电报严重迟误,十分混乱(尤其在张作霖于1927年4月搜查苏联大使馆之后)。

导权"等激进的总论部分读出莫斯科的意图后惊愕不已。[65]该决议送达时,在上海的中共中央局委员有陈独秀、彭述之、瞿秋白三人,据说他们对决议的态度各不相同:彭反对,瞿完全赞同,而陈则保留态度。[66]还有人称,中共领导层直至3月初都没有把该决议在党内传达,因此大部分党员不知道有这份决议。[67]可见该决议给中共中央带来了多大的冲击。

决议引发的领导层内部意见对立,迫使中共对此前路线作了自相矛盾——既否定且肯定——的总结,形成了《中央政治局对于〈共产国际执行委员会第七次扩大全体会议关于中国问题决议案〉的解释》[68];同时也使部分干部对主流派的不满泛出水面。

---

[65] 1927年2月12日,中共中央发出通知称,"[我们]应当自己勇敢的立在主体地位去和左派合作,我们自己不可躲在背后",可知共产国际决议的激进的总论部分对将要发动上海工人武装起义的中共产生了影响。该通知仅见瞿秋白在《中国革命中之争论问题》(《瞿秋白文集》[政治理论编]第4卷,第535页)一文中曾有引用,而未见原文。但2月17日《中共上海区委秘书处通讯第11号》也将同样方针作为中共中央的决定予以传达(中央档案馆、上海市档案馆编刊《上海革命历史文件汇集》甲3,1986年,第648—649页),故中共中央发出了这样一个通知应为事实。

[66] 《麦耶尔与罗易的谈话》(1927年2月26日),转引自杨奎松《瞿秋白与共产国际》,《近代史研究》1995年第6期。《罗易在共产国际执行委员会东方书记处会议上所作的关于中国形势的报告》(1927年9月17日),资料编号B266。

[67] 《罗易在共产国际执行委员会东方书记处会议上所作的关于中国形势的报告》(1927年9月17日),资料编号B266。曼达良《中共领导为何失败?》,《真理报》1927年7月16日,中译见《苏联〈真理报〉有关中国革命的文献资料选集》第1辑,四川省社会科学院出版社,1985年。

[68] 《中共中央文件选集》3,第19—23页。该文件未注明日期,《中共中央文件选集》作"1927年初",王述观《关于〈中央政治局对于国际第七次扩大会中国问题决议案〉的解释)的转变及其形成时间》(《中共党史研究》1993年第2期)作"1927年2月"。绪形康《论危机 中国革命1926—1929》(新评论,1995年,第118—135页)称该文件为"谜团",经分析其内容,认为出自彭述之和瞿秋白二人之手,成文时间应在1927年1月17日至21日之间(即决议到后不久)。不过,当时在上海的共产国际驻中国代表之一阿尔布列赫特(Albrecht)在3月5日给莫斯科的信中曾说,"中共中央对共产国际执委会决议的说明信……近日刚通过,尚未散发"(资料编号B176)。由此观之,"解释"的成文时间应在2月底至3月初之间。

后来被揶揄为"国际决议到后称好汉"[69]的瞿秋白对党中央的猛烈批判即其一例。在本文最后部分,让我们来探讨如下问题,即共产国际提出的中国革命论,尤其是在农民问题上激进和渐进两种态度并存的七次全会决议为国共合作末期的中共内部带来了什么。

受七次全会决议鼓舞,身为中央局委员却在党中央甚为孤立的瞿秋白对陈独秀、彭述之等主流派开始了反击。[70]他首先要求作为中央代表出席中共江浙区第一次代表大会[71](1927年2月11—15日),并传达七次全会的决议。其意图大概在于,通过传达对中共此前工作实质上持批判态度的决议,对党中央"右倾"敲响

---

[69] 蔡和森《党的机会主义史》,前引《中共党史报告选编》,第140页。

[70] 关于瞿秋白在国民革命时期的活动及思想,江田宪治《瞿秋白与国民革命》(收于狭间直树编《中国国民革命研究》,京都大学人文科学研究所,1992年)叙之甚详。

[71] 在中共江浙区第一次代表大会上,谁在多大程度上传达了七次全会决议,如下论文说法稍有不同:中共江苏省委党史工作委员会等编《中共江苏党史大事记》(中共党史资料出版社,1990年,第53页);金再及《论1927年春中共中央的政治路线》(《革命史资料》1986年第4期);姜守信、张红《中共江浙区第一次代表大会》(《上海党史研究》1991年第12期)及中共中央文献研究室编《周恩来年谱1898—1949(修订本)》(中央文献出版社,1998年)。但是,观诸《中共江浙区第一次代表大会中央代表的报告——关于中国目前经济政治状况及第三国际扩大会的新决议》(1927年2月11日)(中央档案馆、上海市档案馆编刊《上海革命历史文件汇集》乙7,1991年,第44—64页)等,在会上作报告的是彭述之,传达了七次全会决议的要点。上海的阿尔布列赫特在2月25日给莫斯科的信中说,"连[共产国际]全会的决议至今还没有向各地传达。上海地区代表大会(党的头脑)[即中共江浙区第一次代表大会]没有讨论这个决议,尽管这次会议就是在中央和共产国际执委会代表所在的同一个城市里举行的。彼得罗夫[即彭述之]代表中央在会上作了报告,他公开指出,他不同意决议。无条件接受决议的瞿秋白实际上被排除在工作之外,而共产国际执委会代表[魏金斯基]只给上海代表会议写了一封祝贺信就算了事。……对共产国际执委会决议……中央没有作出任何决定,上海地区代表会议上没有讨论决议"(资料编号B172)。但据《中共浙江区第一次代表大会会议记录》记述,彭述之曾发言说"应坚决地接受并执行国际所指示的策略"(前引《上海革命历史文件汇集》乙7,第64页)。

警钟,并号召对蒋介石提高警惕。他说:

> 今年[1927年]二月初,中央政治局讨论国际之中国革命问题议决案之后,他[彭述之]在我们的江浙区代表大会上作报告。……当时我曾正式要求自己担任区代表大会之报告。但是中央秘书处(王若飞)复信讥笑我自告奋勇,说道:你"病",不准你去了。[72]

因此,他闭居家中写作《中国革命中之争论问题》,对党中央此前的路线,包括农民问题、土地问题等进行激烈批判。[73]该文正如其副标题"对于最近共产国际中国革命问题议决案之研究"所示,是瞿对七次全会决议看法的全面展现。文中还引用了斯大林在全会中国问题委员会的发言[74],表明瞿对共产国际的动向本身也抱有深切关注。这些信息大概来自他在上海与之频繁接触的共产国际执委会远东局成员。[75]况且,对远东局内当时已表面化的苏联代表之间的政治矛盾[76],瞿当然也是了解的。在此基础上,

---

[72] 前引《中国革命中之争论问题》,《瞿秋白文集》(政治理论编)第4卷,第474、535页。魏金斯基也证实,瞿秋白因受陈独秀等阻止而未能出席江浙区代表大会。《上海特委会议记录》(1927年4月18日),《上海工人三次武装起义》,上海人民出版社,1983年,第464—465页。

[73] 瞿秋白避开其他党员耳目写作该文,同时纠集反陈独秀势力的情况,在《郑超麟回忆录》(东方出版社,1996年,第132—133、259—261页)和郑超麟《怀旧集》(东方出版社,1995年,第19—23页)有生动描述。另,《中国革命中之争论问题》在1927年4—5月的中共五大上散发,但多数党员似乎对此并不关心。王若飞《关于大革命时期的中国共产党》,《近代史研究》1981年第1期。

[74] 瞿引用了斯大林演讲中有关农民委员会的部分。前引《中国革命中之争论问题》,《瞿秋白文集》(政治理论编)第4卷,第513页。

[75] 从前引《郑超麟回忆录》第132页及郑超麟《怀旧录》第24页可知,自1926年底至翌年,瞿秋白曾多次出席在苏联驻上海领事馆召开的会议,并因此把握了共产国际的动向。

[76] 粗略而言,在远东局内,主任魏金斯基对中共领导层的方针表示理解,却被纳索诺夫(Nasonov)、阿尔布列赫特、曼达良等批为"右倾"。后者对中共领导层及魏金斯基的批判,见于他们给莫斯科的不少信件。资料编号B162、B171、B172、B175、B176、B178等。

瞿大张旗鼓地提出农民问题是中国革命进入新阶段后的重要问题,并将其作为批判陈独秀、彭述之等人"右倾"的手段。

瞿秋白在该文中断言,"中国革命中的中枢是农民革命",并依据七次全会决议提出解决农民问题应采取的政策,同时列举中共历次大会如何轻视现已成为"中国革命中的中枢"的农民问题。不过,他批判的不是中共在各时期的农民政策不符合当时形势,而是中共对农民的认识偏离了各时期共产国际对农民革命的认识,也偏离了共产国际"最近之决议"。正因如此,如本文第一节所述,他甚至对"不得农民参加革命不能成功"被修改为"……很难成功"也锱铢必究。

恰于此时,联共似乎因观察到湖南、湖北的农民运动迎来高潮而再次传来指示,要求将工人及农民武装,各地农民委员会改造成具有武装自卫组织的事实上的权力机关[77],同时在1927年3月的《共产国际》杂志上刊发《中国共产党大会与国民党》,不点名地批判了陈独秀等要求脱离国民党和在土地问题上的不彻底性。[78] 至此,对中共领导层的批判与土地问题、农民问题已被完全联系在一起。以中国的布尔什维克自居的瞿秋白没有放过这个时机。他接连写了《农民政权与土地革命》《俄国资产阶级革命与农民问题》等一系列专论农民问题的文章。同时,在《向导》杂志仅刊登《湖南农民运动考察报告》——毛泽东对农民运动过激

---

[77]《联共(布)中央委员会给中共中央的指示》(1927年3月3日),引自斯大林《中国革命问题》(1927年4月),《斯大林全集》第9卷,第202页;斯大林《国际形势和保卫苏联》(1927年8月1日的演说),《斯大林全集》第10卷,第19—20页。据说,中共中央于3月23日讨论了该指示,除向国民党内输入大量工人出身者一项外,做出了基本同意的结论。前引曼达良《中共领导为何失败?》。

[78] Der Parteitag der Kommunistischen Partei Chinas und die Kuomintang, *Die Kommunistische Internationale*, vol. 8, no. 12, März 1927.

倾向持较肯定态度的文章——的前半部分而中止连载[79]后,瞿秋白随即准备将其出版单行本,改名《湖南农民革命》,并为之作序。[80]

众所周知,《湖南农民运动考察报告》的译文后来在共产国际理论机关杂志《共产国际》上发表,并被视作批判中共中央实行土地革命不彻底的佐证。[81]而向俄国方面介绍该文者,很可能就是瞿秋白。有关这一推断,共产国际执委会远东局成员之一曼达良为批判中共领导层而写的《中共领导为何失败?》(1927年7月)和瞿秋白《中国革命中之争论问题》存在不少一致之处,似可作旁证。[82]不妨推测,该时期的瞿秋白曾为共产国际批判中共领导层而积极提供材料,而《湖南农民运动考察报告》无疑是极好材料之一。如此看来,瞿秋白虽然的确说过"中国的革命者个个都应当

---

[79] 关于《向导》为何中止刊载《湖南农民运动考察报告》,有观点认为是因受到陈独秀、彭述之的蓄意妨碍。但当时参与《向导》编辑工作的郑超麟说,那仅是单纯编辑技术上的问题(前引郑超麟《怀旧集》,第325页)。蔡铭泽《〈向导〉为何未全文转载〈湖南农民运动考察报告〉》(《新闻研究资料》第53期,1991年)对该问题曾作探讨。另,毛在写《湖南农民运动考察报告》时是否已了解七次全会决议,不得而知,但瞿秋白无疑是将毛的该报告与共产国际决议互作鉴证的。

[80] 《〈湖南农民革命〉序(1927年4月11日执笔)》,前引《瞿秋白文集》(政治理论编)第4卷,第572—574页。

[81] "Die Bauernbewegung in Hunan," *Die Kommunistische Internationale*, vol. 8, no. 22, Mai 1927. 该报告还曾刊载于《共产国际》俄文版(5月27日)和英文版(6月12日)。该报告在共产国际,尤其是在其第八次扩大全会(1927年5月)上,被转而主张实行激进土地革命的布哈林、斯大林视为绝佳材料(湖南的活动家对农民运动评价如此之高,而中共中央却看不到农民运动的意义)。对此,伊藤秀一《〈湖南农民运动考察报告〉的俄文初译》(《历史学研究》第402号,1973年)有较详细的解说。

[82] 如本文几次引用的中共三大《党纲草案》中"不能成功"被改作"很难成功"的问题,在曼达良的文章中也被追究。二者的相同之处不止于此,宛如曼达良的文章实由瞿秋白代笔。曼达良等对魏金斯基的指导方针不满的共产国际执委会远东局成员都对瞿秋白的《中国革命中之争论问题》评价极高,这在他们给莫斯科的信(如资料编号B213)中有清晰的反映。

读一读毛泽东这本书"[83]，但他更希望读该报告的，实际上是那些远在莫斯科而对中共拥有最大影响的人。

本文无意否认如下观点，即瞿秋白在七次全会决议传到中国后的一系列活动，其目的在于推动包括农民问题、土地问题在内的中国革命前进。但是，这些活动深深染渍着借助农民问题、土地问题批判党中央并为此而利用共产国际权威的色彩。如上所述，包括瞿秋白在内的中共在认识农民问题的过程中，一直试图将共产国际提示的对中国农民问题的观点忠实地仿抄、应用到中国。但在共产国际和体认其意图的瞿秋白对中共领导层的批判中，中共有关农民政策的每次举措都被改写而发生扭曲，遂使逐步理解的过程成了消极理解的历史。

1927年7月，在农民问题、土地问题未得实施有效政策的情况下，中共被武汉的国民党排除出去，国共合作至此终结。中共中央领导层也进行更替，瞿秋白因在党中央批判"机会主义"而地位上升，加之他是可与新任共产国际代表用俄语交流的少数党中央成员之一，经过一番曲折取代了陈独秀，成为党中央领导人。但是，因批判"机会主义"而掌握了党内领导权的瞿秋白，数年后却被迫作自我批评："我现在公开对国际执委会和中国全党揭发和承认自己的错误——懦怯的腐朽的机会主义。"[84]而所谓"机会主义"的构成要素则仍是农民问题之一的富农问题。这表明，中共内部以及共产国际和中共之间对农民问题的认识框架，在国民革命时期过后基本上没有任何改变。

在论述中共及共产国际围绕农民运动的"理论"的作用时，我们必须把握一个基本事实，那就是后世或现在已然明确的事情，当时的人们却并不知道或尚在摸索之中。在这个意义上，本文探究

---

[83] 前引瞿秋白《〈湖南农民革命〉序》。

[84] 瞿秋白《在中共六届四中全会上的发言》(1931年1月)；瞿秋白《致共产国际执委和中共中央的信》(1931年1月17日)，《瞿秋白文集》(政治理论编)第7卷，人民出版社，1991年，第125、131页。

国民革命时期的农民问题,也仅是从我们现在所站的高度来作事后评判。然而,以共产国际的高度作标准的同样的事后评判,在当时围绕中共如何对待农民问题而发生的争论中已经存在,也是事实。斯大林曾对1927年的中共评论说:"我不想苛求中共中央。我知道,不能对中共中央要求过高。但是,有一个简单的要求,那就是执行共产国际执委会的指示。"[85]也就是说,对斯大林而言,理论、方针由莫斯科决定,中共去实行即可,而无须思考任何事情;因为这时的中共所能提供的理论或方针,不过是"'一整套'从各处收集来的、与任何路线和任何指导思想毫无联系的一般词句"[86]而已。斯大林此话无疑是莫斯科领导人根深蒂固的优越意识的典型表现,但中共要拥有符合中国实际的农民运动方针,此时也还摆脱不掉来自莫斯科权威的影响。而通过实践产生农民革命理论,尚需更多时日和更多人为此献身。

毛泽东在国民革命后提出的农民革命理论,实际上也曾受到共产国际某种程度的影响,此点现已不存在疑问。[87]但是,在毛泽东于1940年说"中国的革命实际上是农民革命"时,虽然其表述与瞿秋白的"中国革命中的中枢是农民革命"十分相近,但其分量已截然不同。

原文(日文)题为《农村革命へのシフト——中国共产党の农民运动方针とコミンテルン》。收于森时彦编《中国近代の都市と农村》,京都大学人文科学研究所,2001年。

---

[85] 《斯大林给莫洛托夫和布哈林的信》(1927年7月9日),资料编号B251。
[86] 同前。
[87] 郭德宏主编《共产国际、苏联与中国革命关系研究述评》,中共党史出版社,1996年,第15—16页。

四 史实考据

早期共产国际大会的中国代表(1919—1922)

一、前言

1920年代初在世界各国诞生的"共产党",其在组织上的定位都是共产国际在各国的支部。1920年共产国际第二次大会通过《加入共产国际的条件》,即所谓"二十一条",在其第17条规定,"凡是愿意加入共产国际的党都应称为:某国**共产党**(第三国际即共产国际支部)。名称问题不只是一个形式问题,而且是具有重大意义的政治问题"[1](黑体字部分原文如此)。因此,"共产党"这个名称,在名义上是只有共产国际组织才可使用的排他性名称,冠以此名称的党派自动接受其为共产国际支部的规定。换句话说,即使世界各国优秀的共产主义者结成自己的组织并命名为"共产党",如果没有共产国际承认,也不能成为真正的"共产党"。

这种情况对于中国也一样。早在辛亥革命后不久的1912年,"中国共产党"这个名称就已在中国出现[2],但没有人认为中国共产党是在这时创立的。我们之所以认为中国共产党是在1920

---

[1]《加入共产国际的条件》(1920年8月6日通过),《共产国际第二次代表大会文件》,中国人民大学出版社,1988年,第725页。
[2] 据认为,"共产党"这一名称最早出现在1912年3月31日上海《民权报》刊登的"中国共产党"募集党员的广告,以及同年4月28日《盛京时报》(奉天)登载的"中国共产党"的政治纲领。从"纲领"的文字看,与同一时期成立的"中国社会党"有相似之处,可能是在该党影响下成立的。只不过,没有资料反映该"共产党"具体活动的情况。

年代初期成立的,就是因为我们遵从了这样一个习惯认识,即只有符合上述加入条件、成为隶属于共产国际的组织,才是共产党。从这点可明确看出,各国共产党的历史与共产国际密不可分。就中国来讲,由于她是共产国际革命理论的主要实验地,因而中国共产党所受的影响更大。这种影响虽说不一定全都是正面的,比如与中共的活动和共产国际密切协作时相比,往往在合作不密切时影响更加显著;但有一点是无可置疑的,那就是共产国际对中共的影响是巨大的,以至于不谈共产国际,就无法记述1920年代以后的中国革命史。由于两者关系如此密切,早在共产国际支部时期的中国共产党,就非常关心共产国际和中国革命的关系史。而国外学者也将其作为中国革命史的核心课题进行深入研究。

在中国,人民共和国成立后,中苏之间在1950年到1960年代初曾有过蜜月时期,这期间的党史只记述共产国际对中国革命的贡献。后来,国际环境发生剧变,中苏间出现对立,党史研究出现层层"禁区",因而"长期以来,……共产国际和中国革命问题事实上不能进行研究"。[3]众所周知,这种闭塞状况,直到中共十一届三中全会后改革开放路线得以实施,才发生了显著变化,在向青教授的一系列深入研究后[4],重新全面探讨共产国际功过的研究成果得以陆续出版。后来,苏联解体后,大量档案解密,进入1990年代后,有关中国革命和共产国际、苏俄的资料集出版,利用这些资料进行研究也日趋活跃,至今,以中国革命和共产国际为对象的研究论文仍层出不穷,不胜枚举。[5]不过,这方面的研究,看上去是以原始资料为最终依据,但实际上却难免有避开探究基本事实而

---

[3] 向青《关于共产国际和中国革命问题》,《北京大学学报》1979年第6期。

[4] 向青《共产国际与中国革命关系论文集》,上海人民出版社,1985年;向青《共产国际和中国革命关系的历史概述》,广东人民出版社,1983年;向青《共产国际和中国革命关系史稿》,北京大学出版社,1988年;向青、石志夫、刘德喜《苏联与中国革命》,中央编译出版社,1994年。

[5] 关于该时期的研究动向,请参阅郭德宏主编《共产国际、苏联与中国革命关系研究述评》,中共党史出版社,1996年。

浮夸评论共产国际指导中国革命的成败之感。

在国外,对各国的社会运动与共产国际关系史的研究在第二次世界大战后曾盛极一时,但随着冷战结束而被冷落。当然,随着苏联解体及有关档案公开,主要是欧美学者正在对各国共产主义运动重新审视和探讨。但遗憾的是,尤其在日本利用共产国际档案重新研究中国革命史,不能不说非常冷清。[6]比如,对有关参加早期共产国际大会的人物(或者党派)到底是谁这一基本史实的探讨,曾经在各国社会运动史研究中占有不可或缺的位置,属于基础研究。但是,此类研究初则因长期资料不足而鲜有收获,档案公开后资料不足问题虽得到改善,但现在的日本,这项基础研究既已乏人,也无此气氛。

这种情况在共产国际研究表面上盛行一时的中国也大同小异。虽然依据近年翻译出版的共产国际资料集的著述的确不少,但这些资料集较之共产国际的文件,实属九牛一毛而已。而这些资料集尚未提供答案的问题,比如,出席共产国际历次大会的中国代表到底是谁这样一个老问题,研究和解答至今尚不足以令人信服。对本党历届大会的日期及参加者,中共必将其作为党史的重要内容详加叙述。但对派往共产国际大会的中国代表团的组成,却总是语焉不详。[7]因

---

[6] 为数不多的论文有富田武《中国国民革命和莫斯科1924—1927:以俄国文书馆史料为线索》,《成蹊法学》第49号,1999年;石川祯浩《第一次国共合作的终结与苏联和共产国际——所谓"斯大林五月指示"问题》(收于本书);石川祯浩《走向农村革命——中国共产党的农民运动策略与共产国际》(收于本书)。

[7] 比如,由中共中央组织部、中共中央党史研究室、中央档案馆编纂的有关中共的历次大会以及党组织方面的综合正式记录《中国共产党组织史资料》(全19册,中共党史出版社,2000年)中,可以散见有关中共代表参加共产国际主要会议的记述;但多暧昧不清,有不少甚至不符合事实,比如说陈独秀在共产国际第四次大会上"当选为共产国际执行委员"(该书第1卷,第21页)。到目前为止,对参加历次大会的中国代表作综合研究的有《共产国际会议简介》,中国社会科学院近代史研究所翻译室编译《共产国际有关中国革命的文献资料》第3辑,中国社会科学出版社,1990年;向青、石志夫、孙岩《中共代表等在共产国际的活动介绍》,前引《共产国际与中国革命关系论文集》,但都欠准确。

此，本文拟利用近年通过缩微胶卷查阅到的有关共产国际大会的文献集（*Comintern Archive*, *1917-1940*; *Congresses*, microfiches, Leiden: IDC Publishers, 1994），对1919年的共产国际第一次大会到1922年的第四次大会的中国代表问题进行研究，以期对这个老问题做出结论。

之所以把下限定在第四次大会，主要基于以下两个理由。第一，此前第三次大会一直被视为中共第一次派正式代表参加的大会。但如后所述，代表参加大会的过程错综复杂，当初赴莫斯科非为出席该次大会，故实则并非真正意义上的参会，毋宁说第四次大会才是中共和共产国际建立正式关系的出发点。第二，通过此前的研究，第四次大会以后的中国（中共）代表，除第八次扩大全会（1927年）外几乎都已有定论。[8]

二、第一次大会和第二次大会

十月革命后，在内战、干涉战争正酣的1919年3月，旨在创立共产国际的世界大会在俄国共产党（布）主导下于莫斯科召开。此前的1月，以俄国共产党等世界八个国家的共产党、社会主义政党的名义发出了《共产国际第一次代表大会邀请信》，呼吁全世界39个党和组织参加这个具有纪念意义的大会。[9]这39个党和组织中不包括中国，但现已判明，事实上两名有发言权的中国代表出

---

[8] 第八次全会是在中国革命的重要转折时期（蒋介石发动"四一二政变"到武汉"分共"期间）、因而对共产国际和中共都非常重要的时期召开的，对国民革命带来了巨大的冲击；但是，很长时期以来，人们不清楚参加这次大会的中共代表是谁。有关这次大会的代表（周达文），拙稿"The Chinese National Revolution and the Eighth ECCI Plenum: Exploring the Role of the Chinese Delegate 'Chugunov'," in: Mechthild Leutner et al. (eds.), *The Chinese Revolution in the 1920s: Between Triumph and Disaster*, London / New York: Routledge Curzon, 2002 曾有详细探讨，此处不赘。

[9] 中国社会科学院近代史研究所翻译室编译《共产国际有关中国革命的文献资料（1919—1928）》第1辑，中国社会科学出版社，1981年，第4—8页。

席了大会,他们就是刘绍周(Lao-Siu-Dschau,即刘泽荣)和张永奎(Tschan-Gun-Kug)。刘受到了列宁的接见,还在会上发了言。[10] 他们的身份是"中国社会主义工人党(Chinesische Sozialistische Arbeiterpartei)"的代表。但该党并非中国国内的组织,刘、张是侨居俄国的中国人,所谓"中国社会主义工人党"是为参加大会而成立的形式上的组织。

关于刘、周的背景,以及他们作为"中国社会主义工人党"代表出席第一次大会的经过,已由李玉贞等依据原始资料基本研究清楚,此处无须赘言。[11] 简单地说,"中国社会主义工人党"是居住在俄国的中国侨民在十月革命后组织的互助组织"旅俄华工联合会(Союз Китайсих Рабочих в России,1918 年 12 月在彼得格勒成立的"中华旅俄联合会"改组而成,会长刘绍周)",刘、张可以说是旅俄中国侨民的领袖(他们都在俄国接受过中等、高等教育)。所以,第一次大会的资格审查委员契切林在谈到各国代表时,称"中国和朝鲜,即侨居俄国的中、朝工人团体将要到会"。[12]

他们的团体"旅俄华工联合会"后来活动规模不断扩大,1920年 6 月 25 日,在会内设立了"俄国共产党(布)中国共产主义者中央组织局"(Центральное Организационное Бюро Китайских Коммунистов при РКП(б),汉语名称"俄国共产华员局",7 月 1 日俄共产党中央委员会予以承认),成为事实上的党组织。7月,又派刘绍周和安龙鹤(An En-hak,Ан Ен-хак)二人,以"中国工人党中央局(Zentralbureau der Chinesischen Arbeiterpartei)"代表

---

[10] 中国社会科学院近代史研究所翻译室编译《共产国际有关中国革命的文献资料(1919—1928)》第 1 辑,中国社会科学出版社,1981 年,第 12—14 页。

[11] 李玉贞《关于参加共产国际第一、二次代表大会的中国代表》,《历史研究》1979 年第 6 期);刘以顺《参加共产国际一大的张永奎情况简介》,《革命史资料》1986 年第 4 期。另外,刘绍周就其在苏俄的活动和参加共产国际大会著有回忆录(刘泽荣《回忆同伟大列宁的会晤》,《工人日报》1960 年 4 月 21 日;刘泽荣《十月革命前后我在苏联的一段经历》,《文史资料选辑》第 60 辑,1979 年)。

[12] 前引《共产国际有关中国革命的文献资料(1919—1928)》第 1 辑,第 9 页。

安龙鹤

的身份出席共产国际第二次大会。[13]

二人以有发言权的正式代表资格出席会议,刘还与朝鲜代表朴镇淳一同成为"国际形势和共产国际的基本任务委员会"和"民族和殖民地问题委员会"的委员。[14]刘绍周还在大会期间的7月25日,与后来作为共产国际代表在中国开展活动的马林以及同年末赴上海的朴镇淳,就在上海设立共产国际执行委员会远东局一事交换了意见。[15]

有关刘绍周等人出席会议的资格,大会前夕的1920年6月19日签发的来自符拉迪沃斯托克的"第三国际东亚书记处"的电报值得关注。该电报将在共产国际大会上的全权委诸杨松、朴镇淳、Rou(Лоу,即刘绍周)等人,其署

---

[13] 前引《共产国际有关中国革命的文献资料(1919—1928)》第1辑,第47页。第二次大会的两名中国代表之一 An En-hak(Ан Ен-хак),其姓名很长时期被写作"安恩学",最近终于确认应为"安龙鹤"。见李玉贞《旅俄华侨与孙中山先生的革命活动》,张希哲、陈三井主编《华侨与孙中山先生领导的国民革命学术研讨会论文集》,国史馆,1997年;俄罗斯国立社会政治史档案馆资料(以下简称"俄藏档案"),全宗5,目录1,案卷166,第4—5页。据说,安是出生于中国东北的朝鲜族。1904年被哈尔滨的俄国当局以日本特务罪名逮捕,判流放彼尔姆;1905年参加革命,后组织俄境内朝鲜工人联合会,十月革命时期在西伯利亚活动,1918年在秋明组织中国工人部队参加红军,主要从事宣传活动;在"旅俄华工联合会"第3次会议(1920年6月)上被选为"俄国共产华员局"成员,担任华侨事务和党的工作。共产国际第二次大会时所作大会代表肖像册中载有安的肖像(俄藏档案,全宗489,目录1,案卷68,第59页)。

[14] 前引《共产国际第二次代表大会文件》,第884—885页。

[15] 俄藏档案,全宗489,目录1,案卷14,第122页。不过,远东局后来经过一段曲折,于1921年1月设在了伊尔库茨克。刘成为设在伊尔库茨克的这个共产国际远东书记局的预定成员。见 Дальнебосмочная Полцка Собемской Россцц: 1920—1922 гг. Новосибирск, 1996, с.155, 176(《苏俄的远东政策》)。

名人除威廉斯基-西比利亚科夫(V. D. Vilensky-Sibiryakov,俄共党员)外,另一人则是中国人"Янтзобин",即"姚作宾"。[16]姚时为中国全国学生联合会干部,他于该年5月访问符拉迪沃斯托克,与当地俄共组织接触,并就如何支援中国的革命运动进行磋商。[17]姚回到上海后,即与参与组织工人运动的黄介民等商议,并与朴镇淳、李东辉等所谓高丽共产党上海派人士合作,准备发起共产主义组织。而该电报无疑是上述一系列活动(不同于"正宗"中国共产党)开始的标志。[18]

侨居俄国但连续两次作为中国代表出席会议的刘绍周,后来受共产国际派遣,肩负着与同一时期在中国国内成立的共产主义组织建立合作关系,以便将来在中国正式开展活动的使命回到国内(1920年12月13日和中国政府官员张斯麟一同到达满洲里[19])。但他不久后却脱离了共产主义运动。[20]实际上,就在他回国后不久,已被决定为向中国开展活动的窗口即俄国共产党(布)中央委员会西伯利亚局东方民族处,对刘绍周做了颇为严厉的评价:

> 共产国际信任刘绍周,派他去中国工作,此人并不具备足

---

[16] 俄藏档案,全宗489,目录1,案卷28,第1页。发出电报的"第三国际东亚书记处",很难说是经共产国际承认的正规组织。

[17] 《关于俄共(布)中央西伯利亚局东方民族处的机构和工作问题给共产国际执委会的报告》(1920年12月21日于伊尔库茨克),中共中央党史研究室第一研究部译《联共(布)、共产国际与中国国民革命运动(1920—1925)》,北京图书馆出版社,1997年,第50页。

[18] "日本共产党暂定执行委员会"代表近藤荣藏于1921年5月在上海接触的就是朴镇淳、姚作宾。关于姚所组织的共产主义组织"大同党",请参看拙著《中国共产党成立史》,袁广泉译,中国社会科学出版社,2006年,第109—132页。

[19] 瞿秋白《欧俄归客谈》,《瞿秋白文集》(政治理论编)第1卷,人民出版社,1987年,第149页。

[20] 据前引李玉贞《关于参加共产国际第一、二次代表大会的中国代表》等介绍,刘回国后,做过法庭翻译、中东铁路监事会监事,在中苏交涉中东铁路回收问题时成为国民政府方面的交涉成员,还做过大学教师(法学、语言学)、外交官(1940年成为中华民国驻苏联大使馆参赞)等。1949年后,历任外交部条约委员会法律顾问、全国政治协商会议委员等,1956年入党。

够的政治素养,而且就其思想和信仰而言,远不是与社会主义运动休戚与共的人。……俄共(布)中央向东方派出旅俄共产华员局,其组成人员表现出党性不强,政治素质差,根本不能在中国人当中组织革命工作。[21]

不知是该评价和怀疑不幸言中,还是刘绍周觉察到组织给他以严厉评价的意图而心灰意冷,总之,早期共产国际大会的中国代表刘绍周离开了共产国际的工作。而在俄侨民团体代为中国代表的不正常状态也就此结束,此后,代表中国国内共产主义运动的组织,自1921年的共产国际第三次大会开始向共产国际派遣代表。而此时在中国国内,自1920年年中以后在苏俄使者魏金斯基(G. Voitinskii)的支持下,以陈独秀为中心的共产主义组织刚刚诞生。

三、第三次大会

1. 江亢虎的两张代表证

在中共党史以及中国共产主义运动史研究中,1921年召开的共产国际第三次大会(6月22日至7月12日),现在仍必然提及。因为自此次大会始,由在俄侨民代为中国代表的不正常状态结束,中共的正式代表第一次由中国前来参加。中共在上海举行第一次代表大会,就在这次大会闭幕后不久。

不过,关于参加共产国际第三次大会的中国代表是谁这个问题,存在着不同说法。产生分歧的原因在于,大会的正式文件即会议速记中的记载前后不一致。在德语速记的开头,中国代表是"共产主义小组(Kommunistische Gruppen)"和"左派社会主义党(Linke Sozialistische Partei)",但在该速记的结尾却是"共产党

---

[21] 前引《联共(布)、共产国际与中国国民革命运动(1920—1925)》,第56—57页。对刘绍周的评价之低,在《贝拉·库恩致斯米尔诺夫的信》(1920年10月1日)(前引俄文《苏俄的远东政策》,第142页)中也看得出。

(K. P.)1 名、青年团(Jugend)1 名"。[22]这两名代表之一,即"共产党 1 名"(或者"共产主义小组")肯定是指作为中国代表登台演讲的张太雷,但另一名来自"青年团"(或左派社会主义党)的代表的姓名,仅凭速记难以判断。实际上,速记中的模糊记录,是中国代表围绕参会资格而发生纠纷的反映。下面试加以探讨。

在第三次大会以前的 1921 年 5 月,共产国际执行委员会发表了受邀参加即将于一个月后召开的第三次大会的各国组织的初步名单,但同时有句附言说"名单并不全"。根据这份名单,来自中国的组织有两个,即"左派社会主义党(Linke Sozialistische Partei)"和"共产主义小组(Kommunistische Gruppen)",都是以有发言权的代表资格受邀的。[23]现在已经清楚,这就是大会速记开头的两个组织。对前引 *Comintern Archive, 1917-1940; Congresses* 所藏有关第三次大会的文件进行调查可知,此处的"左派社会主义党",就是指大会开幕前才抵达莫斯科的江亢虎的"中国社会党"。江亢虎自己说,他以"社会党员"的身份列席共产国际第三次大会,并得到了发言权。现在他的代表证还存在(后述)。可见,他曾出席这次大会确为不虚。[24]

江亢虎作为中国的社会主义政党(中国社会党)的创始人而闻名。1911 年 11 月,即武昌起义之后不久,他就成立了倡导社会主义的政党,后在民国初年的政治斗争中遭到压制而不能开展活动,于是远赴美国,据说参与了纽约的兰德学校(Rand School),还与克拉斯诺肖科夫(A. M. Krasnoshchekov,后来的远东共和国主

---

[22] 德文版《共产国际第三次大会会议记录》(*Protokoll des III. Kongresses der Kommunistischen Internationale, Moskau, 22. Junibis 12. Juli 1921*, Hamburg),1921 年,第 13、1068 页。俄文版速记记录的记载也相同,参见《共产国际第三次代表大会文件》,中国人民大学出版社,1988 年,第 14、1108 页。

[23] 《共产国际》德文版(*Die Kommunistische Internationale*)第 17 期,1921 年,第 368 页。

[24] 江亢虎《江亢虎新俄游记》,商务印书馆,1923 年,第 26 页。汪佩伟《江亢虎研究》,插页照片,武汉出版社,1998 年。俄藏档案,全宗 490,目录 1,案卷 32,第 10 页;全宗 490,目录 1,案卷 201,第 12 页;全宗 490,目录 1,案卷 207,第 48 页。

席)有过交往。1920年9月,他为重建中国社会党而回国,第二年即1921年5月经驻北京的优林代表团介绍进入俄国。据说他到莫斯科的日期是6月21日,即第三次代表大会开幕的前一天。[25] 江于1922年自俄国、欧洲回国后,把感到"失望"的在苏俄的经历写成《江亢虎新俄游记》一书出版,其中谈到出席共产国际大会时这样说:

> 中国共产党青年团为俄人某君在华所组织。正式代表为苏人张太雷,系由依尔苦次克[伊尔库茨克]之东方管理部[即俄共西伯利亚局东方民族处]介绍而来。余非共产党,惟以社会党人资格列席,亦蒙优待,认为代表,并予以发言权。[26]

在这部游记中,江还说,在第三次大会前后的莫斯科,除张太雷代表的共产党以外,还有包括不承认张太雷等人代表权的"少年共产党"在内的四个"共产党"的代表,他们都主张自己是正统,展开了激烈的争夺。[27] 不过,关于争夺正统的结果,他只说"不知结果如何",看上去他是采取了袖手旁观的态度。无论是有关张太雷还是各派共产党争夺正统,江亢虎的记述都表现得似乎自己与这些争夺正统的内讧没有任何关系;然而,实际上他才是这场内讧的中心人物。事情起自"中国共产党党员"俞秀松和张太雷抗议江亢虎作为中国代表出席这次大会。大会期间,他们向共产国际资格审查委员会递交的信中这样说:

> 对于贵委员会向江亢虎颁发代表证一事,中国代表团曾两次进行抗议,但是他的代表证至今仍未收回,所以,中国代

---

[25] 前引汪佩伟《江亢虎研究》,第164—172页。
[26] 前引江亢虎《江亢虎新俄游记》,第26页。
[27] 同前,第60页。这四个"共产党"是:(1)"上海学生姚君"代表的"东方共产党",(2)从上海的社会主义青年团来的一大批留学生们的"少年共产党",(3)由黑龙江省黑河的社会主义党旧支部的"龚君、于君"改组的"中国共产党",(4)杭州的"张君"自称代表的"支那共产党"。

表团不得不进行第三次抗议。如果贵委员会承认江亢虎作为北京政府大总统的代表参加会议,我们不会反对;但是,如果贵委员会承认他作为中国社会党的代表出席大会,我们表示反对。因为在中国不存在中国社会党。他或者纯粹是骗子,或者是反动派的仆人。如果这类被所有具有革命性的中国人唾弃的人物被共产国际作为代表而接受,那无疑会损害共产国际与中国共产党的活动和声誉。……很明显,他是为了自己卑劣的活动而要利用共产国际公认代表这个事实。这意味着会损害中国共产党。我们坚决反对他参加大会,视需要我们将准备向贵委员会提供任何有关江亢虎的证据。

中国共产党党员:Сю Сун[俞秀松],T. L. Chang[张太雷][28]

也就是说,他们对共产国际承认江亢虎这样的冒牌社会主义者为中国代表的态度表示怀疑。实际上,在大会开幕后,共产国际的报道局要求各国代表签名的表格上"中国"一栏里,江(中国社会党)和俞、张(中国共产党)三人的签名是并列的[29],也许这对中国共产党的两名代表来说,是莫大的屈辱。他们反复进行抗议,最终迫使共产国际方面把颁发给江亢虎的代表证临时收了回去。这样一来,轮到江亢虎进行抗议了。江亢虎在6月29日递交给共产国际主席季诺维也夫的信中这样说:

我代表中国社会党来到本地,该党组织,如前面声明所述,希望与第三国际合作。抵达莫斯科后,我向Lux[共产国际代表的宿舍]的事务局进行了申请,向Shumiasky同志递交了委任状。在第三次大会的开幕日[1921年6月22日],我领到了有表决权的代表证(no. 20)。但是,在参加大会四天之后,Kabasky同志命令我交回代表证。既没有任何说明,还

---

[28] 俄藏档案,全宗495,目录154,案卷81,第12页(原件为英文)。

[29] 俄藏档案,全宗490,目录1,案卷32,第10页。

剥夺了我作为出席者的权利。我认为这是一种侮辱,表示抗议。希望您重新考虑这个问题,并尽快予以答复。……希望您告诉我向何处申诉,才能重新得到原来的代表证,或者申请新的入场证。[30]

江亢虎所说的向其递交委任状的 Shumiasky,就是共产国际执行委员会远东书记局(伊尔库茨克)的负责人、也参加了这次大会的舒米亚茨基(B. Shumiatskii),而收回代表证的 Kabasky 就是共产国际执行委员会书记(秘书)科别茨基(M. Kobetskii)。江的信中包含几个重要的事实。第一,很明显,江亢虎是期待着他自己做负责人的中国社会党和共产国际合作而参加这次大会的;第二,他曾被共产国际所承认,并领到了具有表决权的代表证(mandate);第三,江亢虎的代表资格在大会期间不知为何——实际上如俞秀松和张太雷的信所表明的那样,是因为他们进行了抗议——被剥夺了。顺言之,江亢虎后来似乎听说代表证被收回是张太雷等作梗,曾经对知近的人这样说:

> 余初抵此间时,本以社会党代表名义出席第三国际会,已就绪矣。闻某团代表张某为中国共产党代表,系由东方管理部部长舒氏所介绍而来者,因往访之,欲期对于东方事得一致之主张,为将来改造世界之协调。不意相晤之下,张闪烁其词,不自承为代表。余方异之,及出席时,见张与舒氏在座,因询之曰,君代表券乎? 请明示。张不可,而转索余券。余立示之,张乃以其券相示,则亦代表券也。出席二三日,不意国际会竟将余券收去。余据理力争,经二日,国际会乃托为误会还余。于是余乃得出席。至终事后细访其故,始知张某等竟设为种种证据,致书于国际会,以中政府侦探目余。不知彼所指为证据者,余到时均一一预有详细声明,国际会察之,故卒还余券也。[31]

---

[30] 俄藏档案,全宗490,目录1,案卷208,第95页(原件为英文)。
[31] 游人《新俄回想录》,军学编辑局(北京),1925年,第92—93页。该书为1921年只身赴俄访问的一位中国军人的游记,书中的友人"海通君"即江亢虎。

早期共产国际大会的中国代表(1919—1922) 253

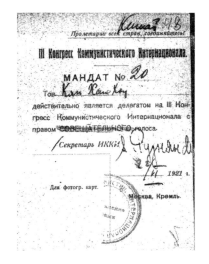
江亢虎的代表证(收回)

江亢虎的代表证(重发)

事实上,江亢虎的代表证有两张,一张保存在莫斯科(俄罗斯国立社会政治史档案馆),颁发日期、代表证号码、参会资格都如江亢虎所说,分别是6月22日、20号、表决权代表。[32]另一张代表证保存在中国,格式完全一样,但颁发日期是7月2日,号码是244号,颁发人是科别茨基。[33]有趣的是,新代表证的代表资格被改为发言权代表。江亢虎说共产国际方面承认了他的解释,"故卒还余券";但实际上,他拿到的不是原来那张被收回的代表证,而是被变更了参会资格的另一张代表证。

通过上述两封抗议信和江亢虎的两张代表证,我们可以清楚地了解江亢虎的代表资格在大会期间发生变化的过程。在大会开幕时,江亢虎曾作为中国代表之一,以表决权代表资格出席大会,但由于中共代表反复抗议,导致共产国际方面(科别茨基)在数日后收回了颁发给他的代表证。对此,江亢虎又表示抗议,科别茨基于是答应再次赋予他代表资格,并于7月2日颁发了新的代表证。

---

[32] 俄藏档案,全宗490,目录1,案卷207,第48页。
[33] 前引汪佩伟《江亢虎研究》插页照片。

只不过,考虑到中共代表的反对,把江的参会资格降为发言权代表。第一张代表证被收回后长期保存在莫斯科的档案馆里,而第二张代表证则被江带回国内,经过曲折历程后成为江亢虎传记的照片资料。

如前所述,江亢虎关于自己在莫斯科大会上的身份,在回国后写的书中说,"余非共产党,惟以社会党人资格列席,亦蒙优待,认为代表,并予以发言权";这一方面是以模糊手法掩饰自己接近共产国际的动机,同时也是对上述复杂交涉结果所作的简要总结。通过梳理事件的经过,有关第三次大会上中国代表的速记记载前后不一致的谜团,也就自然解开了。江亢虎开始以中国代表的身份参会,中途被排除在中国代表之外,被青年团的一名代表(俞秀松)取代。但大会记录并未对此加以仔细整理。所以,准确地说,第三次大会上被共产国际认定的正式中国代表,是张太雷(中国共产党)和俞秀松(中国社会主义青年团)这两名发言权代表;中国社会党代表江亢虎,开始时得到了表决权代表的资格,但在大会期间被剥夺,后来虽然又得到发言权代表资格得以列席会议,但在大会最终形成的正式文件中,没有被算作中国代表。另外,除以代表身份参会者外,已知参会的(来宾、旁听)还有记者瞿秋白,上海的社会主义青年团(或者说上海的外国语学社)的陈为人、王一飞、卜士奇、袁笃实、任岳、吴芳等。[34]

但是,尽管江亢虎的参会资格在大会期间被改变,还是受到了共产国际的优待,这又是为什么呢? 当时,在中国国内,在苏俄的推动下,成立共产党的工作正在进行,并且俞秀松和张太雷也是以

---

[34] 俄藏档案,全宗490,目录1,案卷18;全宗495,目录154,案卷112。参加共产国际第三次大会的中国人(含旁听在内),由于全部参会者的名单在大会期间多次修改,相互之间有出入,难以确定准确名单。据旁听了这次大会的萧劲光回忆,情况是相当随便的:"我们这些留俄学生便轮流参加了这次大会,当时也没有明确我们是不是代表,可能是旁听吧,但与代表们同吃同住,待遇同代表们是一样的。"《萧劲光回忆旅俄支部前后的一些情况》,《党史研究资料》1981年第6—7期。

共产党代表的资格来到莫斯科的。[35]所以,与共产党派别完全不同的江亢虎(中国社会党)竟被承认为正式的中国代表,看上去确实很奇怪。其实,这只是知道他"后来成为汉奸的冒牌社会主义者"的我们所抱有的印象而已,当时的、特别是中国国外的人们对他的评价自然不同。在同情革命的在俄中国侨民的部分领袖看来,江亢虎由于最早倡导社会主义,还曾经受北洋军阀的迫害而被迫流亡,其声望不在孙中山之下。典型的例子就是,在江从美国回国以前的1920年7月,在俄中国侨民的共产主义组织(俄国共产华员局)的领导人之一刘谦(Лю-Цян,俄语名 S. Fedorov)曾经以"中国共产党"的名义,向中国国内的共产主义者发出号召。其中,刘介绍了江亢虎的事迹,同时询问受华员局委托回到中国的江的近况,并希望中国同胞把江当作"亲密的同志"。[36]这个时期的俄国共产党里确实存在着这样一股冒险势力,即扩充由革命的在俄侨民所组成的共产主义组织,将其送回中国,并联络有知名度的江亢虎以及有动员能力的学生组织,以开展大规模的运动。[37]他们根本不了解中国国内的社会运动的实际情况,因此,把在国外的声望远比在国内高的江亢虎当作因"先知先觉"而备尝"流亡海外"辛酸的久经磨炼的社会主义者而给予高度评价,也是很自然的。

还有一点不可忽视,那就是江亢虎在美国生活了七年,掌握了流利的英语和熟练的社交技巧。应用西方语言进行交际的能力,是作为国际社会主义运动一员的必要条件,哪怕不懂德语、俄语这两种共产国际的主要通用语言,最起码必须能够用英语进行交流,

---

[35] 俞秀松和张太雷抵达莫斯科的准确日期不得而知;不过,他们肯定是于6月的前半月已经到达,并且比江亢虎要早。俄藏档案,全宗490,目录1,案卷208,第93页;全宗490,目录1,案卷17,第9页。

[36] 俄藏档案,全宗495,目录154,案卷5,第1页。

[37] 薛衔天、李玉贞《旅俄华人共产党组织及其在华建党问题》,《近代史研究》1989年第5期;李玉贞《孙中山与共产国际》,"中研院"近代史研究所,1996年,第84—86页。

否则,就不可能在莫斯科的共产国际各种活动中占有一席之地。但是,且不说出身于欧洲及其殖民地的社会主义知识分子,在亚洲,由于一般认为社会改革者或者一般知识分子并不一定通晓多种语言,具备这个条件的多是一些地位特殊的——或是其周围的——人物,这一点必须加以考虑。就日本而言,参加早期共产国际活动的人物,如片山潜、吉原太郎、田口运藏等,都是曾经在美国生活过的;当然,从国内赴苏俄的日本社会主义者需要克服的障碍很多,但不可否认的是,片山潜等之所以能够在共产国际的早期活动中留下足迹,离不开其在美国掌握的外语交际能力和人际关系。朴镇淳等许多早期朝鲜代表在共产国际史上留下名字,也因其出生于西伯利亚或俄国远东地区而具备能够以俄语进行交流的条件。如前所述,共产国际第一次和第二次大会的中国代表,同样也是在俄国接受教育的侨民。

从这个角度来看第三次大会时的中国代表,两名中共代表中,俞秀松(时21岁)只能啃得懂初步的英语和世界语。[38]至于张太雷(时23岁),据说他还在学校时就开始为天津的英文报纸或外国人做英语翻译[39],事实上,后来还担任过马林、鲍罗廷等来华共产国际代表的英语翻译,英语肯定是十分流利的;但较之滞美七年、用英语进行过无数次讲演、还用英文撰写过著作的江亢虎,张自是逊色不少。[40]事实上,在共产国际档案中保存的与共产国际事务局交涉时留下的文件和备忘中,江亲笔写的(英文)较多,而张太雷等手书的文字虽不是没有——比如前述抗议信——但要少得多。署名"张太雷"等的文件,英文手书的少,而仅在秘书准备好的俄语文件上签名的多。从现存的文件可以看出,中共代表除

---

[38] 《俞秀松烈士日记(1920年6月29日条)》,上海革命历史博物馆(筹)编《上海革命史资料与研究》第1辑,开明出版社,1992年;《中共创立时期施存统在日本的档案资料》,《党史研究资料》1996年第10期。

[39] 谌小岑《张太雷与天津第一个团小组》,《回忆张太雷》,人民出版社,1984年,第56—57页;华羊《瞿秋白与张太雷早年事》,《中共研究》第10卷第7期,1976年。

[40] 关于江在美国的活动情况,请参阅前引汪佩伟《江亢虎研究》,第149—163页。

了在重大问题上积极表态以外,基本上是在"做客";而江亢虎却充分利用英语特长,积极地开展交际。可以说,在利用西方语言进行交际的能力方面,江亢虎具备了在国际共运舞台上积极开展工作所不可缺少的素质。

2. "中共"代表的立场

"中共"代表张太雷、俞秀松通过多次抗议,虽然将有表决权的中国代表江亢虎成功地排除在外,但他们自己的参会资格也并非没有问题。简单地说,他们的确是以"中国共产党"代表的资格参会的,但实际上这两个人当初都不是为代表中共参加共产国际大会而进入苏俄的。

首先来看俞秀松。他进入俄国(1921 年 3 月 29 日由上海出发,4 月上旬到北京,后经哈尔滨陆路前往俄国[41]),严格地讲并不是为参加共产国际大会,而是作为中国社会主义青年团的代表,出席预定在同一时期在莫斯科召开的青年共产国际的大会。他在进入俄国之前,于 4 月 6 日从哈尔滨给父母写过一封信,其中谈到他进入俄国的目的:

> 第二次国际少年共产党定于四月十五日在 R 京[莫斯科]开会,他们于前月特派代表到中国来请派代表与会。我被上海的同志们推选为代表(中国共派两个代表,北京一个,上海一个。北京的代表也是我从前在工读互助团的朋友,他已先我出发。我因川资问题,所以迟到现在),所以急不容待要先走了。[42]

俞秀松在北京从事工读互助团运动失败,1920 年 3 月底来上海以后,一直直接参与陈独秀等成立中国共产党的活动。从这一

---

[41] 《给父母和家中诸人的信》(1921 年 4 月 1 日)、《给父母和家中诸人的信》(4 月 6 日),《红旗飘飘》第 31 集,中国青年出版社,1990 年,第 238—240 页。

[42] 前引《给父母和家中诸人的信》(4 月 6 日)。该信中所谈北京代表(俞工读互助团时的友人)指何孟雄,他在 4 月于满洲里被捕,没能进入俄国。详见前引《中国共产党成立史》,第 179 页。

点讲,他作为中共代表出席共产国际大会无可非议;不过从他直接表达了远赴俄国的目的的这封信来看,他离开中国时的身份,仅是出席青年共产国际大会的代表而已。现保存在莫斯科的他出席共产国际大会的委任状也证明了这一点。也就是说,保证出席大会资格的文件及委任状并非中国国内的组织(如中共),而是共产国际执行委员会书记局于大会开幕前(6月4日)在莫斯科签发的。[43]出席共产国际大会的各国代表,一般都是携带本国组织签发的介绍信或者委任状来到莫斯科的。比如,从美国前来参会的日本代表田口运藏,就携带着由片山潜(时在墨西哥)署名的日本共产主义小组(Japanese Communist Group)的委任状。[44]与此相比较看俞秀松的参会资格,可知他开始并非为代表"中共"参加"共产国际"的大会而来苏俄的。他之所以参加大会,是抵达莫斯科之后,出于共产国际方面的考虑而得到承认的。

另一位"中共代表"张太雷参加大会的经过,更加不可思议。长期以来,张太雷被认为是被派往共产国际的第一位中共党员,还由于他在1927年年底广州起义时壮烈牺牲,人们认为他是中共创立时期的成员之一。但是,直到最近人们才指出这种推测是缺乏明确资料根据的,包括他入党的过程在内,他在此前的经历仍然有许多谜团。也就是说,在1921年初到俄国以前,且不说他曾在多大程度上参与陈独秀等发起组织中共的活动,甚至连是否参与也不得而知。笔者曾根据已出版文献,对张太雷的身份及其进入俄

---

[43] 俄藏档案,全宗490,目录1,案卷208,第93页。承认其为出席青年共产国际和共产国际大会参会代表的这个委任状,委任俞秀松作为"中国社会主义青年团的代表"出席两个大会。另,此前的5月16日,伊尔库茨克的共产国际远东书记局曾为俞秀松出席青年共产国际大会签发的委任状(俄藏档案,全宗533,目录1,案卷32。中译请见中共浙江省委党史研究室编《俞秀松纪念文集》,当代中国出版社,1999年,第315—317页)。该委任状的日期及式样与共产国际远东局为张太雷出席共产国际大会签发的委任状(参见本文注52)相同。由此考虑,共产国际远东书记局当初似乎把二人作了明确区分,即派张太雷出席共产国际大会,派俞秀松出席青年共产国际大会。

[44] 俄藏档案,全宗490,目录1,案卷208,第11—12页。

国的过程作了全面分析,并做出如下推断。

张太雷在去俄国之前,在天津读书时,曾与同情布尔什维克的俄国人有过交往,开始对苏俄萌生兴趣,并在天津联络友人组成社会主义青年团。后来,简单地讲是擅自行动,他于1921年初代表自己成立的天津社会主义青年团去了俄国,得到正在寻求中国革命家人才的共产国际执行委员会远东书记局的舒米亚茨基的信任,3月份被任命为暂定的远东书记处中国科书记,后来被远东书记局点名作为中共代表参加了共产国际大会,而非中共的委派。[45] 应当说这个推断相当大胆,因为极端地讲,这等于说张太雷擅自代表自己的组织赴俄,而得到了共产国际的信任。在某种意义上说,张太雷之为代表确有自封之嫌。

但是,后来发掘出的当时的会议记录,不仅含有证实这个推论的内容,而且还传递出一些有关中共代表在第三次共产国际大会上的新的事实。第三次大会闭幕后不久,在伊尔库茨克召开了共产国际远东书记局主席团会议,并留下会议记录(1921年7月20日)。[46] 会上从第三次大会回来的舒米亚茨基和从中国来的中共党员杨好德(Ян Хаодэ,即杨明斋)分别作了如下发言:

> 舒米亚茨基同志:……出席[共产国际第三次]大会的代表并非总能反映本国组织的现状。比如英国就是这样。代表的产生常常是偶然的。这是由于一些资本主义国家的反动势力肆虐,联络也因之不畅而造成的。为了与一切冒险组织划清界限和介绍中国共产党的工作,由我作为远东书记处的领导人,和张太雷同志起草了一份报告。……我

---

[45] 详细考证请参阅前引《中国共产党成立史》,第209—219页。

[46] 俄藏档案,全宗495,目录154,案卷89,第4—5页。这份会议记录是俄罗斯科学院远东研究所的石克强(K. V. Shevelev)教授发表的《纪念中国共产党创立80周年:新资料》,《远东问题》2001年第4期。中译:李玉贞译《俄罗斯新发现的有关中共建党的文件》,《百年潮》2001年第12期。石克强教授一直致力于发掘和整理有关中国革命的俄语资料,2003年7月27日因事故去世。

们写了这个报告,为的是将其纳入第三次代表大会的记录之中,使其成为下一步工作的基础,并以此证明共产党的成熟。所有的前期工作都是代表团和我做的,现在只需第三次代表大会予以确认。我没有等到代表大会结束,但我完全相信,代表大会提出东方问题时,我们的论点将获得通过。由于中国还没有集中统一的中国共产党,我们本以为,中国代表团不仅没有表决权,而且也没有发言权。但是,在我做了详尽而客观的报告之后,共产国际执行委员会小局已决定,给予中国代表团发言权。

  杨好德同志:格里戈里[魏金斯基]同志走后,他们[上海的中共组织]就没有得到来自共产国际远东书记处以及柏烈伟同志的任何信息。他们甚至不知道有共产国际远东书记处的存在。收到共产国际远东书记处发来的电报,并得知派遣代表团出席第三次代表大会的建议和批准张同志[张太雷]的委任状后,他们非常高兴。尽管张同志在他们那里什么工作也没做,他们还是批准了他的委任状。得到广州的消息后,他们决定派遣两同志前去代表大会,因经费不足,只派出了杨好德同志一人,他们也准备了一个报告,是通过霍多罗夫同志寄的,伊尔库茨克这里暂时还没收到。[47]

从舒米亚茨基的发言可知,张太雷等中共代表团在莫斯科的活动,的确曾得到舒米亚茨基鼎力支持。由于舒米亚茨基的支持,原本连代表资格都成问题的张太雷等得到了有发言权的代表资格;舒米亚茨基的话即使有溢美的成分,但其势力无疑是很大的。而更引人注目的是杨好德(即杨明斋)的发言。那就是,在魏金斯基于1921年初离开中国后,上海的中共中央与共产国际对中国工作的窗口即伊尔库茨克的远东书记局没有接上联系,结果,向共产

---

[47]　杨好德发言中谈到的柏烈伟和霍多罗夫都是当时在中国进行活动的布尔什维克支持者,担任与中国人之间的联络。关于其详细生平请参阅前引《中国共产党成立史》,第87—88、94、102页。

国际大会派代表一事,就在中国国内的组织不知情的情况下,由远东书记局主导,任命了与国内组织没有直接关系的张太雷,而中共则是在事后才予以承认。而接到联系的中共中央克服了资金困难派遣的代表杨好德(杨明斋),虽然来到了伊尔库茨克,却没能参加大会。[48]很早人们就知道,共产国际三大的中国代表,除张太雷外,好像还有一位叫"杨好德(Ян Хаодэ 或 Ян-Хоу-Дэ)"的人物[49],也有人认为"杨好德"就是杨明斋[50],中共在第三次大会上留下的部分文件(比如给共产国际的报告)上,甚至还有杨好德的署名。[51]大概这是因为杨明斋虽然实际上并未出席大会,但无疑是从中国派来的代表。这正是"事实比小说还离奇"。

顺言之,上述杨明斋的发言说,张太雷出席第三次大会时的委任状,是远东书记局签发、中共事后承认的;这封委任状和俞秀松的委任状一同保存在共产国际档案里,签发者正是远东书记局(伊尔库茨克),日期是1921年5月16日。[52]至于张太雷去俄国前没有在国内直接参与中共活动这一事实,也可以从同时期就读于北京大学、在京津地区参加社会主义运动的刘仁静的回忆得到间接证实。刘仁静说:"记得那时[1922年]我还不认得张太雷,我第一次见到张太雷是后来在上海的苏联领事馆内[领事馆成立

---

[48] 共产国际第三次大会时,杨明斋在伊尔库茨克是毋庸置疑的,因为抱朴(即秦涤清)曾于1921年7月16日在伊尔库茨克见过杨明斋。抱朴《赤俄游记》,《晨报副镌》1924年8月26日。

[49] Xenia J. Eudin, Robert C. North, *Soviet Russia and the East*, *1920-1927*, Stanford, 1957, pp.139-140.

[50] 余世诚《参加共产国际"三大"的另一名中国共产党人是杨明斋》,《党史研究资料》1984年第1期;余世诚、张升善《杨明斋》,中共党史资料出版社,1988年,第17—18页;黄修荣编《苏联、共产国际与中国革命的关系新探》,中共党史出版社,1995年,第123页。

[51] 《张太雷文集》(续),江苏人民出版社,1992年,第5页译者(马贵凡)注。

[52] 俄藏档案,全宗490,目录1,案卷208,第92页。

的时间是1924年]。"[53]

如上所述,共产国际第三次大会上的中国代表问题错综复杂。严格来讲,无论俞秀松还是张太雷都不能算是从中国正式派遣的"党"的代表;不过,好在后来并未因此发生什么问题。原因之一是,显然属于上海中国共产党的俞秀松本人出席了大会,其所代表的共产党,在与来到莫斯科的其他各色"共产党"(比如江亢虎)争夺正统的斗争中最终胜出,结果成为得到共产国际承认的唯一的中国共产党。另一个原因是,虽然张太雷开始并不一定与上海的中共中央有直接关系,而是因为得到伊尔库茨克的共产国际远东书记局的重用,才以"中国共产党"代表的身份参加共产国际大会;但是,他在会议期间,以及后来都没有进行分裂行为,而是与中国共产主义运动的主流俞秀松、陈独秀等通力合作。中共方面事后也承认、尊重张太雷的身份,并未追究遴选代表的手续问题。

共产国际第三次大会,是中国共产党与共产国际建立正式关系的起点,在某种程度上,中共代表资格问题了结得有些不明不白;实际上,对中共来说这是非常幸运的。各国共产党与共产国际之间的组织原理——某组织的正统性需要世界性的组织统一体按一个国家仅允许一个组织的原则来认定——被严格遵循,其结果造成各国共产主义组织围绕参加共产国际的代表资格问题而发生纠纷、内讧,这样的例子绝非少数。第三次大会前后,就有美国、英国、德国、捷克斯洛伐克、朝鲜等国的共产主义组织,以共产国际为舞台,上演了或大或小的争夺正统的内讧。特别是在伊尔库茨克的远东书记局主持的远东地区,远东书记局支持成立的高丽共产党(伊尔库茨克派),在未与上海派进行组织调整的情况下,就向第三次大会派去了代表,后来在朝鲜共产党内部播下了严重内讧的种子。与此相比,应该说中国共产

---

[53] 刘仁静《回忆我参加共产国际第四次代表大会的情况》,《党史研究资料》1981年第4期。

党在代表遴选问题上表现大度,反倒使其早期活动得以顺利进行。当然,在中国,渴望社会主义运动的国内知识分子已经在公认的优秀领导人陈独秀周围相当紧密地团结起来,国内外几乎不存在与之对抗的其他社会主义势力,这也是很重要的。第三次大会后不久,中国共产党在两位身份明确的共产国际代表参会的情况下,召开了其第一次党的代表大会,这也没有留下产生分裂的余地。仅就与共产国际的关系而言,中国共产党从诞生到开始成长是十分顺利的。

四、第四次大会

中国共产党在 1922 年 6 月召开第二次代表大会,完全承认所谓"二十一条",成为共产国际的中国支部。[54] 实际上,中国共产党在第一次代表大会上已经决定加入共产国际[55],并且如前所述,已经向 1921 年的共产国际第三次大会派出了代表——虽然形式比较特殊——实质上已经是共产国际的一员。尽管如此,还是以党的正式决议的形式加以确认。因此,1922 年 11 月 5 日至 12 月 5 日在莫斯科(开幕式在彼得格勒)召开的共产国际第四次大会,对于中国共产党,可算是预定派赴会议而选出的代表正式参会的第一次世界大会。[56] 而率领代表团的,是中共中央执行委员会委员长,即中国共产党的最高领导人陈独秀,这也标志着中国共产

---

[54] 《中国共产党加入第三国际决议案》,中央档案馆编《中共中央文件选集》1,中共中央党校出版社,1989 年,第 67 页。

[55] 《中国共产党第一个纲领》(前引《中共中央文件选集》1,第 3 页)是"一大"通过的党章性质的文件,其第 2 条规定"联合第三国际"。"联合"与"加入"在意思上有区别,不过,中共方面在翻译其他国家共产党的文件时,对"加入"或"联合"共产国际也是几乎不加区别(《英国共产党成立》,《共产党》第 1 期,1920 年 11 月)。

[56] 在共产国际第三次和第四次大会之间,1922 年 1 月至 2 月,远东各国共产党及民族革命团体代表大会在莫斯科(最后的会议在彼得格勒)召开。关于出席该次大会的中国代表,参见杨奎松《远东各国共产党及民族革命团体代表大会的中国代表问题》,《近代史研究》1994 年第 2 期。

党名副其实地登上了国际共运的舞台。此外尚需附述者,即旅欧中国共产主义小组赵世炎等人,此前曾计划在国内党组织承认的前提下派谢寿康、张伯简等出席第四次大会;后国内方面决定由陈独秀本人参会,由欧洲来到莫斯科的该小组成员之一张伯简(别名"红鸿")遂仅为旁听。[57]

据相当于第四次大会正式记录的速记记载,资格审查委员会报告称:"中国共产党:党员 300 人,交纳党费者 180 人,受邀代表 3 名,出席 1 名,被赋予表决权。"[58]审查委员会举出的党员人数是中国共产党申报的。[59]在这次大会 4 个月前,陈独秀曾给共产国际递交过一份工作报告,其中称有党员 195 人(其中女性党员 4 人,工人党员 21 人)。[60]也就是说,自那之后数月之间,增加了大

---

[57] 俄藏档案保存的贴有照片的代表证中,除陈独秀、刘仁静、王俊外,还有一张署名"Honghong"的代表证(俄藏档案,全宗 490,目录 1,案卷 360,第 109 页。10 月 29 日签发,资格是"中国共产党代表",出席会议为"青年共产国际")。据推断,此即张伯简(别名"红鸿")的代表证。赵世炎等旅欧共产主义小组曾计划派代表出席共产国际第四次大会,见于赵致李立三等信函(《给隆郅(李立三)同志的信》[1922 年 4 月 25 日]、《给吴明(陈公培)的信》[1922 年 4 月 26 日],《赵世炎选集》,四川人民出版社,2001 年,第 64、67 页)。谢寿康似中途取消计划,未到莫斯科。张伯简到莫斯科后,因陈独秀等正式的中国代表已来莫斯科,遂变更身份为出席青年共产国际大会的中国代表,大概即以该身份旁听了共产国际大会。有关派遣张伯简的背景即旅欧共产主义小组的动向,请参看郑超麟《纪念尹宽》,《郑超麟回忆录》上卷,东方出版社,2004 年,第 399—402 页。

[58] 德文版《共产国际第四次大会会议记录》(Protokoll des Vierten Kongresses der Kommunistischen Internationale: Petrograd-Moskau, vom 5. November bis 5. Dezember 1922),1923 年,第 365 页。

[59] 《"二大"和"三大"——中国共产党第二、三次代表大会资料选编》(中国社会科学出版社,1985 年)收录有译自俄语的《关于我们党的组织问题(补充报告)》(该书第 128—129 页)一文,正是审查委员会的报告所依据的中共提交的报告,其中称党员人数"共有三百人左右"。另,前引《中国共产党组织史资料》第 1 册第 20 页所举数字与此相同,但称原文为英文(日期为 1922 年 12 月 9 日)。共产国际档案存有该资料(俄藏档案,全宗 514,目录 1,案卷 16)。

[60] 《中共中央执行委员会书记陈独秀给共产国际的报告》(1922 年 6 月 30 日),前引《中共中央文件选集》1,第 47 页。

约 100 名党员。[61] 而按规定交纳党费[62]的大约三分之二,这个比例,与报告中其他国家的共产党相比并不算低,属平均水平。

此前一般认为,出席共产国际第四次大会的是陈独秀、刘仁静、王俊 3 人组成的中国(中共)代表团。[63] 但是,根据这份速记来看,受邀请的是 3 人,但实际上代表中共参会(表决权代表)的仅 1 人;而据 Comintern Archive 载,这一人就是陈独秀。[64] 尽管分配给中共的代表名额是 3 人,并且陈独秀、刘仁静、王俊[65]3 名中共党员也从中国来到了莫斯科,却只有陈独秀一人被认定为中共代表,这有些不可思议。但是,仔细研究大会记录会发现,刘仁静和王俊确实也曾参加会议,在名单上,刘仁静是作为青年共产国际的代表,王俊是作为赤色工会国际的代表参会的。[66] 可能通知的内容是要求向共产国际以及同时期召开的青年共产国际、赤色工会国际的大会派 3 名代表,而中共方面理解为向三个大会各派 1 名代表,共 3 名(共产国际:陈;青年共产国际:刘;赤色工会国际:王),于是,中共代表的委任状只给了陈独秀一人;而共产国际资

---

[61] 共产国际第四次大会之后半年(1923 年 6 月)在广州召开的中共第三次大会报告党员数为 420 人(《陈独秀在中国共产党第三次全国代表大会的报告》,前引《中共中央文件选集》1,第 168 页),所以,共产国际第四次大会时有党员 300 名,数字并无异常。

[62] 中共"二大"(1922 年)制定的《中国共产党章程》就党费有如下规定,即月收入 50 元以下者党费每月为 1 元,50 元以上者为月收入的十分之一,无月收入以及月收入不足 20 元的工人每月 2 角,失业工人及狱中党员免除党费。前引《中共中央文件选集》1,第 98 页。

[63] 前引《中国共产党组织史资料》第 1 册,第 21 页。前引向青《共产国际与中国革命关系论文集》,第 327 页。

[64] 俄藏档案,全宗 491,目录 1,案卷 343,第 16 页。

[65] 王俊的生平在中共人名录等书中没有记载,不明之处甚多。各种间接资料称,他本来是长辛店铁路工厂的满族工人,五四时期曾参加救国十人团的活动,后来领导了该工厂的罢工。没有材料证明他的党历,刘仁静说,当时的王俊是天主教徒,但不记得他是不是党员。前引刘仁静《回忆我参加共产国际第四次代表大会的情况》。

[66] 俄藏档案,全宗 491,目录 1,案卷 343,第 18—19 页;全宗 491,目录 1,案卷 360,第 122—124 页。

格审查委员会则出于尊重中共,正式文件遂作"受邀代表3名,出席1名"处理。共产国际大会文件中中国代表的委任状只有陈独秀的一张,可作证明。陈的委任状是简单地写在一张小纸片上,但与第三次大会时张太雷和俞秀松的明显不同,确实是本国的组织即中国共产党签发的。

> 陈独秀[ChenTuSiu]同志被中国共产党[ChineseComm. Party]任命为莫斯科第四次大会的代表。
> 北京,1922年10月3日
> 中央委员会李守常(Li ShouChang)代[67]

根据这张委任状,可以推测陈独秀赴俄行程的一端,即他是10月3日以后离开北京的。从陈独秀的角度讲,因为他本人就是组织的最高领导,自署委任状当然无妨,但特意避免领导人自署,而采取了中央委员会承认的形式,请李守常(即李大钊)签署。这表明他们考虑得非常周到,对组织的原则认识很强。虽然陈独秀在中国国内无人不晓,但在他本人即将亲赴的国际共运舞台上,他的名字、他所代表的党,还远远不为人知。

作为正式的中共代表(表决权代表)出席共产国际大会的是陈独秀,但实际议事时作报告的是刘仁静。刘仁静自己曾谈到这样做的理由:"陈独秀虽然懂英文,但还不能以之来自由表达自己的思想。"[68]实际上,已在莫斯科的瞿秋白作为辅佐实际事务的人员也加入了代表团,担任"汉语—日语—俄语的翻译"[69],负责协助不通俄语的中国代表团日常工作和交涉事宜。但是,因为瞿不是代表团正式成员,俄语再好,也不方便代替正式代表宣读报告。于是,在北京大学学过英语的刘仁静(时20岁)就担起了大

---

[67] 俄藏档案,全宗491,目录1,案卷353,第197页。该委任状是英文打印的,只有"Peking 3/10/22"和"Li ShouChang"是手写。

[68] 前引刘仁静《回忆我参加共产国际第四次代表大会的情况》。

[69] 俄藏档案,全宗491,目录1,案卷350,第2页。只不过,瞿秋白做汉俄翻译大概没有问题,但应该不懂日语。

任。刘仁静的《关于中国形势的报告》以及拉狄克批判该报告稍显自以为是的文章,已经全文公开,此处不再赘述其内容。[70]

不过,有一点应该指出,有迹象表明,对于拉狄克用德语进行的批判,中共代表团曾予以回敬。拉狄克在发言中说,在这一年直奉战争时,中共支持吴佩孚,向吴那里派了党代表。对此,中共代表团于次日以陈独秀的名义致信共产国际主席团,反驳说根本没有此类事实。[71] 大会的议事日程和发言内容,都是于次日印成大会公报(Bulletin,英德法俄四种语言)供各国代表阅读,估计陈独秀、刘仁静在次日的公报上读到拉狄克发言的内容,遂立即要求订正。陈独秀的信有半页信纸,是中共代表在大会期间几乎唯一的真实声音。但是,这个要求并没有被反映在会后编纂的会议记录中。他们为维护中共的名誉而不得不发出的抗议,似乎被共产国际的主席团当成了小题大做。

有著作称,陈独秀在大会期间作了题为《中国工人运动》《中国政治形势》《中国的政治派别和反帝战线的口号》《中国的土地问题》等几次发言。[72] 另有两篇俄文报告存在,即《关于中国形势的报告——中国代表陈独秀同志在第四次代表大会上的报告(莫斯科,1922 年 11 月)》《中国的政治派别和反帝统一战线的口号——陈独秀同志在共产国际四大上的报告》(1922 年)。[73] 但那不过是书面报告的俄译本,并不能据此断定陈曾按此内容作过发言。而且,陈独秀虽然在大会期间曾在"关于东方问题的总提纲、

---

[70] 刘仁静的报告以及拉狄克的发言,请参阅前引《共产国际有关中国革命的文献资料》第 1 辑,第 60—65 页。

[71] 俄藏档案,全宗 491,目录 1,案卷 262,第 28—29 页。

[72] 黄修荣《共产国际与中国革命关系史》上,中共中央党校出版社,1989 年,第 133 页。

[73] 收入该二报告的档案,非共产国际第四次大会全宗,而是有关中国共产党的全宗(俄藏档案,全宗 514,目录 1,案卷 16,第 1—11、17—21 页)。有关该二报告的内容,请参阅李颖《陈独秀赴俄出席共产国际四大解析——在俄罗斯发现的陈独秀的两篇报告》,《中共党史研究》2005 年第 3 期;李颖《陈独秀与共产国际》,湖南人民出版社,2005 年,第 49—54 页。

决议检讨委员会""朝鲜问题委员会"中列名[74]，但他外语较差，连最重要的报告都由刘仁静代为宣读，很难想象他在大会或委员会上能积极发言。关于大会期间陈独秀和中国代表团的处境，刘仁静曾这样说过：

> 中共代表团在世界共产党的盛会上，受到的重视不够。我们那时原抱着很大希望参加大会，可是在大会期间，陈独秀作为中国共产党的创始人和主要领导人，也和我们一样，无非是一般参加会议，共产国际领导对他既没有什么特殊礼遇，也没有安排什么个别交换意见。[75]

这就是年轻的中共党员眼中的大会实际情况。中共代表团在大会上"仅是坐听"，其背景不用说是因为建党之后不久，还没有什么活动成果，也缺少与共产国际首脑们进行交流所必需的外语能力。

就这样，共产国际执行委员会讨论如何把大会通过的《关于东方问题的总提纲》在中国付诸实施的会议，在陈独秀缺席的情况下举行。这次共产国际执行委员会的会议在共产国际第四次大会闭幕后（12月29日）举行，也曾有人提议"应邀请在莫斯科的中国代表参加委员会会议"。[76]但是，陈独秀此时已在按照第四次大会的决议制订了几个计划[77]后启程回国。结果，参加第四次大会的魏金斯基和与陈独秀回国几乎同时从中国回到莫斯科的马林（12月23日抵达莫斯科），受邀参加了这次会议，并对中共党员是

---

[74] 前引德文版《共产国际第四次大会会议记录》，第634、825页。

[75] 前引刘仁静《回忆我参加共产国际第四次代表大会的情况》。

[76] 《共产国际执行委员会主席团有关中国问题的会议记录》（1922年12月29日），前引《联共（布）、共产国际与中国国民革命运动（1920—1925）》，第178页。

[77] 题为《中国共产党对于目前实际问题之计划》的汉语文件（前引《中共中央文件选集》1，第119—125页），据认为是陈独秀在莫斯科时执笔的。《中共中央文件选集》的编者根据该文件的俄语和英语稿件的末尾有"陈独秀1922年11月莫斯科"的字样，给该文标注了日期。但是，该文件中有涉及《关于东方问题的总提纲》之处，即"共产国际第三次第四次大会……为东方的无产阶级指示出目前争斗所需要的两个策略"，所以，该文应该是共产国际第四次大会闭幕后，亦即12月以后写成的。

否应该加入国民党等对后来的中共产生极大影响的多个悬案陈述了意见。[78] 曾在中国工作过的魏金斯基和马林，围绕如何评价国民党，以及中国的社会运动基础等问题见解各异，结果产生了两个互相矛盾的决议，即《关于中国共产党的任务的决议（对东方问题提纲的补充）》[79] 和《关于中国共产党与国民党的关系问题的决议》[80]，并对后来的国共合作投下了浓重的阴影。但是，这些讨论都是在陈独秀毫不知情的情况下进行的。当然，即使陈独秀参与讨论，他的意见能在多大程度上影响会议，又是另外一个问题。

鉴于此前就陈独秀何时离开中国、何时抵达莫斯科、会议结束后何时回到中国等，只有非常模糊的记述，此处拟就陈独秀参会后的行动足迹做若干补充。首先，我们不清楚他是何时离开上海北上的，不过，上述李大钊署名的委任状是10月3日在北京签发的，据此推定陈独秀离开北京是在那之后。至于是何时抵达莫斯科的，据在北京与陈独秀会合的刘仁静说，这时从北京到莫斯科的交通仍然很不方便，路上要一个多月，所以，到达莫斯科的时候，十月革命纪念日（11月7日）早已过去。[81] 也就是说，他们没有赶上共产国际第四次大会开幕式。刘在另外的回忆录中，把这个记忆与大会日程对照后，断言是11月8日抵达莫斯科的。[82] 共产国际第四次大会的开幕式之所以安排在11月5日于彼得格勒举行，是想请参加开幕式的各国代表列席随后举行的革命纪念日纪念典礼，然后再转移到莫斯科。了解这种安排的刘仁静说，他们是革命纪念日之后抵达莫斯科的，应该是相当可信的。而且，中国代表虽到得较晚，也只是没有赶上仪式性的开幕式，没有影响到参加正式会议，所以不成什么问题。

---

[78] 关于马林抵达莫斯科的日期，请参看李玉贞《马林与第一次国共合作》，光明日报出版社，1989年，第104—105页。关于他们在共产国际执行委员会上的发言和讨论，参看前引《联共（布）、共产国际与中国国民革命运动（1920—1925）》，第53、56文件。
[79] 前引《联共（布）、共产国际与中国国民革命运动（1920—1925）》，第49文件。
[80] 前引《共产国际有关中国革命的文献资料（1919—1928）》第1辑，第76—77页。
[81] 前引刘仁静《回忆我参加共产国际第四次代表大会的情况》。
[82] 《访问刘仁静先生谈话记录》，《党史资料丛刊》1981年第4期。

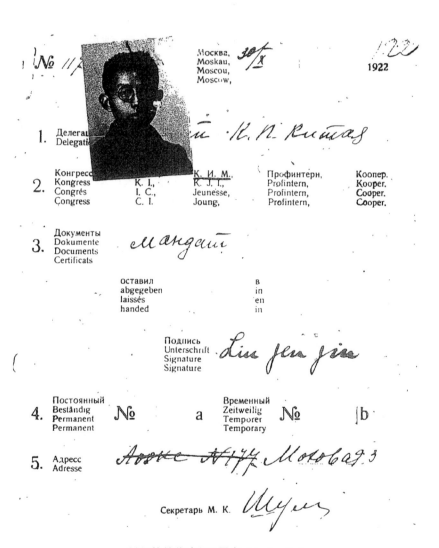

刘仁静的代表证(署名:Liu jen jin)

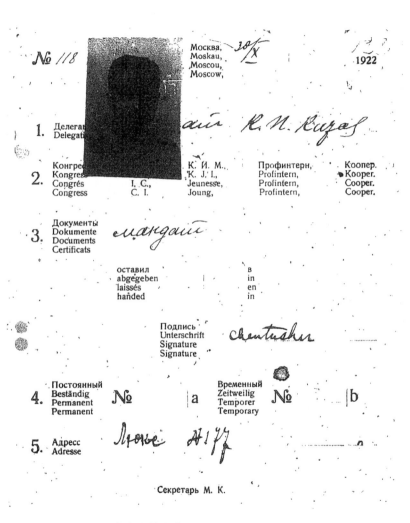

陈独秀的代表证(署名:Chen tushu)

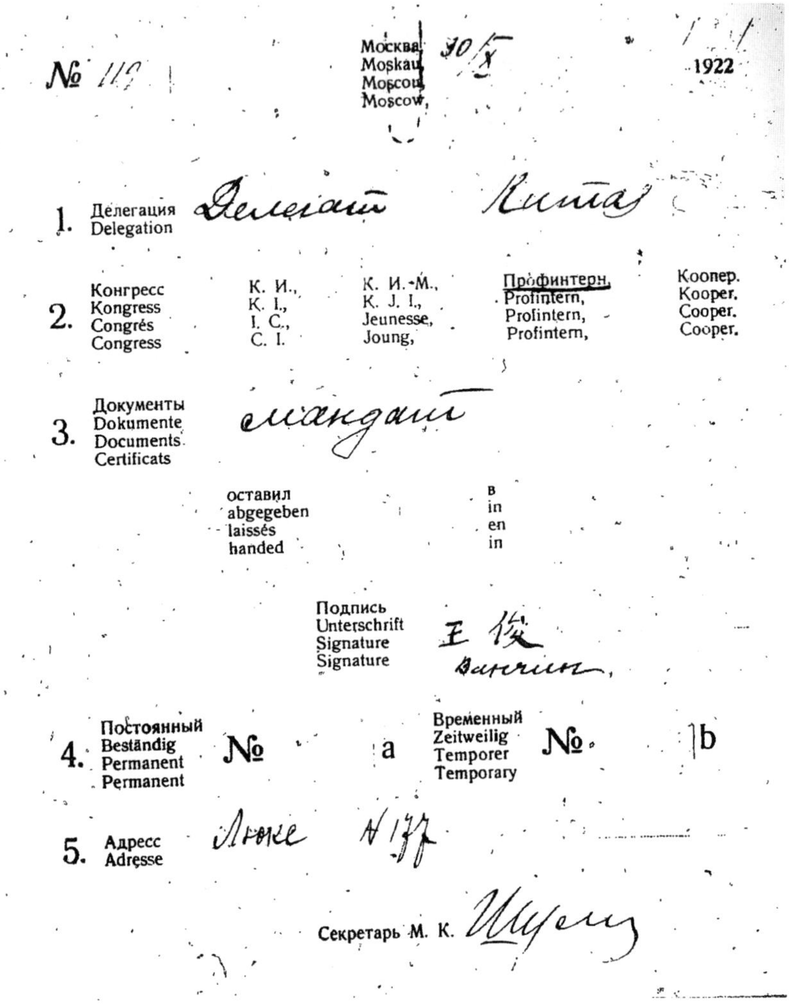

№ 119 Москва, Moskau, Moscou, Moscow, 30/X 1922

1. Делегация / Delegation: Делегат Китая

2. Конгресс / Kongress / Congrès / Congress — К. И., K. I., I. C., C. I. — К. И. М., K. J. I., Jeunesse, Joung, — Профинтерн, Profintern, Profintern, Profintern, — Коопер. Kooper. Cooper. Cooper.

3. Документы / Dokumente / Documents / Certificats: мандат

оставил / abgegeben / laissés / handed — в / in / en / in

Подпись / Unterschrift / Signature / Signature: 王俊 Ванчин

4. Постоянный / Beständig / Permanent / Permanent № a — Временный / Zeitweilig / Temporer / Temporary № b

5. Адресс / Adresse: Люкс N 177

Секретарь М. К.

王俊的代表证（署名：王俊 Ванчин）

早期共产国际大会的中国代表(1919—1922)　273

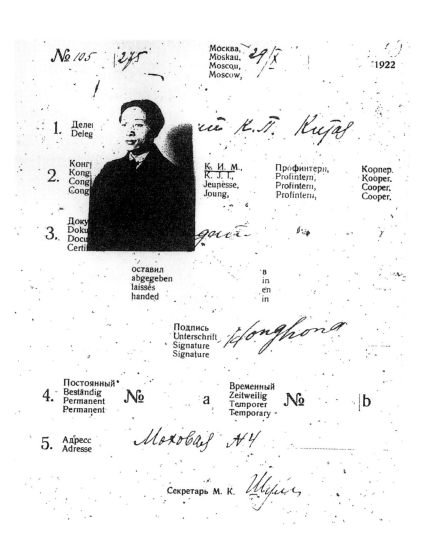

张伯简的代表证(署名:Honghong)

奇怪的是,签发给陈独秀等 3 名中国代表的带照片的代表证(参会者本人签名)[83]上的日期,都是大会开幕前的"10 月 30 日"。如果该日期属实,他们没有按时赶到莫斯科就是刘仁静记错了,事实上他们是在开幕前从容地到达莫斯科的。但是,既然怀着崇敬的心情第一次到莫斯科的刘仁静明确地说,他们没有赶上大会的开幕式和革命纪念日,因此,即使大会记录如此,恐怕也不能就此认定发证日期肯定是正确的。可能的解释只有一个,那就是,尽管开幕临近而中国代表团尚未报到,但有人提前按邀请人数(3 名)办好了代表证,而签名、贴照片等手续则是在代表团到达后补办的。

采取该变通措施的背景,可能与通过其他渠道比陈独秀等先期来到莫斯科的张伯简有关。张的代表证的签发日期是 10 月 29 日,比陈独秀早一天。据此我们可作如下推测:预定参会的中国代表团尚未抵达,而受欧洲的中国共产主义小组委派的张伯简已来到莫斯科办完参会登记,于是有必要为将要到达的中国代表提前准备好代表证,以避免如第三次大会时那样的纠纷。若再作大胆猜测,则提前准备代表证很可能有瞿秋白在其中发挥作用。亦即,瞿很了解第三次大会时围绕代表资格问题发生过争执,且自身负有辅佐中国代表的责任,自然要考虑如何避免类似纠纷再次发生,于是在张伯简办完手续的次日,代中国代表申请、办理了代表证。

不过,也的确有资料显示,陈独秀等抵达莫斯科极可能是在共产国际大会开幕(11 月 5 日)以前。如当时在柏林的张申府(陈独秀的盟友,曾参与发起中国共产党)在 1922 年 11 月 6 日的日记中写道,"陈仲甫自莫来信"。如果该记述无误,则陈独秀至迟在 10 月底以前已经抵达莫斯科。[84]果真如此,刘仁静的上述说法即为

---

[83] 俄藏档案,全宗 491,目录 1,案卷 360,第 122—124 页。
[84] 张申府《中国共产党建立前后情况的回忆》,《所忆——张申府忆旧文选》,中国文史出版社,1993 年,第 29 页;《张申府文集》第 3 卷,河北人民出版社,2005 年,第 485 页。此外,当时在莫斯科的抱朴(秦涤清)后来写下的《赤俄游记》(《晨报副镌》1924 年 9 月 6 日)也显示,陈独秀在共产国际大会前已到莫斯科。

记忆错误或误解。现在仍未发现确切资料,故陈独秀所率中国代表团到底何时到达莫斯科,只能存疑。

关于陈独秀离开莫斯科的时间,也没有任何资料可资确认。不过,受陈独秀之请决心回国的瞿秋白,是在大会结束后于12月21日离开莫斯科的,陈独秀应该与瞿同行。[85]陈独秀回到北京是在第二年年初,即1923年1月10日。[86]出于谨慎,在入境时分开行动的瞿秋白于1月13日抵达北京。[87]总之,如前所述,在共产国际执行委员会自12月底开会讨论在中国开展工作的方针时,陈独秀无疑已经离开了莫斯科。关于闭会后马上回国的陈独秀的心境,刘仁静曾推测说,"何况后来我们在大会的发言又被共产国际领导认为是'吹牛',这总不是一件能提高兴致的事"。[88]可以说这是暗示陈独秀后来和共产国际(俄共)纠葛的第一次、也是最后一次访苏。

五、结束语

现在中国有一句话叫"文山会海",是说文件、会议过多,影响了组织和个人的正常工作,多用于批判无用的会议和文件泛滥成灾。事实上,正如许多人所看到的,这并非始于今日。正像不少人说过的那样,中华人民共和国成立后,社会上一下子多了起来的东西,以"会议"为最,会议多,是中国共产党,以及所有叫作共产党的政党无法祛除的属性。也就是说,上自党中央,下至基层组织,重要事项(有时是琐碎的)必须通过会议传达、讨论、决定,然后以文件形式加以确定。或许正是这个体制,蕴含着招致组织和政策

---

[85] 瞿秋白《赤俄之归途》,前引《瞿秋白文集》(政治理论编)第1卷,第420页。前引《访问刘仁静先生谈话记录》也称,瞿秋白"跟陈独秀一起回国"。

[86] 《程志孟(陈独秀)致孟邹、原放信》(1923年1月25日),汪原放《回忆亚东图书馆》,学林出版社,1983年,第89页。

[87] 瞿秋白《赤俄之归途》,前引《瞿秋白文集》(政治理论编)第1卷,第423页。

[88] 前引刘仁静《回忆我参加共产国际第四次代表大会的情况》。

决定僵化、同时又反映了保证各种决定的民主程序这一共产党的活动原理。[89]共产党组织的决定,即使实际上是在走廊下、密室里进行,或者通过小范围交换意见而规定了决定的方向,也必须通过正式会议才能最后确定。人们说到党的重要路线转换时,总是离不开会议,原因就在这里。八七会议如此,遵义会议如此,十一届三中全会亦如此。

正因为会议如此重要,谁出席了什么会议,或者以什么资格出席等,对于中共党员来说,往往比会议决定本身更有意义。中共党史研究常常需花费很大精力以确定参会者人数,在谈论党的领导人的经历时,往往也离不开历届大会的出席情况,这些都反映了党内"会议"的重要性。而会议的席次、所使用的语言或者参会者自然遵循的习惯等,无不有党的会议所特有的形式。可是,"通过会议决定,以文件形式加以确定"的体制本身是如何引进、固定,最后达到习以为常的?对于这些却极少有人探讨。

本文认为,这样的会议进行模式部分来源于共产国际的会议,因而着重就中共党员参加的第三次和第四次大会,探讨了参会时的手续和资格。一般来说,要分析某次大会,应该分析大会上讨论和决定了什么、该决定对中国的现实和革命活动产生了什么影响等。但本文特意着眼于会议的模式以及参加模式。如上所述,这是为了确认共产党作为会议政党的出发点。比如,每逢重大会议的关键时刻总要齐唱《国际歌》的情景,在中国好像是理所当然的。其实这是刘仁静、瞿秋白等在共产国际大会上目睹同样做法而非常激动,1923年回国后将其作为新作风而特意引进党内的。关于中国共产党的会议和工作模式,本文已显太长,拟另稿再论。

最后,在审视"前言"提到的中国共产党作为共产国际支部而

---

[89] 当然,会议对于政党等组织的运营是不可缺少的。比如,同在中国,国民党的章程(1919年10月)也有关于会议的条目。只不过,该规定只是对全国大会而言,不像共产党那样(比如第二次大会制定的章程),连只有几名党员的地方支部开会的义务和次数都有规定("每周一次")。

存在,特别是中共代表团(或中共党员)在早期共产国际大会上进行活动的实际层面时,必须承认国际会议上的现实问题,即语言不通或文化背景差异而造成的障碍既属在所难免,也常常左右着中国参会者对共产国际组织的参与程度。这个现实问题,又进一步产生了所谓"国际派"人物逐渐掌握各国共产党中枢的现象。因为他们与共产国际首脑或在各国工作的共产国际代表能够进行日常交流。就中国而言,早期的张太雷、瞿秋白,后来的王明等地位上升,都必须考虑他们的外语交际能力以及随之产生的与共产国际代表之间的密切关系,才能加以解释。就像不通理论就无从进行革命活动一样,不通外语(特别是俄语)就不可能在共产国际与中共的关系中占据重要位置——起码在1930年代以前是如此。在这点上,可以说,早期的中国共产党受到了双重制约:除了国际机构的强有力控制,还受到外语交流的制约。这意味着中共时常面临着变成共产国际或苏联共产党"翻译"的危险。而蔡和森(时为中共中央委员)批判共产国际驻华代表鲍罗廷的话(1926年)表明,那已经不仅是一种危险,有时已经是事实。他说:

> 他[指鲍罗廷]不考虑中央仅有三人,《向导》实际上已没有编辑等情况,就把瞿秋白调去作翻译。……鲍同志到中国已一年多了,可从来没有注意过我们党的生活,对待党完全象对待翻译供应机关一样。[90]

陈独秀后来也曾就同样事态打过比方,他说,中共已经沦为"斯大林留声机"。[91]说是"翻译供应机关"也好,"留声机"也好,这种事态都如实地表明,在中共和共产国际的关系中,因中共是共产国际支部而发生的组织性制约,经常是伴随着语言制约而出现的。

---

[90] 蔡和森《关于中国共产党的组织和党内生活向共产国际的报告》(1926年2月10日),《中央档案馆丛刊》1987年第2—3期。

[91] 陈独秀《告全党同志书》(1929年12月10日),《陈独秀著作选》第3卷,上海人民出版社,1993年,第102页。

围绕着早期共产国际大会的中国代表问题,由于其成员、参会资格得以确认而基本得到了解决。但是,解决这些问题的过程中浮现出来的问题——比如组织的运营模式(就共产国际大会而言,是参会模式)——时常强烈地影响着活动的内容和相互关系的实际性质,这些问题,都涉及后来中共和共产国际之间各方面的关系。

原文(日文)题为《初期コミンテルン大会の中国代表(1919—1922年)》。收于森时彦编《中国近代化の动态构造》,京都大学人文科学研究所,2004年。中文版收于《上海革命史资料与研究》第5辑,上海古籍出版社,2005年。收入本书时,做了修订。

由考证学走向史料学
——从中共一大几份资料谈起

一、序言

中共一大因在秘密状态下召开,除后来发表的回忆录外,保存下来的历史资料极少。故此,要弄清一大的历史事实,必须对这些历史资料作严谨分析。众所周知,尤其在改革开放以后,有关一大的考证研究,其成果可谓汗牛充栋。笔者曾就此评论说:"如果以研究工作的劳动效率观之,对中共成立史这一历史长河中短暂的一幕所投入的研究量之大,是不同寻常的。"[1]笔者也曾对各种回忆录的真实性作过谨慎分析,并依据原始资料对其作了比对、订补;这项工作反映在拙著《中国共产党成立史》中。

还在撰述《中国共产党成立史》时,笔者即已感到,更需要作谨慎分析的是通行见解的形成过程,以及这些见解引以为据的史料的形成过程,而不仅是回忆录。关于一大通行见解的形成过程,拙著也曾对董必武回忆录的前后变化作过探讨,并提请注意共和国时期意识形态对回忆录的限制。[2]但是,实际上,此类意识形态限制不仅影响有关个人回忆历史,还影响了早期党史重要史料的

---

[1] 石川祯浩《中国共产党成立史》,袁广泉译,中国社会科学出版社,2006年,第4—5页。

[2] 同前,第255—264页。

翻译和编纂。本文将对中共一大研究中现今仍被视作重要史料的几份资料进行探讨,并试图表明这样一种看法,即今后中共一大研究所需要的,不是对现有各种资料进行比对的"考证学",而是充分斟酌、分析资料内容的"史料学"。数十年的成果和积累,要求中共一大研究必须从"考证学"进一步走向"史料学"。

本文将要展开论述的是研究一大的学者都非常熟悉的几份资料,即陈潭秋《第一次代表大会的回忆》、葛萨廖夫《中国共产党的初期革命活动》和《董必武给何叔衡的信》(1929年12月31日)。通过探讨,我们将看到,在共和国时期党史研究中,史料的翻译、整理、编纂等常受到意识形态的束缚。笔者坚信,通过了解这一事实,以资料为前提的一大研究将进一步深化。

二、陈潭秋《第一次代表大会的回忆》的几个版本

陈潭秋发表于1936年的《第一次代表大会的回忆》,作为一大代表本人执笔的早期回忆录,具有极高的资料价值。该回忆录由于谈到了一大的召开时间(1921年7月底)、代表人数(13人)和大会讨论情形,学者将其作为第一手资料而经常引用。但奇怪的是,这部回忆录的原文到底如何,中国国内却从未发表。[3]也就是说,大多研究一大的学者对此背景毫不知情,因而对该资料的利用只能是不完整的。

陈潭秋的回忆录,是为纪念中共建党15周年而撰写,最初发表在莫斯科发行的共产国际机关杂志《共产国际》(中文版)1936年第4/5期合刊上。《共产国际》除中文版外,还有俄、德、英文各

---

[3]【补注】2011年笔者发表本文时,曾将《共产国际》(中文版)所载陈潭秋回忆录赠给上海的中共一大会址纪念馆。其后,该纪念馆学者曾发表论文,对包括该资料在内的数种陈潭秋回忆的早期版本进行比较研究(徐云根、信洪林、张玉菡《陈潭秋〈中共第一次大会的回忆〉版本考述》,《上海革命史资料与研究》第11辑,上海古籍出版社,2011年12月)。此次本文的考察,即根据该论文和该辑所收各种版本,对旧稿作补充、订正。

版等,也都刊载了陈潭秋此文。[4]不过,考虑到陈潭秋的外语能力,他不可能直接用外语撰写回忆录;就常识而言,中文版所载回忆录应是原文,而其他语种版本应是由中文翻译的。

《共产国际》是共产国际的代表性机关杂志,但该杂志刊载的陈潭秋回忆录,在其后相当长时期内无人引用,也未再刊,迟至1944年夏方以特殊方式为中国国内所知。此即当时似在延安编辑的党内文件资料集(打印本)所收《中共第一次大会的回忆》。[5]不过,从其文体及收录时所附康生按语[6]看,打印本所收该文似并非由《共产国际》中文版直接转载,而是由另一语言版本(如俄文版)翻

---

[4] 俄文版为 Чен Пан-цю [Чень Тань-цю], Воспоминания о I съезде компартии Китая, *Коммунистический Интернационал*, 1936, №14, стр. 96-99. 德文版为 Tschen Pan-tsiu [Chen Tanqiu], "Erinnerungen an den I. Parteitag der KP Chinas," *Kommunistische Internationale*, 1936, Heft 9. S. 900-904. 英文版为 Chen Pan-tsu [Chen Tanqiu], "Reminiscences of the First Congress of the Communist Party of China," *The Communist International*, 1936, no. 10, pp. 1361-1366. 另,据悉巴黎出版的《全民月刊》(第1卷7/8期合刊,1936年)也曾转载陈潭秋回忆录(参见陈乃宣《陈潭秋》,河北人民出版社,1997年,第202—203页)。经查,同在巴黎发行的《救国时报》的确载有《全民月刊》该期的目录预告,但因《全民月刊》只出至第6期而停刊,实际上没有刊载陈潭秋的回忆。另,中共北平市委编《生活通信[生活通讯]》第3期(1937年3月)似曾刊登陈潭秋《第一次代表大会的回忆》(中央档案馆编《中央档案馆馆藏革命历史资料作者篇名索引》第3册,中央文献出版社,1990年,第1095页),但未能确认刊物原件。

[5] 该文件(中共一大会址纪念馆藏,页码为22—24的残片)的照片载于《上海革命史资料与研究》第11辑,第671—673页。从其页码和前一篇文章(乔木《"五四"运动经过》,该文摘自《解放》周刊第70期[1939年5月出版]《青年要发扬五四爱国精神》)推断,该残片应是某党史资料集的一部分。

[6] 按语全文如下:"最近曹轶欧同志从莫斯科带回的书籍中,找出一篇陈潭秋同志的文章——中共第一次大会的回忆。这篇文章,是1936年6、7月间潭秋同志在莫斯科为纪念党的十五周年纪念而写的,我记得在《共产国际》杂志上曾登过。此文对党的第一次大会供给了许多历史材料,特抄出送各同志一阅。康生1944年7月。"

译而来。[7] 观其内容，只有一大代表人数在《共产国际》中、俄、德文各版皆作 13 人，而打印版不知何故却作 11 人。

在人民共和国成立前，利用该陈潭秋回忆录撰写的有关一大的最早文章，应是萧三《对"毛泽东故事选"的几点重要更正》（《北方文化》第 1 卷第 6 期，1946 年 5 月）。该文乃为订正作者本人发表于两年前的《毛泽东同志的初期革命活动》（《解放日报》1944 年 7 月 1—2 日）而作，在订正部分，萧三增加了有关"一大"代表宿舍（上海法租界蒲柏路一所女子学校）以及租界警察搜查会场（第四天晚上）的记述。考虑到这些信息仅在陈潭秋回忆录中有记载，而且是在 1944 年 7 月以后追加的，我们不妨作如下推测，即萧三没有看到《共产国际》中文版所载陈潭秋回忆录，而是读了延安打印本所收该文。至于萧三在《对"毛泽东故事选"的几点重要更正》中只字未提有陈潭秋回忆录，则很可能是因为该回忆录属于党内文件，即内部资料。

陈潭秋回忆录再次为中国国内所知，是在共和国成立后的 1950 年代初。刊载该文的，是中共中央宣传部依据《中央关于收集党史资料的通知（1951 年 7 月）》，为收集和研究中共党史资料而刊行的内部刊物《党史资料》第 1 辑。[8]《党史资料》在刊登该文时加了如下《编后记》：

> 陈潭秋同志的《回忆中国共产党第一次全国代表大会》，作于 1936 年，曾在 1936 年 7 月出版的《共产国际》上发表，这

---

[7] 前引徐云根等《陈潭秋〈中共第一次大会的回忆〉版本考述》认为，延安打印本可能派生自陈于 1936 年纪念中共成立 15 周年时在莫斯科所做讲演的记录稿。其根据是，文中存在记录错误，无疑未经陈本人校对，而其文体也稍带口语色彩等。不过，这些特点倒像是基于翻译（译自俄文等其他语言版）时形成的。

[8] 至 1955 年，《党史资料》共刊行 24 辑。第 1 辑未注明发行日期（编后记日期为 1951 年 10 月 30 日），但合订本第 1 辑作"1952 年第 1 辑"，故其创刊应为 1951 年年底或 1952 年年初。关于《党史资料》，请参看拙稿《中国共产党的党史资料征集工作——以 1950 年代的〈党史资料〉杂志为例的探讨》，《东洋史研究》第 73 卷第 1 号，2014 年。

次在本刊刊载时略去了末尾论述当时政治形势的一段。

从《编后记》看,《党史资料》在转载《共产国际》版回忆录时,似乎仅省略了部分原文。但事实并非如此。经比对可知,两个版本不仅文体迥异,大会会期、代表人数等部分内容也有经过改动的痕迹。具体而言,在《共产国际》中文版中,一大代表从各地来到上海的时间作"7月下半月",大会于"7月底"召开;但在《党史资料》版中,"7月下半月"被改为"6月的下半月",大会召开日期则被改作"7月初"。由于被改动的是两处而非一处,且其内容互相关联,故决非排版失误等非主观原因所造成,而是为了把原本明确为"7月底"召开会议的资料,出于证明会议于"7月初"——即当时的通行见解——召开而做的改变。而且,关于一大代表的人数,《共产国际》中文版称"这次到会的一共有十三个人",而《党史资料》版竟将此句删除。

实际上,《党史资料》版的陈潭秋回忆录并非取自中文版《共产国际》,其底本还是1940年代中期在延安发行的那个打印本。何以如此?2010年,中国青年作家丁晓平根据他所发现的陈潭秋回忆录手稿发表过相关论文(以下简称"丁文")[9],其中照录了该"手稿"的两种文本(修改前的原始文本和编辑删节后的文本),为我们破解谜底提供了重要线索。

值得关注的是,丁文照录之"手稿"[10](16开,共计7页,原文用黑色钢笔手书,编者用红色钢笔修改、删节,原文手书者及编者均不详,时间亦未注明)的原始文本与延安打印本一致,编辑删节

---

[9] 丁晓平《陈潭秋〈中共第一次大会的回忆〉考述》,《近代中国与文物》2010年第4期。

[10] 丁氏称,该"手稿"现藏于上海中共一大会址纪念馆。【补记】后来,中共一大会址纪念馆方面否定该说法,并将丁氏所提供"手稿"以照片形式在上述《上海革命史资料与研究》第11辑全文刊载。另,丁氏根据中共创建史专家邵维正的口述(该稿似请人译自俄文版),称之为"翻译手稿"(丁晓平《陈潭秋与其珍贵的〈中共第一次大会的回忆〉》,《党史博览》2010年第7期)。但考虑到其原本抄自延安打印本,"翻译手稿"之说显然不妥。故本文仅称"手稿"。

文本则与《党史资料》版一致。据此可以断定，该"手稿"无疑是在1950年代初出版《党史资料》过程中形成的，也就是说，上述有关一大会期及代表人数的改动、删除发生在《党史资料》编辑阶段。丁氏推测，该"手稿"成于1970年代后半期，曾刊于《百科知识》1979年第2期[11]；这是因为丁氏不知道曾有过延安打印本以及《党史资料》版。不过，丁氏的重要贡献在于，他让我们了解到曾存在"手稿"的原始文本和编辑删节文本，而因该"手稿"的存在，如下事实也才浮出了水面，即《党史资料》版并非录自《共产国际》中文版的汉语原文，而是以陈潭秋回忆延安打印本为底本加以改动、删节而成。1950年代初，《党史资料》编辑部很可能在某种情况下得到了延安打印本，故而采用。

《党史资料》的编辑改动延安打印本中一大会期和代表人数，应是意识到该打印版中这些方面与当时的通行见解（7月1日开幕、12名代表）[12]有抵触，从而出于政治考虑作了处理，以使其符合通行见解。为不违背通行见解而改动资料这种缘木求鱼的做法，放在现在无疑属于"篡改"行为；但在当时，党史研究界的原则是学术和研究为政治服务，因而这种行为不过是忠实于原则而已。毋庸讳言，一大在当时不是历史问题，而是政治问题。但是，《党史资料》决非一般刊物，而是为"便于党内高级干部研究党史的参考"[13]、仅面向极少数高级干部和专家发行的内部读物。而读不到《共产国际》版的众多学者无疑会认为，该回忆录既然刊于如此刊物上，必是"第一次大会于7月1日召开"的铁证，甚至连始终坚持"7月1日开幕说"的李达等一大直接相关者，其回忆录也难

---

[11] 陈潭秋遗作《回忆党的"一大"》，《百科知识》1979年第2期，6月15日。

[12] 当时最具权威的党史著作即胡乔木《中国共产党的三十年》（人民出版社，1951年）有关一大这样记述："1921年7月1日，……各地共产主义小组选举了十二个代表，在……上海举行了第一次代表大会。"有关一大的通行见解的变化，请参阅前引拙著《中国共产党成立史》，第255—264页。

[13] 《〈党史资料〉征稿及发行简则》，《党史资料》第1辑，第257页。

免受到影响。[14]

《党史资料》刊载的经过改动的陈潭秋回忆录(重译本),在党史研究借助改革开放政策而重新起步时,经若干修改后被转录于《百科知识》(1979 年第 2 期)、《中共党史参考资料》(第 2 册,中国人民解放军政治学院党史教研室编刊,1979 年)、《一大回忆录》(知识出版社,1980 年)等书,从而广为人知。[15] 只不过,尽管《党史资料》版擅自改动过的日期、人数等在转载过程中得到了恢复和订正,但所依据资料并非《共产国际》中文版原文,而是《党史资料》版(或延安打印版),其最初错误不仅未得到纠正,反被进一步掩盖。例如,《百科知识》在刊载陈潭秋回忆录时,明知其并非来自《共产国际》中文版,却加了这样一个编者按:"陈潭秋同志的遗作《回忆党的"一大"》是他在 1936 年 6 月 7 日为纪念党诞生十五周年而写的,曾发表在当时莫斯科出版的《共产国际》杂志中文版上。"[16]"曾发表在当时莫斯科出版的《共产国际》杂志中文版上"的解释,本身虽然不错,但《百科知识》转载的实际上并非其中文原文。按语等于要读者相信这篇译文就是《共产国际》中文版刊载的汉语原文。

此类问题并未止于《百科知识》。中共一大权威性资料集、中央档案馆编《中国共产党第一次代表大会档案资料》(人民出版社,1982 年)收录的陈潭秋回忆录,注明"按中央档案刊印",但其

---

[14] 直到逝世前,李达一直坚称大会是 7 月 1 日开幕。1959 年中央档案馆向他求证时,他也回答:"一大开会的具体时间,是七月一日"(《给中央档案馆的一封信[1959 年 9 月]》,《李达文集》第 4 卷,人民出版社,1988 年,第 721 页)。另,《党史资料》第 1 辑载有李达《中国共产党成立时的回忆》,他读过《党史资料》是没有疑问的。

[15] 在笔者手头的资料集中,《历史资料选编中国共产党"一大"史料专辑》(重庆市历史学会编刊,1979 年)、《共产主义小组和党的"一大"资料汇编》(中国人民大学党史系资料室编刊,1979 年)、《中共"一大"资料汇编》(西安师专马列主义教研室党史组、西北大学政治理论系党史教研室编刊,1979 年)等都收录了基于《党史资料》版的重译本。关于各版本异同,请一并参阅前引徐云根等《陈潭秋〈中共第一次大会的回忆〉版本考述》。

[16] 关于"6 月 7 日"这一莫名其妙的日期,请参看本文注 19。

文本与延安打印本几乎相同。[17]中央档案馆竟然采用形成过程不详的延安打印本,而且还特意注明"按中央档案刊印",这可能吗?最近,中央档案馆的陈潭秋回忆录藏件被公之于众,也为我们提供了答案。所谓中央档案馆藏陈潭秋回忆录,实际上并非陈潭秋手书汉语文稿,而是俄文打印件,共 10 页。[18]从陈潭秋运用俄语的能力考虑,该打印件应非出自陈本人之手,而很可能是为了在《共产国际》俄文版刊登而由汉语译成俄文时的译稿。果真如此,则所谓《中国共产党第一次代表大会档案资料》所收陈潭秋回忆(中央档案),只能是延安打印本。其证据即该资料集编者认为陈潭秋回忆录的执笔(发表)时期为"1936 年 6、7 月间"或"1936 年 6 月 7 日"。[19]该日期如此具体,无疑是把延安打印本末尾所记"1936.6.7 写"做随意解释的结果。[20]

---

[17] 最明显的一致之处,即参加一大人数皆误作"11 人"。

[18] 杨冬权《破解中共一大之谜——中央档案馆馆藏中共一大档案介绍》,《党的文献》2011 年第 3 期。

[19] 李玲《〈中国共产党第一个纲领〉俄文本的来源和初步考证》,《中国共产党第一次代表大会档案资料》,人民出版社,1982 年。

[20] 前引徐云根等《陈潭秋〈中共第一次大会的回忆〉版本考述》认为中央档案馆可能另存有不同于延安打印本的"中央档案件",而没有注意到手写日期"1936.6.7 写"的问题。笔者推断所谓"中央档案件"即延安打印本。下面谨就陈潭秋回忆的执笔和发表时期作一考证。共产国际执行委员会书记处决定在各语种《共产国际》上发表三四篇文章,以纪念中国共产党成立 15 周年,是在 6 月 23 日(《共产国际执行委员会书记处关于中国共产党成立 15 周年的决定》[1936 年 6 月 23 日],中共中央党史研究室第一研究部译《联共(布)、共产国际与中国苏维埃运动 1931—1937》,中共党史出版社,2007 年,第 370 号文件);陈潭秋回忆录应写于该决定之后。而陈曾在莫斯科举行的中共成立 15 周年纪念活动上作过演讲(《陈潭秋在庆祝党的十五周年纪念会上的讲话[提纲]》[原文没有时间],《中共党史资料》第 3 期,1982 年),回忆录很可能写于此次演讲前后。那么,那次纪念活动(第一次建党纪念活动)是何时举行的?《中共党史资料》编者称,"纪念会的时间,据判断,当在 7 月 31 或 8 月 7 日前后",而对《提纲》标注了 1936 年 7 月的日期。但 6 月 23 日的书记处决定纪念活动在 8 月 7 日举行,因此,陈潭秋回忆录应写于 6 月底至 8 月上旬之间。关于发表时间,《共产国际》中文版 1936 年第 4/5 期合刊没有标注出版日期,转载回忆录的俄文版则注明 1936 年 8 月发行。但实际上,二者似乎都发行于 9 月以后。因为,该期《共产国际》刊载的季米特洛夫《中国共产党成立十五周年纪念》写于同年 8 月 31 日(《季米特洛夫日记选编》,广西师范大学出版社,2002 年,第 45 页)。

也就是说,《中国共产党第一次代表大会档案资料》虽自称"中央档案馆编",但从内容到解说都未经充分资料调查。

据笔者所知,首次根据《共产国际》中文版重录陈潭秋回忆录的,是1980年出版的《"一大"前后》(二),距回忆录发表已过去45年之久。[21]但是,严格地说,该书所录也不完整。比如,原文"何叔恒""张国涛"分别被订正为"何叔衡""张国焘"。此类处理也许出自善意,但论述刘仁静现状部分之"现在在国民党警察所特务机关卖力气"被改为"现在国民党警察所特殊机关卖力气"等,则显然失当。也许这些都是因大意而造成的误写、误印,但考虑到陈潭秋回忆录的重要性,总期尽量保持原貌为好。

总之,由于《"一大"前后》大体照录了陈潭秋回忆录的汉语原文,多年来的混乱状态本应就此了结,但实际上各种版本林立、学者引用混乱的状态仍在继续。例如,为纪念中共建党80周年而编的回忆录集《亲历者忆——建党风云》[22],与《"一大"前后》一样采用了《共产国际》中文版;但2008年出版的有关党的历次大会的大型回忆录集《从一大到十七大》[23],不知何故却采用了延安打印本(一大参会者作"11人")。[24]更加奇怪的是,2010年出版

---

[21] 中国社会科学院现代史研究室、中国革命博物馆党史研究室编《"一大"前后:中国共产党第一次代表大会前后资料选编》(二),人民出版社,1980年。该书第二版也从《共产国际》中文版1936年第4/5期合刊转录了陈潭秋回忆录。另,日本国际问题研究所中国部汇编《中国共产党史资料集》第1卷(东京:劲草书房,1970年)收录了依据《共产国际》中文版翻译的陈潭秋回忆录。
[22] 吴少京主编《亲历者忆——建党风云》,中央文献出版社,2001年。
[23] 李颖编《从一大到十七大》,中央文献出版社,2008年。
[24] 对照已刊行各版本可知,其所转载的应是前引《中共党史参考资料》(第2册)所收录者。但对原文"广东代表鲍怀琛"一句却加上了"(此处应为陈公博——编者注)"的错误注释(第35页,应为包惠僧),从而使读者陷入更大混乱。

的《中共重大历史事件亲历记(1921—1949)》〕[25]竟将问题最多的《党史资料》版原样录入。也就是说,曾将一大会期改作"7月初"的那个版本,在未经任何说明的情况下被重新刊印、发行。该资料集编者称,从《党史资料》转载陈潭秋回忆录等9篇文章,也是为了重温前辈编纂《党史资料》等的贡献。[26]如果《党史资料》刊文经得起推敲,此说当然不无道理;但将问题多多的版本再次出版,却让人难以理解。在这里,我们只有期待中华人民共和国初期一大研究因资料编纂缺陷而陷入长期混乱的状况,不要因为该资料集而重演。

三、葛萨廖夫《中国共产党的初期革命活动》的几个版本

1950年代初刊载于《党史资料》、使一大研究陷入混乱的资料,除陈潭秋《第一次代表大会的回忆》外,还有葛萨廖夫著(张诚译,徐永瑛、赵一鹤校)《中国共产党的初期革命活动》(1953年第7期)。关于该资料,《党史资料》的编者按如下:

> 本文原名《中国共产党简史》,写于第一次国内革命战争时期。作者是当时参加中国革命活动的一个外国人。……本文过去有过一种中译本,编在北洋军阀张作霖于1928年出版的所谓《苏联阴谋文证汇编》里,译文非常拙劣,且有歪曲原意处。这次翻译是根据英文本,一些显然误记的事件、年月已经订正,没有史料价值的地方均经删略。

众所周知,1927年4月,张作霖强行搜查苏联驻北京大使馆,没收了大量俄文档案,其主要部分被译为汉语,翌年由京师警察厅出版,此即所谓《苏联阴谋文证汇编》。其中一篇就是被归入"中

---

[25] 李海文编《中共重大历史事件亲历记(1921—1949)》,四川人民出版社、人民出版社,2010年。该书原为2005年刊行的同名书,2010年作为"人民·联盟文库"之一再次发行。

[26] 前引李海文编《中共重大历史事件亲历记(1921—1949)》第二编,第412页。

国共产党类"的《中国共产党简明历史》。

《苏联阴谋文证汇编》所收文件中,有些确属张作霖政权为反共而捏造,如《致驻华武官训令》等;故利用时须十分谨慎。[27]但并非所有文件皆为捏造,其中几件,已在莫斯科的档案馆发现了类似原件。[28]至于《中国共产党简明历史》,从内容上基本可以断定并非捏造,而是1920年中期在中共有关人士帮助下撰写的具有较高史料价值的宝贵资料。按《党史资料》编者按所说,由于《苏联阴谋文证汇编》所收《中国共产党简明历史》在人名推定和译文方面存在不少问题,于是从英文版另行翻译,此即《党史资料》版。

《党史资料》并未就英文版底本进行说明,但据认为应是1928年年初 Peking & Tientsin Times(《京津泰晤士报》)或 China Illustrated Review(《中华星期画报》)所刊载的文章。[29]实际上,还在《党史资料》收入该文之前的1951年,著名史料学家金毓黻就已

---

[27] 参见习五一《苏联"阴谋"文证〈致驻华武官训令〉辨伪》,《历史研究》1985年第2期;习五一《查抄苏联大使馆内幕》,《北京档案史料》1986年第2期。

[28] В. Н. Усова, Пять Документом 1925 г. Советской Разведки в Китае, Восток, 2001, №3(乌索娃《在华苏情报机关1925年的五个文件》,《东方》)。

[29] 这些英文版,C. Martin Wilbur(韦慕庭)曾以"A Brief History of the Chinese Communist Party"为题作过介绍(Wilbur and How, Documents on Communism, Nationalism, and Soviet Advisers in China, 1918-1927: Papers Seized in the 1927 Peking Raid, Columbia University Press, 1956, pp. 41-78),而关于1927—1928年前后所没收档案的各种英文版本,该书 pp. 566-567 述之颇详。"A Brief History of the Chinese Communist Party"一文后被收入 Wilbur and How, Missionaries of Revolution: Soviet Advisers and Nationalist China, 1920-1927, Harvard University Press, 1989。本文所参照英文版即为此文。另,陈公博在《苦笑录》中曾说:"恰好那时在上海的英国别发书庄出版了一本英文书,那是张作霖在北京围抄俄国大使馆,没收许多共产党的秘密文件,翻译成英文发刊,作为反对国民革命军的一种宣传",认为"别发书庄"(即上海的英文出版社 Kelly & Walsh)出版过没收档案的英文版。实际上,别发书庄在1927—1928年前后出版的是张作霖的传记 Putnam Weal[本名 Bertram Lenox Simpson], Chang Tso-Lin's Struggle Against the Communist Menace(《张作霖反对共产主义威胁的斗争》),Shanghai: Kelly & Walsh, Ltd. 1927,并无任何证据显示该社出版过没收档案;陈公博之说应为记忆错误。

经在《进步日报》(天津)上发表文章,介绍了他所发现的《中国共产党简明历史》(《苏联阴谋文证汇编》版)。[30] 所以,《党史资料》也许是通过金氏获得其英文版,而后将其译为汉语的。只不过,《党史资料》刊载的《中国共产党的初期革命活动》,其问题比《苏联阴谋文证汇编》版还要多。

首先是有关原作者的问题。《中国共产党的初期革命活动》以"葛萨廖夫"为原作者。"葛萨廖夫"极可能是 China Illustrated Review 以"A Brief Sketch of the History of Chinese Communist Party"为题刊载时所标注的作者"Kisseleff"的音译[31];但是,"Kisseleff"却并非原作者,而仅仅是校订者。[32]《党史资料》没有标注"葛萨廖夫"的罗马字音,就断定"作者是当时参加中国革命活动的一个外国人",从而使所谓"葛萨廖夫"这个外国人所写的资料,带上了某种神秘色彩。

不过,《党史资料》版更大的问题在于内容被随意改动。就上述分析陈潭秋回忆录时已经探讨的一大会期、代表人数而言,英文版分别作"1921年5月""11人"(《苏联阴谋文证汇编》版分别作

---

[30] 金毓黻《二十四年前的一篇中国共产党简史》,《进步日报》1951年8月10日。金毓黻早在《关于整理近代史料的几个问题》(《新建设》第3卷第2期,1950年11月)一文中表示为编纂近现代史(革命史)史料:"一谈到革命史料就与反革命史料有了关联,二者是密结在一起,而无法分开的,我们就依据这样的原则来整理这几段的史料。"另,叶永烈《红色的起点》(上海人民出版社,1991年)称:"1950年,中国的中共党史专家发现了一篇苏联人葛萨廖夫写的《中国共产党的成立》。……这么一篇历史文献,竟是从一部蓝色封皮、线装的书中发现的。那部书的书名颇为惊人:《苏联阴谋文证集汇编》!"(第25页),明确了重新发现汉语版的时期;但没有提及英文版是如何被重新发现的。

[31] Kisseleff, "A Brief Sketch of the History of Chinese Communist Party," *China Illustrated Review*, III, no. 369, January 21, 1928.

[32] 前引 Wilbur and How, *Documents on Communism, Nationalism, and Soviet Advisers in China, 1918-1927*, p. 490。《苏联阴谋文证汇编》所收《中国共产党简明历史》未标注作者。另,战前日本的中共党史学者大塚令三《中国共产党年志稿》(《满铁支那月志》第12卷第12期,1932年)亦称"原文为キセレエフ[Kisseleff]以俄文写就"。可见,只要利用英文版,误认 Kisseleff 为原著者是难以避免的。

"1921年约在5月""出席代表计11人");但《党史资料》版却分别改作"1921年7月""参加大会的代表有12个"。这些改动,就是编者按"一些显然误记的事件、年月已经订正"的意思。篡改和随意改动尚不止于此。关于结党时期的活动,原文中1920年年初参与成立上海共产主义小组的7人的名字、北京小组成员中张国焘、罗章龙、刘仁静和广州小组的陈公博、谭植棠等皆被删除,叙述陈独秀在建党方面作用的部分也被删除。

也就是说,在《党史资料》版《中国共产党的初期革命活动》中,凡是不符合当时中共党史定论的部分,都被改为符合定论;凡是与围绕毛泽东叙述历史这一党史基本框架有所冲突的人物的活动和功绩全部被删除。这份资料,由于至今未发现上述陈潭秋回忆录那样的手稿或编辑删节文本,尚难以了解其编辑过程,但其遭遇恐怕与陈潭秋回忆录类似。

载有《中国共产党的初期革命活动》的《党史资料》的发行范围有多大,不得而知;但是,党史专家因确信其为真实史料而陷入混乱,是不难想象的。而且,由于1979年以后的主要资料集都收入该文,混乱亦随之进一步扩大。仅就笔者所知,上述《中共党史参考资料》(第2册,1979年)、《历史资料选编中国共产党"一大"史料专辑》(1979年)、《共产主义小组和党的"一大"资料汇编》(1979年)、《中共"一大"资料汇编》(1979年)、《"一大"前后(一)》(1980年)等,都根据《党史资料》版收录或节录了"葛萨廖夫"的文章。尤其令人担忧的是,《中共"一大"资料汇编》对《党史资料》版作了进一步改动,将一大开幕日期径直改成了"1921年7月1日"。改动史料使其符合定论这一人民共和国初期以来党史界的作风,在党史研究重新起步的时期仍未消减,近年的《从一大到十七大》(2008年)仍节录了"葛萨廖夫"的文章(略去了有关一大的部分)。这期间,有几篇探讨早期中共党史的论文曾引用"葛萨廖夫"文对某些具体史实作了"考证";但是,如果不能自觉认识到"葛萨廖夫"文曾被整理、编辑,所谓"考证"亦不过沙上楼阁而已。另外,由于"葛萨廖夫"文叙述的时期下限是国民革命

（北伐），因此，一大以外其他以该文为根据的党史研究，无疑也都值得怀疑。

如此说来，我们从事一大研究的学者所能利用的，难道只有稍好于《党史资料》版的《苏联阴谋文证汇编》版吗？或者只有韦慕庭（Martin Wilbur）费尽周折整理出来的英文版吗？可喜的是，近年有比这份资料更准确的汉语版本可资利用。那就是一直致力于中共党史俄文资料的收集、翻译的马贵凡氏所翻译的《中国共产党历史概述》。[33]

实际上，原苏联学者很早以前就在利用一份与《中国共产党简明历史》十分相近的资料，即加鲁尚茨、科瓦廖夫、卡尔图诺娃等学者引用过的俄语资料《中国共产党小史》（Краткий очерк истории Китайской коммунистической партии）。据加鲁尚茨介绍，该文发表在俄语杂志《Кантон（广州）》1927年第1期（总第10期），原作者为时任黄埔军校政治顾问纳乌莫夫（С. Н. Наумов），笔名使用"卡拉乔夫"（Калачев）。[34] 早有学者推断，俄文版《中国共产党小史》很可能就是《苏联阴谋文证汇编》版、《党史资料》版的底本[35]；而马贵凡氏将卡拉乔夫《中国共产党历史概述》全文译出，则证实了这种推断是正确的。据马贵凡转述加

---

[33] 马贵凡译《中国共产党历史概述》（卡拉乔夫同志在中国研究组会议上作的报告），《中共党史资料》第81辑，2002年。译自原苏联国际工人运动研究所1968年出版的《信息通报与学术报告》（Информационные сообщения и научные доклады）第6期。

[34] Гарушянц, Борьба Китайских Марксистов за создание Коммунистической Партии Китая, Народы Азии и Африки, 1961, №3（加鲁尚茨《中国马克思主义者创建中国共产党的斗争》，《亚非人民》）；Ковалев и Картунова, Новые материалы о первом съезде Коммунистической Партии Китая, Народы Азиии Африки, 1972, №6.（科瓦廖夫、卡尔图诺娃《中国共产党第一次大会新资料》，《亚非人民》）。

[35] 蜂屋亮子《中国共产党第一次代表大会文件的重译与对大会会期和代表的考证》，《御茶之水史学》第31号，1988年。前引 Wilbur and How, *Missionaries of Revolution*, pp. 442-444。李丹阳、刘建一《"革命局"辨析》，《史学集刊》2004年第3期。另见收入本书的《中共二大与中共党史研究史》一文。

鲁尚茨的介绍说,纳乌莫夫(1899—1966)曾这样谈到该文的执笔过程:

> 当年苏联驻北京全权代表 Л.С.加拉罕曾请求在广州的鲍罗廷为他起草一篇介绍中共历史的简要概述。鲍罗廷遂委托纳乌莫夫来完成这项任务,同时请张太雷给以协助,为他提供材料和建议。纳乌莫夫是在1926年秋同张太雷一起乘火车由广州去北京的途中写完这篇概述的。

如果该说明无误,那么,为纳乌莫夫执笔提供帮助的就是张太雷;换言之,文章利用了张太雷提供的资料,反映了张太雷的认识和见解。到底是否如此,当然还需进一步探究[36],但毫无疑问的是,马贵凡译《中国共产党历史概述》必将取代此前的《苏联阴谋文证汇编》版和《党史资料》版(当然应与韦慕庭整理的英文版相互比对)。而葛萨廖夫著、张诚译本,尽管对于探讨共和国时期党史研究的不正常状态仍然有其价值,但研究早期党史,则不宜继续使用。

附言之,属于纳乌莫夫执笔文本系统的资料还有一件,即《上海革命史资料研究》(上海革命历史博物馆[筹]编,上海三联书店,1991年)所收录的《中国共产党的历史与策略(讨论大纲)》。该文作者不详,系"1927年1月4日社会科学研究会编印的供党员内部学习的一份读物。原件系手刻蜡纸油印,现藏中国革命博物馆"(第312页)。该资料叙述的是早期中共的活动,较之纳乌莫夫执笔文本,尽管细节不同,但一大代表数也作11人,而且成立时期十分接近,故二者之间应存在某种关联。

与中共有关的内外人士撰述的早期党史,对后来1920年代至1930年代形成的党史以及有关人的回忆、信息积累等产生了深刻

---

[36] 李丹阳氏指出,《中国共产党简史》与张太雷给共产国际的报告(1921年)对一大前地方组织的介绍并不一致,认为"张可能不是《中共简史》资料的主要提供者"。这个观点不可忽视。李丹阳《马克思学说研究会与中国共产主义组织的起源》,《史学月刊》2004年第6期。

影响,这是毋庸置疑的。[37]正因如此,在利用1927年以后产生的有关早期党史的回忆录、记录时,不应将其作为原始材料,而应与上述早期党史著作相互比对,并慎重考虑其产生过程。在下一节里,我们将从史料学角度,对形成于1929年底的另一份资料进行探讨。

四、《董必武给何叔衡的信》与 张国焘《关于中共成立前后情况的讲稿》

《董必武给何叔衡的信》(1929年12月31日),是何叔衡就中共一大某些细节询问董必武而得到的回信。[38]该信因产生于同为一大代表的董、何二人之间,于是作为一大的早期记录(回忆)而成为一大研究经常利用的资料。不过,该信尽管日期已经判明,但写于何地、经过如何却并不明确;而且何叔衡致董必武信至今未能发现,因而利用起来困难较大。回信中有关信件往来的部分如下:

> 叔衡同志:
> 二十六日的信,今日午后接到一张欠资的通知后,才

---

[37] 如 Ju An-li, Die Kommunistische Internationale und die Entstehung der kommunistischen Partei Chinas, *Die Kommunistische Internationale*, 1929, No. 9-11, S. 656-664(俞安礼[音译]《共产国际与中国共产党的成立》,《共产国际》德文版)、瞿秋白《中国共产党历史概论》(1929年年底或1930年年初,《瞿秋白文集》[政治理论编]第6卷,人民出版社,1996年)等,似都参照了某种早期党史著作。【补注】Ju An-li 该文此前几乎未受关注,笔者推测其作者很可能是当时在莫斯科的蔡和森。其根据是,文中以法国小组成员(蔡和森和陈延年)亦曾参与建党,以及与蔡写于1926年前后的《中国共产党史的发展(提纲)》有类似之处。

[38] 最早提到该信的应是前引李玲《〈中国共产党第一个纲领〉俄文本的来源和初步考证》。后来,《党史研究资料》1980年第13期刊载了该信全文,随后,《中共党史资料》第3辑(1982年)、前引《中国共产党第一次代表大会档案资料》(1982年)、《"一大"前后》(三)(1984年)等相继予以全文收录。另,《中共"一大"南湖会议》(浙江大学出版社,1989年)附有该信照片。

往邮局去取来,照你所约"五日"之期已赶不及了,幸而有张同志之便,免得又经邮局周转,耽搁时日。不过关于第一次中共代表大会,我已记不甚清,只尽可能的写出来,供你们的参考。……以上是我所能记着的。国焘同志还能记得许多,请问问他,当更知道详细点。……弟 必武十二月卅一日

关于这封回信,冯铁金在2006年发表了值得关注的见解。[39] 冯把这件资料与近年发现的张国焘《关于中共成立前后情况的讲稿》[40]（时间不早于1929年,以下简称《讲稿》）联起来考虑,并对回信背景——何叔衡为何向董必武询问一大情形——作了如下解读：

何叔衡1929年12月26日给董必武写信,是缘于他在莫斯科中山大学学习期间,两次听了张国焘关于建党初期情况的讲课后而写的。……听完第二次讲课后,或许是为了解一大的更多情况,他便在1929年12月26日给董必武写了一信,询问一大的有关情况。

冯的可贵之处在于重视史料的形成过程；而就整体框架而言,其考证也颇具说服力——交换信件的何与董当时都在莫斯科、董委托代转回信的"张同志"即张国焘、信件往来与《讲稿》有关等。[41] 但可惜的是,"听了张国焘关于建党初期情况的讲课后而写"这一

---

[39] 冯铁金《有关〈董必武给何叔衡的信〉四个问题的考证》,《中共党史资料》第99辑,2006年。

[40] 〔俄〕舍维廖夫（К. В. Шевелев）提供《张国焘关于中共成立前后情况的讲稿》,《百年潮》2002年第2期。《讲稿》的具体写作时间不详,据舍维廖夫称："讲稿写在1929年印制的笔记本上。"据此推断,《讲稿》的执笔时间不早于1929年。

[41] 在1929年年底的莫斯科,时在该地的瞿秋白曾以"中国党史资料室"的名义号召提供革命史资料（舍维廖夫［К. В. Шевелев、石克强］提供《俄罗斯所藏瞿秋白未刊启事》,《百年潮》2003年第4期）,他本人也作了有关中共党史的讲义（瞿秋白《中国共产党历史概论》）。此类党史研究工作,或许也与张国焘的讲义以及董必武、何叔衡之间的书信往来有关。

部分尚存商榷余地。也就是说,如果何向董询问一大情况是在张国焘讲课之后,董回信中"照你所约'五日'之期已赶不及了"一句所表露出的急迫感就难以理解。何叔衡为何要求董从速回信呢？最自然的解释应是:为赶在张国焘讲课开始前得到答复。董回信中称"幸而有张同志之便",由此可知回信是让张国焘捎给何叔衡的。个中情由可能是这样的,即张国焘因迟迟不见何叔衡带来答复而直接去找了董必武——如此则一切都可得到解释。[42]也就是说,必须讲中共党史课的张国焘向何叔衡询问,或者要求何叔衡向董必武询问一大有关情形,于是才有了何、董之间的信件往来。由此亦可推断,张国焘《讲稿》的产生、尤其是论述中共一大的第二次讲课,应在《董必武给何叔衡的信》之后,亦即从董、何等一大参与者处确认了相关情况之后。具体而言,应在1930年年初。

张国焘《讲稿》,除董、何提供的信息外,很可能还参考了上述纳乌莫夫的文章。因为,《讲稿》有关一大前北京小组的部分记述——"一共有八人",其中有六名无政府主义者——与纳乌莫夫文一致。当然,张国焘也是北京小组成员之一,即使不借助纳乌莫夫文,也能记得起这些情况。[43]另外,《讲稿》以一大时党员数为57人,显系承袭了中共六大(1928年)时编订的《中共历次大会代表和党员数量增加及其成份比例表》[44]的数字。据认为,该统计表应是为参加六大而集合到莫斯科的党员们就自己出席过的历次大会共同汇总情况而成。而既参加过一大、也出席了六大的,只有张国焘和何叔衡二人,因此,"57人"这一数字有可能原本就是该二人提出的。

在把握以上背景的基础上,再次面对张国焘《讲稿》时,我们不得不重新考虑《讲稿》所列一大代表名单中为何没有何叔衡的名字。《讲稿》说,"当时到上海开会的有11名代表。上海是李汉

---

[42] 董必武回信称"供你们的参考",所谓"你们"应指何、张二人。

[43] 或许,为纳乌莫夫提供相关资料的不是张太雷(请参看本文注36),而是张国焘。

[44] 赵朴《中国共产党组织史资料》(一),《党史研究》1981年第2期。

俊、李达,北京是张国焘、刘仁静,武汉是董必武、陈潭秋,湖南是毛泽东,广东是陈公博、包惠僧,山东是王尽美、邓恩铭,日本是周佛海(似乎止11个表决权)",没有提到何叔衡。而如下两个事实表明,这并非记述错误。一、《讲稿》手稿相关部分作"湖南是毛泽东□□,广东是……"即"毛泽东"后留有约两字空白,透露出张对是否应在"毛泽东"后加上"何叔衡",直至最后犹豫未决;二、张国焘与何叔衡都可能参与汇总的上述六大统计表,也以一大代表为11人,其中并没有何叔衡的名字。[45]

自张国焘在1970年代出版其回忆录《我的回忆》之后,人们对其"何叔衡未出席一大说"作过各种探讨。此前的主流见解认为这是"大叛徒"张国焘的又一个谎言。但是,如果张国焘在还是中共领导人时就持同样看法,则将其一概斥为反共人士的诽谤就十分勉强。事实上,上述冯铁金后来就引用《讲稿》等大量有关资料,主张《我的回忆》的说法并非凭空捏造。[46]冯氏对所引有关资料的解释不无问题,但如下两点却是无可争辩的事实:一、何叔衡不待一大结束就回了湖南[47];二、至少在张国焘看来,从他还是中共党员时起直至脱党之后,何叔衡从来就不是一大代表。更何况,

---

[45] 前引赵朴《中国共产党组织史资料》(一)称,代表作11人,但名单仅载10人姓名(张国焘、刘仁镜[静]、董必武、包惠僧、李达、李汉俊、毛泽东、周佛海、王烬美、陈公博),即没有何叔衡、陈潭秋、邓恩铭的名字。后来的《讲稿》补上了陈潭秋、邓恩铭,唯独何叔衡未得补入。可见,张国焘是坚信何叔衡不是一大代表的。

[46] 冯铁金《何叔衡是"一大"代表,但未出席"一大"——兼论出席"一大"的代表是12人,不是13人》,《上海革命史资料与研究》第7辑,2007年。冯铁金《关于何叔衡未出席"一大"考证续补》,《上海革命史资料与研究》第8辑,2008年。也有人不同意冯氏见解,如唐振南《何叔衡出席了中共"一大"——答冯先生的来信》,《上海革命史资料与研究》第9辑,2009年。

[47] 冯氏的根据是,《谢觉哉日记》1921年6月30日条(记述8月12、15、18日事)记载"而叔衡又迭缄相促,乃于阴历七月十五[阳历8月17日]往省"(《谢觉哉日记》,人民出版社,1984年,第50页)。另,前引唐振南《何叔衡出席了中共"一大"——答冯先生的来信》就冯氏对资料的解读及其观点提出异议,但对何叔衡在一大结束前就离开了上海的看法表示同意。

张在知道了董、何间信件往来及其内容(董必武在回信中称何为代表之一)之后,仍在《讲稿》中去掉了何叔衡的名字,表明张国焘对这一点是坚信不疑的。

关于一大代表,人数暂当别论,至于到底哪些人出席了会议,现状是仍只有依靠回忆录来决定。[48]在这种情况下,不管张国焘履历有何污点,他一贯不承认何叔衡为一大代表的立场,是应该得到尊重的。

五、结语

众所周知,顾颉刚先生曾指出,中国古代传说带有层积性——即资料越新,后世附加上去的东西越多——从而为中国古代史研究开辟了新天地(所谓"层累造成说")。这种史料的层积现象,决非只限于古代史,现代史领域也同样存在。一大代表的回忆录,包括张国焘的有关撰述,无一不是在某种程度上参考了已有资料而成,我们对此似乎过于漫不经心。[49]而对史料层积性因主观性改动而愈加错综复杂,我们又关注过多少?我们必须清醒认识到,此前被视作原始史料或早期回忆录的资料,实际上只是各种信息的复合体、堆积物;正因如此,一大研究不应回避脚踏实地的努力,应该细致梳理错综复杂的史料形成过程。这应是以重返史料形成现场为前提的历史学、史料学的基本立场。中共党史要摆脱特殊学术领域、跨入真正历史学领域,则中共的出发点一大的研究应该迈出第一步。而要实现这个目的,就必须对共和国时期包括一大研究在内的党史研究、党史资料编纂的进程作全面探讨。

---

[48] 中共一大正式代表之所以不易确定,其主要原因在于,尽管各种回忆录出现13人的名字,但当时记述大会概要的俄文资料(《中国共产党第一次代表大会》,《中共中央文件选编》1,中共中央党校出版社,1989年,第556—559页)却称"参加大会的有12名代表"。

[49] 附言之,写于1936年的陈潭秋回忆录,似乎也在几个方面参考了《讲稿》。

原文发表于 2011 年 6 月 15—16 日中国浦东干部学院召开的"中国共产党创建史学术研讨会";收于《中国浦东干部学院学报》2011 年第 5 期(9 月)。收入本书时,参照徐云根、信洪林、张玉菡《陈潭秋〈中共第一次大会的回忆〉版本考述》(《上海革命史资料与研究》第 11 辑,上海古籍出版社,2011 年 12 月)及该刊收录的资料做了修订。

中共二大与中共党史研究史

一、前言

中国共产党继1921年召开第一次全国代表大会之后,于翌年7月在上海召开了第二次大会。比较两次大会可以看出,第一次大会没有留下出处明确的正式文件,人们是因其"创立""诞生""开端"等象征意义才关注她。而第二次大会则不同,有关的正式文件如党章、决议案等都有完整的保存,使我们至今仍可清晰地看到共产党当时的活动方针。从这一点讲,这次大会标志着党的实际活动的开始。党的干部之一、同时也是党史著述先驱的蔡和森在评论两次大会的不同时说,一大时的中国共产党"只能说是宣传机关,而说不上政党",而二大时,才成为一个"有政策的决议"的"政党"。[1]

而且,二大的文献有完整的体系。有就具体问题形成的九个决议案,有明确组织结构的《中国共产党章程》,也有内容丰富的《中国共产党第二次全国代表大会宣言》,这些文献在中国都受到高度重视。特别是这些文献在提出其最终目标的同时,规定当前的方针是通过建立"民主联合战线"进行反帝和反军阀运动,预示着后来的国共合作方向。因此,第二次大会不仅在党史上,而且在中国现代史上也有着重要的地位。从这个角度看,中国的党史学者认为,这次大会标志着最低纲领和最高纲领的辩证统一,而给其

---

[1] 中央档案馆编《中共党史报告选编》,中共中央党校出版社,1982年,第35页。

以高度评价[2],是理所当然的。

不过,取得如此丰富成果的中共二大,仍有一些基本的史实问题没有得到解决。比如,这次大会是在何时、何地、有哪些代表参加而召开的？保存至今的大会各种文献本身,是经过怎样的过程形成并成为正式文献的？它们又是怎样流传至今的？实际上,如后所述,这几十年来,关于参加二大的12名代表,中国共产党的正式见解也曾发生很大变化。为什么会发生这种情况呢？

在中共二大召开80周年的2002年,许多学术刊物刊登了有关论文。比如,在二大会址所在地上海,中共一大会址纪念馆的刊物《上海革命史资料与研究》在第2辑刊登中共二大专题研究,共有24篇论文,其中探讨大会本身史实的历史学论文仅有一篇。[3]实际上,在中国,公开发表的考证二大代表的论文,包括这一篇在内,仅有两篇。[4]另一篇是改革开放之初,中共党史的学术研究刚刚起步的1981年的论文。[5]在史实研究的层次上,属于同一范畴的中共一大的考证论文,大小合计超过200篇,二大与此相比实在

---

[2] 中共中央党史研究室《中国共产党历史》第1卷,中共党史出版社,2002年,第100—102页。

[3] 王志明《关于出席中共"二大"的代表名单问题的探讨》,《上海革命史资料与研究》第2辑,上海三联书店,2002年。

[4] 【补注】后来,2007年和2012年因值中共二大85周年和90周年,分别有不少研究论文等发表、出版。主要者如下。资料集有《中国共产党第二次全国代表大会》,中共党史出版社,2006年。论文则有：王志明《中共"二大"历史疑点考证述析》,《湖北大学学报》2012年第4期;乐基伟《关于中共二大的考证与思考》,《上海党史与党建》(中共二大特集)2012年第7期;杨晔《中共二大代表名单研究述评》,同前,等。但上述研究在史实考证方面没有突破。

[5] 徐世华《关于中共"二大"代表和中央委员名单的考证》,《历史研究》1981年第2期。在国外,此前曾有Martin Wilbur ed., *The Communist Movement in China: An Essay Written in 1924 by Ch'en Kung-po*, New York, 1960 (rev. 1966)(中译本：中国社会科学院近代史研究所翻译室译《共产主义运动在中国》,中国社会科学出版社,1982年)的绪言部分,以及藤田正典《关于中国共产党初期全国代表大会文献》,《东洋学报》45卷3号,1962年。不过,当时中国国内的研究情况几乎不为外界所知,所以这些研究中根本未能涉及中国国内是如何形成定论的。

差距太大。可以说,中共一大由于其巨大的象征意义而备受重视,掩盖了中共二大。

本文要解决的问题并非参加二大的到底是那些代表,而是:在未经严格考证,也没有公开资料的情况下——也就是经过不明的情况下——名单经过了数次更改,这个过程究竟是怎样的?似乎是基于什么特殊资料而形成的中国共产党的正式见解是如何形成的?而归根结底是要以二大为素材探讨中国共产党的历史,本身是如何写成的。在这个意义上,这种探究不能单纯地归结为对有关早期党的代表大会的回忆录和文献的怀疑,而是旨在超越中共党史研究所特有的历史认识。

二、大会相关文献的产生和流传

在二大的正式文件中,已经确认的有大会前一个月左右发表的《中国共产党对于时局的主张》、大会通过的章程(即《中国共产党章程》)和九个决议案,以及相当于呼吁书的《中国共产党第二次全国大会宣言》。现在,这些文件极易查阅,《中共中央文件选集》第1册等就完整地收录了这些文件。但是,其产生、流传和发掘的过程其实是不一样的,而有些文件产生的过程并非没有疑点。所以,我们首先对这些文件本身进行探讨。因为对这些文件进行史料学方面的考证,与后述对二大的会期和代表的考证密切相关。

在上述文件中,其内容公布较早的是《中国共产党对于时局的主张》(1922年6月)。准确地说,在大会前后一个时期内广泛发表的只有这份文件。该年春爆发了第一次直奉战争,中央政界出现了再造民国的机运;在此背景下,胡适等著名人士发表了《我们的政治主张》(5月),主要在北方的知识界和政界引起了很大反响。而对此表明中国共产党独自见解的,就是《中国共产党对于时局的主张》。这份文件现在的通行版本[6]依据的是一本名为《中国共产党对于时局的主张》的小册。该小册子在当时似乎流传很广,陈独秀在给共产国际的报告(6月30日)中称共印刷和散发了五千册。[7]关于它发表的刊物,当时的中共机关刊物《新青年》在7月1日发行(版权页载)的9卷6号中并没有刊登,这不免有些奇怪。不过,同属于中国共产党系列的中国社会主义青年团的机关刊物《先驱》在第9号上刊登了全文。当时在广州的张太雷在6月30日给施存统的信中说收到了"时局主张"[8],表明这份文件散发范围相当广泛。

与此相反,直接与大会有关的决议案等,由于传达范围极其有限,致使后来很长一个时期无法确认。大会通过了几个决议案,这在20年代到40年代出版的中共党史著作中都有记述。[9]但实际上,中国共产党自己也未完整保存。[10]二大所讨论、通过的决议案等的标题(并非内容)第一次被公布,是在中华人民共和国成立后

---

[6] 《中国共产党对于时局的主张(1922年6月15日)》,中央档案馆编《中共中央文件选集》1,中共中央党校出版社,1989年,第33—46页。另据张国焘回忆称,上海的中共中央通过这份文件是在6月10日,然后张立即将其带到北京。张国焘《我的回忆》第1册,东方出版社,1998年,第233页。

[7] 前引《中共中央文件选集》1,第49页。

[8] 中央档案馆、广东省档案馆编《广东革命历史文件汇集》甲1,广东人民出版社,1987年,第9—10页。

[9] 《苏联阴谋文证汇编》(京师警察厅,1928年)《中国共产党类》所收之《中国共产党简明历史》;米夫《英勇奋斗的十五年》,1936年刊,《米夫关于中国革命言论》,人民出版社,1986年,第476页;张闻天编著《中国现代革命运动史》,1938年版之重印版,中国人民大学出版社,1987年,第183—188页。《中国现代革命运动史》原版注明为"中国现代史研究委员会编",但据说著述和编著实际上都是张闻天。见该书所收莫文骅《〈中国现代革命运动史〉的写作过程》。

[10] 费云东、潘合定编著《中共文书档案工作简史》(档案出版社,1987年)载有中国共产党文件保管部门"中央文库"在1930年代中期编纂的部分文件目录(第53页),其中可以见到二大的四个决议案的标题。但是,这些决议案在中国共产党于40年代初编纂的《六大以前》等书中没有收录,所以,中国共产党是否保管原文件本身也就不得而知。

的 1952 年[11],而大会所通过的党章以及九个决议案的内容全部被发现,则迟至 1950 年代末。在 1959 年中国革命博物馆落成前所进行的全国范围的革命资料收集运动中,上海发现了二大的决议案——一本中共在二大闭幕后不久印刷的、可能是面向党员散发的题为《中国共产党第二次全国大会决议案》的铅印小册——1958 年编印的《中共中央文件汇编》[12]没有收录的这些决议案,第一次被收入 1965 年出版的增补版中。[13]现在的中共中央正式历史文件集《中共中央文件选集》所收二大决议案及党章,其底本就是这本小册。

---

[11] 最早具体提及二大决议案标题的,应是裴桐《中国共产党第一次全国代表大会到第五次全国代表大会简况》(《学习》1952 年第 6 期),该文称"大会通过了政治决议案、组织决议案、妇女运动决议案和第二次全国代表大会宣言等四个文件"。著者裴桐在延安时期曾任中共中央秘书处材料科科长,是中国共产党文件管理部门的专家,新中国成立后,在苏联返还中共驻共产国际代表团档案的过程中,是中方实际责任人,后任中央档案馆副馆长。

[12] 指中央档案馆于 1956 年开始编纂的 137 卷大型党史文献集。参见裴桐《我从事档案工作的体会》,《中央档案馆丛刊》1986 年第 2 期;王明哲《近十年中央档案馆编辑出版档案史料的情况》,《党的文献》1989 年第 5 期。《中共中央文件汇编》是后来的《中共中央文件选集》(内部发行版,共 14 册)和《中共中央文件选集》(公开发行版,共 18 册)的基础。

[13] 苏晓《中国共产党早期历史档案保存及公布情况概述》(《北京党史研究》1997 年第 5 期)所引王渔的证词。上海市档案馆的馆藏资料(中共上海市委办公厅档案处《关于收集解放前党的档案和革命历史资料的情况汇报》,1959 年 5 月 26 日,档案目录 B48-1-3)也报告称,在 1958 年年底开始的资料发掘工作中,发现了二大和三大的决议案原抄本。据推测,这些所谓原印本可能就是陈小梅《中国共产党第一次和第二次全国代表大会重要文献揭秘》(《中国档案》2011 年第 1 期)中所说的张静泉旧藏件(张父于解放后捐赠给人民政府)。另,1950 年代末,是对苏联归还的中共驻共产国际代表团档案进行调查、对其重要文献进行翻译的时期。众所周知,从档案中发现了此前认为并不存在的中共一大的文件,中央档案馆将其刊登在内部刊物《党史资料汇报》上,同时请曾出席一大的董必武鉴别真伪(李玲《"中国共产党第一个纲领"俄文本的来源和初步考证》,《党史研究》1980 年第 3 期)。而中共驻共产国际代表团档案中含有二大决议案(俄文版),如后所述是确凿无疑的,也就是说,这个时期,在中国国内和国外都发现了二大决议案。

就这样,二大决议案在时隔三十多年后在中国重见天日。实际上,几乎就在同一时期,美国学者韦慕庭从陈公博(1922年11月离开中国赴美国留学)撰写的硕士论文《共产主义运动在中国》(哥伦比亚大学,1924年)中发现,其附录中载有中共一大、二大的文件(英译),并于1960年将该论文附上详细注解予以发表。[14]这一重大发现,曾在美国、日本等研究中国共产党的学者中产生极大反响,但并没有传到中国,据说直到1972年,中国国内才知道有这部书。[15]也就是说,中国发现二大文件及其收入资料集,与韦慕庭的发现没有直接关系。比较陈公博论文所收录的二大文件和中国国内流传下来的文件的内容和语言,可以说陈公博论文收录的英译文件无疑是对汉语原文忠实翻译而成,在内容上没有什么不同。

除此之外,同样流传到国外的二大决议案,还有大会后寄给共产国际的俄文版,现在还保存在莫斯科的档案馆。[16]另外还有引用这些共产国际档案的中共党史研究著作,即当时身为中共驻共产国际代表团的负责人而在莫斯科的瞿秋白从1929年至翌年在列宁学院发表的报告《中国共产党历史概论》的手稿。[17]手稿谈到中共二大通过了章程和九个决议案,并且摘抄了九个决议案的

---

[14] Wilbur (ed), *The Communist Movement in China: An Essay Written in 1924 by Ch'en Kung-po*, New York, 1960 (rev. 1966).

[15] 叶永烈《红色的起点》,上海人民出版社,1991年,第27—28页。据叶讲,中国革命博物馆的馆员有一次在《东洋学报》上读到藤田正典的前引论文,才知道了韦慕庭的这部书。

[16] 俄罗斯国立社会政治史档案馆(RGASPI)所藏资料(以下简称"俄藏档案"),全宗514,目录1,案卷33,第1—41页。不过,收藏二大文件的这案卷中,没有《二大宣言》。

[17] 该文经前引《中共党史报告选编》收录公开后,被收入《瞿秋白文集》(政治理论编)第6卷(人民出版社,1996年)第874—924页。根据笔者对"俄藏档案"所作的调查,《中国共产党历史概论》所引用的几乎所有资料,都包含在"俄藏档案"的中国共产党档案(全宗514,目录1)里面。该文是1949年以前利用所谓"俄藏档案"进行中共党史研究的唯一成果。

概要。不过,这部手稿由于后来被存入莫斯科的档案馆,其内容也就没有流传,与陈公博的论文一样被人遗忘,直到1980年代初才被重新发掘、公开。

通过以上所述,我们可作如下推测。中共中央在二大闭幕后,将章程和九个决议案送往莫斯科的共产国际,同时印制了收有这些文件的《中国共产党第二次全国大会决议案》,并将其散发给党内有关人员,但范围相当有限。[18]陈公博(没有出席二大)在会后收到这本小册,赴美后将其译成英文,并作为自己论文的附录。而瞿秋白于1920年代末在莫斯科的档案馆发现了俄文版二大文件,并利用它写成《中国共产党历史概论》。在中国国内,由于《中国共产党第二次全国大会决议案》的散发范围十分有限,本应保管该文件的中共中央在二大后"由于遭受迫害,许多材料也遗失"[19],其后很长时期散逸丢失,直到人民共和国成立后,通过1950年代末进行的全国范围的资料发掘运动,才被重新发现。

《中国共产党第二次全国大会决议案》的重新发现,其意义绝不仅限于明确了决议内容的全文。因为,其中收录的《中国共产党章程》第29条有"本章程由本党第二次全国代表大会(1922年7月16日—23日)议决"的字句,注明了大会的会期。如后所述,大会的会期(5月还是7月)与会址(杭州西湖还是上海)一样,直到1950年代初没有定论。而通过这份文件,不仅月份,甚至具体日期也得以确认,对关心中共党史者来说,无疑是十分珍贵的。

如上整理,给人的印象似乎仅是曾被湮没的原文件重又被发掘出来而已。其实,还有一个奇怪问题没有解决。那就是,大会的正式宣言,即为了向全社会宣传中国共产党的主张而产生的《中国共产党第二次全国大会宣言》(以下简称《二大宣言》),没有在

---

[18] 不过,国民党西山会议派在攻击共产党时曾引用中共二大决议中的语句(荣孟源主编《中国国民党历次代表大会及中央全会资料》上卷,光明日报出版社,1985年,第380页),可见,部分内容确曾流传到外部。

[19] 《陈独秀在中国共产党第三次全国代表大会上的报告》,前引《中共中央文件选集》1,第167页。

大会前后广泛公布的痕迹。实际上,大会闭幕后编印的上述《中国共产党第二次全国大会决议案》唯独没有收录这份宣言。不仅如此,不用说在一般的报纸、杂志,就连当时的中国共产党有关的刊物,也都没有刊登这份《二大宣言》。

《二大宣言》开始广为人知,是在大会闭幕四年后的1926年5月。最早刊载介绍《二大宣言》内容的是中共公开出版的宣传刊物《中国共产党五年来之政治主张》(1926年5月初版,以下简称《政治主张》)。《政治主张》是汇集以往发表在《向导》等党刊的中共公开声明而成,《二大宣言》此时才首次亮相。现在的《中共中央文件选集》虽称"广泛收集了每个文件的各种版本,经考证选择,以其中最好的作为底本刊印",但唯独有关二大的文件,尽管决议案和章程全部依据上述《中国共产党第二次全国大会决议案》,而《二大宣言》却以《政治主张》为据,就是因为当时没有任何刊物公开发表。从另一角度看,第三次大会和第四次大会的宣言,不仅刊登在《向导》上,而且都在会后印制成小册子,而第二次大会则不是如此。[20]虽然当时共产党建党不久,未免有诸多形式上的不周,但这一事实也的确让人感到蹊跷。

《中共中央文件选集》收录的《二大宣言》(即《政治主张》的转载),并没有什么特别让人费解或不自然的内容。但是1926年首次在《政治主张》公开这份宣言时的处理方法——《中共中央文件选集》的编者并未在意——却令人费解。简而言之,《政治主张》有三个版本,即1926年5月1日刊行的第一版和日期标为10月10日的第二版,以及1927年3月的第三版。在第一版中,《二大宣言》的日期标为"1922年7月",但在封面页的背面却有一处名为"一个小声明"的注解,称"这本小册子的第二篇(第二次全国大会宣言)本是1922年5月发的,误排7月,兹特改正,并声明这

---

[20] 《中共中央文件选集》认为这些小册子是准确的原件,因而分别以《中国共产党第三次全国代表大会决议案及宣言》《中国共产党第四次全国代表大会议决案及宣言》为底本,而非发表在《向导》的文章(第1册,第165—166、390—395页)。

篇应列在第一篇"；而且，把页码为 15 至 34 的《二大宣言》特意拿到页码为 1 至 14 的《对于时局的主张》（日期为 6 月 15 日）前面来，即装订时进行了重新排序。也就是说，这个第一版，从编辑到印刷，《二大宣言》的日期都是 7 月；只是到了刊行的最后阶段，有人发现 7 月的日期是错误的，于是加以订正，并采取非常措施，对已经印好的文页重新装订，然后才刊行的。

但是，这样一来，就发生了奇怪的扭曲。《二大宣言》的内容对陈炯明发动对孙中山的叛乱（1922 年 6 月 16 日）进行了批判；《二大宣言》的日期由 7 月改为 5 月，结果造成了《二大宣言》在时间上与事实不符。《政治主张》的第二版和第三版继承了这个时间上的扭曲；也就是说，第二版以后，《二大宣言》的正篇直接被标注为 5 月，页码也排在《对于时局的主张》前面，而不再有任何说明。就这个问题，现行的《中共中央文件选集》，也只注明依据的版本（1926 年的《政治主张》），而《二大宣言》正文末尾的日期则标为"1922 年 5〔7〕月"，原件上的"5 月"只作单纯的标注错误处理。[21] 但是，第一版不自然的订正和第二版、第三版的排列错位都表明，这决非单纯的标注错误，而是不惜忽视《宣言》内容而有意订正的日期。

对于《政治主张》成书过程中的这件怪事，日本学者藤田正典和市古宙三早在 1960 年代即曾撰文加以探讨。[22] 虽然他们试图解开这个谜，但由于当时中共二大的会期本身没有确定，因而无法给出明确答案。现在，虽然又过了 40 年，要想找出 1926 年代中期改变二大日期的理由仍然是困难的。市古所推测的理由——1926 年夏，陈公博吹嘘说，中共在早期，比起孙中山，与陈炯明的关系更加密切；中共方面为了尽快纠正谣传，于是把中共称陈"反动"、称

---

[21] 由此我们可以了解到，该选集的底本是《政治主张》的第二版。如前所述，《政治主张》在 1926 年出了第一版和第二版，在第一版中，第二次大会的正篇日期为"1922 年 7 月"，而第二版以后，这个日期都改为"1922 年 5 月"。

[22] 前引藤田正典《关于中国共产党初期全国代表大会文献》；市古宙三《关于〈中国共产党五年来之政治主张〉》，《近代中国研究中心汇报》第 5 号，1964 年。

孙为"民主势力"的最早一篇文章即《二大宣言》的日期改成了陈发动叛乱以前[23]——作为一种可能性,虽仍不失其参考价值,但要用它来解释为何一定要进行漏洞如此明显的更改,显然有些牵强。

　　笔者于此处仅指出,文件日期的改变,在某种程度上似乎与1926年时的中共因应政治形势有关(中山舰事件后与国民党的矛盾激化、对国民党主张北伐的态度等)。换言之,《二大宣言》日期的改变,似乎完全是在文件公布时(1926年),即并非在形成时(1922年)发生的。下述1922年《二大宣言》的形成过程,可以为解释该文件1926年才以极不自然的方式被公布提供一定线索。此处,我们要对大会后被带到国外(美国、苏俄)的《二大宣言》进行探讨。

　　前面谈到二大决议案的版本时曾说,二大的有关文件被收录在陈公博硕士论文的附录里,其中也有《二大宣言》。该附录的《二大宣言》本身并未注明二大的日期,在英文标题有"1922年7月第二次代表大会通过"的字句[24],表明陈认为这是7月召开的大会通过的文件。内容方面,与二大决议案一样,可以看出翻译非常忠实于原文,和《政治主张》所收录的完全一致(也谈到了陈炯明叛乱)。这可以让我们做出这样的结论,即《二大宣言》在国内公布是在1926年,但绝不是1926年形成的,最起码在陈公博离开中国(1922年11月)以前已经形成,并且部分党员是能够看到的。

---

[23]　附言之,所谓1926年夏陈公博吹嘘说等记述,见于《向导》第165期(1926年7月)的《读者之声》问答(中共中央秘书处答广州严寿山投稿)。据当时参与《向导》编辑工作的郑超麟回忆,陈独秀编《政治主张》在广州出版后,陈公博即据此诽谤中共,广州的中共组织得知后向中央作了汇报,于是陈独秀采用读者来信的形式,将中共的回答一并发表。郑超麟口述、希丹记录整理《回忆党的早期报刊》,《中共党史资料》第111期,2009年。

[24]　英文标题为"The Manifesto of the Communist Party of China adopted in July 1922 by the Second Congress"。韦慕庭说,标题中的日期是原文就有的,还是陈公博加上去的(陈在论文里记述道,大会于7月召开),不得而知。Wilbur, op. cit. [rev. 1966], p. 35。

另一方面，传到苏俄的《二大宣言》不能为我们提供更有价值的线索。上述瞿秋白《中国共产党历史概论》简要介绍了二大的决议案和《二大宣言》，但《二大宣言》的概要介绍是直接抄自汉语文件（即《政治主张》版）。《政治主张》曾经广为流传，仅第一版就印刷一万册，且很快售罄。[25] 所以，瞿秋白直接引用《政治主张》收录的《二大宣言》，是有条件的。而瞿称"宣言"成于1922年5月[26]，则是直接引用《政治主张》的证据。另外，莫斯科的档案馆还保存有俄文版《二大宣言》，应是中国共产党在某个时期递交给共产国际的。[27] 不过，日期为1922年5月的这份文件，归在与中共二大决议案不同的另一案卷里，而与这份《二大宣言》在同一案卷里保存的另一文件（俄文版《对于时局的主张》）标题为《第一次对于时局的主张》（着重号为笔者所加）。由此判断，其译自《政治主张》的可能性很大[28]，因而不能作为决定《二大宣言》形成时间的依据。

提及送到苏俄的《二大宣言》，还有几点值得注意。魏金斯基在为陈独秀提交给共产国际的报告（1922年6月30日）所写的回信中，曾提到来自中共的《宣言》。[29] 此外，他发表在7月18日

---

[25] 《向导》第163期（1926年7月14日）载广告《中国共产党五年来之政治主张出版》。另据《向导》第152期《本报启事》，《政治主张》是随《向导》一同寄给定期读者的，可见该书流传范围之广泛。

[26] 前引《瞿秋白文集》（政治理论编）第6卷，第885页。

[27] Манифест Второго Все-китайского конгресса（Май 1922 года）[第二次中国全国大会宣言（1922年5月）]。俄藏档案，全宗514，目录1，案卷34，第1—15页。

[28] 1922年发表的《对于时局的主张》，开始并没有"第一次"的字样；后来，中国共产党对于时局又发表了第二次、第三次主张，到1926年把这些文件总括成集时，1922年"主张"才被冠以"第一次"。

[29] 《魏金斯基给中共中央的信》，中共中央党史研究室第一研究部编译《联共（布）、共产国际与中国国民革命运动（1920—1925）》，北京图书馆出版社，1997年，第117—120页。该信没有注明日期，资料编者推测为1922年8月。在该信所提到的"你们发表的宣言和告国内民主人士书"中，编者认为"宣言（манифест）"即指《中国共产党对于时局的主张》（关于"告国内民主人士书"则没有注解）。这是不正确的，"告国内民主人士书"才是指"对于时局的主张"，而"宣言"指《二大宣言》。

《真理报》上的《中国南方的斗争》[30],尽管语言酷似《二大宣言》,但其评论中国政治势力的论调,却与之存在微妙区别。这暗示着,《二大宣言》从起草到定稿或需时数月,且最后定稿是对草稿作了很大程度修改而成。如前所述,《二大宣言》谈到陈炯明与孙中山的对抗,认为陈是英国支持的"反动"人物,而评价孙是"民主势力"。但魏金斯基在《中国南方的斗争》中,就二者对抗并未一味抬高孙,而对陈炯明则评价颇高,称其为"革命的督军""爱国者""外国帝国主义的仇敌"。直到1922年秋天,苏俄方面才开始使用与《二大宣言》一样的口吻,明确批判陈炯明而支持孙中山。而在中共方面,实际上,"在陈炯明发动叛乱之后,中国共产党既非同情孙,也未公开支持陈"[31],在二大召开时,对二者对抗仍在观望之中。[32]

概括以上各点,可就《二大宣言》的形成过程作如下推测。中共在二大之前(详细日期不明)起草了宣示其基本原则和当前目标的《宣言》草案(其涉及陈炯明和孙中山的部分,很可能与现行版本不同),并在6月底送交在莫斯科的魏金斯基(共产国际)审阅。这时,魏金斯基还看不准陈炯明和孙中山抗争的趋势,于是就按照共产国际第二次大会的"关于民族与殖民地问题的提纲"以及远东人民代表大会(1922年1—2月)的各项决议,对《宣言》作了修改和补充;同时等待陈孙对抗的趋势和苏联对二者的立场明

---

[30] 《维经斯基在中国的有关资料》,中国社会科学出版社,1982年,第8—12页。同样的态度,在马伊斯基发表在1922年7月27、28日《真理报》上的评论《中国和中国的斗争》中也可见到。

[31] 前引《中国共产党简明历史》。

[32] 谭平山用"涤襟"的笔名在《努力周报》第16号(1922年8月20日)发表的《记孙陈之争》(多少倾向陈炯明的评论)揭示了这个时期中共的态度和对策。关于"涤襟"是谭平山的笔名一点,胡适8月16日的日记有明确记述(曹伯言整理《胡适日记全编》第3卷,安徽教育出版社,2001年,第762页)。中共中央开始立场鲜明地批判拥护陈炯明的广东党员,是在10月以后。《国人应当共弃的陈炯明》,《向导》第8期,11月2日。《向导周报与珠江评论》,《向导》第10期,11月15日。《香港通信 陈炯明与向导周报》,《向导》第11期,11月22日。

晰之后,将相关内容补充进《宣言》,并送还中共,时间大概是在8月以后。但是,中共中央在收到经审订的《宣言》后,鉴于(1)大会闭幕已有相当长时间,(2)《宣言》的大体内容已包括在二大决议案(《关于"国际帝国主义与中国和中国共产党"的决议案》)中,(3)在二大后召开的所谓"西湖会议"上,民主联合战线政策朝向加入国民党的方向骤然转化等,因而判断《二大宣言》本身已失去当初的意义,再予以大肆宣传不合适,于是仅在部分党内人士中间传阅。而1926年公开发表时文件日期出现偏差,其原因之一似乎就在于,《二大宣言》从起草到完成,其间经过二大,时间跨了好几个月。

【补记】

中国出版的部分革命文物图录收入名为《中国共产党宣言》的小册(内容为《二大宣言》)的封面照片(如中国革命博物馆编《中国共产党七十年图集》上册,上海人民出版社,1991年,第124页;中央档案馆编《中国共产党八十年珍贵档案》上册,中国档案出版社,2001年,第76页),其原件(藏上海市档案馆,收于全宗号D1目录中。笔者曾申请阅览,未果)照片则在中共二大会址纪念馆展出。[33]但该小册子并未印有出版日期等。另一方面,胡适在其1922年9月28日(据胡适日记)写的《国际的中国》(《努力周刊》第22号,1922年10月出版)中称"中国共产党近来发出一个宣言",并引用《二大宣言》予以批判。其所引用的"页九至十"的内容与上述中共二大会址纪念馆展出的《中国共产党宣言》恰好吻合。

基于上述情况,如下问题基本可以澄清。1.《二大宣言》曾在1922年刊行过名为《中国共产党宣言》的小册子。2.从胡适称"近来发出一个宣言"来看,该小册子的出版日期应在胡适撰

---

[33] 此外,中共中央党史研究室《光辉历程——从一大到十五大》(中共党史出版社,1998年)也载有名为《第二次全国大会宣言节录》的油印本的照片(第35页),但并未就版本作任何说明。

文前不久,即 1922 年 9 月。换言之,《二大宣言》曾在有限范围内公布过,而其时间,则因上述魏金斯基修改而延至中共二大闭幕约两个月后。多年后,《二大宣言》被收入《政治主张》时日期出现问题,据推测乃因《二大宣言》最终定稿拖延了时间。

最后,胡乔木也曾在 1987 年承认(《党史应拿出权威性的材料,要有些新东西》,《胡乔木谈中共党史》,人民出版社,1999 年,第 252—253 页),《二大宣言》的撰述过程仍存在一些疑点(起草者是俄国人,抑或是陈独秀等)。

三、大会的会期、会址:定论是如何确立的

现在,中共二大于 1922 年 7 月在上海召开,已经成为无可动摇的定论。[34] 其会期是 7 月 16 至 23 日,会址是公共租界南成都路辅德里 625 号(李达寓所,现成都北路 7 弄 30 号[35]),也都很清楚。不过,与中共一大一样,形成定论的过程并不平坦。关于会期,如前所述是依据 1950 年代末发掘和确认的《中国共产党第二次全国代表大会决议案》,会址则是依据李达 50 年代初的回忆录(后述)及其后来亲自到现场确认,才分别得以确定的。特别是关于会期,如上所述,几乎是唯一的资料《二大宣言》标注的日期,因为被不自然地从"7 月"改为"5 月",导致很长时期异说纷呈。与发掘大会资料和确认其内容不同,确定大会会期和会址,很大程度上与当时党史研究所依据的资料以及研究体制有关。让我们就二大的定论如何形成作一回顾。

---

[34] 中国共产党在 1921 年 11 月已经向各地方组织传达下次大会将在翌年 7 月举行。《中国共产党中央局通告》(1921 年 11 月),《中共中央文件选集》1,第 26 页。另有人认为,中共二大原本预定继社会主义青年团大会后在广州举行,后由于陈炯明发动叛乱而改在上海举行(牛崇辉、王家进《高君宇传》,中共党史出版社,1999 年,第 123 页);但根据不明。

[35] 有关确认二大会址的情况,参见陈沛存《有关中共二大会址的门牌问题》,《上海革命史资料与研究》第 3 辑,上海古籍出版社,2003 年。

最早提到二大会期的，是上述《中国共产党五年来之政治主张》（1926年）收录的《二大宣言》，标注日期是1922年5月（没有涉及会址）。如上所述，该日期是有问题的。不过，肯定有不少人认为，既然《二大宣言》的日期是5月，按常识考虑，大会也应该是5月召开的。事实上，1920年代到30年代谈及中共历史的文章，大都以5月为是。[36]另外，该时期前后的文献涉及大会会期的还有收录在《苏联阴谋文证汇编》里的《中国共产党简明历史》。众所周知，《苏联阴谋文证汇编》（1928年）是从1927年4月张作霖搜查北京的苏联大使馆收缴的文件中，选其重要者加以翻译、编辑而成；而《中国共产党简明历史》则是俄人卡拉乔夫发表在1927年初在广州发行的俄文杂志《广州》（Кантон）上的《中国共产党小史》[37]的汉译本。该文通过采访中共干部写成，其中中共二大会期记为"六七月间"（未涉及会址）。

作为中共方面比较可信的革命史著作而标明会期和会址的最早刊物，是中国现代史研究委员会（张闻天）编《中国现代革命运动史》（1938年刊）。该书称，大会是在"7月"于"杭州西湖"召开的。[38]"杭州西湖"一说，从现在的定论来看，是不正确的。不过这是与二大之后不久所召开的、实际上决定了国共合作路线的中共中

---

[36] 其中，执笔于1926年的上述蔡和森《中国共产党史的发展（提纲）》作1922年7月。前引《蔡和森的十二篇文章》，第29—31页。

[37] 关于《苏联阴谋文证汇编》和《中国共产党简明历史》（卡拉乔夫《中国共产党小史》），请参阅本书所收《由考证学走向史料学——从中共一大几份资料谈起》之第二节。

[38] 前引张闻天《中国现代革命运动史》，第184页。不过，该书在另外的地方又说"在第二次全国代表大会宣言发表之后一月余，中国共产党发表了它的《第一次对于时局的主张》"（第187—188页），据此也可以理解为，中共二大是5月召开，而《宣言》不是在开会时发出的。另，张于1938年6月写的《中国共产党十七周年》（《解放》第43/44合期，1938年7月）又称"1922年5月中共第二次全国代表大会宣言"。这与当时在延安编纂、刊行的党史资料集（《红色文献》，解放社，1938年2月）——可能原样采录了《政治主张》版所收《中共第二次全国代表大会宣言》——将该宣言日期记作"1922年5月"，很可能是同样原因。

央会议即"西湖会议"(1922年8月末)混淆的结果。由于"西湖会议的重要性更大过'二大'"[39],造成其会址与二大张冠李戴。

就这样,《二大宣言》的日期偏差,使后来的中共党史研究一直存在着"5月"说和"7月"说,中经1949年中华人民共和国成立,直到1953年以后,摇摆不定的记述才被统一作"7月"在"上海"召开。市古曾经分析该过程,把20年代至60年代各种中国革命史(党史)著作有关中共二大的会期和会址的记述整理成一览表,并推测道:"1953年以后的记述都一致是7月上海召开,可能是因为发现了能够确认7月在上海召开的资料。"但由于当时中国国内的党史研究状况完全不为外界所知,市古也只能说"不知道是根据什么资料"。[40]四十年后的现在,我们终于得窥一斑。那么,使1953年以后的党史记述统一起来的"资料"是什么呢?

经过长期的艰苦斗争,中国共产党终于在1949年成立了新中国,对内对外开始执行新的政策;同时又必须以通俗易懂的语言撰写连诸多党员都不甚明了的中共党史。因此,新中国成立后立即开始了革命资料(党史资料)的全面发掘、收集工作。50年代初期革命史著作的陆续出版就是新中国成立初期重新撰写党史这一政策的成果。而政务院(现国务院)和中共中央分别在1950年和1951年颁布《征集革命文物办法》和《关于收集党史资料的通知》,则表明了收集和整理资料时的活动方针。另外,长期被秘密保管在上海的所谓"中央文库"(主要是30年代以前的中共文件)的文献约一万五千件,也于1950年初运至北京,至此,利用原始资料编纂和出版正式党史的条件成熟了。[41]所有国家的共产党,其

---

[39] 司马璐《中共的成立与初期活动》(中共党史暨文献选萃第二部),香港:自联出版社,1974年,第206页。

[40] 前引市古宙三《关于〈中国共产党五年来之政治主张〉》。

[41] 关于中共的文献管理及"中央文库"的历史,请参见沈忆琴、宋祖彰、薛森荣《"备交将来(我们天下)之党史委员会"——关于上海地下党保存中央文件的经过的调查》,《党史资料丛刊》1981年第4期,以及前引《中共文书档案工作简史》,第48—59、175—178页。

积累和保管文件,都是为日后用以证明自己所走过的正确的历史过程,中国共产党亦如此。瞿秋白在1931年起草的中共"文件处置办法",其设想就是将经过严密保管的党内资料"备交将来(我们天下)之党史委员会"[42];这表明,对共产党来说,文件的管理和党史具有密不可分的关系。中华人民共和国成立后,"中央文库"的这批数量庞大的档案终于交给实现了"我们天下"的中国共产党。

在这种条件下产生的党史著作中,必须首先提到的,是1951年为纪念建党30周年所出版的胡乔木《中国共产党的三十年》。著者虽然是胡乔木个人,但从他的经历和职位,以及中共中央机关报《人民日报》等各种刊物于出版前都纷纷予以刊登来看,其观点很明显是党的正式见解。因此,这篇文章的首要任务就是总结党的历史,并修正党初期大会的诸多不明确记述。特别是对意义重大的党的一大、二大,可以想象倾注了更多的精力。但在1951年时,中共一大的各种文献尚未被发现,因而几乎完全依靠回忆录。[43]而关于二大也还没有定论,仍存在着"5月还是7月""上海还是杭州西湖"的争论,就连"中央文库"里也没能找出确定二大会期和会址的文件。在这种情况下,胡乔木依照一大代表李达的自传材料[44]和回忆,又在《人民日报》刊登这篇文章的前一天,直接向毛泽东再次确认,最终从毛泽东那里得到最后批示,将一大的代表人数定为"12人"。[45]

---

[42] 中央档案馆编《中共文书档案工作文件选编(1923—1949)》,档案出版社,1991年,第50页。

[43] 有关中共一大参会者的定论的变化,参见拙著《中国共产党成立史》,袁广泉译,中国社会科学出版社,2006年,第255—264页。

[44] 李达(1923年脱党)1949年在北京再次提出入党时提交给中共中央的经历书,后来被冠以《李达自传(节录)》之名,收入《党史研究资料》1980年第8期。

[45] 《在胡乔木关于〈中国共产党的三十年〉一文中几处提法的请示信上的批语(1951年6月21日)》,《建国以来毛泽东文稿》第2册,中央文献出版社,1988年,第367页。

关于二大的问题,《中国共产党的三十年》(以下简称《三十年》)当初称"1922年5月,党在杭州西湖召集了第二次代表大会"。这表明,胡乔木在会期问题上照录了20年代出版的《政治主张》中《二大宣言》的错误日期,而会址则采纳上述《中国现代革命运动史》的记述。其实,胡乔木在确定中共一大史实时参照的李达的自传材料,其关于二大会期的表述是"8月间,第二次全国党代表大会在上海举行"。但是李达所说的会期、会址都未被采纳。至此,就二大的会期和会址问题,似乎正式党史已经给出了结论。但仅三年后,胡乔木又对其亲自加以订正。在1954年出版的该书第二版中,该部分被改成"7月,党在上海召集了第二次代表大会"。

在《三十年》的前一年出版的另一部有代表性的革命史著作,即胡华《中国新民主主义革命史》(初稿)[46]也出现过类似变化。该书1950年3月版中的"7月""杭州西湖"[47],在同年9月版的修订本(北京第4版)以后,都改成了"7月""上海"。

是什么导致这些最具权威的党史著作必须作修改?能给我们某种启发的,是《学习》杂志(1952年第6期)刊登的裴桐《中国共产党第一次全国代表大会到第五次全国代表大会简况》,和中共中央宣传部的王真1953年在内部刊物上发表的《关于中国共产党第二次全国代表大会的会期和会址问题》。[48]主张二大在"7月""上海"召开说的裴桐的这篇文章,是《三十年》出版后的第一篇专

---

[46] 该书的出版也经过中共中央宣传部的陆定一、胡乔木等人的审阅。参见胡华《关于扩展中国革命史、中共党史的研究领域和教学内容问题》,《胡华文集》,中国人民大学出版社,1988年;戴知贤《胡华》,《中共党史人物传》第61卷,中央文献出版社,1997年。

[47] 这是原样采用中国现代史研究委员会(张闻天)编《中国现代革命运动史》(1938年刊)的说法。胡华曾阅读过《中国现代革命运动史》。前引张闻天《中国现代革命运动史》所收胡华《读张闻天编著的〈中国现代革命运动史〉》。

[48] 王真《关于中国共产党第二次全国代表大会的会期会址问题》,《党史资料》1953年第2期。关于《党史资料》,请参阅拙稿《中国共产党的党史资料征集工作——以1950年代的〈党史资料〉杂志为例的探讨》,《东洋史研究》第73卷第1号,2014年。

论中共早期大会的论文,从其发表的刊物(中共中央宣传部刊物)和著者背景(中共中央管理历史文件的负责人[49])来判断,无疑预示着对《三十年》记述的修正。而王真的论文,则是代表上司胡乔木向党内部分专家通报修正的根据是什么。王真论文首先指出《政治主张》收录的《二大宣言》标注的日期(5月)显然有误,并根据上述《中国现代革命运动史》和李达回忆(大会是7、8月,很热)说,"7月召开的说法,比较可靠";关于会址,则依据斯诺《西行漫记》和李达等人的回忆得出结论说,"会址在上海的说法是比较可靠的"。由此可见,由于毛泽东、董必武等党的现任首脑没有出席二大,党史研究部门的工作人员无法像一大那样直接向毛泽东求证,因而试图主要依据李达的回忆解决二大的问题。[50]

但是,王真论文引用的李达回忆(在7、8月召开),与胡乔木撰写《三十年》第一版时参照的李达的自传材料(8月间召开)之间,存在着微妙偏离。这是怎么回事呢?李达作为中华人民共和国成立后留在大陆的唯一一个一大、二大两次大会的代表,在1949年申请入党后,曾多次被询问早期大会的状况,包括采访记录在内,留下不少回忆录;仅就《三十年》出版前后而言,除上述自传材料以外,尚能看到的就有:1951年2篇,1952年、1953年各1篇,1954年1篇,1955年1篇。[51]这些回忆对中共一大的记忆是一贯的,但关于二大会期的记忆却在不时摇摆。按时间顺序看,他在1949年说是

---

[49] 关于作者裴桐,参见本文注11。

[50] 王真举出的根据中,《中国现代革命运动史》和《西行漫记》,早在《三十年》初版前就为人熟知。《三十年》有意避开这些立场而采"5月杭州西湖"说,那么王真论文改变《三十年》的说法唯一的根据只能是李达的回忆。

[51] 1951年的有《中国共产党成立时的回忆》(《党史资料》第1辑,1952年,1951年6月执笔)、《致上海市委刘晓的信》(前引陈沛存《有关中共二大会址的门牌问题》引用);1952年、1953年的有前引王真《关于中国共产党第二次全国代表大会的会期会址问题》引用内容;1954年的有《回忆老渔阳里二号和党的"一大"、"二大"》(1954年2月23日)(《党史资料丛刊》1980年第1辑);1955年的有《中国共产党的发起和第一次、第二次代表大会经过的回忆》(1955年8月2日)(《"二大"和"三大"——中国共产党第二、三次代表大会资料选编》,中国社会科学出版社,1985年)。

"8月",但1952年、1953年却改口说是"7、8月",到了1955年又说是"7月",1959年,又改口说是"6月下旬"。[52]这种模糊的记忆,只能说明一个问题,即作为唯一当事人,李达就三十年前发生的事曾被反复询问相同的问题,但他对详细日期的记忆很模糊,根本想不起来——且不说会址(李达在上海的寓所)。

但是,李达记忆模糊和正式党史的会期模糊,其影响是完全不同的。因而,虽然中共中央宣传部依据李达某个时期的记忆而倾向于7月,但在发表经修改的会期前,需要经过一番程序。就是说,在内部刊物上主张7月说的王真,在其后的1953年10月发表的著作里,仍然尊重《三十年》第一版的提法,作"1922年5月党的第二次全国代表大会"。而当《三十年》的修订版(1954年)改成"7月上海"后,他的著作也才在其后经修改作"7月"。[53]

这些复杂的来龙去脉,除部分当事人外,外界无从知晓。中国国内如此,国外的中共党史学者更是如此。上述市古曾说,"胡乔木改5月杭州为7月上海,必定是发现了什么确凿证据"。其实,所谓确凿证据,就是十年前就已出现的《中国现代革命运动史》(未提出明确根据)和与此偶然相符的李达的回忆而已。如前所述,中国最终确定二大的会期,是《三十年》修订版出版后又过了五六年以后,上海发现了名为《中国共产党第二次全国代表大会决议案》的1922年的文件,其中含有标明大会会期的《中国共产党章程》。然而,几乎同一时期发现、确认的中共一大文件,在革命博物馆展出前曾被田家英(毛泽东秘书)出面拦下。[54]与此类似,二大的文件直到1980年代初都没有公布。后来,二大文件一公开,大会会期的问题好像也早已解决,人们也就完全忘却了几种学说错综复杂的来历。

---

[52] 《李达致中央档案馆的信(1959年9月)》,《李达文集》第4卷,人民出版社,1988年。

[53] 刘立凯、王真《一九一九至一九二七年的中国工人运动》,工人出版社,1953年10月,第32页。同书修订本,工人出版社,1957年8月,第29页。

[54] 前引苏晓《中国共产党早期历史档案保存及公布情况概述》。

四、中共二大代表名单

1970年代末开始的改革开放,也为曾存在许多禁区的党史研究带来了春天,"文革"时期曾经中断的资料编辑工作也重新开始,起初是以内部发行的形式进行摸索,随后陆续出版。就二大来讲,《中国共产党第二次代表大会决议案》所收录的二大文件也在1980年代中期公开出版发行,人们都可以读得到。不过,尽管确定二大会期、会址的曲折过程已不再被提起,但并不意味着从党史研究的角度探究二大的相关事实也已经结束。由于党史研究不可避免的政治因素,比如需要对党史上划时代的大会进行反复纪念、弘扬(或探讨)等,新的课题会不断出现。弄清会期和会址后,还有大会代表人数及代表名单等,人们期待着党史予以回答。在这个意义上讲,二大的这些史实问题,现在仍是党史研究的课题。

在1949年以前,连二大的会期和会址也还不清楚,也就无法搞清代表人数和代表名单。这与一大代表的人数和名单很早就有争论大不相同。不过,实际上这些史实早就在正式场合讨论过。那就是1928年6—7月,在莫斯科郊外召开的中共第六次代表大会。中共六大的目的在于总结失败了的大革命及中共在此期间的路线,讨论在即将到来的新形势下的工作方针。会议在布哈林等苏联领导人的指导下召开,是按照苏联共产党的规则严格组织的。此次大会为回顾党组织的历史,曾整理出一份正式统计,对中共历次大会的代表人数和姓名以及当时的党员人数做了重新统计。

六大时整理的统计表原件,我们现在已无法查阅。[55]但赵朴《中国共产党组织史资料》中载有统计表简介。根据这份简介,六大时统计表记载,二大时党员数是123人,大会代表是12人,他们

---

[55] 比如,中共中央组织部、中共中央党史研究室、中央档案馆编《中国共产党组织史资料》第1卷(中共党史出版社,2000年)第20页载中共六大《中共历次大会代表和党员数量增加及其成份比例表》,就只有标题。

是"陈独秀、张国焘、蔡和森、谭平山、李震瀛、杨明斋、施存统、李达、毛泽东、许白昊、罗章龙、王尽美"等。[56]同时形成的还有六大以前历次大会的类似统计表。据推测,为向六大提交组织资料,当时聚集在莫斯科的六大代表们,分别就自己了解的大会情况,一边回忆一边共同写就了名单和党员数。[57]在六大第十三天(6月30日),周恩来作了有关组织问题的报告,统计表很可能是为这次报告而准备的。不过,这次统计所反映出来的历次大会的党员总数,与历次大会开会时所报告的数字(主要是依据1949年以后发现的文件能够确认的数字)并不一致。因此,这些数字很难说有什么记录作依据,至多是集体回忆的结果而已。[58]

虽然有上述二大代表的"统计",但1949年前的中共党史著作并未加以利用。数字原本就不准确,不采用也属自然。如在米夫《英勇奋斗的十五年》(1936年刊)、上述《中国现代革命运动史》等30年代的著作中,都提出过与六大时统计不同的数字,说二大代表20人,党员100人左右。不过,代表20人、党员100人左右的记述,似乎也没有什么依据。[59]不过也无人对此表示质疑。党史著作开始具体记述二大的代表及其人数(以及当时的党员人数),还是在人民共和国成立以后。

---

[56] 赵朴《中国共产党组织史资料(一)》,《党史研究》1981年第2期。前引徐世华《关于中共"二大"代表和中央委员名单的考证》。

[57] 中共大代表中,有参加二大可能性的有张国焘、蔡和森、罗章龙、项英、邓中夏、何叔衡等。

[58] 六大时的统计表中,说中共一大有代表11人,却只列出了10人的姓名,其中没有现已认定为一大代表的何叔衡、邓恩铭、陈潭秋。另外,部分党史著作中一大时党员有57人之说,也源自这个六大时的统计表(一大时的文件称"53人")。

[59] 二大代表数为20人之说,可能来自前述《中国共产党简明历史》,其中说二十多人参加会议。另,中共领导人之一王若飞,1943年12月在延安就党史讲话时说,二大时党员有170人,参加二大的有20多人(王若飞《关于大革命时期的中国共产党》,《近代史研究》1981年第1期)。王在讲话中说,二大是"1922年7月"在"西湖"召开的。由此判断,他依据的应是上述《中国现代革命运动史》(1938年刊)。但称当时党员有170人,其根据何在,不得而知。

如本文第二节所述，影响新中国成立后的党史研究的，是胡乔木的《中国共产党的三十年》和胡华的《中国新民主主义革命史》（初稿）（以下简称《革命史》）。其中，《三十年》第一版和第二版以后都没有二大代表人数及其名单或者当时党员数的记载。而比《三十年》内容详细的《革命史》，却不仅有相关记载，且几次修订版都曾作修改，故而通过对每次修订版进行比较，可以明确每次修改所依据的根据。《革命史》在1950年3月第一版后，同年9月出北京第4版，1951年10月出北京第8版，1952年12月出北京第11版，每次都有相当大的修改。[60]其中，有关二大代表变化较大的是北京第11版（《后记》执笔日期为1952年8月25日），此前的"代表共20人，代表党员约百人左右"被改为"代表有邓中夏、蔡和森、向警予等12人，代表党员123人"。看来，此前一直援引的是《英勇奋斗的十五年》和《中国现代革命运动史》的说法；但在第11版时，似乎发现了可以确定代表为12人、党员为123人的新资料，且有了可以证明代表中有邓中夏、蔡和森、向警予的资料或证词。

不过，"代表12人，党员123人"这个数字，一看便知，这是上述六大时所作的统计表（《中共历次大会代表和党员数量增加及其成分比例表》）中的数字。按六大秘书处的规定，大会的各种文件，由秘书处抄写三份，一份送交共产国际，一份送交中共驻共产国际代表团，还有一份由中共中央保存。[61]如前所述，1930年代以前的党的原始文件库"中央文库"是于1950年初由上海运抵北京的。可能这些原始文件的整理在1952年前结束，从中发现了六大时的统计表，因此，1952年的《革命史》第11版开始写进了"代表12人，党员123人"。

那么，"邓中夏、蔡和森、向警予"这些代表的名字是从何而来

---

[60] 胡华《中国新民主主义革命史（初稿）》修订本（1952年12月北京11版）之《修订11版后记（1952年8月25日）》。

[61] 李云龙、马红《六大决议案版本研究》，《党的文献》1988年第1期。

的呢？第 11 版以后采用的六大时的统计表（二大代表名单）确实有 12 人这个数字，却没有邓中夏和向警予的名字。尽管如此，胡华在举出蔡和森名字的同时举出该二人，估计也是采信了李达的证言。如前所述，曾是一大和二大代表的李达，在 1949 年以后，反复被求证党的早期大会和早期活动，他在 1950 年代初的回忆中确实谈及"邓中夏、蔡和森、向警予"的名字，并说，关于二大相关情况，"曾对胡乔木同志说过"。[62] 邓和向的名字突然出现，其理由只可能是李达的证言。也就是说，在第 11 版的时候，对于六大时的统计表，采信了其数字，但其中名单，却因缺乏可信性而未被采用。

就这样，由于中国的党史研究后来伴随着政治动乱而进入闭塞状态，在其后四分之一世纪里，二大代表都是邓中夏、蔡和森、向警予等 12 人、有党员 123 人这一说法，既未被积极肯定，也未被否定。这期间，赋闲在北美的张国焘曾发表回忆录，其中举出正式代表 9 人（陈独秀、张国焘、李达、蔡和森、高尚德［高君宇］、包惠僧、施存统、上海代表［姓名不详］和杭州代表［姓名不详］）和张太雷、向警予等非正式代表的名字。[63] 不过，从张说党员数是 123 人这一点可以看出，张的说法也不过是参照胡华《革命史》（第 11 版以后），而其不足之处则通过自己的记忆加以补充而已。[64]

众所周知，改革开放初期党史研究的先驱是邵维正关于中共一大的考证文章，而同时期关于二大的最早考证论文，也是邵维正和徐世华共同撰写的。[65] 不过，这篇论文就二大代表名单，没有任

---

[62] 前引李达《回忆老渔阳里二号和党的"一大"、"二大"》（1954 年 2 月 23 日），前引李达《中国共产党的发起和第一次、第二次代表大会经过的回忆》（1955 年 8 月 2 日）。

[63] 前引张国焘《我的回忆》第 1 册，第 235—236 页。

[64] 张国焘本人也承认，他参考了胡华等 50 年代初国内的革命史著作（Chang Kuo-t'ao, *The Rise of the Chinese Communist Party*, *the Autobiography of Chang Kuo-t'ao*, Vol. 1, Lawrence, 1971, p. 700, n. 11）。

[65] 邵维正《中国共产党第一次全国代表大会召开日期和出席人数的考证》，《中国社会科学》1980 年第 1 期。邵维正、徐世华《"二大"的召开和民主革命纲领的制定》，《党史研究》1980 年第 5 期。

何注释就列举了12人的名字(陈独秀、李达、张国焘、蔡和森、高君宇、施存统、项英、王尽美、邓恩铭、邓中夏、向警予、张太雷)和当时党员的人数(195人[66])。进一步考证见于第二年以徐世华的名义单独发表的论文。[67]徐世华论文依据六大时的上述统计表认为代表人数是12人,又——可能是按照张国焘的回忆录——将12人分为9名正式代表(陈独秀、李达、张国焘、蔡和森、高君宇、施存统、项英、王尽美、邓恩铭)和3名列席代表(邓中夏、向警予、张太雷),较之六大时名单(12人),删去了谭平山、李震瀛、杨明斋、毛泽东、许白昊、罗章龙6人,而补进了高君宇、项英、邓恩铭、邓中夏、向警予、张太雷6人。但其根据很大程度上是推论,至于谭平山、李震瀛、杨明斋、许白昊、罗章龙、邓恩铭,其之所以删去或补进的必要理由,也未做任何说明。就向警予来讲,徐世华论文采信的是张国焘回忆录,而如上所述,张回忆录的根据又来自胡华《革命史》,而《革命史》又采信了李达摇摆不定的回忆录之一。然而,李达在举出"向警予、邓中夏"等名字数年后,竟说"代表的具体名单,我记不得了"。[68]徐世华论文则根本没有考虑这些情况。换句话说,徐世华论文没有考虑中共党史研究中不提根据、只提定论的著述特点,只对重复引用而成的各种资料,加上主观的"比较考证",就编出了一份极其混乱的名单。

如果事关中共一大,由于其巨大的象征意义和众多的回忆录,如此随便的考证是绝对不允许的。但不可思议的是,徐世华文中这份含有众多党史著名人物的二大代表名单,后来却没有引起任何反驳而传播开去。从1980年代到1990年代出版的"新时期"革命史、党史著作,在典据注释暧昧不清——不提徐世华文——的情

---

[66] 这个数字,是陈独秀1922年6月30日撰写的给共产国际的报告中的党员数。《中共中央文件选集》1,第47页。

[67] 徐世华《关于中共"二大"代表和中央委员会名单的考证》,《历史研究》1981年第2期。

[68] 前引《李达致中央档案馆的信》(1959年9月)。其中,李达说陈独秀、张国焘、蔡和森、李达参加了会议,而谭平山、杨明斋、毛泽东没有参加。

况下,基本上都采纳了徐文的 12 名代表名单。比如《中国新民主主义革命史 伟大的开端》(1983 年)、《中国共产党历史》上卷(1991 年)、《中国共产党上海史》(1999 年)等,虽未注明出处,却都蹈袭了徐文的说法。

当然,并非所有著作都以徐世华论文为准,代表性的中共组织史《中国共产党组织史资料汇编》(1983 年)就提示了另一份名单,它是糅合徐文的结论和六大时的名单而成,即在 12 名代表(陈独秀、张国焘、李达、蔡和森、邓中夏、陈望道、高君宇、杨明斋、施存统、项英、王尽美、李震瀛)之外,又有列席者张太雷、向警予、邓培、邓恩铭、林育南等的名字。在该书增订版中,又补入谭平山为代表,而杨明斋则被改为列席。但是这些修改都未标注确切证据,所以出处至今不详。唯一在以往名单中未曾出现过的陈望道的名字突然出现,据认为源于 1980 年代以后公开的蔡和森《中国共产党史的发展(提纲)》(1926 年),其中提到在二大期间反对党"铁的纪律"的有陈望道。[69]这导致 1980 年到 1990 年代出版的中共党史人物传记中发生混乱,向警予、谭平山、邓中夏等的传记中都有他们出席二大的记述。这种记述错误给我们两点启示。其一是,二大代表的问题非常错综复杂;其二是,对中共党员来讲,出席重要会议对个人的组织经历是不可缺少的荣誉。

解决二大代表问题如此困难,目前情况又如何呢?自 90 年代末以来,关于中共历次大会及党组织的正式记录和正式党史,都曾提出一个统一观点,即"陈独秀、张国焘、李达、杨明斋、罗章龙、王尽美、许白昊、蔡和森、谭平山、李震瀛、施存统等 12 人(一人姓名不详)"。[70]其中《中国共产党组织史资料》注明其证据是六大《中

---

[69] 前引《中共党史报告选编》,第 29、43 页。

[70] 中共中央党史研究室《光辉历程——从一大到十五大》,中共党史出版社,1998 年,第 47 页;中共中央组织部、中共中央党史研究室、中央档案馆编《中国共产党组织史资料》第 1 卷,中共党史出版社,2000 年,第 19—20 页;中共中央党史研究室《中国共产党历史》第 1 卷,中共党史出版社,2002 年,第 99 页。【补记】中共二大会址纪念馆的展览,现仍沿袭该统一见解。

共历次大会代表和党员数量增加及其成分比例表》和英文《关于我们党的组织问题(补充报告)》(1922年12月9日)。前者毋庸再论,后者看似未公开资料,其实内容早已为人所知,即称大会代表是"来自七个地区的七个代表,每个地区各一人"。[71]只不过,这份资料上没有记载具体姓名。换言之,后者对于认定代表姓名起不到任何作用。因此,现在的正式见解,基本上是蹈袭前述六大时的名单,仅从其中删去了毛泽东的名字而已。而之所以删去毛泽东,无外乎是因为他本人在与斯诺会见中谈到二大时说过:"我本想参加,可是忘记了开会的地点,又找不到任何同志,结果没有能出席"。[72]

从以上分析可知,现行的二大代表名单,最终还是回到了六大代表们集体回忆而留下的名单。但是,仅有关毛泽东一人,前后记录就如此不一致,所以不能保证别的代表的名字无任何出入。[73]由此可见,现在的中共党史研究中的史实,与其依据的资料的准确性相比,在更大程度上是受资料的权威性左右的。在这个意义上,有关二大的资料中,最有权威的是六大的有关文件——尽管它是极其模糊的回忆的集合。

对于这样确定下来的二大的代表,最新研究的立场是怎样的?如本稿开头所述,有关这方面,这二十年来的几乎唯一论文是王志明在2002年发表的。[74]该文比较三种学说(张国焘说、徐世华说、

---

[71] 以《关于我们党的组织问题(补充报告)》(1922年冬)为题目(由俄语翻译)收于前引《"二大"和"三大"》,第128—129页。该文英文版收于俄藏档案,全宗514,目录1,案卷16。该文件无疑是参加共产国际第四次大会(1922年11—12月)的中共代表团(陈独秀团长)向共产国际提交的报告。

[72] E. Snow, *Red Star over China*, 1st revised & enlarged ed., New York, 1968, p.158(中译:董乐山译《西行漫记》,解放军文艺出版社,2002年,第118页)。

[73] 比如,新中国成立后,罗章龙、谭平山、施存统都写过有关中共创立时期的回忆录,但是都没有提到他们参加了中共二大。

[74] 王志明《关于出席中共"二大"的代表名单问题的探讨》,中共一大会址纪念馆、上海革命历史博物馆筹备处合编《上海革命史资料与研究》第2辑,上海三联书店,2002年。

《中国共产党组织史资料》说），最终采信了《中国共产党组织史资料》的名单。其根据是，该学说是最新的，所依据的资料（六大时的名单和英文《关于我们党的组织问题［补充报告］》）最可信，更何况是党正式表明的见解。简要地讲，张国焘说也好，徐世华说也好，抑或是《中国共产党组织史资料》说也好，王志明论文在评长论短时一概不知道它们依据的资料是如何形成的，最后仅仅是附和了最有权威的学说而已。

综上所述，我们可以看到部分中国党史研究者的弊病，即依据数种文件中最具权威的资料拟制"定论"，其后的研究则对其来龙去脉不予深究，攀附定论而继续炮制论文，这样的过程不断重复，资料的出处也被不断省略和隐匿。本文以中共二大研究史为例，正说明一些所谓最新学说的论文，并没有在史料发掘和分析上有新的突破，而是继承了部分党史研究者的如下弊病，即盲从权威资料，导致学者最基本的素质——分析思考能力——停止和瘫痪。

无论是党的代表大会还是其他些末小事，历史总有许多事情是难以准确断定的。但中共党史研究的现状是，任何细枝末节，因事关党的代表大会，故须不厌其烦地追究到底。而在此过程中，就出现了用现在的标准来裁量过去的中国共产党、甚至试图用权威压制历史事实的现象。按照现在的组织观念，一个党员"因忘了开会地点而未能出席党的代表大会"是绝对不能允许的，而历史的真相往往确如毛泽东回忆的那样。有关二大的代表是谁，许多人认为已很清晰，或者肯定有些专家认为一定能搞清楚。但现实是，无论我们如何探讨，却只能说出席大会的代表好像有 7 人左右[75]，其中似乎肯定有陈独秀、张国焘、蔡和森、李达等，因为他们曾回顾自己参加大会的情况。实际上，远比那些似是而非的所谓代表名

---

[75] 英文版《关于我们党的组织问题（补充报告）》，1922 年 12 月 9 日。参见本文注 71。这份没有得到应有重视的外文资料，从史学研究的角度上讲，正是最可靠的材料；因为它是参加共产国际"四大"的中共代表团（陈独秀团长）向共产国际提交的报告，而且文件的产生离二大只有五个月。

单更能反映出当时党的实际状况的,是二大时的中国共产党没有留下类似大会代表名单的文件,或者说没有名单也根本不会影响党开展工作这一事实。

原文(日文)题为《中国共产党第二回大会について：党史上の史实は如何に记述されてきたか》,刊载于《东洋史研究》第63卷第1号(2004年6月)。中文版收于《上海革命史资料与研究》第5辑,上海古籍出版社,2005年。收入本书时做了修订。

孙中山致苏联政府遗书

一、序论

1925年3月12日,孙中山逝世于北京。当时他已经在中国历史上留下了不朽的业绩。虽然他所追求的革命目标尚未实现,但已推翻了中国两千多年的封建统治,建立了亚洲最早的共和国。这一伟业不容置疑。但值得注意的是,各界对他逝世的反响,并不全是对其一生的赞赏。也就是说,他所留下的"尚未成功"的"革命",尤其是最后几年间他所推行的新形式的革命运动,在当时引起了部分人的批判。正因如此,他的逝世在全国引发的反响中,也有某种阴翳色彩。

他晚年所主导的国共合作以及联俄的新方针,无疑是给当时对其评价投下阴影的最大原因。例如,对孙中山所倡导的这一革命运动持反对态度的《时事新报》在他逝世之际曾刊登如下辛辣评论:"孙文今日死矣,实则死者止其形骸而已,至于其精神,吾以为则死已久矣。"[1]由此可见,在1925年的中国,他的逝世曾带来一些不安定因素。

这些不安定因素不仅存在于外界,也存在于国民党内部(或者说国共两党)。自从国民党一大(1924年1月)召开正式宣布国共合作后虽经年余,国民党内依然存在着不赞成与共产党合作的动向,尤以有影响的初始党员为甚。而正当孙中山

---

[1] 圣心(张东荪)《孙文真死矣》,《时事新报》1925年3月13日。

逝世前的 1925 年 3 月初,对国共合作、联俄路线持反对意见的冯自由等人在北京成立了国民党同志俱乐部,公然进行分裂活动。也有些干部党员,虽然没有如此明确表示反对,但也阳奉阴违。生前,孙中山曾对党内或明或暗的反对意见极其愤慨。1924 年 8 月,他曾当众训斥主张解除国共合作的张继,甚至断言说:

> 我们的同志,还有我们的军队只有当命令对他们有利时才服从,反之往往拒绝服从。如果所有的国民党员都这样,那我将抛弃整个国民党,自己去加入共产党。[2]

会议记录记述了上述发言,并在孙中山发言之后作了如下补充:"会议在'沉闷的气氛'中闭幕。"领袖既然说到这种地步,想来也不会再有人提出异议。但是,从另一方面来看,如果没有孙中山如此强硬坚持,国共合作路线是极难维持和推进的。孙中山的逝世意味着这个强大的领导权顷刻消失。这就是他的死和遗志,亦即其《遗嘱》之所以带有沉重意义的缘由。

据一般了解,孙中山遗书由三个文件组成。即,①《国事遗嘱》(致中国国民党同志遗书)、②《家事遗嘱》(致家属遗书)、③《致苏联政府遗书》。在这三封遗书中,其产生过程最成问题的是《致苏联政府遗书》。关于《致苏联政府遗书》,不仅其产生过程(即是否在准确反映孙中山遗志的基础上形成并签名),就连其本身确否存在也是很大问题,引起相当大的争论。

正是由于"国父"的死及其遗志非同寻常,因此,围绕孙中山

---

[2]《孙逸仙在国民党中央全会最后一次会议上的讲话》(1924 年 8 月 30 日),*ВКП (б), Коминтерн и Национально- Революционное Движение в Китае*: *Документы, T. I. (1920-1925)*, Москва, 1994, стр.476;中译:中共中央党史研究室第一研究部译《联共(布)、共产国际与中国国民革命运动(1920—1925)》,北京图书馆出版社,1997 年,第 526 页。

"遗嘱(遗书)"的产生,曾出现很多证言及研究。[3]但是,这些研究因受资料限制,大体上采用几种回忆录相互比较的方法,故还有很多需考证之处。因《致苏联政府遗书》的形成与《国事遗嘱》的形成有密不可分的关系,本文先对《国事遗嘱》的形成、签名过程加以考证,然后对《致苏联政府遗书》的产生进行探讨。

首先将三封遗书抄录如后。三封遗书中,尤以"遗嘱"最为人熟知。本文为考察这份遗书的形成过程,故需不避烦琐予以抄录(黑体部分为签名。下同)。[4]

①《遗嘱》(《国事遗嘱》)

余致力国民革命凡四十年,其目的在求中国之自由平等。积四十年之经验,深知欲达到此目的,必须唤起民众及联合世界上以平等待我之民族,共同奋斗。

现在革命尚未成功,凡我同志,务须依照余所著建国方略、建国大纲、三民主义及第一次全国代表大会宣言,继续努力,以求贯彻。最近主张开国民会议及废除不平等条约,尤须于最短期间促其实现。是所至嘱。

---

[3] 研究论文有:眭云章《关于国父遗嘱之起草人与国父签署之日期的考证》,《政论周刊》第113期,1957年;Jerome Ch'en(陈志让),"The Left Wing Kuomintang – A Definition," *Bulletin of the School of Oriental and African Studies*, vol. 25, 1962;堀川哲男《关于孙文的遗书》,《人文》(京都大学教养部学报)第20号,1974年;尚明轩《"总理遗嘱"签字纪实》,《贵州文物天地》1997年第1期(转引自尚明轩《何香凝传》,北京出版社,1994年,第143—151页);郭双林《孙中山遗嘱是怎样产生的》,《中国教育报》1998年2月24日(后转载于《新华文摘》1998年第5期)。

[4] 三份遗书采自广东省社会科学院历史研究所等编《孙中山全集》第11卷,中华书局,1986年,第639—641页。《致苏联政府遗书》的原本为英语(英文原文见后述),此处暂示中文本。如后所述,可谓国民党方面正式刊行的孙中山全集,即国父全集编辑委员会编《国父全集》(近代中国出版社,1989年)并不承认《致苏联政府遗书》是孙中山的正式著述,所以只在第9册第637页收录了《国事遗嘱》,在第638页收录了《家事遗嘱》,《致苏联政府遗书》则没有收录。

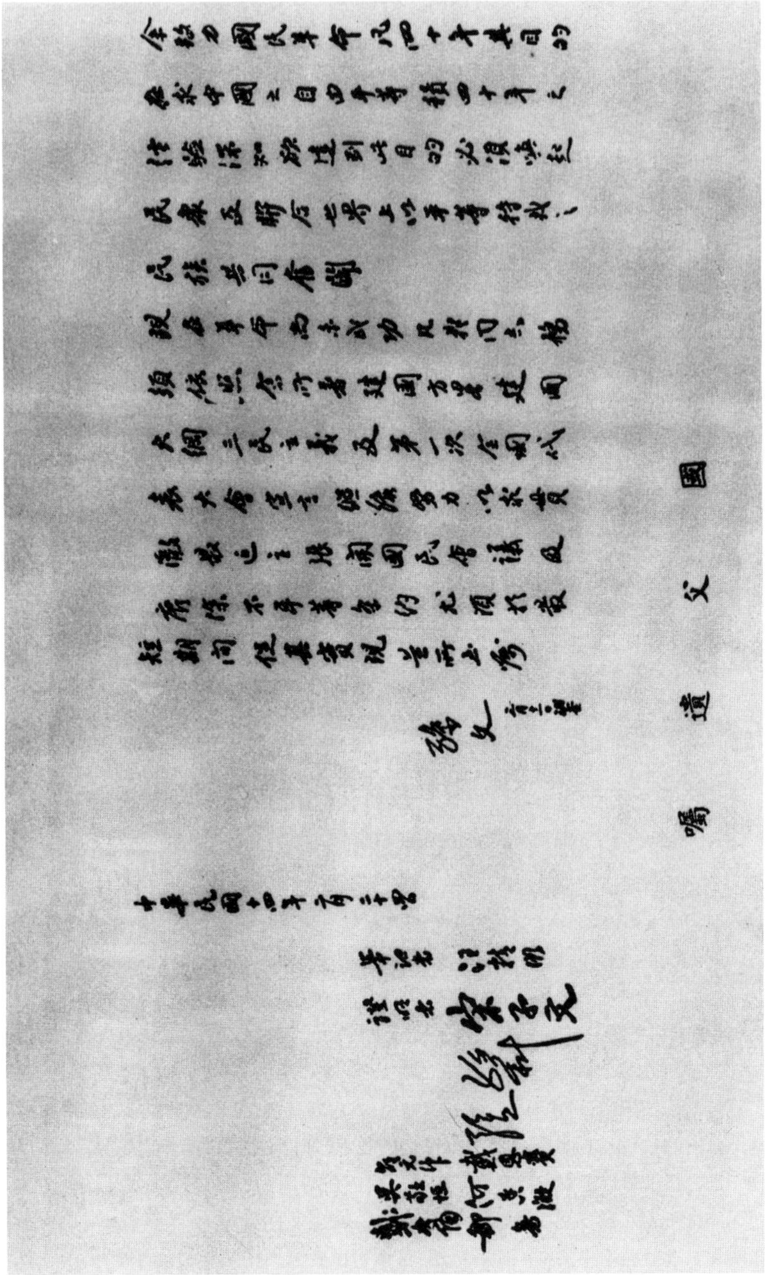
國父遺囑

余致力國民革命凡四十年其目的在求中國之自由平等積四十年之經驗深知欲達到此目的必須喚起民衆及聯合世界上以平等待我之民族共同奮鬥

現在革命尚未成功凡我同志務須依照余所著建國方略建國大綱三民主義及第一次全國代表大會宣言繼續努力以求貫徹最近主張開國民會議及廢除不平等條約尤須於最短期間促其實現是所至囑

孫文

中華民國十四年二月二十四日

图 1　国事遗嘱

　　　　　　　　　孙文　三月十一日补署
中华民国十四年二月二十四日
　　　　　　　　　笔记者　汪精卫
证明者　宋子文　孙科　孔祥熙　邵元冲　戴恩赛
　　　　吴敬恒　何香凝　戴季陶　邹鲁

――――――――

②《遗嘱》(《家事遗嘱》)

余因尽瘁国事,不治家产。其所遗之书籍、衣物、住宅等,一切均付吾妻宋庆龄,以为纪念。余之儿女已长成,能自立,望各自爱,以继余志。此嘱。

　　　　　　　　　孙文　三月十一日补署

中华民国十四年二月二十四日〔笔记者以下的签名与"国事遗嘱"相同〕

――――――――

③《致苏联政府遗书》

苏维埃社会主义共和国大联合中央执行委员会亲爱的同志:

我在此身患不治之症,我的心念此时转向于你们,转向于我党及我国的将来。

你们是自由的共和国大联合之首领。此自由的共和国大联合,是不朽的列宁遗与被压迫民族的世界之真遗产。帝国主义下的难民,将藉此以保卫其自由,从以古代奴役战争偏私为基础之国际制度中谋解放。

我遗下的是国民党。我希望国民党在完成其由帝国主义制度解放中国及其他被侵略国之历史的工作中,与你们合力共作。命运使我必须放下我未竟之业,移交与彼谨守国民党主义与教训而组织我真正同志之人。故我已嘱咐国民党进行民族革命运动之工作,俾中国可免帝国主义加诸中国的半殖民地状况之羁缚。为达到此项目的起见,我已命国民党长此继续与你们提携。我深信,你们政府亦必继续前此予我国之援助。

亲爱的同志,当此与你们诀别之际,我愿表示我热烈的希望,希望不久即将破晓,斯时苏联以良友及盟国而欣迎强盛独立之中国,两国在争世界被压迫民族自由之大战中,携手并进,以取得胜利。

谨以兄弟之谊,祝你们平安!

孙逸仙(签字)

二、孙中山《遗嘱》的形成过程

1.《遗嘱》的起草

孙中山逝世不久,他逝世前一天(3月11日)签名的《国事遗嘱》和《家事遗嘱》便向有关人及报社等公开。次日即13日的《晨报》等北京各报刊,连同"孙中山逝去"的新闻一同报道了《遗嘱》全文,但是,当时没有一家报社报道《致苏联政府遗书》。14日,《晨报》刊登了《国事遗嘱》《家事遗嘱》的照片。[5]

那么,这两封遗嘱,尤其是《国事遗嘱》是经过怎样的程序形成的?根据汪精卫在国民党二大上关于接受遗嘱的报告所作说明,大体上经过了如下过程。[6]

1月26日,协和医院进行剖腹手术的结果,孙中山被诊断为晚期肝癌。接到这一消息的国民党有关人员,当晚在北京紧急召开了政治委员会会议,就如何准备遗嘱进行了长时间的商谈。当时,大家虽然一致赞成有必要起草遗嘱,但仍期待孙中山的寿命能

---

[5] 上海的《申报》在稍晚一些的3月16日、《国闻周报》于3月22日发行的第2卷10期刊发了照片。

[6] 关于《遗嘱》形成的经过,本稿没有特殊注释的地方均参考汪精卫在国民党第二次大会上的报告(1926年1月4日)(中国第二历史档案馆编《中国国民党第一、二次全国代表大会会议史料》上,江苏古籍出版社,1986年,第183—186页,以下略称《会议史料》)——需要说明的地方将随时指出。

够延长,因而没有马上向孙中山征询遗嘱之事。只是要求医生,由于要准备遗嘱,孙中山病情一旦危急要马上报告。此后,政治委员会又有连日进京的国民党要人邵元冲、张静江、邹鲁等人陆续加入,并以中央执行委员会联席会议的形式,几乎是连日在北京饭店举行了会议。[7]孙中山的秘书黄昌谷作为书记,鲍罗廷作为顾问出席了会议。当时在北京的鲍罗廷给莫斯科的报告中说自己参加了国民党的"所有会议"[8],所以他的存在,对探讨商议起草遗嘱的过程是不可忽视的。

汪精卫在国民党二大的报告中说,从最初的政治委员会会议之后,"经过一月,这事[遗嘱的起草]还没有决定"。这显然是为对外宣称《遗嘱》系孙中山口授的权宜性解释。实际上,1月26日以后的政治委员会上,遗嘱内容均已付诸讨论。

关于《遗嘱》的起草和讨论过程,有几位当事人曾留下证言。如于树德曾具体记述称,最初由吴稚晖起草的文案,因以"勉旃,勉旃"结尾,大多数委员批评其过于陈腐。于是便由汪精卫另外起草,最后被原封不动地采用。[9]但究竟是否如此,现无法考证。而于右任的说法则完全相反。他说,围绕遗嘱文案,吴稚晖和鲍罗廷之间曾发生激烈对立,在此过程中,吴的博学使其占据了主导地位。[10]不过,于右任该文本为彰显吴稚晖的功绩而作;在另一篇文章中,于还曾说"遗嘱"的内容是经会议讨论,由汪精卫笔录下来的。[11]总之,这些回忆显示,吴稚晖首先提出草案,汪精卫等为核

---

[7] 《邵元冲日记》,上海人民出版社,1990年,第110—111页;《鲍罗廷的书面报告》(1925年2月14日)(ВКП(б),Коминтерни...,стр.524;《联共(布)、共产国际……》,第578页)。

[8] 前引《鲍罗廷的书面报告》(1925年2月14日)。

[9] 于树德《孙中山先生遗嘱的起草经过》,《文史通讯》1982年第6期。

[10] 于右任《悼念吴稚晖先生》,《吴稚晖先生纪念集》,近代中国史料丛刊,续编,第13辑,1975年,第9页。

[11] 于右任《国父行谊》(1965年),《于右任先生文集》,国史馆,1978年,第397页。张继也表达了同样的见解(《日记》[1942年6月27日],《张溥泉先生全集》,"中央文物供应社",1951年,第325页)。

心的参会人员在此基础上加以讨论修改,最后形成了"遗嘱"。

经讨论形成的遗嘱原案最晚应于 2 月初完成。邵元冲日记（2 月 3 日）这样记载："晚九时至政治委员会,稚晖主席报告孙公病状,中间陈友仁颇主张请先生签字于遗言中,众谓先生尚未至危迫之程度,且于心未忍,故此事拟从缓为宜云云。"[12] 由此可知,当时遗嘱原案已经形成,只待适当时机向孙中山提出。观诸孙的病情,1 月 26 日手术结束时,有关人称"数日乃至十日内将很危险",第二天即 27 日又说"恐维持不了十天"。[13] 因此,别说是签名,就连遗嘱草案的形成,汪精卫所说手术后"经过一月,这事还没有决定"是不可能的。从孙的病情看,陈友仁提出赶紧请孙中山签名,是理所当然的。

2.《遗嘱》的签名

2 月 18 日从协和医院转移到位于铁狮子胡同的行馆之后,孙中山的病情继续恶化。2 月 24 日,医护人员判断病情已无法再支持,遂依约劝党人赶快办理遗嘱手续。至此,汪精卫让宋庆龄暂离病室,与孙科、孔祥熙、宋子文三人一起来到病榻前,提出了遗嘱之事。

有关 2 月 24 日孙中山口头同意《遗嘱》的过程,孙中山逝世后不久,曾有稍存细微差异的三份记录发表。[14]《国父年谱》及

---

[12] 前引《邵元冲日记》,第 111 页。
[13] 辽宁省档案馆《满铁"探视"孙中山病情史料一组》,《民国档案》1999 年第 3 期。根据被派去探望孙中山病情的满铁大连医院内科医长户谷银三郎的报告翻译而成。
[14] 依发表的时间顺序,有以下三种:①罗敬（赵世炎）《中山去世之前后（北京通信 3 月 20 日）》,《向导》第 108 期,1925 年 3 月 28 日;②黄昌谷《孙中山先生北上与逝世后详情》（民智书局,1925 年 11 月,该件本为同年的 4 月 30 日黄在滇军干部学校进行的讲演,后来 5 月 11—23、25 日以《大元帅北上患病逝世以来之详情》的标题在《广州民国日报》上连载——现在收录在车吉心主编《民国野史》第 14 卷,泰山出版社,2000 年,以及尚明轩等编《孙中山生平事业追忆录》,人民出版社,1986 年）;③本文注 6 之汪精卫报告（1926 年 1 月）。

《孙中山年谱长编》等权威著作,大体上也根据这三种记录记述当日情形。[15]实际上,这三种记录也有其依据,即当日的谈话记录(毛笔手写)。1990年发行的《孙中山集外集》,将该记录首次附照片公开。这份文件,不仅对探讨《遗嘱》的形成过程,对讨论《致苏联政府遗书》如何产生也非常重要,但至今尚未受到足够重视。该件对解明遗嘱形成过程至关重要,故不避冗长,全文引用如下[16]:

2月24日下午4点25分　在总理病榻前

总理:你们有什么话说。

汪精卫:我们一直到现在,还是抱着最大希望,要帮助先生战胜疾病。只是中西医生屡次通知我们说,最好是在先生平安无事的时候,和先生说几句话,我们以为先生吩咐我们的话,不知何时才用得着,或是十年、八年后,或是二三十年后用得着都未定。所以,我们一面抱着希望帮助先生战胜病魔,一面仍然想得先生吩咐我们几句话。

总理:我以为没有话可说,因为病好,还有话说,死了还有什么话说呢。

汪:同志要本着先生所定的宗旨来做事的,如果先生吩咐同志几句话,可以增加同志无数的勇气。现时先生抱病好了之后,至少要静养一年半年,在这时间,先生吩咐同志几句话,也是必要的。

总理:你们想我说什么话呢。

---

[15] 罗家伦、黄季陆主编,秦孝仪、李云汉增订《国父年谱》,第4次增订版,中国国民党中央委员会党史委员会,1994年,第1293—1296页;陈锡祺主编《孙中山年谱长编》,中华书局,1991年,第2122—2125页。

[16] 陈旭麓等主编、王耿雄编《孙中山集外集》,上海人民出版社,第325—326页。以《与汪精卫等的谈话》为题收入的该谈话记录,与该书卷头照片版相比较,日期的位置及若干字句有些差异,因此根据照片版补订。该谈话记录载赵慕儒《孙中山先生逝世之第八周年》(《中华月报》创刊号,1933年3月)。另,有关该谈话的发现经过,请参阅王耿雄《伟人相册的盲点:孙中山留影辨证》,上海书店出版社,2001年,第400—402页。

汪：我们把先生常说的话，写出来了，因读一遍。

总理点头说：赞成。又说道：你们如此显明是很危险的，因为政治的敌人，现已预备着等我死后，便来软化你们，你们如此强硬坚定，必然有危险的。

汪：我们不怕危险，我们一定要照宗旨做去。

总理：我赞成。

汪：夫人侍奉先生病，如此尽心，我们同志很敬重她，又很感激她。万一先生有什么意外，我们同志定然要尽心调护她的安全，只是先生也要安慰她几句。还有先生的儿女，我们也已拟了一篇说话，因读一遍。

总理闭目点头说：赞成。

汪：先生可否签字。

总理：现在还用不着，等几日以后，你拿来我签字。

以上笔记者　汪精卫

证明者　孔祥熙[17]　宋子文　孙科　邹鲁

2月24日的交谈留下了记录，当时得到在病房外旁听者（据上述引文应是邹鲁）的签名后，当天晚上便向政治委员会作了报告。这一情形，汪精卫在1926年也曾提及[18]，而其原始记录正是这份文件。

由此记录可知如下几点。首先，记录中孙中山的话，如"政治的敌人软化你们"等正是后来在各种场合传播的一系列所谓记录的起源。其次，孙当日听后表示同意的遗嘱有两件，即致同志遗嘱（即《国事遗嘱》）和致宋庆龄等家属的遗嘱（即《家属遗嘱》），是由汪精卫等人事先准备好的。最后，汪等非常重视当日《遗嘱》签

---

[17]《孙中山集外集》的编者把该署名判读为"孙婉"（孙中山的次女），是不正确的。

[18] 本文注6之汪精卫报告，及《我们怎样实行三民主义》（《汪精卫集》第3卷，光明书局，1929年所收。据蔡德金、王升编《汪精卫生平纪实》，中国文史出版社，1993年，第87页的记载，该文发表于1926年4月21日）。

名,为不使人对遗嘱产生经过生疑,他们准备了记录签名经过的文件。从该文件格式看,当日的经过很可能是这样的:如果孙说话尚有条理、能说出适于作遗嘱的话(虽然可能性不大),则马上记录作"遗嘱";如果做不到(这种可能性更大),则请求其在已起草好的《遗嘱》文案上签名。向孙提出遗嘱之事,意味着向眼前的领袖宣告其死亡,故大家都难以说出口[19],因而在提出之前,希望孙本人能说出类似遗嘱的话来,这应是汪的真实心情。但如记录所示,当日始终未能如愿,于是不得不由汪精卫朗读事先准备好的《遗嘱》文案,并得到了孙的同意。

总之,该文件表明,汪精卫等预料到遗嘱须具备高度权威,为确保手续方面不出问题而采取了万全之策。这是极为重要的。与此同时,汪对出自领袖口中的只言片语的权威性也十分敏感,除《遗嘱》外,对类似遗言的谈话(如2月24日的交谈,以及3月11日《遗嘱》签名后与宋庆龄、何香凝的交谈),汪在许多场合反复表明,其"没有先生的签字,故不能当作正式的遗嘱"。[20]这也反映出汪的严肃态度。也就是说,汪等认为正式"遗嘱"须具备正式格式,并须由孙中山签名,还要经参与此经过的人签名作证。所有这些条件尽皆满足,始为正式"遗嘱"。从文件准备情况看,汪等无疑曾设想2月24日应可签字。

然而,当天可能签字的预想未成现实。谈话记录仅记孙推迟了签字,并未解释其原因。此点或许显示,该记录的主要意图在于记录孙的话语,而并未记述全部经过。据汪等事后说明,之所以未能签名,乃因孙口头表示同意遗嘱并要签名时,在室外听到谈话的宋庆龄哭了出来。孙因此很伤心,故未签名。[21]汪也只好把两份遗嘱带回,当晚把当日经过向国民党政治委员会作了报告。[22]

---

[19] 邹鲁《中国国民党史稿》,台湾商务印书馆,1965年,第453页。
[20] 同本文注18。
[21] 同本文注14。
[22] 邵元冲日记2月24日有"晚至北京饭店政治委员会,商孙公遗命事"的记载。前引《邵元冲日记》,第122页。

此后,约半月后的3月10日夜,孙中山病情恶化,显然寿限将至。11日早晨,何香凝催促道,"现在不可不请先生签字了",于是汪精卫走向病室。这次是何香凝、宋子文事先征得宋庆龄同意,汪精卫在何香凝催促下拿着这两份遗嘱请求孙中山签名。孙中山在宋庆龄帮助下在两封遗嘱上签上"孙文",随后,在场的9人作为证明人也签了名。[23] 据说,当日下午,已生命重危的孙中山还与宋庆龄及何香凝进行了谈话,在昏迷中还喃喃念道"自由""奋斗""救中国"等。

三、《致苏联政府遗书》的形成过程

《致苏联政府遗书》(以下简称《苏联遗书》),从其分量及内容来看,与《国事遗嘱》相比有鲜明的方向性。那就是,对照《苏联遗书》可知,《国事遗嘱》中"世界上以平等待我之民族"一段话,显然指的是苏联。而且可以看出,孙中山把继续与苏联保持长期合作、以获得其援助作为遗命留给了国民党。正因如此,而且因国民党后来所走的道路与之不同,对这一文件至今还存在不同解释。

所谓解释不同,无疑指大陆和台湾的史学家解释的对立。简而言之,大陆史学家认为,《苏联遗书》乃孙中山口授或据其指示而形成,且经孙同意、签名,故其价值和重要性与《国事遗嘱》《家事遗嘱》等同。反之,台湾史学家则不认为其出自孙中山。持后者立场的国民党史著作认为,该遗书没有任何人签名;《国事遗嘱》曾经国民党中央执行委员会同意,而《苏联遗书》则没有经过同样手续;该遗书未与《国事遗嘱》《家事遗嘱》同时公布;观诸格式,遗书仅为对苏联表示感谢、希望,与普通书信无异,等等,因此

---

[23] 有关遗嘱签名的时刻有很多说法,前引《国父年谱》为午正。其他说法,请参看前引《孙中山年谱长编》,第2130页。

他们强调遗书不具备作为"遗嘱"的条件[24],以此类见解观之,《苏联遗书》不能算是出自孙中山。实际上,战后台湾编纂、发行的《国父全集》,直至1989年的最新版都未将其收入。

1.《致苏联政府遗书》的出现和传播

如国民党的史学家所说,《苏联遗书》的确没有与《国事遗嘱》《家事遗嘱》同时公布。在叙述该遗书的形成、签名过程之前,我们先来看其公开过程及当时对它的评价。

初次报道《苏联遗书》的是苏联的《真理报》(Правда)。3月14日,该报在第一版报道了孙中山逝去的消息。第二版则引用"北京12日罗斯塔电"[25],公布了《苏联遗书》的俄语译文(标题为《孙逸仙遗命党与苏联协力工作　孙逸仙致苏联中央执行委员会遗言》[Сун-Ят-сен Завещает партии работать в контакте с СССР. Предсмертное обращение Сун-Ят-сена к ЦИК СССР.])。但是,这只是有关孙中山逝世报道之一,标题很小,只被当作一般性报道(图3C)。与此形成对比的是,在第一版上,译成俄文的《国事遗嘱》(图2A)和《国民党中央执行委员会给季诺维也夫同志、斯大林同志的电文(3月12日)》[26](二者皆为北京12日罗斯塔电)被醒目地排在孙中山肖像周围。同样是致苏联领导人的信函,但国民党中执会的公电排在第一版显著位置(图2B),而《苏联遗书》则排在第二版并不显眼的位置。这说明,对于该时期的莫斯科而言,较之已逝世的孙中山,国民党这一政治组织更加重要。

---

[24] 李云汉《中国国民党史述》第2编,中国国民党中央委员会党史委员会,1994年,第589—590页。欧美许多学者也对《苏联遗书》的权威性提出质疑。参照 C. Martin Wilbur, *Missionaries of Revolution: Soviet Advisers and Nationalist China, 1920-1927*, Cambridge, Mass.: Harvard University Press, 1989, p.124;以及前引 Ch'en, "The Left Wing Kuomintang - A Definition"。

[25] 罗斯塔(POCTA)是苏维埃俄国的国营通讯社,是塔斯社的前身。

[26] 中译见《共产国际与中国革命资料选辑(1925—1927)》,人民出版社,1985年,第3—4页。该件也一直没有收进国民党编辑、出版的党史资料集。

图2 《真理报》第1版

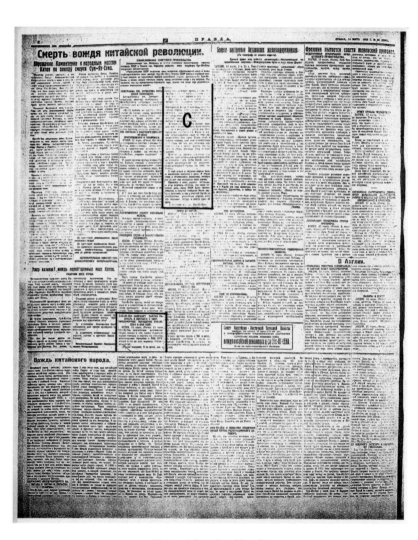

图3 《真理报》第2版

孙中山写有《苏联遗书》这一信息，在《真理报》报道的两天后，通过发自巴黎的路透社电传至中国国内，如：3月16日，《申报》及《民国日报》等报道称："据俄国消息，孙中山病重曾致苏联执行会，谓彼已令国民党维持对苏联永远之交谊，俾自由强大统一之中国，得以实现云。"从对消息的处理方式观之，国民党的《民国日报》仅对路透社电予以转载，而未加任何评论，直如事不关己，其态度极不自然。

3月17日，罗斯塔北京分社（及担任中文采访的"华俄通信社"）向中国国内转发《苏联遗书》，北京的英文日刊《东方时报》（*Far Eastern Times*）18日刊载了其英译稿[27]，同日的《顺天时报》登载了其中译稿。至此，在中国国内才得以读到《苏联遗书》全文。罗斯塔在转发《苏联遗书》时曾附加以下说明："孙中山先生于逝世前一日（十一日）除补签遗嘱外，并召国民党中央委员，拟遗书致苏联中央执行委员会，由中山亲笔签字。"[28]中文《苏联遗书》不久便为上海《时事新报》（3月21日）及中共党报《向导》（第108期，3月28日出版）转载，因而流传开来。[29]

较之国内一般报刊，国民党报刊的反应可谓极其迟钝，直到3月31日，《广州民国日报》才把《苏联遗书》全文以《孙中山先生遗事/致苏联中央执行委员会》为题予以报道，而其字句与《顺天时报》《时事新报》相同。上海《民国日报》则始终未报道《苏联遗书》的全文。连日就孙中山逝世进行相关报道的国民党报刊，对《苏联遗书》态度如此消极，让人十分费解。换言之，后人围绕《苏联遗书》产生的争执，其实在当时的报道中已可见其萌芽。

---

[27] 《东方时报》刊载的英文版《苏联遗书》文本见于：C. Martin Wilbur, *Sun Yat-sen, Frustrated Patriot*, New York: Columbia University Press, 1976, pp. 279-280。

[28] 《俄方所传之孙中山遗书致苏联中央执行委员会者》，《顺天时报》1925年3月18日。

[29] 大陆版孙中山全集收录的《苏联遗书》以《向导》刊载稿为底本（广东省社会科学院历史研究所等合编《孙中山全集》第11卷，中华书局，1986年，第641—642页），其字句与《顺天时报》及《时事新报》一致。

不过，若说国民党对《苏联遗书》采取了无视或近于无视的态度，也不尽然。国民党在 5 月 22 日发表的公开声明《时局宣言》，就曾提到《苏联遗书》称：

> 至于现在世界上以平等待我之民族，惟苏联始克当此称……<u>总理遗嘱所指世界上以平等待我之民族,证之总理临终致苏联中央执行委员会书</u>，皆可以灼见而无疑。[30]（下划线为引者所加）

由此可知，《时局宣言》明确断言《苏联遗书》有补充《国事遗嘱》的内容。另一方面，正与国民党合作的共产党也积极地利用《苏联遗书》批评国民党极右分子。[31] 总之，对待《苏联遗书》的态度出现如此大的分歧，乃因其产生之初便被用国民党内部相互对立的政治路线（亲苏 容共、反苏 反共）进行衡量的结果。那么，《苏联遗书》的形成过程到底如何？

2. 有关《致苏联政府遗书》形成过程的回忆录

关于《苏联遗书》的形成过程，汪精卫 1926 年 1 月曾在国民党二大上作过说明，这可谓孙中山逝世后的正式说法。汪的说明如下：

> ［3 月 11 日］两张遗嘱都这样签完了之后，另外还有英文秘书陈友仁同志起草致苏俄同志的一封信，由宋子文同志读了一遍，先生听过后，再用英文签字。以上都［是］十一日早上先生把遗嘱遗书签字的情形。[32]

前一节谈到罗斯塔社发布《苏联遗书》时附带的说明。该说

---

[30]《会议史料》上，第 108 页。

[31] 罗敬（赵世炎）《中山去世之前后》（北京通信 3 月 20 日），《向导》第 108 期，1925 年 3 月 28 日；实庵（陈独秀）《帝国主义下的难民与苏俄》，《向导》第 109 期，1925 年 4 月 5 日。

[32] 本文注 6 之汪精卫报告。本文注 14 中提到的其他报道中，①只简洁地提到"致苏俄函也于是日〔3 月 11 日〕始签名"，②则没有提及《苏联遗书》。

明称,孙中山于 11 日召集国民党中央委员,拟订了《苏联遗书》并亲自签名。从这些说明看,《苏联遗书》是孙中山在 3 月 11 日才提出的(或曰形成的),即其形成过程不同于《国事遗嘱》及《家事遗嘱》。如所述,后来国民党有关人据此主张,《苏联遗书》是在仓促之间提出的,并非出自孙中山意愿,至少不能与《国事遗嘱》和《家事遗嘱》相提并论。

但是,当时参加遗嘱签名的有关人回忆说,《苏联遗书》和其他两封遗嘱一样,已早于 2 月 24 日准备完毕,孙中山对此也表示了同意。笔者认为《苏联遗书》与《国事遗嘱》及《家事遗嘱》并不是同时形成的。要证明这一点,首先需要探讨所谓《苏联遗书》"事前准备说"——中国大陆史学家大多采此说法——的证言的真伪。

最明确地证实"事前准备说"的是何香凝。她在《我的回忆》中称:

> 到[2月]24 日,遗嘱已经全写好了。预备的遗嘱共有三个,一个是国民党开会常念的那个,由孙先生口说,汪精卫在旁笔记的……还有一个是写给苏联政府的,由孙先生用英文说出,由鲍罗廷、陈友仁、宋子文、孙科笔记的。[33]

也就是说,何香凝不仅证明《苏联遗书》是与《国事遗嘱》同时准备的,还证明它是根据孙中山自身的口授笔记下来的。

要指出何香凝的这一证言不成立并不困难。其一,前述 2 月 24 日孙中山谈话记录与何香凝的回忆完全不一致。即谈话记录中只有关于《国事遗嘱》和《家事遗嘱》的记述,根本没有提及《苏联遗书》。其二,孙中山刚逝世不久,何香凝本人曾就孙中山遗言说过:"先生病笃时,汪精卫、宋子文、孙哲生与余环问有何遗言,

---

[33] 何香凝《我的回忆》(1961 年),《双清文集》下册,人民出版社,1985 年,第 943 页。根据何香凝文章记述,遗嘱形成日期是 1 月 24 日,但"1 月"应为"2 月"之误。

先生乃以两项遗嘱授吾等。"[34]亦即,她当时并没有把《苏联遗书》算入孙中山遗书。实际上,何香凝在1961年发表《我的回忆》以前,也写过类似的回忆录。回溯其版本可以发现,她开始提及《苏联遗书》的形成是在1937年前后[35],以后有关《苏联遗书》的叙述越来越详细。

可以自然看出,其有关《苏联遗书》的记述,是根据当时的政治情况、国际形势的变化(即抗日战争的爆发和第二次国共合作的成立,以及中苏关系的改善)而变化的。附言之,她在《我的回忆》中还曾说,汪精卫在笔录时把孙中山口授的《国事遗嘱》原文擅自改得暧昧不清,孙中山在2月24日说"敌人软化你们"等,实际上是因为预见到汪精卫将会堕落。如果这段记述属实,问题当然非常严重。但是,从2月24日孙中山的谈话记录及其本身显示的遗嘱形成程序之严谨看,不可能有汪作删改的余地。对汪的极力贬低表明,一系列回忆的执笔时期应在抗日战争中期以后。[36]

何香凝回忆录的偏差,可从其左派政治立场予以理解。然而,实际上,与她立场相反的国民党要人、右派重要人物邹鲁和张继也曾主张《苏联遗书》是与《国事遗嘱》同时形成的。

与何香凝一样,邹鲁也亲眼见证了《遗嘱》产生的经过。他还因是国民党公认党史《中国国民党史稿》的编著者而有名。试看该书有关遗嘱部分(2月24日):

> 汪乃念预备遗嘱全文。总理表示满意曰"我很赞成"。
> 继念致苏俄书及家属遗嘱全文。总理复曰"我也很赞成"。

---

[34] 何香凝《在上海国民党本部孙中山先生追悼大会上的演说》(1925年4月13日),前引《双清文集》下册,第9页。

[35] 前引《双清文集》下册收《孙中山先生逝世十二周年凄然谈往事》《自传初稿》。这两篇自传的写作时间,文集编者认为是1937年,但后者中有"汪逆[汪精卫]后来背叛"的记述,不应该成于1937年。

[36] 孙中山的"软化"等言辞是预见到后来汪精卫堕落一说,出自邹鲁1944年发表的《回顾录》(现收于沈云龙编《近代中国史料丛刊》第67辑665,第163页)。何香凝可能是借用了这一回忆录并加以发挥。

> 汪请总理签字,总理属取笔来,正待签字,忽见夫人哭泣,乃曰"过几天再看罢"。[37]（下划线为引者所加）

也就是说,他也承认在 2 月 24 日这天三个文件已准备好,并已得到孙中山的同意。并且,该书不仅收录了《国事遗嘱》和《家事遗嘱》,连颇具争议的《苏联遗书》也全文收入。[38] 从其作为国民党,尤其是被称为右派的立场来看,这种处理无疑十分奇怪。但这是孙中山临终之际在场的国民党要员的证言,故应予尊重。实际上,《苏联遗书》"事前准备说"很大程度上都依据邹鲁这一记述。

但是,此前的研究都未曾注意到,在《中国国民党史稿》1929 年第一版中,上述引文下划线部分并不存在。[39] 当然,该版也未收录《苏联遗书》。《中国国民党史稿》自 1929 年初版以来,每次改版皆有增补,但从 1938 年版才插入了下划线部分（同时也收录《苏联遗书》）。附言之,各种孙中山文集对《苏联遗书》的处理也有一个奇怪的过程。即 1920 年代后半期编纂的《中山全书》等孙中山的文集,大体上都把《苏联遗书》作为"最后一封书"收入,但自 1930 年胡汉民编《总理全集》发行以后,《苏联遗书》便被删除。这说明,1929 年的中东铁路事件引发中苏断交,致使国民党很难处理这份把苏联视为友邦的《苏联遗书》。

从这点考虑,邹鲁之所以到了 1938 年才补入下划线部分,并把《苏联遗书》也收录进来,可作如下解释:与何香凝一样,是由于抗日战争爆发促使中苏关系改善,故借改版机会把已见于各类孙中山文集的《苏联遗书》收入党史。在这一情况下,最简便的修正方法是在记 2 月 24 日的一段中插入下划线部分。初版《中国国民党史稿》有关遗嘱签名(1925 年 3 月 11 日)的记述与有关 2 月 24

---

[37] 邹鲁《中国国民党史稿》,台湾商务印书馆,1965 年,第 425 页。

[38] 《中国国民党史稿》收录的《致苏联遗书》的字句与本文注 29 引《向导》版完全相同。

[39] 邹鲁《中国国民党史稿》,民智书局,1929 年 10 月,第 405 页。

日的记述相比本来极其简单。孙中山是最后签名的,那么,把有关《苏联遗书》的记述插入有关 2 月 24 日的记述中,就不必大幅改动《史稿》的段落结构。这恐怕是 1938 年版修正的实情。因此,《苏联遗书》出现在有关 2 月 24 日的一段记述中,未必是依据史实。

显示 2 月 24 日之前《苏联遗书》已经形成的另一证言,是张继的日记(1942 年 6 月 27 日):

> [遗嘱]原稿乃稚晖起草后,再三商榷修改,乃成为今文。兆铭亦改修者之一,并非如党史纪要所云"于是汪兆铭等声请总理预备对同志之遗言,由兆铭笔记"。亟应更正。致苏联书,乃鲍洛亭等之意,陈友仁起草。遗嘱起草后,曾请总理阅,总理首肯,因宋庆龄在旁哭,初未签字,后乃与。[40]

此乃张继出席某会议之日所记。当日会上,《遗嘱》的形成过程似乎成了话题,张继就把自己所知道的记了下来。日记该节似乎也显示《苏联遗书》是和《遗嘱》同时形成的,但仔细研读不难发现,该节重点还是在于《遗嘱》是孙中山口授,抑或众人起草。就这样,张继的日记虽然为我们提供了有关《苏联遗书》起草的线索,但并未明示《苏联遗书》形成于 2 月 24 日,更未说明孙中山也像同意其他遗嘱一样承认了《苏联遗书》。

本来,孙中山的一系列遗书公开后,在国民党有关人员之间引起最大争议的并非《苏联遗书》的正当性,而是《国事遗嘱》是否正确地反映了孙中山的意图,即是否为口授,并且在其形成和签名时是否存在捏造和篡改。张继在日记中提出质疑的也正是这一点。从日记的记述中我们不能得出《苏联遗书》就是根据与遗嘱同样步骤形成的结论。

在探讨了何香凝、邹鲁、张继的回忆之后,再来看有关孙中山

---

[40] 《日记》(1942 年 6 月 27 日),《张溥泉先生全集》,"中央文物供应社",1951 年,第 325 页。日记中《党史纪要》指国民党党史史料编纂委员会 1939 年 1 月编印《中国国民党党史纪要》第 1 辑,原文载第 199 页。

承认《国事遗嘱》《家事遗嘱》的 2 月 24 日的上述谈话记录,却并未提及《苏联遗书》。据此可以认为《苏联遗书》与其他两份遗嘱不同,是通过另外程序形成的。印证此一推测的是现存于莫斯科的《苏联遗书》原件。

3.《致苏联政府遗书》原件

最能表明孙中山《苏联遗书》的形成、签名经过的,无疑是其原件。实际上,以往的《遗嘱》研究探讨的《苏联遗书》都是刊登在报刊上的英文稿以及俄译本、中译本,用英文起草并由孙中山亲笔签字的原件却无人探究。不承认《苏联遗书》正当性的人对此引以为幸,甚至说:"孙先生并未在上面签字,中国国民党也没有承认这是孙先生的遗书。至于其内容如何,概未预闻。……在国民党方面,则连它的存在都是予以否定的。"[41]也就是完全把它看作是捏造。

实际上,《苏联遗书》的原件还保存在俄罗斯国立社会政治史档案馆(图4)。全文如下(打字稿,原件全部为大写字母。黑体字部分为钢笔手写体)[42]:

Peking. China.
To the Central Executive Committee of the Union of Soviet Socialist Republics：

My dear Comrades,

　　As I lie here, with a malady that is beyond men's skill, my thoughts turn to you and to the future of my party and my country.

　　You are the head of a Union of free republics which is the real heritage that the immortal Lenin has left to the world of the oppressed

---

[41] 古屋奎二编著,"中央日报"译《蒋总统秘录——中日关系 80 年之证言》第 6 册,"中央日报社",1976 年,第 32 页。

[42] 俄罗斯国立社会政治史档案馆资料,全宗 514,目录 1,案卷 125,第 13—14 页。该原件照片见李玉贞《孙中山与共产国际》("中研院"近代史研究所,1996 年)扉页。感谢李玉贞教授给笔者提供该原件照片。

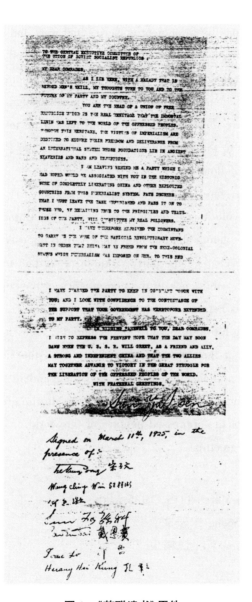

图4 《苏联遗书》原件

peoples. Through this heritage, the victims of imperialism are destined to secure their freedom and deliverance from an international system whose foundations lie in ancient slaveries and wars and injustices.

I am leaving behind me a party which I had hoped would be associated with you in the historic work of completely liberating China and other exploited countries from this imperialist system. Fate decrees that I must leave the task unfinished and pass it on to those who, by remaining true to the principles and teachings of the Party, will constitute my real followers.

I have therefore enjoined the Kuomintang to carry on the work of the national revolutionary movement in order that China may be freed from the semi-colonial status which imperialism imposed upon her. To this end I have charged the party to keep in constant touch with you; and I look with confidence to the continuance of the support that your Government has heretofore extended to my party.

In bidding farewell to you, dear comrades, I wish to express the fervent hope that the day may soon dawn when the U. S. S. R. will greet, as a friend and ally, a strong and independent China and that the two allies may together advance to victory in the great struggle for the liberation of the oppressed peoples of the world.

With fraternal greetings.

Sun Yat-sen

Signed on March 11th, 1925 in the presence of:
Tse Ven Soong 宋子文
Wang Ching Wei 汪精卫
何香凝
Sun Fo 孙科
Tai En Sai 戴恩赛
Tsou Lo 邹鲁
Hsiang Hsi K'ung 孔庸之

从该原件中我们可以得到很多信息。首先,其字句内容与《东方时报》刊载的英文稿大体一致。如前面所述,《东方时报》载《苏联遗书》是罗斯塔社发布的新闻稿,由此可知,罗斯塔北京分社是忠实地给各家报社提供了《苏联遗书》的原文。[43]比较一下原本和中文译稿(《顺天时报》及《向导》上登载的)可知,译文也是极其忠实原文的。可以说,在孙中山逝世后不久,中国国内对该文件的报道是非常准确的。

较之内容,原件的形式更具说服力。形式方面有两点值得重视。其一,原件确有看来是出自孙中山手笔的签字。其二,孙中山《遗嘱》笔录人、证明人共10人中,有7人作为证明人在该原件上留下了签名。这说明,《苏联遗书》不仅得到了孙中山的最后同意,亦即在形式上具备作为孙中山遗书的条件,而且国民党领导们也承认此即孙中山遗言。如上所述,邹鲁在其《中国国民党史稿》改订之际把《苏联遗书》收录在内;作为遗书原件签名人之一,此举毋宁说是其责任所在。如此,部分史学家"孙先生并未在上面签字,中国国民党也没有承认这是孙先生的遗书"的主张,在原件所示史实面前也就不攻自破。笔者认为,编纂孙中山的文集时,《苏联遗书》也必须予以收录。

但是,这并不意味着《苏联遗书》是经过与另两份遗嘱同样的程序形成的。该原件形式与《遗嘱》存在重要差异。亦即,《国事遗嘱》和《家事遗嘱》对其形成过程有所反映,有成文日期(2月24日)和签名日期(3月11日)。但是,从《苏联遗书》原件却只能看到1925年3月11日一个日期、经在场者见证并签名。如前所述,罗斯塔北京分社在转发《苏联遗书》时曾说,此件经孙于11日召

---

[43] 当时几家报社报道的英文《苏联遗书》有几种版本。例如,共产国际的刊物《共产国际通讯》(英文 *International Press Correspondence*, vol. 5, no. 20, March 19, 1925)载英文《苏联遗书》,是由《真理报》载俄文版回译成英文的,与原件用字有所不同。还有1925年5月24日的《纽约时报》(*New York Times*)以"Reds Quote Sun Yat Sen in Far East"为题所载《苏联遗书》,曾对原件措辞作了部分修改。

集国民党中央委员拟定并亲自签名。亲自签名一点没有问题,但若说当日已处弥留之际的孙主持了《苏联遗书》(打印稿)的讨论和形成,常识上说不通。总之,《苏联遗书》并非与《国事遗嘱》《家事遗嘱》一同形成,而是有人在孙中山临终时感到需要这样一个文件,而当孙在《遗嘱》上签字时(或签字后随即)当场提出的。观诸原件形式,笔者认为这样看是符合逻辑的。

那么,这一随机应变措施,是由谁策划的?从现有回忆录看,与《苏联遗书》有关者(起草者)是汪精卫、陈友仁、鲍罗廷。他们或许感到《国事遗嘱》中"联合世界上以平等待我之民族"一句,是继续强化和稳固与苏联合作关系——即便是需要某些手段——的关键。那么,他们何以如此急切?这自然让人联想到当时党内根深蒂固的右派势力及其分裂倾向。尤其是自1925年3月以后,冯自由、邓家彦等人在北京积极从事反共反苏活动,让国民党领导人非常忧虑。据邵元冲日记载,北京的国民党执行部曾于3月9、10两日连续开会商讨对策,以应对冯自由在北京发起的国民党同志俱乐部。[44]因此,为抑制反共反苏的倾向和活动加剧,防止党的分裂,一份留有孙中山笔迹的文件也就很有必要。后来被划为"右派"的邹鲁也作为证明人在《苏联遗书》上签字也表明,避免党的分裂是制定《苏联遗书》的意图之一,而且,不仅汪精卫、陈友仁、鲍罗廷等"左派",国民党首脑们也对此大体意见一致。[45]

如果说《苏联遗书》对内的意图是为了用孙中山遗命的形式抑制党的分裂倾向,那么,对外的意图则是对友邦苏联表明,只有积极推行联俄路线者才是孙中山的真正继承人。从这一意义上

---

[44] 前引《邵元冲日记》,第127页。3月10日,汪精卫代表国民党中央执行委员会声明,国民党同志俱乐部与国民党毫无关系,3月27日冯自由被国民党开除。《国民党开除冯自由等党籍经过》,《民国日报》1925年4月15日。

[45] 前引《国父年谱》称,由于《苏联遗书》在手续上有不备之处,"当时党内同志认为未当,异议甚多,遂成争论"(第1299页),但未作详述。《苏联遗书》的权威性公开受到质疑,似在战后冷战体制形成以后。在此之前,例如前引邹鲁《中国国民党史稿》及张继日记中,均不见对其正当性表示怀疑的词句。

讲,应该把《苏联遗书》和孙中山逝世当日(3月12日)以国民党中央执行委员会名义发给季诺维也夫、斯大林的电报[46]联系起来理解。该电报强调了,作为孙中山继承者的国民党党员必将与信守列宁主义的苏联领导人联合,朝着解放被压迫民族的目标迈进。不妨认为,该电内容为对《苏联遗书》的回应。既然该电报是以党中央执行委员会的名义发出的,那么,作为该委员会第一委员的汪精卫对制定《苏联遗书》的措施理应也是同意了的;而且,全面负责制定孙中山遗嘱的汪精卫,也是站在拥护和继承孙中山路线的立场上同意制定《苏联遗书》的。而如不少当事人所指出,对此持支持态度的无疑是鲍罗廷(及兼任其翻译的陈友仁)。[47]

四、结语

国民党方面对公布《苏联遗书》不太积极,或有如下原因。其一在于形式方面,即其原为致另一国家领导人的信函。其二是政治方面的,即《苏联遗书》带有极其浓厚的左派色彩,或曰带有极强的亲苏色彩,因而其公布受到反对亲苏路线的右派制约。就《苏联遗书》的性质而言,这个看法应是妥当的。而如果说还有其他理由,那就是与《苏联遗书》形成过程的某种阴谋色彩有关——正因如此,当初只有极少数人了解存在《苏联遗书》。[48]当时的情况是:其形成和公开过程远比《苏联遗书》更为慎重和严肃的《国

---

[46] 见本文注26。
[47] 有关人在证言中举出鲍罗廷(或陈友仁)名字的,有汪精卫(见本文注6)、张继(见本文注40)、张国焘(《我的回忆》第1册,东方出版社,1998年,第385页)。到了抗日战争时期,中共方面也有人说,孙中山的《遗嘱》和《苏联遗书》都是中共党员起草的(王若飞《关于大革命时期的中国共产党》[1943年],《近代史研究》1981年第1期)。
[48] 中共3月15日向国民党发出的吊唁公文中只提到《国事遗嘱》,没有提及《苏联遗书》及其存在与否(《中国共产党致唁中国国民党[3月15日]》,《向导》第107期,1925年3月),这表明当时《苏联遗书》只为国民党内部极少数人所知。

事遗嘱》也已在党内受到质疑,出现了"捏造说""篡改说"。[49] 如此则不难预料,如果公布其形成手续欠完备的《苏联遗书》,将会导致非议。

当时,国共两党及国民党内部曾围绕政治路线继承问题出现激烈的主导权之争。并且,后来围绕中国革命正统继承者问题又发生了有关孙中山形象问题的激烈争论。与国共合作时期的许多事件一样,孙中山逝世及其遗书,当时及其后也是国共两党展开激烈冲突的高度敏感的政治事件。

原文发表于 2006 年 11 月 6—8 日在中山市召开的"纪念孙中山诞辰 140 周年国际学术研讨会";收于中国社会科学院近代史研究所编《纪念孙中山诞辰 140 周年国际学术研讨会论文集》上卷,社会科学文献出版社,2009 年。

---

[49] 汪精卫等国民党首脑预料到孙中山的话对将来具有的意义,并尽最大的努力提高其权威性。但是,他们把领袖话语当作一成不变的"遗教"来维护,这种护教姿态反而导致了顽固的《遗嘱》"捏造说"和"篡改说"的出现。因篇幅有限,本文不能一一列举《遗嘱》"捏造说"产生的具体情况,请参阅石川祯浩《死后的孙文——遗书与纪念周》,《东方学报》(京都)第 79 册,2006 年。

参考文献

一、中文

安徽大学苏联问题研究所、四川省中共党史研究会编译:《苏联〈真理报〉有关中国革命的文献资料选编》,第1辑,四川省社会科学院出版社,1985年。

抱朴(秦涤清):《赤俄游记》,《晨报副镌》,1924年8月26日。

蔡德金、王升编:《汪精卫生平纪实》,中国文史出版社,1993年。

蔡和森:《关于中国共产党的组织和党内生活向共产国际的报告(1926年2月10日)》,《中央档案馆丛刊》,1987年第2、3期。

《蔡和森的十二篇文章》,人民出版社,1980年。

《蔡和森文集》,人民出版社,1980年。

蔡鸿生:《狮在华夏:一个跨文化现象的历史考察》,王宾、〔法〕比松主编:《狮在华夏:文化双向认识的策略问题》,中山大学出版社,1993年。

蔡铭泽:《〈向导〉为何未全文转载〈湖南农民运动考察报告〉》,《新闻研究资料》,第53期,1991年。

曹伯言整理:《胡适日记全编》,安徽教育出版社,2001年。

《陈独秀著作选》,共3册,上海人民出版社,1993年。

陈孟坚:《民报与辛亥革命》,台北:正中书局,1986年。

陈乃宣:《陈潭秋》,河北人民出版社,1997年。

陈沛存:《有关中共二大会址的门牌问题》,《上海革命史资料与研究》,第3辑,上海古籍出版社,2003年。

陈潭秋:《回忆党的"一大"》,《百科知识》,1979年第2期。

《陈潭秋在庆祝党的十五周年纪念会上的讲话(提纲)》,《中共党史资料》,第3期,1982年。

《陈天华集》,湖南人民出版社,1982年。

陈锡祺主编:《孙中山年谱长编》,中华书局,1991年。
陈小梅:《中国共产党第一次和第二次全国代表大会重要文献揭秘》,《中国档案》,2011年第1期。
陈旭麓:《近代史思辨录》,广东人民出版社,1984年。
陈旭麓主编:《宋教仁集》,中华书局,1981年。
陈训明:《从俄藏档案看周达文生平事迹研究中的几个问题》,《贵州文史丛刊》,2009年第1期。
陈正茂:《理想与现实的冲突:"少年中国学会"史》,台北:秀威资讯科技,2010年。
谌小岑:《张太雷与天津第一个团小组》,《回忆张太雷》,人民出版社,1984年。
重庆市历史学会编刊:《历史资料选编 中国共产党"一大"史料专辑》,1979年。
戴季陶:《国民革命与中国国民党》,中央军事政治学校政治部,1927年。
戴季陶:《日本论》,上海民智书局,1928年。
《戴季陶先生文存》,台北:"中央文物供应社",1959年。
丁文江、赵丰田编:《梁启超年谱长编》,上海人民出版社,1983年。
丁晓平:《陈潭秋〈中共第一次大会的回忆〉考述》,《近代中国与文物》,2010年第4期。
丁晓平:《陈潭秋与其珍贵的〈中共第一次大会的回忆〉》,《党史博览》,2010年第7期。
杜蒸民:《李大钊哲学思想发展再探》,《安徽史学》,2005年第6期。
《"二大"和"三大"——中国共产党第二、三次代表大会资料选编》,中国社会科学出版社,1985年。
范体仁:《记"五四"运动前后北京若干团体》,《文史资料选辑》,第61辑,文史资料出版社,1979年。
《方志敏文集》,人民出版社,1985年。
《访问刘仁静先生谈话记录》,《党史资料丛刊》,1981年第4期。
费云东、潘合定:《中共文书档案工作简史》,档案出版社,1987年。
冯铁金:《有关〈董必武给何叔衡的信〉四个问题的考证》,《中共党史资料》,第99辑,2006年。
冯铁金:《何叔衡是"一大"代表,但未出席"一大"——兼论出席"一大"的代表是12人,不是13人》,《上海革命史资料与研究》,第7辑,2007年。
冯铁金:《关于何叔衡未出席"一大"考证续补》,《上海革命史资料与研究》,第

8辑,2008年。
冯自由:《革命逸史》初集,中华书局,1981年。
浮田和民著,闽县刘崇杰译:《史学原论》,闽学会,1903年。
浮田和民讲述,李浩生等译,邬国义编校:《史学通论四种合刊》,华东师范大学出版社,2006年。
冈本监辅:《万国史记》,东京:冈本监辅刊,1879年。
《共产国际第二次代表大会文件》,中国人民大学出版社,1988年。
《共产国际第三次代表大会文件》,中国人民大学出版社,1988年。
《共产国际与中国革命资料选辑(1925—1927)》,人民出版社,1985年。
共青团中央青运史研究室、中国社会科学院现代史研究室编:《青年共产国际与中国青年运动》,中国青年出版社,1985年。
古屋奎二编著,"中央日报"译:《蒋总统秘录——中日关系80年之证言》,台北:"中央日报社",1976年。
广东革命历史博物馆编:《中共"三大"资料》,广东人民出版社,1985年。
国父全集编辑委员会编:《国父全集》,台北:近代中国出版社,1989年。
郭长海、郭君兮编:《陈去病诗文集 补编》,社会科学文献出版社,2009年。
郭德宏主编:《共产国际、苏联与中国革命关系研究述评》,中共党史出版社,1996年。
郭恒钰:《俄共中国革命秘档(1920—1925)》,台北:东大图书公司,1996年。
郭恒钰:《俄共中国革命秘档(1926)》,台北:东大图书公司,1997年。
郭若平:《国共合作与非基督教运动的历史考察》,《中共党史研究》,2008年第2期。
《郭嵩焘日记》,湖南人民出版社,1982年。
郭双林:《晚清西方地理环境决定论在中国的际遇》,《学人》,第9辑,1996年。
郭双林:《孙中山遗嘱是怎样产生的》,《中国教育报》,1998年2月24日。
哈迎飞:《周作人与非宗教运动》,《广州大学学报》,2007年第5期。
韩凌轩:《早期恽代英与基督教》,《近代史研究》,1988年第2期。
韩泰华:《毛泽东在民主革命时期关于农民问题的理论研究述评》,石仲泉主编:《毛泽东研究述评》,中央文献出版社,1992年。
《红色文献》,解放社,1938年。
胡逢祥、张文建:《中国近代史学思潮与流派》,华东师范大学出版社,1991年。
胡华:《中国新民主主义革命史(初稿)》,新华书店,1950年。
胡华:《中国新民主主义革命史(初稿)》,人民出版社,1951,1952年。

胡乔木:《中国共产党的三十年》,人民出版社,1951年。
《胡乔木谈中共党史》,人民出版社,1999年。
《湖南时务学堂遗编》,北京香山慈幼院刊本,1898年初版,1922年重印。
华羊:《瞿秋白与张太雷早年事》,《中共研究》,第10卷第7期,1976年。
黄昌谷:《孙中山先生北上与逝世后详情》,车吉心主编:《民国野史》第14卷,泰山出版社,2000年。
黄修荣:《共产国际与中国革命关系史》,中共中央党校出版社,1989年。
黄修荣编:《苏联、共产国际与中国革命的关系新探》,中共党史出版社,1995年。
黄修荣主编,中共中央党史研究室第一研究部编译:《共产国际、联共(布)与中国革命档案资料丛书》,共21册,北京图书馆出版社/中央文献出版社,1997—2012年。
黄志雯:《"华人与狗不得入内"根本没有根据吗?》,《上海滩》,1994年第8期。
黄自进:《吉野作造对近代中国的认识与评价:1906—1932》,台北:"中研院"近代史研究所,1995年。
黄遵宪:《日本国志》,沈云龙主编:《近代中国史料丛刊续编》,第10辑,文海出版社,1974年。
《季米特洛夫日记选编》,广西师范大学出版社,2002年。
江亢虎:《江亢虎新俄游记》,商务印书馆,1923年。
姜守信、张红:《中共江浙区第一次代表大会》,《上海党史研究》,1991年第12期。
蒋俊:《梁启超早期史学思想与浮田和民的〈史学通论〉》,《文史哲》,1993年第5期。
蒋永敬:《鲍罗廷与武汉政权》,台北:传记文学出版社,1972年。
蒋永敬编:《北伐时期的政治史料——1927年的中国》,台北:正中书局,1981年。
金冲及、胡绳武:《辛亥革命史稿》,上海人民出版社,1980年。
金毓黻:《关于整理近代史料的几个问题》,《新建设》,第3卷第2期,1950年。
金毓黻:《二十四年前的一篇中国共产党简史》,《进步日报》,1951年8月10日。
金再及:《论1927年春中共中央的政治路线》,《革命史资料》,1986年第4期。
京师警察厅编刊:《苏联阴谋文证汇编》,1928年。

鞠继武:《中国地理学发展史》,江苏教育出版社,1987年。
蒯世勋:《上海英美租界的合并时期》,《上海市通志馆期刊》,第1卷第3期,1933年。
李达:《中国共产党成立时的回忆》,《党史资料》第1辑,1952年。
李达:《回忆老渔阳里二号和党的"一大"、"二大"(1954年2月23日)》,《党史资料丛刊》,1980年第1辑。
《李达文集》,人民出版社,1988年。
《李大钊选集》,人民出版社,1984年。
《李大钊文集》,人民出版社,1999年。
李丹阳、刘建一:《"革命局"辨析》,《史学集刊》,2004年第3期。
李丹阳:《马克思学说研究会与中国共产主义组织的起源》,《史学月刊》,2004年第6期。
李恩涵:《曾纪泽的外交》,台北:"中研院"近代史研究所,1966年。
李国俊:《梁启超著述系年》,复旦大学出版社,1986年。
李海文编:《中共重大历史事件亲历记(1921—1949)》,四川人民出版社、人民出版社,2010年。
李继华:《〈告中国的农民〉作者初考》,《党史研究资料》,1993年第9期。
李继华:《新版〈李大钊全集〉疏证》,社会科学文献出版社,2011年。
李玲:《〈中国共产党第一个纲领〉俄文本的来源和初步考证》,《中国共产党第一次代表大会档案资料》,人民出版社,1982年。
李强:《论李大钊"第三"文明观》,《北京党史》,2004年第6期。
李孝迁:《西方史学在中国的传播》,华东师范大学出版社,2007年。
李新、陈铁健编:《中国新民主主义革命史 伟大的开端》,中国社会科学出版社,1983年。
李颖:《陈独秀赴俄出席共产国际四大解析——在俄罗斯发现的陈独秀的两篇报告》,《中共党史研究》,2005年第3期。
李颖:《陈独秀与共产国际》,湖南人民出版社,2005年。
李颖编:《从一大到十七大》,中央文献出版社,2008年。
李玉贞,《关于参加共产国际第一、二次代表大会的中国代表》,《历史研究》,1979年第6期。
李玉贞主编:《马林与第一次国共合作》,光明日报出版社,1989年。
李玉贞:《孙中山与共产国际》,台北:"中研院"近代史研究所,1996年。
李玉贞:《旅俄华侨与孙中山先生的革命活动》,张希哲、陈三井主编:《华侨与孙中山先生领导的国民革命学术研讨会论文集》,国史馆,1997年。
李玉贞译:《联共、共产国际与中国(1920—1925)》,第1卷,台北:东大图书公司,1997年。
李云汉:《中国国民党史述》,台北:中国国民党"中央"委员会党史委员会,1994年。
李云龙、马红:《六大决议案版本研究》,《党的文献》,1988年第1期。
梁启超:《饮冰室合集》,共12册,中华书局,1989年。
梁寿华:《周作人与非基督教运动》,《明报月刊》,第15卷第3期,1980年。
梁漱溟:《东西文化及其哲学》,商务印书馆,1922年。
辽宁省档案馆:《满铁"探视"孙中山病情史料一组》,《民国档案》,1999年第3期。
廖仲恺、何香凝:《双清文集》,人民出版社,1985年。
林超:《中国现代地理学萌芽时期的张相文和中国地学会》,《自然科学史研究》,第1卷第2期,1982年。
刘立凯、王真:《一九一九至一九二七年的中国工人运动》,工人出版社,1953年(修订本:1957年)。
刘仁静:《回忆我参加共产国际第四次代表大会的情况》,《党史研究资料》,1981年第4期。
刘以顺:《参加共产国际一大的张永奎情况简介》,《革命史资料》,1986年第4期。
刘友古:《论李大钊"第三"文明论》,《中州学刊》,2001年第3期。
刘泽荣:《回忆同伟大列宁的会晤》,《工人日报》,1960年4月21日。
刘泽荣:《十月革命前后我在苏联的一段经历》,《文史资料选辑》,第60辑,1979年。
楼荣敏编:《外滩:历史与变迁》,上海画报出版社,1998年。
陆米强:《共青团创始人之一金家凤的坎坷人生》,《档案春秋》,2009年第11期。
《鲁迅全集》,18卷,人民文学出版社,2005年。
吕芳上:《革命之再起》,台北:"中研院"近代史研究所,1989年。
吕明灼:《李大钊思想研究》,河北人民出版社,1983年。
吕思勉:《中国民族史》,世界书局,1934年。
罗芳楷、罗芳松:《鲁迅〈自题小像〉作年辨微》,《成都大学学报》,1995年第1期。

罗家伦、黄季陆主编,秦孝仪、李云汉增订:《国父年谱》,第 4 次增订版,台北:中国国民党"中央"委员会党史委员会,1994 年。

罗章龙:《椿园载记》,三联书店,1984 年。

罗章龙编:《非宗教论》,巴蜀书社,1989 年。

马福龙、徐国梁、虞骁:《"华人与狗不得入内"问题的来龙去脉》,《党史信息报》,第 203 期,1994 年 6 月。

马福龙、徐国梁、虞骁:《"华人与狗不得入内"问题的来龙去脉》,《中共党史研究》,1994 年第 4 期。

马贵凡译:《中国共产党历史概述(卡拉乔夫同志在中国研究组会议上作的报告)》,《中共党史资料》,第 81 辑,2002 年。

《米夫关于中国革命言论》,人民出版社,1986 年。

牛崇辉、王家进:《高君宇传》,中共党史出版社,1999 年。

裴桐:《中国共产党第一次全国代表大会到第五次全国代表大会简况》,《学习》,1952 年第 6 期。

裴桐:《我从事档案工作的体会》,《中央档案馆丛刊》,1986 年第 2 期。

《瞿秋白文集(政治理论编)》,共 7 册,人民出版社,1987—1996 年。

任武雄:《"华人与狗不得入内"真相》,《上海滩》,1994 年第 8 期。

任止戈:《"华人与狗不得入内"确有其事》,《党史研究资料》,1994 年第 6 期。

荣孟源主编:《中国国民党历次代表大会及中央全会资料》,光明日报出版社,1985 年。

桑兵:《癸卯元旦留日学生排满演说史实考辨》,《学术研究》1984 年第 3 期。

单正平:《近代思想文化语境中的醒狮形象》,《南开学报(哲学社会科学版)》2006 年第 4 期。

单正平:《晚清民族主义与文学转型》,人民出版社,2006 年。

上海日报编刊:《上海年鉴(1926 年版)》,1926 年。

上海市档案馆编:《上海工人三次武装起义》,上海人民出版社,1983 年。

上海孙中山故居管理处、日本孙文研究会合编:《上海孙中山故居藏书目录》,东京:汲古书院,1993 年。

尚明轩等编:《孙中山生平事业追忆录》,人民出版社,1986 年。

尚明轩:《"总理遗嘱"签字纪实》,《贵州文物天地》,1997 年第 1 期。

尚明轩:《何香凝传》,北京出版社,1994 年。

尚小明:《论浮田和民〈史学通论〉与梁启超新史学思想的关系》,《史学月刊》,2003 年第 5 期。

《邵飘萍选集》，中国人民大学出版社，1988年。

邵维正：《中国共产党第一次全国代表大会召开日期和出席人数的考证》，《中国社会科学》，1980年第1期。

邵维正、徐世华：《"二大"的召开和民主革命纲领的制定》，《党史研究》，1980年第5期。

《邵元冲日记》，上海人民出版社，1990年。

舍维廖夫（К. В. Шевелев）提供，李玉贞译：《俄罗斯新发现的有关中共建党的文件》，《百年潮》，2001年第12期。

舍维廖夫（К. В. Шевелев）提供：《张国焘关于中共成立前后情况的讲稿》，《百年潮》，2002年第2期。

舍维廖夫（К. В. Шевелев）提供：《俄罗斯所藏瞿秋白未刊启事》，《百年潮》，2003年第4期。

沈国威：《近代中日词汇交流研究——汉字新词的创制、容受与共享》，中华书局，2010年。

沈松侨：《我以我血荐轩辕——黄帝神话与晚清的国族建构》，《台湾社会研究季刊》，第28号，1997年。

沈忆琴、宋祖彰、薛森荣：《"备交将来（我们天下）之党史委员会"——关于上海地下党保存中央文件的经过的调查》，《党史资料丛刊》，1981年第4期。

石川祯浩编注：《中共创立时期施存统在日本的档案资料》，《党史研究资料》，1996年第10期。

石川祯浩著，袁广泉译：《中国共产党成立史》，中国社会科学出版社，2006年。

石川祯浩：《近代中国的"文明"与"文化"》，《日本东方学》第1辑，中华书局，2007年。

石川祯浩：《日中近代的编译百科全书》，石川祯浩、狭间直树编：《近代东亚翻译概念的发生与传播》，社会科学文献出版社，2015年。

史略：《对〈关于陈独秀的一则重要史实辨正〉的补正》，《党史研究资料》，1991年第10期。

史略、赵云云：《陈独秀是怎样拒绝共产国际"五月紧急指示"的?》，《中央档案馆丛刊》，1987年第2期。

司马璐：《中共的成立与初期活动（中共党史暨文献选萃第二部）》，香港：自联出版社，1974年。

斯诺（Edgar Snow）著，董乐山译：《西行漫记》，解放军文艺出版社，2002年。

《宋教仁日记》，湖南人民出版社，1980年。

宋文炳:《中国民族史》中华书局,1934年。

孙隆基:《清季民族主义与黄帝崇拜之发明》,《历史研究》,2000年第3期。

《斯大林全集》,共13册,人民出版社,1953—1958年。

斯塔德(John Stoddard)著,李涛译:《1897年的中国》,山东画报出版社,2004年。

苏晓:《中国共产党早期历史档案保存及公布情况概述》,《北京党史研究》,1997年第5期。

眭云章:《关于国父遗嘱之起草人与国父签署之日期的考证》,《政论周刊》,第113期,1957年。

孙逸仙演讲,公民俱乐部译述:《支那问题真解》,横滨:振华号,1906年。

《孙中山全集》,共11册,中华书局,1981—1986年。

索波列夫(А. И. Соболев)等著,吴道弘等译:《共产国际史纲》,人民出版社,1985年。

索特尼科娃(И. Н. Сотникова)著,马贵凡译:《负责中国方面工作的共产国际机构》,《国外中共党史研究动态》,1996年第4期。

覃小放:《恽代英与基督教青年会》,《华中师范大学学报》,2009年第6期。

谭英华:《试论博克尔的史学》,《历史研究》,1980年第6期。

汤志钧编:《陶成章集》,中华书局,1986年。

《唐才常集》,中华书局,1980年。

唐振南:《何叔衡出席了中共"一大"——答冯先生的来信》,《上海革命史资料与研究》,第9辑,2009年。

陶亚飞:《边缘的历史:基督教与近代中国》,上海古籍出版社,2005年。

田海林、赵秀丽:《早期中国共产党与"非基督教运动"》,《中共党史研究》,2002年第4期。

《汪精卫集》,光明书局,1929年。

汪佩伟:《江亢虎研究》,武汉出版社,1998年。

汪原放:《回忆亚东图书馆》,学林出版社,1983年。

王耿雄编:《孙中山集外集》,上海人民出版社,1990年。

王耿雄:《伟人相册的盲点:孙中山留影辨证》,上海书店出版社,2001年。

王建民:《中国民族学史》,云南教育出版社,1997年。

王凌云、胡淑敏:《关于民权运动大同盟组织及其活动》,《党史研究资料》,1985年第5期。

王明哲:《近十年中央档案馆编辑出版档案史料的情况》,《党的文献》,1989年第 5 期。

王奇生:《革命与反革命:社会文化视野下的民国政治》,社会科学文献出版社,2010 年。

王若飞:《关于大革命时期的中国共产党》,《近代史研究》,1981 年第 1 期。

王栻主编:《严复集》,中华书局,1986 年。

王述观:《关于〈中央政治局对于国际第七次扩大会中国问题决议案的解释〉的转变及其形成时间》,《中共党史研究》,1993 年第 2 期。

王真:《关于中国共产党第二次全国代表大会的会期和会址问题》,《党史资料》,1953 年第 2 期。

王志明,《关于出席中共"二大"的代表名单问题的探讨》,《上海革命史资料与研究》,第 2 辑,上海三联书店,2002 年。

王志明:《中共"二大"历史疑点考证述析》,《湖北大学学报》,2012 年第 4 期。

王志明、中共二大史料编纂委员会编:《中国共产党第二次全国代表大会》,中共党史出版社,2006 年。

《维经斯基在中国的有关资料》,中国社会科学出版社,1982 年。

吴汉全:《早期新文化运动中的李大钊与外国学术思想》,《社会科学研究》,2002 年第 2 期。

吴少京主编:《亲历者忆——建党风云》,中央文献出版社,2001 年。

吴先伍:《柏格森哲学对李大钊时间观的影响》,《安徽师范大学学报(人文社会科学版)》,第 31 卷第 2 期,2003 年。

吴小龙:《少年中国学会研究》,上海三联书店,2005 年。

《吴稚晖先生纪念集》,台北:近代中国史料丛刊,续编,第 13 辑,1975 年。

西安师专马列主义教研室党史组、西北大学政治理论系党史教研室编刊:《中共"一大"资料汇编》,1979 年。

习五一:《苏联"阴谋"文证〈致驻华武官训令〉辨伪》,《历史研究》,1985 年第 2 期。

习五一:《查抄苏联大使馆内幕》,《北京档案史料》,1986 年第 2 期。

狭间直树编:《梁启超·明治日本·西方》,修订版,社会科学文献出版社,2012 年。

夏晓虹:《觉世与传世——梁启超的文学道路》,上海人民出版社,1991 年。

夏晓虹编:《追忆梁启超》,中国广播电视出版社,1997 年。

向青:《关于共产国际和中国革命问题》,《北京大学学报》,1979 年第 6 期。

向青:《共产国际和中国革命关系的历史概述》,广东人民出版社,1983 年。

向青:《共产国际与中国革命关系论文集》,上海人民出版社,1985年。
向青:《共产国际和中国革命关系史稿》,北京大学出版社,1988年。
向青、石志夫、刘德喜:《苏联与中国革命》,中央编译出版社,1994年。
《萧劲光回忆旅俄支部前后的一些情况》,《党史研究资料》,1981年第6—7期。
《谢觉哉日记》,人民出版社,1984年。
《辛亥革命前十年间时论选集》,三联书店,1960年。
辛亥革命武昌起义纪念馆编:《辛亥革命大写真》,湖北美术出版社,2001年。
熊宁:《我国近代(1840—1949)人文地理学的发展概况》,《地理研究》,第3卷第2期,1984年。
熊月之主编:《上海通史》,第3卷,晚清政治,上海人民出版社,1999年。
熊月之:《西学东渐与晚清社会》,上海人民出版社,1994年(修订版:中国人民大学出版社,2010年)。
徐公肃等:《上海公共租界史稿》,上海人民出版社,1980年。
徐杰舜:《汉民族发展史》,四川民族出版社,1992年。
徐世华:《关于中共"二大"代表和中央委员名单的考证》,《历史研究》,1981年第2期。
徐云根、信洪林、张玉菡:《陈潭秋〈中共第一次大会的回忆〉版本考述》,《上海革命史资料与研究》,第11辑,上海古籍出版社,2011年。
许明龙:《孟德斯鸠与中国》,国际文化出版公司,1989年。
许全兴:《李大钊哲学思想研究》,北京大学出版社,1989年。
许义宗编刊:《TOP中国纸币》,台北,1977年。
薛理勇:《揭开"华人与狗不得入内"流传之谜》,《世纪》,1994年第2期。
薛衔天、李玉贞:《旅俄华人共产党组织及其在华建党问题》,《近代史研究》,1989年第5期。
严昌洪、许小青:《癸卯年万岁——1903年的革命思潮与革命运动》,华中师范大学出版社,2001年。
《杨闇公日记》,四川人民出版社,1979年。
杨代春:《〈万国公报〉与晚清中西文化交流》,湖南人民出版社,2002年。
杨冬权:《破解中共一大之谜——中央档案馆馆藏中共一大档案介绍》,《党的文献》,2011年第3期。
杨奎松:《关于苏联、共产国际与中国大革命关系的几个问题》,《近代史研究》,1992年第1期。

杨奎松:《远东各国共产党及民族革命团体代表大会的中国代表问题》,《近代史研究》,1994 年第 2 期。
杨奎松:《瞿秋白与共产国际》,《近代史研究》,1995 年第 6 期。
杨奎松:《从共产国际档案看中共上海发起组建史实》,《中共党史研究》,1996 年第 4 期。
杨奎松:《中共与莫斯科的关系(1920—1960)》,台北:东大图书公司,1997 年。
杨明斋:《评中西文化观》,中华书局,1924 年(上海书店,1991 年重排本)。
杨瑞松:《想像民族耻辱:近代中国思想文化史上的"东亚病夫"》,《政治大学历史学报》第 23 期,2005 年。
杨瑞松:《睡狮将醒?:近代中国国族共同体论述中的"睡"与"狮"意象》,《政治大学历史学报》第 30 期,2008 年。
杨瑞松:《病夫、黄祸与睡狮:"西方"视野的中国形象与近代中国国族论述想像》,台北:政大出版社,2010 年。
杨天宏:《基督教与民国知识分子》,人民出版社,2005 年。
杨天石、王学庄编:《拒俄运动 1901—1905》,中国社会科学出版社,1979 年。
杨卫华:《"宗教鸦片论":源流追索与文本考辨》,《华中师范大学学报》2004 年专集,2004 年。
杨晖:《中共二大代表名单研究述评》,《上海党史与党建》,2012 年第 7 期。
姚公鹤:《上海闲话》,商务印书馆,1917 年(重排本:上海古籍出版社,1989 年)。
叶永烈:《红色的起点》,上海人民出版社,1991 年。
《一大回忆录》,知识出版社,1980 年。
饮冰室主人(梁启超):《现今世界大势论》,广智书局,1902 年。
游人:《新俄回想录》,北京:军学编辑局,1925 年。
于树德:《孙中山先生遗嘱的起草经过》,《文史通讯》,1982 年第 6 期。
《于右任先生文集》,台北:国史馆,1978 年。
余世诚:《参加共产国际"三大"的另一名中国共产党人是杨明斋》,《党史研究资料》,1984 年第 1 期。
余世诚、张升善:《杨明斋》,中共党史资料出版社,1988 年。
俞旦初:《爱国主义与中国近代史学》,中国社会科学出版社,1996 年。
《俞秀松烈士日记》,上海革命历史博物馆(筹)编:《上海革命史资料与研究》,第 1 辑,开明出版社,1992 年。
乐基伟:《关于中共二大的考证与思考》,《上海党史与党建》,2012 年第 7 期。

《曾惠敏公遗集》,岳麓书社,1983 年。

章开沅:《辛亥革命时期的社会动员:以"排满"宣传为实例》,《社会科学研究》,1996 年第 5 期。

《章太炎选集》,上海人民出版社,1981 年。

《章太炎全集》,上海人民出版社,1984 年。

章学新主编:《任弼时传》,中央文献出版社、人民出版社,1994 年。

张国焘:《我的回忆》,东方出版社,1998 年。

张立真:《曾纪泽本传》,辽宁古籍出版社,1997 年。

《张溥泉先生全集》,台北:"中央文物供应社",1951 年。

张岂之主编:《五千年血脉——黄帝及黄帝陵史料汇编》,西北大学出版社、香港新世纪出版社,1993 年。

张岂之主编:《中国近代史学学术史》,中国社会科学出版社,1996 年。

张钦士:《国内近十年来之宗教思潮》,燕京华文学校,1927 年。

张铨:《关于"华人与狗不得入内"问题》,《史林》,1994 年第 4 期。

张申府:《所忆——张申府忆旧文选》,中国文史出版社,1993 年。

《张申府文集》,河北人民出版社,2005 年。

张寿祺:《19 世纪末 20 世纪初"人类学"传入中国考》,《社会科学战线》,1992 年第 3 期。

《张太雷文集(续)》,江苏人民出版社,1992 年。

张伟良:《简论李大钊早期东西文化观的逻辑发展》,《清华大学学报(哲学社会科学版)》,1994 年第 4 期。

张闻天:《中国现代革命运动史》,中国人民大学出版社,1987 年。

张艳国、黄长义:《地理史观与中国近代史学的历史考察》,《学术研究》,1992 年第 5 期。

张翼星:《李大钊哲学思想若干特点的启示》,《北京大学学报(哲学社会科学版)》,1998 年第 2 期。

张永春:《李大钊与"好政府主义"》,《暨南大学学报》,2008 年第 2 期。

张允侯等编:《五四时期的社团》,共 4 册,三联书店,1979 年。

赵朴:《中国共产党组织史资料(一)》,《党史研究》,1981 年第 2 期。

《赵世炎选集》,四川人民出版社,2001 年。

赵云云、史略:《国共关系政纲(十一条)是何时通过的?》,《党史通讯》,1986 年第 8 期。

镇远县史市办公室编刊:《周达文纪念集》,2003 年。

郑超麟:《怀旧集》,东方出版社,1995年。
《郑超麟回忆录》,东方出版社,1996年。
郑超麟口述、希丹记录整理:《回忆党的早期报刊》,《中共党史资料》,第111期,2009年。
中共江苏省委党史工作委员会等编:《中共江苏党史大事记》,中共党史资料出版社,1990年。
中共上海市委党史研究室:《中国共产党上海史》共2册,上海人民出版社,1999年。
中共一大会址纪念馆编:《红旗飘飘》,第31集,中国青年出版社,1990年。
中共浙江省委党史资料征集研究委员会等编:《中共"一大"南湖会议》,浙江大学出版社,1989年。
中共浙江省委党史研究室编:《俞秀松纪念文集》,当代中国出版社,1999年。
中共中央党史研究室:《中国共产党历史》,第1卷,中共党史出版社,2002年。
中共中央党史研究室:《光辉历程——从一大到十五大》,中共党史出版社,1998年。
中共中央党史研究室科研局编:《李大钊研究文集》,中共党史出版社,1991年。
中共中央文献研究室编:《任弼时年谱》,中央文献出版社、人民出版社,1993年。
中共中央文献研究室编:《毛泽东年谱 1893—1949》,中央文献出版社,1993年。
中共中央文献研究室编:《毛泽东传》,中央文献出版社,1996年。
中共中央文献研究室编:《周恩来年谱 1898—1949(修订本)》,中央文献出版社,1998年。
中共中央组织部、中共中央党史研究室、中央档案馆编:《中国共产党组织史资料》,共19册,中共党史出版社,2000年。
中国第二历史档案馆编:《中国国民党第一、二次全国代表大会会议史料》,江苏古籍出版社,1986年。
《中国电影年鉴1934年》,中国教育电影协会,1934年。
中国革命博物馆整理,荣孟源审校:《吴虞日记》,四川人民出版社,1986年。
中国革命博物馆编:《中国共产党七十年图集》,上海人民出版社,1991年。
中国人民大学党史系资料室编刊:《共产主义小组和党的"一大"资料汇编》,1979年。

中国人民解放军政治学院党史教研室编刊:《中共党史参考资料》,1979 年。
中国社会科学院近代史研究所翻译室编译:《共产国际有关中国革命的文献资料》,共 3 册,中国社会科学出版社,1981—1990 年。
中国社会科学院青少年研究所青运史研究室编刊:《青运史资料与研究》,第 2 集,1983 年。
中国社会科学院现代史研究室、中国革命博物馆党史研究室编:《"一大"前后》,共 3 册,人民出版社,1980—1984 年。
"中华民国开国文献编纂委员会"、政治大学国际关系研究中心编刊:《"共匪祸国"史料汇编》,第 1 册,1976 年再版。
中央档案馆编:《中共党史报告选编》,中共中央党校出版社,1982 年。
中央档案馆编:《中国共产党第一次代表大会档案资料》,人民出版社,1982 年。
中央档案馆编:《中共中央文件选集》,共 18 册,中共中央党校出版社,1989—1992 年。
中央档案馆编:《中共文书档案工作文件选编(1923—1949)》,档案出版社,1991 年。
中央档案馆编:《中国共产党八十年珍贵档案》,中国档案出版社,2001 年。
中央档案馆、广东省档案馆编:《广东革命历史文件汇集》,广东人民出版社,1987 年。
中央档案馆、湖北省档案馆编:《湖北革命历史文件汇集》,湖北人民出版社,1987 年。
中央档案馆、上海市档案馆编刊:《上海革命历史文件汇集》,1986 年。
周一平:《中共党史研究的开创者——蔡和森》,上海社会科学院出版社,1994 年。
《周作人日记》,大象出版社,1996 年。
朱成甲:《李大钊的早期哲学思想——泛青春论》,《天津师大学报》,1989 年第 2 期。
朱成甲:《李大钊早期思想与近代中国》,人民出版社,1999 年。
朱维铮:《求索真文明——晚晴学术史论》,上海古籍出版社,1996 年。
邹鲁:《中国国民党史稿》,上海:民智书局,1929 年。
邹鲁:《中国国民党史稿》,台湾商务印书馆,1965 年。
邹鲁:《回顾录》(1944 年),沈云龙编:《近代中国史料丛刊》,第 67 辑,665,台北:文海出版社,1971 年。

邹振环:《晚晴西方地理学在中国》,上海古籍出版社,2000年。

期刊

《北京大学日刊》《布尔塞维克》《晨报》《党史资料》《地理》《地学杂志》《东方杂志》《二十世纪之支那》《格致汇编》《共产党》《共产国际》(中文版)《广东群报》《广州民国日报》《国粹学报》《国民日报》《国闻报》《国闻周报》《海外新声》《湖北学生界》《黄帝魂》《甲寅周刊》《江苏》《江苏革命博物馆月刊》《解放》《警钟日报》《科学》《民报》《民国日报》《民权报》《努力周刊》《青年周刊》《清议报》《全民月刊》《人文地理学》《少年中国》《申报》《盛京时报》《时事新报》《时务报》《顺天时报》《外交报》《万国公报》《先驱》《向导》《湘报》《湘学报》《新潮》《新民丛报》《新青年》《醒狮》《醒狮周报》《学部官报》《浙江潮》《知新报》《中国国民党党史纪要》《中国青年》《中华月报》

二、日文

白河次郎、国府种德:《支那文明史》,东京:博文馆,1900年(中译:竞化书局译:《支那文明史》,上海:竞化书局,1903年)。

坂野彻:《帝国日本与人类学者:1884—1952》(《帝国日本と人类学者》),东京:劲草书房,2005年。

坂元弘子(坂元ひろ子):《中国民族主义的神话——种族、身体、性别》(《中国民族主义の神话——人种、身体、ジェンダー》),东京:岩波书店,2004年。

北村稔:《第一次国共合作——形成现代中国的两大势力的出现》(《第一次国共合作の研究——现代中国を形成した二大势力の出现》),东京:岩波书店,1998年。

北冈正子:《鲁迅:在日本这一个异文化当中——从弘文学院入学到"退学"事件》(《鲁迅:日本という异文化のなかで——弘文学院入学から"退学"事件まで》),大阪:关西大学出版部,2001年。

北田定男:《遵义会议前毛泽东对中共领导层的造反》(《遵义会议以前の中共指导部に对する毛泽东の造反》),《现代科学论丛》,第3集,1969年。

大槻德治:《志贺重昂与田中启尔——日本地理学先驱》(《志贺重昂と田中启尔——日本地理学の先达》),东京:西田书店,1992年。

大塚令三:《中国共产党年志稿》,《满铁支那月志》,第12卷第12期,1932年。

德富苏峰:《静思余录》,东京:民友社,1893年。

德富苏峰:《第二静思余录》,东京:民友社,1895年。

德富苏峰:《日曜讲坛》,东京:民友社,1900年。

德富苏峰:《第二日曜讲坛》,东京:民友社,1902年。

丁文江、赵丰田编,岛田虔次编译:《梁启超年谱长编》,共5卷,东京:岩波书店,2004年。

渡边为藏编:《二十世纪新论十种》,东京:民友社,1901年。

独醒居士:《时务三论》,东京:民友社,1902年。

多木浩二:《天皇的肖像》(《天皇の肖像》),东京:岩波书店,1988年。

费路(R. Felber):《孙中山与苏、德关系再探》(《孙中山とソ连・ドイツ关系の再检讨》),日本孙文研究会、神户华侨华人研究会编:《孙中山与华侨——孙文诞辰130周年纪念国际学术研讨会论文集》(《孙文と华侨——孙文生诞130周年记念国际学术讨论会论文集》),东京:汲古书院,1999年。

蜂屋亮子:《中国共产党第一次代表大会文件的重译与对大会会期和代表的考证》(《中国共产党第一次代表大会文献の重译と、大会会期・代表についての论考》),《御茶之水史学》(《お茶の水史学》),第31号,1988年。

富山一郎:《国民の诞生と"日本人种"》,《思想》,第845号,1994年。

富田武:《中国国民革命与莫斯科1924—1927》(《中国国民革命とモスクワ1924—1927》),《成蹊法学》,第49号,1999年。

福泽谕吉:《文明论之概略》,东京:岩波书店,1962年修订本。

浮田和民:《史学通论》,东京专门学校,1898年左右。

浮田和民:《西洋上古史》,东京专门学校,1898年。

浮田和民:《稿本希腊史》,东京专门学校出版部,1901年。

浮田和民:《帝国主义与教育》(《帝国主义と教育》),东京:民友社,1901年。

浮田和民:《国民教育论》,东京:民友社,1903年。

高濑薰:《共产国际在第一次国共合作分裂时期的方针和给罗易的密电》(《第一次国共合作崩坏期におけるコミンテルンの方针とロイ宛て密电について》),《御茶水史学》,第21号,1977年。

高木博志:《近代天皇制与古都》(《近代天皇制と古都》),东京:岩波书店,2006年。

高山林次郎:《世界文明史》,东京:博文堂,1898年。

宫村治雄:《梁启超论西方思想家——与其所谓"东学"的关系》(《梁启超の西

洋思想家论——その"东学"との关连において》),《中国——社会与文化》(《中国——社会と文化》),第5号,1990年。

横田顺弥:《明治时代充满谜底——〈弗兰肯斯坦〉的最早译作》(《明治时代は谜だらけ!〈フランケンシュタイン〉の初译について》),《日本古书通信》61卷3号,1996年。

后藤延子:《李大钊与日本文化——河上肇·大正时期的杂志》(《李大钊と日本文化——河上肇·大正期の杂志》),《信州大学人文学部特定研究报告书》,1990年。

后藤朝太郎:《支那游记》,东京:春阳堂,1927年。

户水宽人:《温故录》,东京:有斐阁书房,1903年。

吉田精一:《近代文艺评论史 明治篇》,东京:至文堂,1975年。

江田宪治:《瞿秋白与国民革命》(《瞿秋白と国民革命》),狭间直树编:《中国国民革命研究》(《中国国民革命の研究》),京都大学人文科学研究所,1992年。

江田宪治:《中国统一多民族的课题——以辛亥革命时期的争论为中心》(《中国における诸民族统合の课题——辛亥革命期の论争を中心に》),《京都产业大学世界问题研究所纪要》,特别号,1998年。

姜尚中:《社会科学家的殖民地认识》(《社会科学者の植民地认识》),《岩波讲座 社会科学的方法3》(《社会科学の方法3》),东京:岩波书店,1993年。

姜尚中《福泽谕吉:文明论与东方主义》(《福泽谕吉:文明论とオリエンタリズム》),《讲座世界史7 人们是如何思考"近代"的》(《讲座世界史7 "近代"を人はどう考えてきたか》),东京大学出版会,1996年。

堀川哲男:《关于孙文的遗书》(《孙文の遗书をめぐって》),《人文》(京都大学教养部学报),第20号,1974年。

铃木修次:《文明的语言》(《文明のことば》),广岛:文化评论出版社,1981年。

铃木修次:《日式汉语词汇和中国》(《日本汉语と中国》),东京:中央公论社,1981年。

茅原华山:《人类生活史》(《人间生活史》),东京:弘学馆书店,1914年。

茅原华山:《新英雄主义》,东京:新潮社,1916年。

茅原健:《茅原华山与同时代人》(《茅原华山と同时代人》),东京:不二出版社,1985年。

茅原健:《民本主义的论客:茅原华山传》(《民本主义の论客:茅原华山传》),

东京:不二出版社,2002 年。

内村鉴三:《兴国史谈》,东京:警醒社,1900 年。

内藤湖南:《燕山楚水》,东京:博文馆,1900 年。

鸟居龙藏编辑,坪井正五郎校阅:《人种志》,东京:嵩山房,1902 年(中译:侯官林楷青译:《人种志》,闽学会,1903 年)。

鸟居龙藏:《人种学》,东京:大日本图书,1904 年。

鸟居龙藏:《从人种学看〈皇清职贡图〉》(《人种学上より见たる〈皇清职贡图〉》),《太阳》第 15 卷第 14 号,1909 年。

《鸟居龙藏全集》,东京:朝日新闻社,1976 年。

区建英:《福泽谕吉在中国》(《中国における福泽谕吉》),《日本历史》,第 525 号,1992 年。

坪井正五郎:《人类学》,东京:早稻田大学出版部,1905 年。

普列汉诺夫,藤井米藏译:《唯物论史入门》,东京:改造社,1935 年。

普列汉诺夫著,川内唯彦译:《论一元论历史观的发展》(《史的一元论》),东京:岩波书店,1947 年。

前岛信次:《汉族的两河流域起源论》(《汉民族のオリエント起源说》),《日本两河流域学会月报》(《日本オリエント学会月报》),第 2 卷第 8 期,1959 年。

桥川文三:《黄祸物语》,东京:筑摩书房,1976 年。

清水安三:《中国当代新人物》(《支那当代新人物》),东京:大阪屋号书店,1924 年。

清水昭俊:《近代人类学在日本的诞生与发展》(《日本における近代人类学の形成と发展》),筱原彻编:《近代日本的他者形象与自我描述》(《近代日本の他者像と自画像》),东京:柏书房,2001 年。

日本国际问题研究所中国部会编:《中国共产党史资料集》,共 12 卷,东京:劲草书房,1970—1975 年。

《日本思想体系 渡边华山、横井小楠等》,东京:岩波书店,1971 年。

荣泽幸二:《浮田和民在帝国主义成立时期的思想特性》(《帝国主义成立期における浮田和民の思想的特质》),《历史学研究》第 332 号,1968 年。

若宫卯之助:《若宫论集》,东京:实业之世界社,1915 年。

若杉邦子:《〈(北京)万国公报〉——清末维新派发行之最早杂志》(《〈(北京)万国公报〉——清末维新派が发行した最初の杂志》),《中国文学论集》,第 25 号,1996 年。

若杉邦子:《戊戌变法运动草创期的维新派与广学会——以维新派发行的〈(北京)万国公报〉为中心》(《戊戌变法运动の草创期における维新派と广学会——维新派の发行した〈(北京)万国公报〉を中心に》),《东方学》,第96辑,1998年。

三宅米吉:《拉库伯里先生关于中国古代文明起源的学说》(《ラクウペリ氏が支那古代の开化の起源に就ての说》),《史学杂志》第7卷第8期,1896年。

桑原骘藏:《评部分东方学学者有关中国古代史的学说》(《支那の太古に关する东方学者の所说に就き》),《国民之友》第287—288号,1896年。

桑原骘藏:《中等东洋史》,东京:大日本图书,1898年(中译:《东洋史要》,上海:东文学社,1899年)。

桑原骘藏:《关于老子之学》(《老子の学に就きて》),《东洋哲学》,第5卷第9号,1898年。

《桑原骘藏全集》,共6卷,东京:岩波书店,1968年。

山本澄子:《中国基督教史研究》(《中国キリスト教史研究》),增补改订版,东京:山川出版社,2006年。

山上万次郎:《日本帝国政治地理》,东京:大日本图书,1907年。

山室信一:《知识回廊:近代世界思想锁链的前提之一》(《知の回廊:近代世界における思想连锁の一前提》),沟部英章等合著:《近代日本的意义》(《近代日本の意味を问う》),东京:木铎社,1992年。

山室信一:《亚细亚认识的基础》(《アジア认识の基轴》),古屋哲夫编:《近代日本对亚洲的认识》(《近代日本のアジア认识》),京都大学人文科学研究所,1994年。

山室信一:《作为思想课题的亚洲:基轴·连锁·筹划》(《思想课题としてのアジア:基轴·连锁·投企》),东京:岩波书店,2001年。

山田敬三:《鲁迅的世界》(《鲁迅の世界》),东京:大修馆书店,1991年。

深町英夫:《中华民国成立时期的国家统一问题——统治多民族的正统性》(《中华民国成立期の国家统一问题——多民族支配の正统性》),《中央大学论集》第18号,1997年。

神奈川县立历史博物馆编刊:《王族的肖像——明治皇室影集的诞生》(《王家の肖像——明治皇室アルバムの始まり》),横滨,2001年。

石川祯浩:《东西文明论与中日两国的论坛》(《东西文明论と日中の论坛》),古屋哲夫编:《近代日本对亚洲的认识》(《近代日本のアジア认识》),京都大学人文科学研究所,1994年。

石川祯浩:《死后的孙文——遗书与纪念周》(《死后の孙文——遗书と纪念周》),《东方学报》,第 79 册,2006 年。

石川祯浩:《山口一郎纪念奖获奖感言》(《山口一郎记念赏を受赏して》),《孙文研究》,第 44 辑,2008 年。

石川祯浩:《中国共产党的党史资料征集工作——以 1950 年代的〈党史资料〉杂志为例的探讨》(《中国共产党による党史资料编纂の步み——1950 年代の杂志『党史资料』を手がかりに》),《东洋史研究》,第 73 卷第 1 号,2014 年。

市古宙三:《关于〈中国共产党五年来之政治主张〉》(《〈中国共产党五年来之政治主张〉について》),《近代中国研究中心汇报》(《近代中国研究センター汇报》),第 5 号,1964 年。

手代木有儿:《梁启超——"史界革命"与明治时期的历史学》(《梁启超——"史界革命"と明治の历史学》),佐藤慎一编:《近代中国的思想家》(《近代中国の思索者たち》),东京:大修馆书店,1998 年。

松本英纪译著:《宋教仁日记》(《宋教仁の日记》),京都:同朋舍出版,1989 年。

松本真澄(松本ますみ):《中国民族政策研究》(《中国民族政策の研究》),东京:多贺出版,1999 年。

松尾尊兊:《大正德谟克拉西》(《大正デモクラシー》),东京:岩波书店,1994 年。

松尾尊兊:《〈第三帝国〉解说》,松尾尊兊编:《〈第三帝国〉解说·总目次·索引》,东京:不二出版,1984 年。

松元幸子:《〈十二月提纲〉与 M. N. 罗易——关于 1927 年的农业革命》(《〈12 月テーゼ〉と M. N. ロイ——1927 年の农业革命をめぐって》),《一桥论丛》,第 65 卷第 5 号,1971 年。

松元幸子:《共产国际与中国革命》(《コミンテルンと中国革命》),野泽丰、田中正俊编:《讲座中国近现代史》,第 5 卷,东京大学出版会,1978 年(中译:《共产国际与中国革命——关于共产国际 1926 年的〈十二月提纲〉》,《国外中共党史中国革命史研究论文集》第 1 集,中共党史出版社,1991 年)。

水谷悟:《杂志〈第三帝国〉与茅原华山》,《媒体史研究》(《メディア史研究》),第 11 号,2001 年。

藤田丰八:《支那文学史》,东京专门学校,1895 年。

藤田正典:《关于中国共产党初期全国代表大会文献》(《中国共产党の初期全

国代表大会关系文书について》),《东洋学报》,45 卷 3 号,1962 年。
《添田哑蝉坊・知道著作集 4 演歌の明治大正史》,东京:刀水书房,1982 年。
丸山真男:《读〈文明论之概略〉》(《〈文明论之概略〉を読む》),东京:岩波书店,1986 年。
尾崎行雄:《支那处分案》,东京:博文馆,1895 年。
文部省编刊:《百科全书 人种篇》,秋山恒太郎译,内村耿之介校,东京,1874 年。
细野浩二:《康有为和华夷观念与帝国主义》(《华夷观念と帝国主义の间の康有为》),《文学研究科纪要(早稻田大学)》第 38 辑,1994 年。
狭间直树:《世界历史 27 走向自立的亚洲》(《世界の历史 27 自立へ向かうアジア》),东京:中央公论新社,1999 年。
狭间直树:《中国近代的帝国主义与国民国家》(《中国近代における帝国主义と国民国家》),狭间直树编:《西方近代文明与中华世界》(《西洋近代文明と中华世界》),京都大学学术出版会,2001 年。
小野和子:《关于孙中山赠送给南方熊楠的〈原君原臣〉》(《孙文が南方熊楠に赠った〈原君原臣〉について》),《孙文研究》,第 14 号,1992 年。
小野信尔:《辛亥革命与革命宣传》(《辛亥革命と革命宣传》),小野川秀美、岛田虔次编:《辛亥革命研究》(《辛亥革命の研究》),东京:筑摩书房,1978 年。
小泽荣一:《近代日本史学史研究・明治篇》(《近代日本史学史の研究・明治编》),东京:吉川弘文馆,1968 年。
绪形康:《论危机 中国革命 1926—1929》(《危机のディスクール 中国革命 1926—1929》),东京:新评论,1995 年。
绪形康:《他者与乌托邦:基佐、巴克尔、斯宾塞》(《他者とユートピア:ギゾー・バックル・スペンサー》),《讲座世界史 7 人们是如何思考"近代"的》(《讲座世界史 7 "近代"を人はどう考えてきたか》),东京大学出版会,1996 年。
伊藤秀一:《〈湖南农民运动考察报告〉的俄文初译》(《〈湖南农民运动考察报告〉の露文初译》),《历史学研究》,第 402 号,1973 年。
伊藤秀一:《"国民革命"的危机与共产国际》(《"国民革命"の危机とコミンテルン》),《神户大学文学部纪要》,第 2 号,1974 年。
源昌久:《志贺重昂的地理学》(《志贺重昂の地理学》),《Library and Information Science》(日语),第 13 号,1975 年。

源昌久:《山上万次郎(1868—1946)地理学研究——传记及书志调查》(《山上万次郎(1868—1946)の地理学に関する一研究——传记・书志学的调查》),《人文地理》,第41卷第5号,1989年。

源昌久:《日本地理学著作与中国近代地理学——以翻译书志为线索》(《日本の地理学书と中国近代地理学——翻译书志を通じて》),《地理学评论》,第67卷第3期,1994年。

增野惠子:《关于明治天皇形象的变迁》(《明治天皇のイメージの变迁について》),《美术史研究》,第38号,2000年。

斋藤毅:《明治时期的语言》(《明治のことば》),东京:讲谈社,1977年。

中村哲夫:《同盟的年代——中国同盟会成立过程之研究》(《同盟の时代——中国同盟会の成立过程の研究》),京都:人文书院,1992年。

志贺重昂:《地理学》,东京专门学校,1897年。

《志贺重昂与梁启超之笔谈》(《志贺重昂卜梁启超トノ笔谈》),外务省编:《日本外交文书》,第31卷第1册,东京:日本国际联合协会,1954年。

竹内弘行:《民初纪年考》,《中国研究集刊》,第7号,1989年。

竹内弘行:《关于清末的私定纪年法》(《清末の私纪年について》),《名古屋学院大学论集》,第31卷第1期,1994年。

竹内弘行:《中国儒教性近代化论》(《中国の儒教的近代化论》),东京:研文出版,1995年。

佐藤进:《巴比伦学会与古代学研究所——古代两河流域文明研究在日本的兴起》(《バビロン学会と古代学研究所——日本における古代オリエント学研究の黎明》),《立正大学人文科学研究所年报别册》,第10号,1995年。

佐藤慎一:《"文明"与"万国公法":近代中国接受国际法的一个侧面》(《"文明"と"万国公法":近代中国における国际法受容の一侧面》),祖川武夫编:《国际政治思想与对外意识》(《国际政治思想と对外意识》),东京:创文社,1977年。

佐藤慎一:《进化与文明:关于近代中国的东西文明比较问题》(《进化と文明:近代中国における东西文明比较の问题について》),《东洋文化》,第75号,1995年。

佐佐木克:《幕末时期的天皇・明治时期的天皇》(《幕末の天皇・明治の天皇》),东京:讲谈社,2005年。

期刊

《北京周报》《朝野新闻》《第三帝国》《地学杂志》《东京人类学杂志》《东

京日日新闻》《东京朝日新闻》《读卖新闻》《国民新闻》《国民之友》《国乃もとゐ》《洪水以后》《明六杂志》《人类学杂志》《日本评论》《时事新报》《太阳》《东方时论》《新人》《新社会》《朝日新闻》《中央公论》

三、西文

Anderson, Benedict, *Imagined Communities*: *Reflections on the Origin and Spread of Nationalism*, London: Verso, 1983(中译:安德森著,吴叡人译:《想象的共同体:民族主义的起源与散布》,上海人民出版社,2003年).

Benedict, Ruth, *Race*: *Science and Politics*, New York: Viking Press, 1959.

Bernal, Martin, Liu Shih-p'ei and National Essence, in Furth, Charlotte ed., *The Limits of Change*: *Essays on Conservative Alternatives in Republican China*, Cambridge, Mass.: Harvard University Press, 1976.

Bickers, Robert A. and Wasserstrom, Jeffrey N., "Shanghai's 'Dogs and Chinese Not Admitted' Sign: Legend, History and Contemporary Symbol", *The China Quarterly*, No. 142, 1995.

Bland, J. O. P., *Recent Events and Present Policies in China*, Philadelphia: J. B. Lippincott, London: William Heinemann, 1912.

Boulger, Demetrius C., *The Life of Sir Halliday Macartney K. C. M. G.*, London: J. Lane, the Bodley Head, 1908.

Bowler, Peter J., *Evolution, the History of an Idea*, Berkeley: University of California Press, 1984(中译:鲍勒著,田洺译:《进化思想史》,江西教育出版社,1999年).

Carr, E. H., *1917*: *Before and After*, London: Macmillan, 1969.

Chang, Kuo–t'ao(张国焘), *The Rise of the Chinese Communist Party, the Autobiography of Chang Kuo-t'ao*, Vol. 1, Lawrence: University Press of Kansas, 1971.

Ch'en, Jerome(陈志让), "The Left Wing Kuomintang-A Definition", *Bulletin of the School of Oriental and African Studies*, vol. 25, 1962.

Comintern Archive, 1917-1940; *Congresses*, microfiches, Leiden: IDC Publishers, 1994.

Die chinesische Frage auf dem 8. Plenum der Exekutive der Kommunistischen Internationale, Mai 1927, Hamburg / Berlin, 1928.

Dikötter, Frank, *The Discourse of Race in Modern China*, Stanford: Stanford University Press, 1992(中译:杨立华译:《近代中国之种族观念》,江苏人民出版社,1999 年).

Diósy, Arthur, *The New Far East*, 4th ed., London: Cassell, 1904.

Eudin, Xenia J. and North, Robert C., *Soviet Russia and the East, 1920-1927*, Stanford: Stanford University Press, 1957.

Fitzgerald, John, *Awakening China: Politics, Culture, and Class in the Nationalist Revolution*, Stanford: Stanford University Press, 1996(中译:费约翰著,李恭忠等译:《唤醒中国:国民革命中的政治、文化与阶级》,三联书店,2004 年).

Fogel, Joshua A., *Politics and Sinology: The Case of Naito Konan (1866-1934)*, Cambridge: Harvard University Press, 1984.

Guldin, Gregory E., *The Saga of Anthropology in China: from Malinowski to Moscow to Mao*, New York: M. E. Sharpe, 1994(中译:顾定国著,胡鸿保、周燕译:《中国人类学逸史》,社会科学文献出版社,2000 年).

Haberlandt, Michael, *Volkerkunde*, Leipzig: G. J. Goschen'sche Verlagshandlung, 1898.

Hobsbawm, Eric J. and Ranger, Terence O., eds., *The Invention of Tradition*, Cambridge: Cambridge University Press, 1983(中译:霍布斯鲍姆著,顾杭、庞冠群译:《传统的发明》,译林出版社,2008 年).

Isaacs, Harold R., *The Tragedy of the Chinese Revolution*, Second Revised ed., Stanford: Stanford University Press, 1961.

Isaacs, Harold R., ed., "Documents on the Comintern and the Chinese Revolution", *China Quarterly*, No. 45, 1971.

Ishikawa, Yoshihiro, "The Chinese National Revolution and the Eighth ECCI Plenum: Exploring the Role of the Chinese Delegate 'Chugunov'", in Leutner, Mechthild et al. eds., *The Chinese Revolution in the 1920s: Between Triumph and Disaster*, London; New York: Routledge Curzon, 2002.

Lacoupérie, Terrien de, *Western Origin of the Early Chinese Civilisation from 2300 B. C. to 200 A. D.*, London: Asher, 1894.

Latourette, Kenneth S., *The Development of China*, Boston and New York: Houghton Mifflin & Co., 1917.

Lih, Lars T., et al. eds., *Stalin's Letters to Molotov: 1925-1936*, New Haven: Yale University Press, 1995.

Marshall, P. J., and Williams, G., *Great Map of Mankind: British Perceptions of* the World in the Age of Enlightenment, London: Dent, 1982.

Meisner, Maurice, *Li Ta-chao and the Origins of Chinese Marxism*, Cambridge: Harvard University Press, 1967(中译:迈斯纳著,中共北京市委党史研究室编译组编译:《李大钊与中国马克思主义的起源》,中共党史资料出版社,1989年).

North, R. C. , and Eudin, X. J. , *M. N. Roy's Mission to China: the Communist-Kuomintang Split of 1927*, Berkeley: University of California Press, 1963(中译:罗伯特·诺斯、津尼亚·尤丁编著,王淇等译:《罗易赴华使命:1927 年的国共分裂》,中国人民大学出版社,1981 年).

Pantsov, A. , "Stalin's Policy in China, 1925-1927: New Light from Russian Archives", *Issues & Studies*, Vol. 34, No. 1, 1998.

Pantsov, A. , *The Bolsheviks and the Chinese Revolution: 1919-1927*, Honolulu: University of Hawai'i Press, 2000.

Plekhanov, G. , *Fundamental Problems of Marxism*, Moscow: Foreign Languages Publishing House, 1962.

Protokoll des III. Kongresses der Kommunistischen Internationale, Moskau, 22. Juni bis 12. Juli 1921, Hamburg, 1921.

Protokoll des Vierten Kongresses der Kommunistischen Internationale: Petrograd – Moskau, vom 5. November bis 5. Dezember 1922), Hamburg, 1923.

Rhoads, Edward J. M. , *Manchus and Han: Ethnic Relations and Political Power in Late Qing and Early Republican China, 1861-1928*, Seattle: University of Washington Press, 2000 (中译:路康乐著,王琴等译:《满与汉:清末民初的族群关系与政治权力(1861—1928)》,中国人民大学出版社,2010 年).

RKP(B), *Komintern und die national-revolutionäre Bewegung in China: Dokumente*. Band 1. (1920-1925), München, 1996; Band 2. (1926-1927), Münster, 1998.

Roy, M. N. , *My Experiences in China*, Second edition, Calcutta: Renaissance Publishers, 1945(摘译:《罗易对大革命失败的回忆》,《国外中国近代史研究》,第 7 辑,1985 年).

Saich, Tony, *The Origins of the First United Front in China : The Role of Sneevliet (Alias Maring)*, Leiden: E. J. Brill, 1991.

Said, Edward W. , *Orientalism*, New York: Pantheon, 1978.

Snow, Edgar, *Red Star over China*, 1st revised & enlarged ed. , New York: Grove

Press, 1968.

Tanaka, Stefan, *Japan's Orient: Rendering Pasts into History*, Berkeley: University of California Press, 1993.

Weal, Putnam, *Chang Tso-Lin's Struggle Against the Communist Menace*, Shanghai: Kelly & Walsh, Ltd. 1927.

Wilbur, C. M., *The Communist Movement in China: An Essay written in 1924 by Ch'en Kung-po*, New York: Columbia University Press, 1966(中译:陈公博著,韦慕庭编,中国社会科学院近代史研究所翻译室译:《共产主义运动在中国》,中国社会科学出版社,1982 年).

Wilbur, C. M., *Sun Yat-sen: Frustrated Patriot*, New York: Columbia University Press, 1976(中译:韦慕廷著,杨慎之译:《孙中山——壮志未酬的爱国者》,中山大学出版社,1986 年).

Wilbur, C. M. and How, J. L., *Documents on Communism, Nationalism, and Soviet Advisers in China, 1918-1927: Papers Seized in the 1927 Peking Raid*, New York: Columbia University Press, 1956.

Wilbur, C. M. and How, J. L., *Missionaries of Revolution: Soviet Advisers and Nationalist China, 1920-1927*, Cambridge: Harvard University Press, 1989.

Williams, Samuel Wells, *The Middle Kingdom: A Survey of the Geography, Government, Literature, Social Life, Arts and History of the Chinese Empire and Its Inhabitants*, Rev. ed., New York: Charles Scribner's Sons, 1883.

Wilson, Sir Daniel, *Anthropology*, N. Y.: Humboldt, 1885.

Wolseley, *The Story of a Soldier's Life*, Westminster: Archibald Constable & Co. Ltd., 1903.

Ju An-li, Die Kommunistische Internationale und die Entstehung der kommunistischen Partei Chinas, *Die Kommunistische Internationale*, 1929, No. 9-11(俞安礼[音]:《共产国际与中国共产党的成立》,《共产国际》德文版).

期刊

The Babylonia and Oriental Records, *The Christian Recorder*, *The Communist International*, *Harper's New Monthly Magazine*, *International Press Correspondence*, *Journal of the Royal Asiatic Society*, *Die Kommunistische Internationale*, *The New York Times*, *The Punch*, *The Times*

四、俄文

ВКП(б), *Коминтерн и Национально-Революционное Движение в Китае : Документы*, Т. I. (*1920-1925*), Москва, 1994; Т. II. (*1926-1927*), Москва, 1996(《联共(布)、共产国际与中国国民革命运动》).

Гарушянц, Ю. М., Борьба Китайских Марксистов за создание Коммунистической Партии Китая, *Народы Азии и Африки*, 1961, No. 3(加鲁尚茨:《中国马克思主义者创建中国共产党的斗争》,《亚非人民》).

Григорьев, А. М., Борьба в ВКП(б) и Коминтерне по вопросам политики в Китае(1926-1927 гг.), *Проблемы Дальнего Востока*, 1993, No. 2, 3(中译:格里戈里耶夫著,马贵凡译:《联共(布)和共产国际领导内部在中国政策问题上的斗争(1926—1927)》,《国外中共党史研究动态》,1994年第1—2期).

Далин, С. А., *Китайские Мемуары : 1921-1927*, Москва, 1975(中译:达林著,侯均初等译:《中国回忆录》,中国社会科学出版社,1981年).

Дальневосточная Политика Советской России : 1920-1922 гг., Новосибирск, 1996(《苏俄的远东政策》).

Картунова, А. И., Китайская Революция: Дискуссии в Коминтерне, *Вопросы Истории КПСС*(《苏共历史问题》), No. 6, 1989(中译:卡尔图诺娃著,李金秋译:《中国革命:共产国际的讨论》,《国外中国近代史研究》,第17辑,1990年).

Ковалев, Е. Ф. и Картунова, А. И., Новые материалы о первом съезде Коммунистической Партии Китая, *Народы Азии и Африки*, 1972, No. 6(科瓦廖夫、卡尔图诺娃:《中国共产党第一次大会新资料》,《亚非人民》;中译:《"一大"前后》(三),人民出版社,1984年,第47—50页).

Коминтерн и Восток. Критика критики, Москва, 1978(《共产国际与东方——对批判的反批判》;摘译:马贵凡译:《共产国际与中国大革命的几个问题》,《国外中共党史中国革命史研究译文集(一)》,中共党史出版社,1991年).

Не публиковавшаяся речь И. В. Сталина о Китае, *Проблемы Дальнего Востока*, 2001, No. 1(中译:斯大林《在联共(布)莫斯科机关积极分子会议上关于中国大革命形势的讲话(1927年4月5日)》,《党的文献》,2001年

第 6 期).

Усова, В. Н., Пять Документом 1925 г. Советской Разведки в Китае, *Восток*, 2001, No.3(乌索娃:《在华苏情报报机关 1925 年的五个文件》,《东方》).

期刊

Коммунистический Интернационал(《共产国际》),*Правда*(《真理报》)

人名索引

A

爱默生(R. W. Emerson,耶曼孙) 149, 151,153,159,161
安德森(Benedict Anderson) 29
安恩学,见安龙鹤
安龙鹤(An En-hak) 245,246

B

巴克尔(Henry T. Buckle) 81,88,97, 105-109,112,113,123,133-142,152
白河次郎(SHIRAKAWA Jiro) 44, 46,88
班超 51
包惠僧 287,297,323
抱朴(秦涤清) 261,274
鲍勒(P. J. Bowler) 79
鲍罗廷(M. Borodin) 195-200,202, 203,207,226,229,230,256,277, 293,335,346,354,355
彼得罗夫,见拉斯科尔尼科夫
柏格森(A. Bergson) 149,153,159
柏烈伟(S. A. Polevoy) 260
伯伦知理(J. Bluntschili) 104
卜士奇 254

布勃诺夫(A. S. Bubnov) 227,229
布哈林(Bukharin) 199,200,202,203, 216,227,235,237,320
布卢门巴赫(Johann F. Blumenbach) 74,78,116-118

C

蔡和森 61,63,146,147,154,184,219, 227,229,232,277,294,300,314, 321-325,328
蔡元培 173,175-177,186
陈独秀 114,175,176,179,181,182, 186, 195-200, 209, 213-219, 222, 225, 231-236, 243, 248, 257, 258, 262-269, 271, 274, 275, 277, 291, 303, 306, 309, 310, 313, 321, 323-326,328,345
陈公博 287,289,291,297,305,306, 308,309
陈炯明 308,309,311,313
陈去病 37,38
陈潭秋 280-288,290,291,297,298
陈天华 32,33,35,39
陈望道 163,325
陈为人 254

陈友仁 336,345,346,349,354,355

程家柽 32

D

大杉荣（OSUGI Sakae）151,155

达尔文（C. Darwin）102,127,174

达林（S. A. Dalin）181,217,218

戴恩赛 333,352

戴季陶 155,184,188,333

德富苏峰（TOKUTOMI Soho）104,105,111,127,136

邓恩铭 297,321,324,325

邓家彦 354

邓培 325

邓演达 204,206,207

邓中夏 173,223,321-325

笛卡儿（Descartes）102,174

丁文江 3,24,26,83,118

丁晓平 283

董必武 279,280,294-298,304,318

独醒居士（Dokusei-koji）110-112,125

渡边华山（WATANABE Kazan）116

段祺瑞 187

F

法兰坎士泰，见弗兰肯斯坦

费约翰（John Fitzgerald）5,6,12

冯铁金 295,297

冯玉祥 200,206,207

冯自由 27,37-39,127,330,354

佛兰金仙，见弗兰肯斯坦

弗兰肯斯坦（Frankenstein）3-5,7-10,12,16-20,22,25

伏尔泰（Voltaire）102

浮田和民（UKITA Kazutami）79,81,88,106-112,122,123,125,130,132-135,137,138

福泽谕吉（FUKUZAWA Yukichi）97,99-103,105,113,133

傅兰雅（John Fryer）72,118

G

盖奥特（Arnold H. Guyot）132,141

冈本监辅（OKAMOTO Kensuke）78,118

高君宇（高尚德）313,323-325

高楠顺次郎（TAKAKUSU Junjiro）89

高桥义雄（TAKAHASHI Yoshio）120

高山林次郎（TAKAYAMA Rinjiro, 高山樗牛）81,123,136

戈比诺（Joseph Arthur Comte de Gobineau）88

葛萨廖夫（Kisseleff）280,288,290,291,293

顾颉刚 298

国府种德（KOKUFU Tanenori）44,46,88

H

哈伯兰（Michael Haberlandt）76

何键 200

何鲁之 171

何叔衡 280,287,294-298,321

何香凝 331,333,339,340,346-349,352

赫胥黎（T. Huxley）77

黑格尔（Hegel，黑革）106,109,130,
　　132,133,140,149
亨廷顿（E. Huntington）138,142
红鸿，见张伯简
后藤新平（GOTO Shinpei）154
后藤朝太郎（GOTO Asataro）66,67
胡乔木 284,313,316-319,322,323
胡适 95,176,177,302,311,312
华盛顿（G. Washington）185
瓠牺舍主人 16
黄昌谷 335,336
黄帝 20,85
黄介民 247
黄遵宪 6,10,101
霍布斯鲍姆（Eric J. Hobsbawm）29
霍多罗夫（Hodorov）260

J

吉野作造（YOSHINO Sakuzo）182,
　　183,189
吉原太郎（YOSHIHARA Taro）256
季诺维也夫（Zinoviev）192,194,216,
　　220,226,251,341,355
基丁格斯（F. H. Giddings）110-112
基约，见盖奥特
基佐（Francois P. G. Guizot）113,152
箕作麟祥（MITSUKURI Rinsho）
　　117,140
加拉罕（Karakhan）293
加鲁尚茨（Garushiants）292
加藤弘之（KATO Hiroyuki）104,105
江亢虎 248-257,262
蒋介石 63,188,192,193,200,204-
　　206,233,244
蒋智由（蒋观云）40,42,47,49,50,
　　86-88
洁丁士，见基丁格斯
金家凤 173
金毓黻 289,290

K

卡本特（E. Carpenter）153
卡尔（E. H. Carr）223
卡尔图诺娃（Kartunova）227-229,292
卡拉乔夫（Kalachev），见纳乌莫夫
卡莱尔（T. Carlyle）153
康白情 142
康德（I. Kant）81,113
康生 281
康有为 83,84,99,101,102,120,
　　136,137
克拉斯诺肖科夫（Krasnoshchekov）249
克伦威尔（Oliver Cromwell）185
科别茨基（M. Kobetskii）252,253
科瓦廖夫（Kovalev）292
孔祥熙 333,338
蒯世勋 62

L

拉采尔（F. Ratzel）138,139,142
拉狄克（K. Radek）173,174,214,267
拉菲斯（M. G. Rafes）225-228
拉库伯里（Terrien de Lacoupérie）41-
　　45,49,86-90
拉斯科尔尼科夫（F. F. Raskolnikov,彼
　　得罗夫）201,227-229,232

赖德烈(K. S. Latourette) 60-62

赖山阳(RAI Sanyo) 153

雷齐乌斯(A. Retzius) 74,117

李大钊 143,144,161,173-178, 266,269

李达 284,285,297,313,316-319,321, 323-325,328

李东辉 247

李汉俊 297

李璜 171,175,187

李石曾 171-173,175,177

李守常,见李大钊

李希乌斯,见林奈

李震瀛 321,324,325

利金(V. V. Lidin) 174,179,181

梁启超 3-10,12,16,19-26,40,42,44, 45,50,51,77,78,80-84,88,175, 185,186

梁漱溟 161

列宁(Lenin) 146,147,245,305, 333,355

林肯(Lincoln) 159,185

林奈(Carl von Linné) 116

林纾 76

林育南 325

灵绶,见芮恩施

刘半农 167,169

刘谦(Fedorov,费奥德罗夫) 255

刘仁静 213,214,261,262,264-270, 274-276,287,291,297

刘师培 30,34,40,42,49,50,85,86,88

刘献廷 130

刘泽荣(刘绍周) 244-248

卢梭(Rousseau) 127

陆羯南 104

鲁迅(周树人) 23,24,39,167

洛克(John Locke) 132

罗林森(Henry C. Rawlinson) 45

罗绮园 182,187

罗素(B. Russell) 175,186,187

罗易(M. N. Roy) 192,195-208,210, 227,228,230,231

罗章龙 172-175,217,291,321, 324-326

M

马格里(Halliday Macartney) 21

马贵凡 292,293

马君武 40

马林(H. Maring,斯内夫利特) 212, 214,215,217-219,222,246,256, 268,269

曼达良(T. G. Mandalyan) 226,231, 233-235

毛泽东 95,146,147,162,196,209, 210,217,218,224,234,236,237, 282,291,297,316,318,319,321, 324,326,327

茅原华山(KAYAHARA Kazan,茅原廉太郎) 144

孟德尔(G. J. Mendel) 120

孟德斯鸠(Montesquieu) 109,127, 130,140

米夫(P. Mif) 226-229,303,321

明治天皇 34,35

莫洛托夫(Molotov) 194,205-207,

224,237
摩西(Moses) 50
牧口常三郎(MAKIGUCHI Tsunesaburo) 139

N

纳乌莫夫(Naumov,卡拉乔夫) 292,293,296,314
拿破仑(Napoleon) 5-8,12
内村鉴三(UCHIMURA Kanzo) 125,139
内藤湖南(NAITO Konan) 59,60
内田正雄(UCHIDA Masao) 116
鸟居龙藏(TORII Ryuzo) 72,75,117,118

P

培根(F. Bacon) 102,174
裴桐 304,317,318
彭湃 212,222
彭述之 222,231-235
片山潜(KATAYAMA Sen) 227,256,258
朴镇淳 246,247,256
坪井正五郎(TSUBOI Shogoro) 75,76,84,117
普列汉诺夫(G. Plekhanov) 141,144

Q

钱玄同 167
契切林(Chicherin) 245
秦涤清,见抱朴
秦毓鎏 37-39

邱贡诺夫(Chugunov),见周达文
瞿秋白 181,200,213,216,218-220,222,231-237,247,254,256,266,274-277,294,295,305,306,310,316

R

任弼时 198-200,227,228
任岳 254
芮恩施(P. S. Reinsch) 110-112
若宫卯之助(WAKAMIYA Unosuke) 139,153

S

三宅米吉(MIYAKE Yonekichi) 43,87
三宅雪岭(MIYAKE Setsurei) 134
桑原骘藏(KUWABARA Jitsuzo) 43,84,87,107,136
森鸥外(MORI Ougai,森林太郎) 88
森普尔(E. C. Semple) 142
山路爱山(YAMAJI Aizan) 107,108,136
山上万次郎(YAMAGAMI Manjiro) 108,139,140
单正平 5,6,10,21
邵力子 227
邵飘萍 172,175
邵维正 283,323,324
邵元冲 333,335,336,339,354
舍维廖夫(K. V. Shevelev,石克强) 259,295
沈玄庐(沈定一) 212
神武天皇 29,34,35,50
史桂陆 171

市古宙三（ICHIKO Chuzo）308，315

施存统 178-180，184，212，256，303，321，323-326

舒米亚茨基（B. Shumiatskii）252，259，260

斯宾塞（H. Spencer）109，113，140

斯大林（Stalin）224，225，227-229，233-235，237，243，277，341，355

斯内夫利特（Sneevliet），见马林

斯诺（Edgar Snow）318，326

宋教仁 32，33，40，42，86，89，90

宋庆龄 333，336，338-340，349

宋子文 333，336，338，340，345，346，352

孙科 204，206，333，336，338，346，352

孙中山 20，27，61，62，90，155，186，211，246，255，308，311

T

谭平山 180，194，225-227，230，311，321，324-326

谭植棠 291

唐才常 77-79，118，120

陶成章 42，44，48-50，85，88

藤田丰八（FUJITA Toyohachi）107，136，140

藤田正典（FUJITA Masanori）305，308

藤原镰兄（FUJIWARA Kamae）177

田汉 169，171，183

田家英 319

田口运藏（TAGUCHI Unzo）256，258

停春楼主人，见塚越停春

托尔斯泰（Tolstoy）102

托洛茨基（Trotsky）192-195，208

W

丸山幸一郎（MARUYAMA Koichiro，丸山昏迷）173，175

王光祈 171

王尽美 297，321，324，325

王敬轩，见钱玄同

王俊 213，264，265，272

王明 277

王若飞 233，321，355

王星拱 175

王学廉 7，16

王一飞 254

王真 317-319

王志明 301，327

汪精卫 84，85，175，192，196，201-206，208，333-340，345-347，352，354-356

卫三畏（Samuel Wells Williams）44

韦慕庭（Martin Wilbur）289，292，293，305，309

尾崎行雄（OZAKI Yukio）21

威廉斯基-西比利亚科夫（V. D. Vilensky-Sibiryakov）246

魏金斯基（G. Voitinsky）214-216，218，225，226，230，232，233，235，248，260，268，269，310，311，313

魏嗣銮 171

魏易 76，105，133

倭铿（R. Eucken）153

乌理西，见吴士礼

吴芳 254

吴佩孚 267

吴士礼(Wolseley) 3-5,7,8,10,12,16
吴虞 173,175,176
吴稚晖(吴敬恒) 171,333,335

X

向警予 322-325
向青 242
项英 321,324,325
萧三 282
萧瑜(萧子升) 172,173,175,176
谢寿康 264
徐世华 324,325,327
许白昊 321,324,325
薛理勇 53,54,63
雪莱夫人(Mary Shelley) 16

Y

亚里士多德(Aristotle) 130,132
严复 7,8,10,19,77,117-119
晏阳初 171
杨闇公 65-69
杨度 26
杨明斋(杨好德) 144,161,259-261,321,324,325
杨尚昆 65
杨松(Karlis Janson) 246
姚存吾 142
姚公鹤 60,61,69
姚作宾 247
耶曼孙,见爱默生
耶稣 186
伊罗生(Harold R. Isaacs) 194,230
易鼐 79

优林(Yurin) 250
于树德 335
于右任 335
俞秀松 250-252,254-258,261,262,266
袁笃实 254
恽代英 170,185,186,190,222

Z

曾纪泽 4-8,10,12,15,20-22,25
曾琦 24,25,169,171
张伯简(红鸿) 264,273,274
张国焘 177,199,200,217,219,287,291,294-298,303,321,323-325,327,328,355
张继 330,335,347,349,354,355
张静江 335
张其昀 142
张謇 51
张申府 274
张斯麟 247
张太雷 180,212,249-252,254-262,266,277,293,296,303,323-325
张闻天 181,303,314,317
张相文 109,140
张耀翔 175
张永奎 244,245
张资平 142
张作霖 195,230,288,289,314
章炳麟(章太炎) 24,40,42,86-89,135-138
章士钊 187-189
赵朴 321

赵世炎 264,336,345

郑和 51

志贺重昂（SHIGA Shigetaka） 106,108,110,130,132,134,135,137,138

中村哲夫（NAKAMURA Tetsuo） 36,37

塚越停春（TSUKAKOSHI Teishun,塚越芳太郎、停春楼主人） 109,131

周传儒 24

周达文（邱贡诺夫） 194,227,244

周恩来 232,321

周佛海 212,297

周太玄 171,175

周作人 60,174

朱执信 24,175,182

竺可桢 141,142

邹鲁 333,335,338,339,347-349,352-354

邹容 6,10,27,83,84

佐佐木安五郎（SASAKI Yasugoro） 49,89,90

事项索引

B

八七会议 209,276
巴比伦 29,40-43,45,49,86
巴比伦学会(日) 45
北京大学马克思学说研究会 173
保国会 3,7-10,16

C

层累造成说 298
朝鲜共产党,见高丽共产党

D

大英博物馆 4,10,41
第三国际,见共产国际
东方主义(Orientalism) 113,114,155
东京专门学校 81,106,107,111,112,122,123,132,134,136
东亚病夫 23

E

俄国共产党(布) 244,245,247,255
——中国共产主义者中央组织局,见俄国共产华员局
——中央委员会西伯利亚局东方民族处 247,250
俄国共产华员局 245,246,255
俄罗斯国立社会政治史档案馆 214,227,246,253,305,350
二十一条要求 147

F

非基督教学生同盟 177-179,181,182,184
非宗教大同盟 168,173-178,181-184
佛郎机 72

G

高丽共产党 247,262
共产国际 173,174,179-181,280-287,293,294,303-306,310,311,322,324,326,328,330,335,341,350,353
——第一次大会 244,245,256
——第二次大会 241,244,246,256,311
——第三次大会 212,244,248-251,254,256,259,261-263,265,266,274
——第四次大会 213-215,218,243,244,263-269,276,326
——执委会第七次扩大全会 202,

210,223,225-227,230

——执委会第八次扩大全会 191,192,194,227

——执委会远东局(上海) 225,226,233,235

——执委会远东书记处(伊尔库茨克) 259,260

共产主义小组(Kommunistische Gruppen) 179,248,249,258,264,274,284,285,291

广学会 76-78,119

国共关系政纲(十一条) 200

国际歌 276

国民党 175,188,192,193,195-208,212-214,216-218,221,225-227,229,230,234,236,269,276,287,306,309,312,329-331,333-335,337,339-341,344-350,353-356

国民党同志俱乐部 330,354

H

海丰农民运动 212,222

汉族(黄帝)西来说 40-42,86-90

好人政府 176

红毛番 72

湖南时务学堂 83,99,119,120

华俄通信社,见罗斯塔通讯社

黄祸论 19,72

黄浦公园,见外滩公园

J

机会主义 200,209,219,232,236

基督教青年会(YMCA) 170,171,173,180

甲午战争 15,21

拒俄义勇队 36,37,40

军国民教育会 35-38,40

K

孔老南北派学说 107

L

列宁学院(莫斯科) 305

留法勤工俭学 146,169,171-173

旅俄华工联合会 245,246

罗斯塔通讯社(ROSTA,华俄通信社) 341,344,345,353

M

麦卡锡主义(McCarthyism) 67

民友社 104,105,110-112,125,136

民族帝国主义 109-112

N

南昌起义 207

柠檬讲话(斯大林) 193

农民问题决议案(中共三大) 213,216-218,221

农民运动决议案(社会主义青年团二大) 221

Q

青年会(东京) 37,38

R

人类学会(日) 75

日耳曼 22,74

S

上海市历史文物陈列馆 54
上海市历史与建设博物馆 63
少年共产党 250,257
少年中国学会 169-171,173,184
社会进化论 50,51,71,77,82,83,103,104,115,126
社会主义青年团 65,173,176,178-181,183,184,217,221,250,254,257-259,303,313
——第一次全国代表大会 180,184
——第二次全国代表大会 221
世界基督教学生同盟 168,173,177,178,180
四一二政变 63,244
思想链条 96,114,144

T

条顿 82,124-126,132
通古斯 75,76,83,84
头骨指数（cephalic index）74,80,117,119

W

外滩公园（黄浦公园、公家花园、Public Garden）53,55,56,59,60,62-70
唯物史观 141,143,144,160,161,177
戊戌变法 12,15,78,81,102,119,120

X

西湖会议 312,315

楔形文字 42,45,49
协和医院 334,336
新民学会（长沙）172
徐州会议 200,206,207

Y

雅利安 50,82,88,124,125
衙前农民运动 212
以太说 115
远东各国共产党及民族革命团体代表大会 180,263
远东革命青年大会 180

Z

政教社 134
中共江浙区第一次代表大会 232,233
中共中央农民运动委员会 224
中国革命博物馆 173,287,293,304,305,312,319
中国工人党中央局 245
中国共产党（1912年）241
中国共产党第六次全国代表大会 320
中国国民党第一次全国代表大会 218,221,329
中国青年党（中国国家主义青年团、国家主义派）24,171
中国社会党 241,249-252,254,255
中国社会主义工人党（Chinese Socialist Labour Party）245
中国社会主义青年团，见社会主义青年团
中国同盟会 31,34,36,37,40
中华旅俄联合会 245

中华民族 28,51
中山舰事件 227,309
中央档案馆（北京）285-287,304
中央文库 303,315,316,322
宗教鸦片论 182

租界 23,53,55,61-65,68,69,179, 212,282,313
左派社会主义党（Linke Sozialistische Partei）248,249

书名、刊名、著作索引

B

巴比伦与东方纪事（The Babylonia and Oriental Records）41,43

百科全书（文部省版）74,117

百科知识 284,285

北京周报（日）173,175,177

笨拙（Punch）（英）13-15,18

变法通议（梁启超）99,119-121

C

晨报 172,173,176,334

D

党史资料 282-285,288-293,317,318

党史资料汇报 304

德臣报（The China Mail）20,21

第三帝国 151,153-157,159,164

东方时报（Far Eastern Times）344,353

东方杂志 159,175

东京日日新闻 15,16

读卖新闻 15,49,89,90,154,178

E

二十世纪之支那 30,32-35

F

非宗教论 172,174

G

革命军（邹容）10,27,83

格致汇编 72,73,78,80,118

共产国际 226,234,235,249,280-287,294

共产主义运动在中国（陈公博）301,305

广州（Кантон）（俄）292,314

广州民国日报 336,344

国粹学报 31,39

国父全集 331,341

国基（国乃もとゐ）（日）16

国民党分共政策之真相 196,207

国民日日报 30,34

国民新闻 104,105,107,108,110,111,125,136

国民之友 43,87,104,105,107,109,131,136

国闻报 3,7,8,10,16,19

国运报（英）7

H

海外新声 172,173
湖南农民运动考察报告(毛泽东) 234,235
皇清职贡图 72,76
黄帝魂 30-32

J

嘉定屠城纪略 27,83
江苏 30-35,38,39
解放日报 54,282
进步日报(天津) 290
京报 172
京津泰晤士报(Peking & Tientsin Times) 289
警世钟(陈天华) 33

K

科学怪人 16

L

梁启超年谱长编(日译版) 3,5

M

猛回头(陈天华) 33
民报 30-32,34,85
民国日报(上海) 24,182,184,344,354

N

纽约时报(New York Times)(美) 12,353

Q

青春(李大钊) 148,149,156,157,159
青年进步 173
青年杂志,见新青年
清议报 80,100,103,109,121

R

人间生活史(茅原华山) 144,149,161
人类学杂志 75,89
人民日报 316
人种篇 74,117
日本人 134

S

三才图会 32,39
山海经 119,120
少年中国 169-171,183,187,190
申报 21,60,63,64,334,344
世纪 53,54
世界文明史(高山林次郎) 81,123,142
史学通论(史学原论,浮田和民) 79,81,88,106,107,112,118,122-124,132-135,137
时事新报 69,103,173,178,182,183,329,344
时务报 8
顺天时报 344,353
苏联阴谋文证汇编 288-290,292,293,303,314

T

泰晤士报(The Times)(英) 12,19,97

天演论(严复) 77,119

W

万国史记(冈本监辅) 78,118
文明论之概略(福泽谕吉) 97,100-105,133
我的马克思主义观(李大钊) 148

X

西行漫记(Red Star Over China,斯诺) 318,326
西洋上古史(浮田和民) 81,112,123,124,132
先驱 178-182,303
向导 234,235,277,307,344,353
湘学报 77,118
新民丛报 42,80,95,99,100,103,109,112,117,121,122,129,131
新青年 148,167,303
新世纪 171
新造物者 16,19
醒狮 10,11,23,30
醒狮周报 24,25
学习 304,317

Y

亚洲季刊(Asiatic Quarterly Review)(英) 4,21
扬州十日记 27,83
英国文明史(The History of Civilization in England) 88,97,105-108,133-135,137,138,140,142,152
英勇奋斗的十五年(米夫) 303,321,322
瀛寰志略 7,120

Z

浙江潮 30,76
真理报(Правда)(苏联) 193,200,231,311,341-344,353
支那文明史(白河次郎、国府种德) 44-46,49,88
支那问题真解,见中国问题的真解决
中共中央文件汇编 304
中共中央文件选集 302,304,308
中国革命中之争论问题(瞿秋白) 218,220,231,233,235
中国共产党的三十年(胡乔木) 284,316,317,322
中国共产党第一次代表大会档案资料 285-287,294
中国共产党对于时局的主张 302,303,310
中国共产党简明历史 289,290,292,303,311,314,321
中国共产党历史 301,325,326
中国共产党历史概论(瞿秋白) 294,295,305,306,310
中国共产党五年来之政治主张 307,308,310,314,315
中国共产党宣言 312
中国共产党组织史资料 243,326,327
中国共产党组织史资料汇编 325
中国古文明西来论(拉库伯里) 41,44,86-88
中国国民党史稿(邹鲁) 339,347,

348,353,354

中国问题的真解决(The True Solution of the Chinese Question,孙中山) 20

中国先睡后醒论(China, the Sleep and the Awakening,曾纪泽) 3-8,10,12, 20-22,25

中国现代革命运动史(张闻天) 303, 314,317-319,321,322

中国新民主主义革命史(初稿)(胡华) 317,322-324

中华星期画报(China Illustrated Review) 289

中央公论(日) 151,155

自由书(梁启超) 100-102